イラストで
サクッと理解

今が見えてくる

世界の国図鑑

筑波大学教授
井田仁康 監修

イワイヨリヨシ イラスト

ナツメ社

世界への"第一歩"──思わず世界の国々を訪れたくなる一冊です

はじめに

　地球上には多くの人々が、その地域の環境に合わせて、かつ住みやすい環境に変えて暮らしています。世界は国や地域に分けられ、人々はそうした国や地域の住民として生活しています。それらの国々や地域は、それぞれの自然環境や経済、文化、そして政策などをもち、それによってそれぞれの国や地域の特性をもっています。人に個性があるのと同じように、国や地域にも特性があるのです。

　本書では、そうした国や地域について、日本が承認している196か国（日本を含む）と5つの地域を取り上げて、その特性を解説します。世界中を網羅しているので、その中にきっと、あなたが魅力的だと感じる国・地域があると思います。その魅力は、美しい景色かもしれませんし、今までふれたこともない文化かもしれませんし、おいしそうな食べ物や料理かもしれません。あなたにとって魅力的な国・地域に行く夢をもったり、もっと現実的に訪れる計画を立てたりしてみてください。それにより、あなたの世界に対する関心はもっと高まって、いつか本当に訪れるチャンスが来ます。本書がそのための"第一歩"になるかと思います。

　世界には、戦争や貧困、環境問題など、解決しなければいけない問題が数多くあります。それを解決するために、まず、世界のことを知ることが重要です。それぞれの国や地域の状況を踏まえて解決策を見出していかないと、世界の課題を解決することはできません。本書はそうした世界の課題を解決するための"第一歩"ともなると信じています。世界の人々が平和に、そして幸福に暮らすようになることは、世界のすべての人の願いです。

　自分の知らなかった国や地域を知ることは、それだけでも発見があり、楽しいことです。行ってみたくもなるでしょう。それが、さらに世界の平和への礎ともなっていくのです。まずは、本書で世界を旅してください。その先には、あなたが切り拓いていく未来があります。

2023年5月　**井田仁康**（筑波大学教授）

本書の見方

本書の国・地域別ページは、主に以下の要素で構成されています（国によりページ数、掲載要素は異なります）。

データ

国土の面積、人口、通貨、言語（公用語）、宗教、民族の基礎データをまとめています。

概況

国土の特徴、経済状況、国の歴史、文化などの概況を紹介しています。国により、主な人物や日本との関係についてもふれています。

「天国のモデル」と評された、インド洋に浮かぶリゾート島

モーリシャス共和国 Republic of Mauritius

面積	約0.2万㎢
人口	約126.5万人(2018年)
通貨	モーリシャス・ルピー(MUR)
言語	英語(公用語)／フランス語／フランス語系クレオール語など
宗教	ヒンドゥー教／キリスト教／イスラームなど
民族	インド・パキスタン系／クレオールなど

国土 マダガスカル島から東に約900m、東インド洋に浮かぶ島嶼国。モーリシャス本島はサンゴ礁に囲まれた古い火山島である。熱帯気候。しばしばサイクロンが襲来する。

経済 基幹産業は砂糖、繊維、観光業。近年はインド資本などのIT企業誘致を進め、事業のしやすさを評価するDoing Businessでアフリカ第1位となる(2019年)。世界銀行の分類では高所得国となった(2020年)。

歴史 16世紀初めにポルトガル人が上陸。1598年、オランダが植民を開始。1715年にフランス領、1814年にイギリス領となり、さとうきび栽培のため、インド人労働者約45万人が送り込まれる。1968年、イギリス連邦内で独立。

文化 インド・パキスタン系をはじめ、植民史を反映した多様な人種が居住する。多くが英語、フランス語、クレオール語の3か国語を話す。

250

アフリカ 東アフリカ

「神が天国のモデルにした」美しい自然の数々

白い砂浜、島を囲むサンゴ礁、エメラルドグリーンの透き通った海…。その美しさは、『トム・ソーヤーの冒険』の著者マーク・トゥエインが「神はモーリシャスを最初に創り、そして、モーリシャスを真似て天国を創った」と評したほど。海外セレブが訪れる高級リゾート地でもある。

イル・オ・セルフ
モーリシャス島の東海岸にある無人島。ビーチの水面は浅く、陽の光が差すと白浜と合わさり、クリスタルブルーに輝く。干潮時は隣のイル・レスト島まで歩いて行くことができる。

七色の大地
南方シャマレルにある溶岩が造り出した大地。火山から出る鉱物と大気が接触することにより、七色のグラデーションに染まる。

海の滝
モーリシャス南西部の海を上空から見下ろすと、海の中に巨大な滝が出現する。実はこれは錯視で、波によって浸食されたサンゴ礁と砂状の沈殿物の流れにより滝に見えるというわけだ。海の透明度が高いモーリシャスならではの絶景である。

重油流出で脅かされる生態系と暮らし
2020年7月、日本の海運会社が所有する貨物船がモーリシャス南東部沿岸で座礁した。この事故により約1,000tの重油が流出し、周囲のサンゴやマングローブを汚染。海洋生態系と人々の生活への影響は数十年続くともいわれている。

モーリシャスの **場所**

カゼラネイチャーパーク
モーリシャスの西海岸にある自然公園。人に慣れたライオンと散歩し、触れ合うことができる。セグウェイに乗って放し飼いの動物を観察することができるサファリエリアや、ジップラインなどのアトラクションもある。

Photo by Enrico ottonello

基本情報

国旗、国名（英語表記）、地図（首都・主要都市・地名など）およびその国の特徴を表す紹介文を記載しています。

トピック

社会状況や都市の様子、最新事情など、その国の"今"がわかるさまざまなトピックを紹介しています。

コラム

その国の特徴的な食、場所、人物などのコラム、および雑学ネタや観光情報などを紹介しています。

- 本書では、外務省HP「国・地域」情報に基づき、日本が承認している195か国と日本、および北朝鮮、台湾、パレスチナ、香港、マカオの、あわせて196か国5地域を取り上げています。
- 各国の国名や基礎データは外務省HPのものを参考に、一部表現の変更などを行っています。
- 本書では、国際連合の世界地理区分および外務省HPの国・地域分けを参考に、世界を5地域18エリアに分けて紹介しています。
- 明示されているものを除き、本書に記載されている情報は2023年5月時点のものです。

もくじ

イラストでサクッと理解 地球が見えてくる世界の国図鑑

ア　メ　リ　カ
America ────── 164

ア　フ　リ　カ
Africa ────── 210

オセアニア
Oceania ────── 262

「国」とは何？「地域」とは何？

本書では合計201の世界の国と地域を紹介するが、そもそも「国」や「地域」とは何なのだろうか。その構成要件や違いを解説する。

「国」とは何？ その定義と構成要件

「国」として認められるには、まず次の3つの条件が必要となる。①自分たちの土地をもっている（領域）、②その土地に住む人々がいる（国民）、③他国から支配・干渉されず、自分たちの意思で自国を統治している（主権）。この3つの要件がそろったうえで、国際機関、あるいは他国から承認されることで「国」として成立する。

その一つの基準となる国連加盟国になるには、まず申請をし、安全保障理事会の審査により加盟勧告が出され、総会で3分の2の賛成を得ることが必要となる。安全保障理事会の常任理事国（中国／フランス／ロシア／イギリス／アメリカ）の1か国でも反対すれば加盟勧告は出されない。

現在、世界に「国」はいくつある？

国の数を断定することはできない。組織・国によって、承認している国の数に違いがあるからだ。日本の外務省が規定している世界の国の数は196か国（日本が承認している195か国に日本を加えた数）だが、国連加盟国は193か国である（2023年5月現在）。

例えば、2015年に日本が国として承認した「ニウエ」は国連には加盟していないため、それを基準とすると国としては認められないことになる。逆に、日本が国として承認していない北朝鮮は国連に加盟している。また、ごく少数の国のみが承認しているケースもあり、世界でトルコのみが国として承認している「北キプロス・トルコ共和国」（キプロスの北側地域）などがある。

「国」と「地域」の違いとは？

背景となる学問により定義は異なるが、本書では他国から独立国として認められていない、または独立する意思がない場合を「地域」としている。日本の外務省が地域としているのは「北朝鮮」「台湾」「パレスチナ」「香港」「マカオ」。パレスチナは領土と政府をもつが国として承認されておらず、国連ではオブザーバーの地位をもつ非加盟国となっている。台湾、香港、マカオは非独立地域ではあるが、国際的な統計では中国本土とは別扱いされることが多い。また、オリンピックでは国際オリンピック委員会（IOC）の認定により、台湾、香港は中国とは別に出場している。

「国」の成立要件

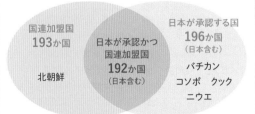

国の3要素

主権
国民
領土

＋

国連加盟国になる、他国に承認されるなど

国連加盟国としての「国」と日本基準の「国」

国連加盟国 193か国
北朝鮮

日本が承認かつ国連加盟国 192か国（日本含む）

日本が承認する国 196か国（日本含む）
バチカン
コソボ　クック
ニウエ

「国」と「地域」の違い

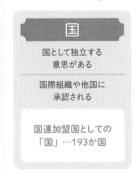

国	地域
国として独立する意思がある	独立する意思がある ／ 独立する意思がないなど
国際組織や他国に承認される	国際組織や他国の承認を得ていない
国連加盟国としての「国」…193か国	北朝鮮／台湾／パレスチナ／香港／マカオ（国連加盟を基準とすると、北朝鮮は「国」）

いろいろな世界地図とその特徴

丸い地球を平面に表現することで、現在までさまざまな目的に利用されてきた「地図」。それぞれ特徴の異なる世界地図の図法を紹介する。

地球の姿を最も正確に表しているのは「地球儀」

「地球儀」とは、地球上の面積・距離・形・方位をほぼすべて正確に表したもの。主に地球の表面の様子を調べるときに役立つ。しかし、地球儀は持ち歩いたり、一部を拡大したりするのには不便なため、そのような目的のためには、地球の表面を平面で表現した「地図」が用いられてきた。球体を平面に表現するうえでいろいろな制約が出るため、これまで、その目的に応じてさまざまな図法の地図が開発されてきた。

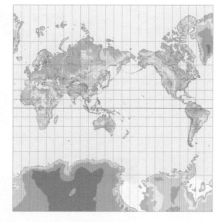

メルカトル図法　面積✕　距離✕　形✕　方位✕

世界地図として最も目にする機会が多い図法。経線と緯線が直角に交わるため航海図として使用されてきた。北極や南極に近づくほど、実際の面積より大きく表示されるというデメリットがある。

正距方位図法　面積✕　距離◯　形✕　方位◯

地図の中心からほかのある地点までの距離を正確に表した図法。中心からの距離と方位が正しいことから、主に航空図として使用されている。面積や角度は正確ではない。

モルワイデ図法　面積◯　距離✕　形✕　方位✕

地球を楕円形にすることで、中、高緯度の北極や南極に近い地域のゆがみを小さくした図法。面積を正確に表した図法のため、主に分布図として使用される。距離や方位は正確ではない。

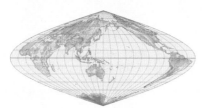

サンソン図法　面積◯　距離✕　形✕　方位✕

緯線は直線で描かれ、そのほかは正弦曲線で描かれる正積図法。中央経線から離れるにつれて地図投影のひずみが大きくなる。アフリカや低緯度地形の地図に使用されることが多い。

グード図法　面積◯　距離✕　形✕　方位✕

緯度40度44分を境にして、低緯度地帯をサンソン図法、高緯度地帯をモルワイデ図法にして表した図法。海洋は断裂しているが、大陸のひずみが少なく、分布図として適している。

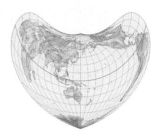

ボンヌ図法　面積◯　距離✕　形✕　方位✕

中央経線以外はすべて曲線で描かれ、そこから離れるに従い、ひずみが大きくなる。主に大陸図や地方図として使用される。世界がハート形に描かれているのが特徴。

世界の6大陸と3大洋

地球上には、6つの大陸と3つの代表的な海洋が存在する。本書ではそれらをさらに細かくエリア分けし、世界の国・地域を紹介している。

ユーラシア大陸

地球で最も大きい大陸、かつ多い人口をもつ。「Europa（ヨーロッパ）＋Asia（アジア）＝Eurasia（ユーラシア）」の名のとおり、ヨーロッパとアジアを合わせた大陸で、陸地全域が北半球に位置する。西端がポルトガルで東端がロシア。

北アメリカ大陸

地球で3番めに大きい大陸。北はカナダ、南はパナマまでを範囲とし、熱帯・温帯・冷帯（亜寒帯）・寒帯の気候帯すべてが分布する。ユーラシア大陸同様、すべての陸地が北半球に位置する。

大西洋

地球で2番めに広い海。南北アメリカ大陸の東側、ユーラシア大陸、アフリカ大陸の西側に位置する。そのうち、北アメリカ大陸とユーラシア大陸の間を「北大西洋」、南アメリカ大陸とアフリカ大陸の間を「南大西洋」と呼ぶことがある。

太平洋

地球で最も広い海。ユーラシア大陸の東側、南北アメリカ大陸の西側に位置する。大きさは約1.65億㎢とされ、世界中の海の総面積の50％弱を占める。ちなみに、「日本海」は太平洋の一部であるため、太平洋の「付属海」とされている。

アフリカ大陸

地球で2番めに大きい大陸。北半球と南半球にまたがっており、陸地が南北に長く伸びている。ユーラシア大陸とは陸続きであり、大西洋・インド洋・地中海に囲まれている。

インド洋

地球で3番めに広い海。太平洋と大西洋に挟まれており、北は南アジア、西はアラビア半島およびアフリカ大陸東部、東は東南アジアおよびオーストラリア大陸西部、南は南極大陸に囲まれている。

オーストラリア大陸

地球で最も小さい大陸。その名のとおり、陸地全域がオーストラリアの領土で、一つの大陸に一つに国家が存在するのはオーストラリア大陸のみである。陸地のすべてが南半球に属している。

南アメリカ大陸

南北に長い陸地をもち、北はコロンビア、南はチリまでを範囲とする。西は太平洋、東と北は大西洋に面する。もともとは南極大陸と地続きだったが、およそ3000万年前に分離した。

南極大陸

地球で2番めに小さい大陸。太陽の光が届きにくい極地にあるため、陸地のほとんどが分厚い氷に覆われている。人が定住できるような環境ではなく、どこの国にも属していない（→163ページ）。

地球表面の陸地の面積は約1.5億㎢、海洋の面積は約3.6億㎢。潮の満ち引きや干潟などで数値が変動するが、地球上の陸地と海洋の割合は「3：7」であり、海洋のほうが圧倒的に広い。そのため、地球は「水の惑星」と呼ばれる。1961年に人類初の宇宙飛行士であるソ連のユーリ・ガガーリンは、地球の軌道を1周した際、「地球は青かった」という言葉を残している。

世界の気候区分

高温多雨、乾燥、温暖…、世界の人々の生活に強く影響し、多様な文化が生まれる要因ともなった「気候」。その13区分を紹介する。

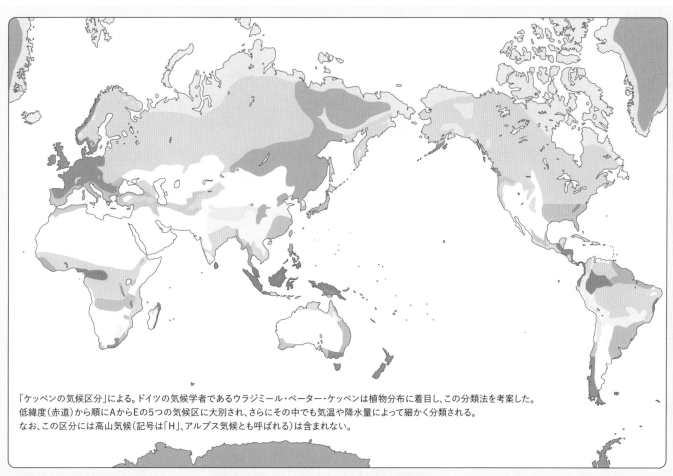

「ケッペンの気候区分」による。ドイツの気候学者であるウラジミール・ペーター・ケッペンは植物分布に着目し、この分類法を考案した。
低緯度（赤道）から順にAからEの5つの気候区に大別され、さらにその中でも気温や降水量によって細かく分類される。
なお、この区分には高山気候（記号は「H」、アルプス気候とも呼ばれる）は含まれない。

● 熱帯気候（A）

熱帯雨林気候（Af）
年間を通して高温多雨。樹木が生育しやすく、熱帯雨林が発達している。

弱い乾季のある熱帯雨林気候（Am）
熱帯雨林気候に似ているが、弱い乾季があることが特徴。

サバナ気候（Aw）
明瞭な雨季と乾季があり、雨季には草原（サバナ）が広がる。

● 乾燥帯気候（B）

ステップ気候（BS）
丈の短い草原（ステップ）が見られ、肥沃な土壌が広がる地域もある。

砂漠気候（BW）
最も乾燥している気候区。降水量が極めて少なく、植物がほとんど育たない。

● 温帯気候（C）

地中海性気候（Cs）
冬は偏西風などの影響で雨が降り、夏は晴れて乾燥する。

温暖冬季少雨気候（Cw）
年間を通して温暖で、夏に大雨が降る。冬はかなり乾燥する。

温暖湿潤気候（Cfa）
年較差（一年の最高気温と最低気温の差）が大きく、四季が明瞭。

西岸海洋性気候（Cfb）
夏は温暖湿潤気候よりやや涼しく、冬も緯度のわりに温暖なため快適。

● 亜寒帯（冷帯）気候（D）

亜寒帯湿潤気候（Df）
日本では北海道が該当。酪農や作物の生産が盛んな地域も多い。

亜寒帯冬季少雨気候（Dw）
冬の寒さは厳しいが、夏は月平均気温が10℃を超え、年較差が大きい。

● 寒帯気候（E）

ツンドラ気候（ET）
永久凍土が広がるが、短い夏には表面が融け、コケ類などが生える。

氷雪気候（EF）
最暖月の平均気温は0℃未満で、年中氷雪に覆われている。

世界の時差（日本との時差）

世界の時刻は、本初子午線上の時刻を協定世界時（UTC）として、経度差15度ごとに1時間の時差が生まれる。日本から見た各地の時差を図で見ていこう。

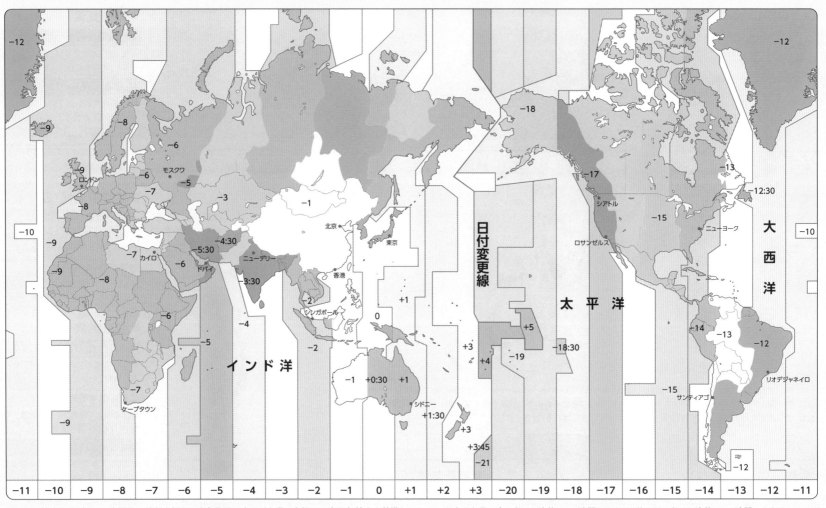

日本では、協定世界時より9時間早い時刻を採用。兵庫県明石市などを通る東経135度子午線上を基準としている。日本から見て東に行くと時差は＋1時間〜となり、逆に西に行くと時差は−1時間〜となる。アメリカとの時差は−14〜−17時間、ヨーロッパやアフリカは−9〜−6時間。また、欧米やオーストラリアなどで採用されている「サマータイム」は、昼間の時間帯を有効活用する目的で夏場のみ時計の針を1時間進める。

世界の言語・宗教・政治

国や地域によって、言語も信仰される宗教も政治体制もさまざま。それぞれの違いが民族の形成につながり、その国の特色をつくる。

世界で最も話者の多い言語とは?

世界では約7,000以上の言語が話されている。そのうち、第一言語(修得順序が最も早い言語)としていちばん多く話されているのが「中国語」。2番めに多いのが「スペイン語」。スペインはかつて中央アメリカから南北にかけて領土を拡大したことで、それらの地域にスペイン語を定着させたため、南アメリカの国々を中心に使われている。意外にも少ないのが「英語」。第一言語としての話者は少ないものの国際言語として多くの国で話されている。

世界の主な言語人口（2023年）

(百万人)

順位	言語	人口
1位	中国語	1321
2位	スペイン語	474
3位	英語	372
4位	アラビア語	361
5位	ヒンディー語	343
6位	ベンガル語	233
7位	ポルトガル語	232
8位	ロシア語	154
9位	日本語	123

出典：The World Almanac 2023

信者の多い宗教ランキング

世界には多くの宗教が存在するが、特に「キリスト教」「イスラーム」「仏教」の3つは、「世界三大宗教」と呼ばれている。

● キリスト教

イエス・キリストを開祖とし、カトリックやプロテスタントなど、いくつかの宗派に分かれる。

● イスラーム

預言者ムハンマドが説き、アラビア半島から広まった。主にスンナ派とシーア派の2つの宗派に分かれる。

● 仏教

北インドのゴーダマ・シッダールタ(釈迦)が人々に広めた。大衆に教えを広める大乗仏教と個人で修行する上座仏教などの宗派に分かれる。

信者がキリスト教とイスラームに次いで3番めに多い「ヒンドゥー教」は、他の宗教のように特定の開祖がいるわけではなく、インドとその周辺を中心とした住民たちの信仰や文化が受け継がれ、多くの神々を祀っている。

世界の主な宗教人口（2023年）

(百万人)

順位	宗教	人口
1位	キリスト教	2585
2位	イスラーム	1998
3位	ヒンドゥー教	1081
4位	仏教	552

出典：The World Almanac 2023

世界の国々の政治体制はどうなっている?

● 民主主義と独裁主義

国民が政治に参加できることを「民主主義」と呼び、「直接民主制」と「間接民主制」の2つに大別される。直接民主制は国民全員の民意を政治に反映できるが、非効率なため採用している国は存在しない。よって、国民の代表である国会議員を選挙で決め、国会議員がさまざまな法律をつくる間接民主制が多くの国で採用されている。

一方、民主主義と正反対にあるのが「独裁主義」。個人による独裁、政党による独裁、世襲による独裁があり、民主主義を謳っている国でも、事実上は独裁主義である国家も多い。

● 君主制と共和制

君主(王様)を国の最高地位に置く制度を「君主制」と呼び、絶対的な権力をもつ君主がいる制度が「絶対君主制」、憲法や法律などで権力を制限しているのが「立憲君主制」。一方、君主がおらず、代わりに大統領を国の最高地位に置く制度が「共和制」である。

	民主主義	独裁主義
君主制	日本／イギリス／スウェーデンなど	サウジアラビア／オマーンなど
共和制	アメリカ／フランス／ドイツなど	中国／ロシアなど

アジア

Asia

ユーラシア大陸のうち、ヨーロッパを除く広大なエリアを占める地域。東の日本から西のトルコまで多様な自然環境が広がり、民族や文化、宗教も多彩。世界の人口の約6割が住んでいる。

● 東アジア

モンゴル高原や中国大陸、朝鮮半島、日本列島などを含むエリア。古くから中国文明の影響が強く、仏教や儒教、漢字や米食など文化面での共通点も多い。「極東」「東亜」などとも呼ばれる。

● 東南アジア

インドシナ半島、マレー半島およびフィリピン諸島、スマトラ島などの多くの島々からなる。大部分が熱帯に属し、古くから中華系、マレー系、インド系など、さまざまな民族が住んでいる。

● 南アジア

ヒマラヤ山脈の南側に位置し、インダス川やガンジス川沿いに古くから文明が栄えた。面積、人口ともにインドが最大で、第二次世界大戦後にイギリスから独立した国が多い。

● 中央アジア

ヒマラヤ山脈の北側、ユーラシア大陸の内陸部に位置する地域で、ソビエト連邦崩壊後に独立した5か国からなる。国名につく「スタン」は「国」を意味し、それぞれの民族の国を意味する。

● 西アジア

アフガニスタンより西のアジアを指し、「中東」とも呼ばれる。メソポタミア文明が栄えた地で、イスラームが広く信仰されている。石油産出国が多く、急速に経済発展を遂げている国もある。

古代では「アジア＝トルコ」だった？

「アジア」という言葉は「大洋が生まれる国」を意味する「アッスーワ（ASSUWA）」が語源とされ、古代においてはエーゲ海東側の「アナトリア（現在のトルコ）」を指す言葉だった。その後、ヨーロッパから人々が東方へと進出するに伴って「アジア」の指す地域も広がり、現在の範囲に。一方で、もともとの「アジア」だったアナトリアは、「小アジア」と呼ばれ区別されるようになった。

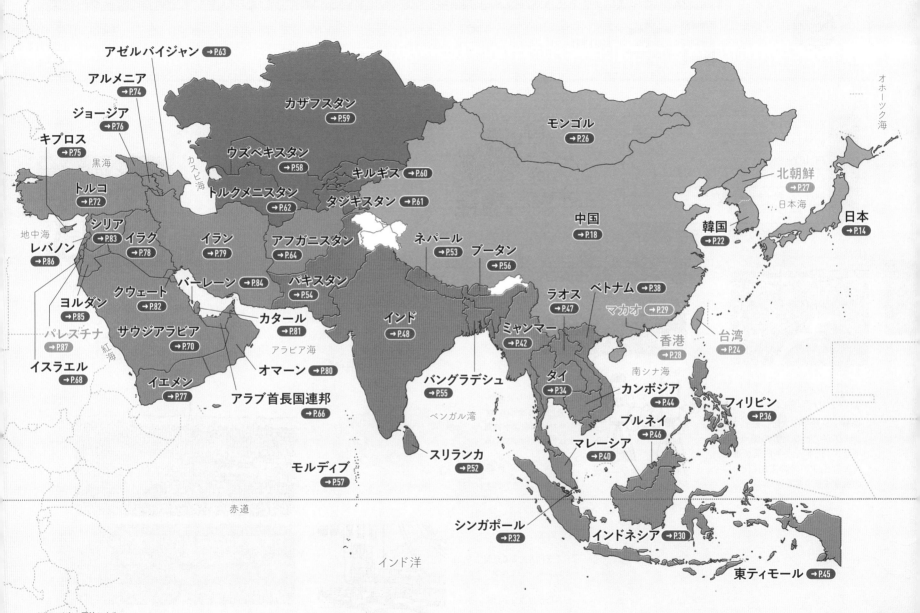

アゼルバイジャン →P.63

アルメニア →P.74

ジョージア →P.76

キプロス →P.75

カザフスタン →P.59

モンゴル →P.26

オホーツク海

黒海

カスピ海

ウズベキスタン →P.58

キルギス →P.60

北朝鮮 →P.27

トルコ →P.72

トルクメニスタン →P.62

タジキスタン →P.61

中国 →P.18

日本海

韓国 →P.22

日本 →P.14

地中海

シリア →P.83

イラク →P.78

イラン →P.79

アフガニスタン →P.64

ネパール →P.53

ブータン →P.56

レバノン →P.86

ヨルダン →P.85

クウェート →P.82

バーレーン →P.84

パキスタン →P.54

ラオス →P.47

ベトナム →P.38

マカオ →P.29

パレスチナ →P.87

サウジアラビア →P.70

カタール →P.81

インド →P.48

ミャンマー →P.42

香港 →P.28

台湾 →P.24

南シナ海

イスラエル →P.68

紅海

イエメン →P.77

オマーン →P.80

アラブ首長国連邦 →P.66

アラビア海

バングラデシュ →P.55

タイ →P.34

カンボジア →P.44

フィリピン →P.36

ブルネイ →P.46

ベンガル湾

マレーシア →P.40

スリランカ →P.52

モルディブ →P.57

赤道

シンガポール →P.32

インドネシア →P.30

東ティモール →P.45

インド洋

※メルカトル図法による。

13

四季の彩りに恵まれるも自然災害の多い島国

日本 Japan

面積	約37.8万km²
人口	約1億2447万人（2023年）
通貨	円（JPY）
言語	日本語
宗教	神道／仏教／キリスト教など
民族	日本人など

日本の国花は法律の定めはないが一般的に「桜」と「菊」と捉えられており、硬貨や切手、旅券などにそのモチーフが使用されている。

桜　菊

開拓から約150年の若き大都市

北海道の道都として明治時代以降に急速に発展。北緯43度と、ロシアのウラジオストクと同程度の緯度で気候は寒冷ながら、豊かな食材や美しい街並みで観光地として人気。

札幌

**商業の中心地として
発展した「天下の台所」**

西日本最大の都市にして近畿地方の経済・交通・文化の中心地。食や芸能などに独自の文化が根づく。

「古事記」や「日本書紀」を通じて、日本の国づくりや神々の物語が神話として語り継がれている。

スサノオ　アマテラス

**九州一の都市にして
アジアの玄関口**

朝鮮半島や中国大陸に近く、古くからアジアとの交流の拠点として繁栄。近年も大手企業が進出するなど、アジアの玄関口としての機能をますます強めている。

仙台

東京

名古屋
京都
横浜
広島
大阪
福岡

沖縄

`100km`

日本を代表する工業製品で、日本経済の発展を支えてきた「自動車」。トヨタやホンダ、日産などの車が世界を駆けている。

日本最大の都市だが一極集中の課題も

およそ1400万人が暮らす日本の首都。神奈川、千葉、埼玉を含めた東京圏としては人口約3500万人にのぼり、世界最大の都市圏となっている。

`100km` N

国土 ユーラシア大陸東の沿岸に位置し、北海道、本州、四国、九州ほか約6,800の島々からなる。国土の約7割が山地と丘陵地で占められ、火山活動も活発。気候は大半が温暖湿潤気候だが、一部に冷帯湿潤気候と熱帯雨林気候も見られる。地震や津波、洪水などの自然災害も多い。

日本を取り巻く4つのプレート

日本列島は「太平洋プレート」「ユーラシアプレート」「北アメリカプレート」「フィリピン海プレート」という4つのプレートの上に形成されており、今も地殻変動が続いている。日本に火山や地震が多いのもそのためで、世界的に見ても特異な地体構造となっている。

経済 資源に乏しく、エネルギーや原材料を輸入し、それを加工して輸出する加工貿易が主体。主な輸入品は機械類や原油、天然ガスなどで、輸出品は機械類、自動車、精密機械など。農業は米作が中心で、ほかに野菜、小麦など。水産業も盛んだが、近年漁獲量は減少傾向にある。食糧自給率は低く、食料の多くを輸入に頼る状況が続いている。

歴史 4〜5世紀頃に国が統一され、天皇中心の政治が始まる。12世紀末に鎌倉幕府が成立し、貴族社会から武家社会へと転換。1603年に成立した江戸幕府は1868年まで続いた。明治以降は富国強兵政策が進められ、日清戦争、日露戦争、日中戦争などを経て、1941年に太平洋戦争開戦。1945年の敗戦後、国際社会に復帰し、1960年代に高度経済成長を遂げた。

文化 神道と仏教に根ざした独自の伝統文化が、衣・食・住を中心に生活のあらゆる場面に受け継がれている。寿司や天ぷらをはじめとする和食や、柔道、剣道、空手などの武道、歌舞伎や能・狂言といった伝統芸能が海外でも知られる。

人物 国際的に知られる人物としては、映画監督の黒澤明や北野武、作家の村上春樹、アーティストのオノ・ヨーコ、スポーツ選手の大坂なおみや大谷翔平、俳優の渡辺謙、真田広之など。ほか、鳥山明や尾田栄一郎などのマンガ家もその作品を通じて広く知られている。

▼日本最高峰の山にして、日本文化の象徴的な存在でもある「富士山」。毎年多くの外国人が訪れる。

Photo by kuz

1500年以上の歴史をもつ「世界最古の王室」

2019年5月1日に天皇陛下が即位され、元号が「平成」から「令和」へと改元された。日本では、このように皇位継承を繰り返しながら皇室が守られてきた。その歴史は、神話の時代からだと2600年以上、実在が確認されている時代からでも1500年以上にのぼり、「世界最古の王室」とされている。ちなみにその次に古いのは、約1100年のデンマーク王室、その次が約1000年のイギリス王室となる。

▶「令和」の元号を発表したのは、当時官房長官だった菅義偉氏。

日本の 人

宮崎駿 (1941〜)

日本を代表するアニメーション映画監督。「アルプスの少女ハイジ」「未来少年コナン」などのTVシリーズを経て、「ルパン三世 カリオストロの城」で劇場映画監督デビュー。「風の谷のナウシカ」「天空の城ラピュタ」「もののけ姫」「千と千尋の神隠し」など数々の名作を次々と生み出し、その後の世界のアニメーション界に大きな影響を与えた。2014年にアカデミー賞名誉賞を受賞。

そのまま通じる！世界の中の「日本語5選」

日本語の中には、そのまま海外でも通じるようになった単語がある。「KAROSHI（過労死）」や「ZANGYO（残業）」「HIKIKOMORI（ひきこもり）」などネガティブな言葉もあるが、ここでは日本文化としてポジティブに世界に受け入れられている日本語を紹介する。

KARAOKE（カラオケ）

1980年代以降、海外へと広がった「カラオケ」は、今や世界中で大人気。

WASHOKU（和食）

無形文化遺産にも登録された「和食」。寿司や天ぷらのほか、中国ルーツながら日本で独自の進化を遂げたラーメンも和食として世界で人気。

KAIZEN & KANBAN（改善／看板）

トヨタの生産方式として知られる「改善」や「看板」も、ビジネスの分野で海外に浸透。

MANGA & ANIME（マンガ／アニメ）

「クールジャパン」の代表格が日本のマンガやアニメなどのカルチャー。ここから派生してコスプレなどの文化も人気に。

日本の🍴食

インスタントラーメン

世界で年間1000億食ほどが消費されている、世界に誇る日本の発明品。1958年に日清食品の創業者・安藤百福が開発し発売した「チキンラーメン」がその始まりで、1971年にカップ入りの「カップラーメン」が発売されると、その美味しさと手軽さから、国境を越える大ヒット商品となった。インスタントラーメンは、レトルトカレー、カニカマと併せて、戦後日本の「食品三大発明」といわれている。

EMOJI（絵文字）

SNSなどでのやりとりに欠かせないものとなった「絵文字」も、そのままの意味で海外で使われている。

日本の「広さ」は実は世界で6番め!?

日本の国土面積は約37.8万km²で、これは世界の国々の中でおよそ60番めと、それほど広くはない。しかし、目を海にまで広げてみると事情は変わってくる。日本の権利が及ぶ領海および排他的経済水域の広さは約447万km²にもなり、国土の約12倍。世界の中でも6番めの広さとなるのだ。海に囲まれ、多くの島々からなる日本ならではの特徴といえる。

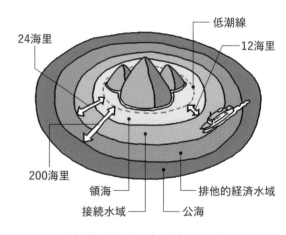

▲日本列島が縦に長く、島も点在しているため、日本の権利が及ぶ海の範囲は想像以上に広い。

「日本」はニホン？　ニッポン？

「日本銀行」は"ニッポンギンコウ"、「日本語」は"ニホンゴ"と、同じ「日本」でも2つの読み方がある。実は国名としての「日本」には正しい読み方が決められておらず、2009年にはついに閣議決定で「どちらでもよい」とされた。日本人ならではの曖昧決着!?

アジア

東アジア

意外!? 外国人観光客に人気の「観光地ベスト3」

外国からの観光客に人気のスポットとして日本人が思い浮かべるのは「富士山」や「浅草」といったところだが、実はそうでもないようだ。旅行の口コミサイト「トリップアドバイザー」の調査によると、近年、外国人観光客に人気のスポットは次のようなスポット。このほかでは、奈良の東大寺や、箱根の彫刻の森美術館、金沢の兼六園、東京の新宿御苑なども人気だ。

伏見稲荷（京都）
全国にある稲荷神社の総本宮「伏見稲荷」。写真映えする「千本鳥居」のほか、拝観料が無料なこと、アクセスがよいことなどが人気の理由。

Photo by wani

広島平和記念資料館（広島）
原爆ドームや平和記念公園を含むこのスポットも、その歴史的重要性から訪れる外国人は多い。

宮島（広島）
日本三景にも数えられる安芸の「宮島」は外国人にも大人気。海に浮かぶ厳島神社の大鳥居ほか、その美しい景観は訪れるすべての人の心を打つ。

Photo by wani

Daikegoro / PIXTA（ピクスタ）

日本の 場所 渋谷スクランブル交差点

世界に紹介される日本という意味で象徴的な場所ともいえる交差点。FIFAワールドカップの試合後やハロウィンの日の賑わいのみならず、普段から人の行き来が絶えないこの場所は"Shibuya Crossing"として広く世界に知られる場所となっている。もちろん、外国人観光客にも人気の場所で、交差点内で写真や動画を撮影する姿も多く見られる。

▶「ロスト・イン・トランスレーション」「ワイルド・スピードX3 TOKYO DRIFT」など、ハリウッド映画にも何度も登場。

genki / PIXTA（ピクスタ）

長寿命化と出生率の低下で進む世界有数の「少子高齢社会」

男女ともに世界トップクラスの平均寿命を誇る日本。しかし、その一方では合計特殊出生率が1.3倍台を推移するなど少子化も急速に進行しており、世界有数の「少子高齢社会」となっている。少子高齢化が進むと、働き手となる若年齢層の人口が減り、一方で医療費や介護費が増えるため、国の経済に与える影響も大きい。2014年は現役世代2.4人で高齢者1人を支えている計算だったが、推計では2065年には現役世代1.3人で高齢者1人を支える社会になるという。

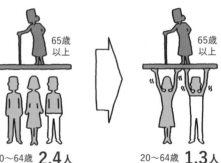

65歳以上 / 65歳以上

20〜64歳 **2.4人**
2014年

20〜64歳 **1.3人**
2065年

海外で喜ばれる日本土産は?
外国人に人気のお土産としては、風呂敷や折り紙、扇子、印鑑など、やはり和のテイストを感じさせるものが定番。そのほか、バリエーション豊富なスナック菓子なども人気だが、意外なところではボールペン、食品用ラップ、食品サンプルなどがそのクオリティーの高さから好評なのだとか。

17

GDP世界第2位！ 経済成長が著しいアジア最大の国

中華人民共和国 People's Republic of China

アジア

東アジア

政治の中枢であり、経済・学術・文化の中心地

中国の首都で、人口約1600万人の大都市。「千年の都」として飛躍的な発展を遂げ、多くの世界遺産がその歴史を物語っている。2008年と2020年にはオリンピックが行われ、史上初の夏冬開催都市となった。

日本でも有名になった激辛鍋「火鍋」は重慶人のソウルフード。南京・武漢と並ぶ中国の「三大火炉(ボイラー)」と呼ばれる重慶の猛暑をその辛さで乗り切るという。

中国のシンボル「天安門」、その前に広がる広大な空間は数々の歴史の舞台となった。

北京
天津
済南
西安
南京
上海
成都
武漢
杭州
重慶
広州
深圳

「北京」「上海」「天津」と並ぶ中国の直轄市

唯一内陸部に位置する直轄市で、3000万人以上の人口、北海道よりも広い面積の中国最大都市。雄大な景観の「山峡」、中国最大の滝がある「江津四面山」、巨大なカルスト地形の「天生山橋」など、豊かな自然もある。

中国の商業・金融・工業・交通などの中心地

長江デルタの河口域に広がる大都市で、商業、金融、工業、交通などの中心。市内および近隣には1万社近い日系企業が進出しており、バンコクに次いで在留邦人が多い都市になっている。

「北上広深」と数えられる四大都市の一つ

珠江デルタの北部にあり、華南地域の最大都市。古くから海外との貿易港として発展してきた。現在も「北京」「上海」「深圳」とともに「一線都市」に分類されている。

2021年に深圳上空で行われた、中国共産党創立100年の歴史的出来事を表現した5,200機のドローンショー。

面積	約960万㎢
人口	約14億2589.3万人(2021年)
通貨	人民元(CNY)
言語	中国語(公用語)／少数民族語など
宗教	道教／仏教／プロテスタント／カトリック／イスラームなど
民族	漢族など

500km

Photo by Eugeneonline

▲中国で2番めに人口が多い大都市「上海」。その高層建築群は現代中国の象徴的存在だ。

国土 ユーラシア大陸の東部を占める国で、面積はアジア最大、世界では第4位。東部は標高が低く、500m以下の平原や丘陵が続き、上海、北京、広州などの大都市は東部に多い。北部や中部には標高1,000m以上の高原や盆地が広がり、さらに西にはヒマラヤ山脈や天山山脈など標高4,000m以上の山脈やチベット高原がある。国土が広いため、気候も地域によって大きく異なる。北京を含む北部はステップ気候、南部はサバナ気候、南東部は温暖湿潤気候、西部の山岳地域は高山気候に分類される。

経済 1990年頃から急速に経済成長が進み、2010年にはGDPが日本を上回り、世界第2位になった。2030年前後にはアメリカを抜いて第1位になると予測する機関もある。自動車、パソコン、スマートフォン、各種家電などの製造業が発展しているだけでなく、農業、鉄鋼などの鉱業なども大きな産業になっている。

歴史 紀元前6000年頃から黄河流域で中国文明が発達。紀元前1600年頃には、最初の王朝である殷が生まれた(殷の前に夏王朝が存在したという説もある)。紀元前221年に、始皇帝が率いる秦が中国を統一。その後、さまざまな王朝が生まれ、支配する時代が続いた。1911年、孫文が辛亥革命を起こし翌年、中華民国が成立、最後の王朝・清は滅亡した。建国後、毛沢東(右)率いる共産党と蒋介石率いる国民党の間で内戦が起き、1949年、敗れた蒋介石は台湾に移り、勝利した毛沢東は中華人民共和国の樹立を宣言した。毛沢東はソ連をモデルとした社会主義体制の国づくりを進めたが、彼の没後を引き継いだ鄧小平は市場経済を導入。高度経済成長のきっかけになった。

▶世界文化遺産「秦始皇帝陵及び兵馬俑坑」。兵馬俑坑だけで2万㎢規模。兵馬俑は陶馬が600体、武士俑が約8,000体あり、すべて戦闘態勢で東を向いている。

文化 紀元前6000年頃から始まったとされる中国文明は、世界4大文明の一つ。周辺のアジア諸国を中心にさまざまな文化を伝えた。近年でも音楽、映画、ドラマなどは、アジア各国で双方に流通しており、影響を受け合っている。

人物 儒学者の孔子、孟子をはじめ、後世に名を残した哲学者は多い。近年では、映画監督チャン・イーモウ、俳優のチャン・ツィイー、ファン・ビンビン、美術家アイ・ウェイウェイらが有名。身長229cmのヤオ・ミン(右)はNBAヒューストンロケッツで活躍した。

日本との関係 弥生時代、九州にあった奴国の王が後漢の光武帝に使節を派遣するなど、古くから交流があった。鎖国や戦争により、交流が途絶えたり、関係が悪化したりした時期もあったが、中国から受けた影響は大きい。現在も日本にとって中国は最大の貿易相手国の一つであり、日系企業の海外拠点数で中国は第1位。

中国の **世界遺産**

万里の長城

中国に存在する城壁の遺跡。北方からの防御用に築かれていた土壁を秦の始皇帝がつなぎ合わせて整備したのが始まりとされ、その全長は万里(1里＝500m)をはるかに超える約2万km。現存する長城は6,259.6kmで、主に明朝時代に造営したもの。1987年に世界文化遺産に登録された。

アジア
東アジア

世界3大料理の一つ！ 各地で異なる「中国4大中華」

フランス料理、トルコ料理とともに中国料理（中華料理）は世界3大料理の一つになっている。ひと口に中国料理といっても地域によって異なり、その土地に応じた食材を使い、気候に合った方法で調理されている。

北京料理

山東省、山西省、河北省の料理を取り入れて生まれた。首都であるがゆえに、モンゴルなど少数民族の料理も取り込み、宮廷料理としても発展した。味つけは濃く、塩辛いのが特徴。「北京ダック」「ジャージャー麺」などが有名。

上海料理

新鮮な魚介類と豊富な農産物が手に入る地域特性を活かし、これらを使用し、味つけも素材を活かした薄味の料理が多い。有名な料理は「上海蟹」「小籠包」「芙蓉蛋（蟹玉）」など。

広東料理

「食在広州（食は広州にあり）」という言葉もあるほど味に定評があり、広く普及している。あっさりとした薄味が特徴で、「焼売（シュウマイ）」「叉焼（チャーシュー）」「雲呑（ワンタン）」などで知られる。

四川料理

夏は高温多湿で、冬は寒い気候に合わせ、唐辛子や山椒、胡椒など香辛料を多用し、痺れるような辛さの料理が多い。「麻婆豆腐」「干焼蝦仁（エビチリ）」「担担麺」「酸辣湯（サンラータン）」などは四川で生まれた。

中国の 動物　ジャイアントパンダ

中国を代表する動物。生息数は少なく、絶滅危惧種に指定されている。動物園や研究施設で飼育されているものが約200頭、野生種が約1,600頭だといわれている。共同研究などの名目で海外に貸与（現在はワシントン条約により譲渡や売買は禁止）されることもあり、日本でも東京の上野動物園や和歌山のアドベンチャーワールドで飼育されている。

中国の 食

水餃子

ゆでて湯切りをした餃子。日本では焼餃子が主流だが、中国では圧倒的に水餃子が多く、主食として食べられている。また、にんにくやキャベツを入れる習慣はない。餃子の形が昔のお金の形に似ていることから、旧正月に食べるなど縁起物としても定着している。

生産量世界第1位の製品が多数 GDP世界第2位の「経済大国」に！

中国では1970年代末から改革開放政策を始め、経済特区や経済技術開発区を設けた。海外企業による工場建設や投資が活発になり、沿岸部を中心に軽工業からハイテク企業まで、さまざまな工場が造られていった。1990年代には、テレビやエアコンなどの家電製品、衣服、おもちゃなどの日用品の工場数が世界一になった。2001年のWTO加盟をきっかけに工業製品の輸出はさらに増加。2010年にはGDPが日本を抜き、世界第2位になった。現在もパソコン、自転車、バイク、デジカメ、スマホ…など、生産量世界第1位の製品が多数ある。

▶自動運転車に使われる最新技術搭載のロボット掃除機が安価に販売されるなど、中国家電の「安かろう悪かろう」は今は昔。

鉄道総延長は世界第2位 「高速鉄道」は4万km超!

鉄道の総延長は高速鉄道を含めて15万kmを超え、アメリカに次ぎ世界第2位で、現在も延伸中だ。高速鉄道網の整備は特に重点的に行われている。2007年の本格的な高速運転開始後、各地で新規建設や既存線路の高速化工事が進み、2021年末には総延長が4万kmを超えた。ここ数年は1年で3,000kmほどのペースで工事が進んでいる。日本の新幹線の総延長は3,300kmなので、そのスピード感は驚異的だ。

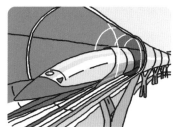

◀計画では、2035年までに鉄道の総延長を約20万km、うち高速鉄道は約7万kmにするとしている。また、時速1,000kmを超える超高速リニアモーターカー「高速飛車」の開発も進んでいる。

中国の 鉄道

青蔵鉄道

世界最高所を走るチベット自治区内初の鉄道。青海省西寧と首府のラサを結ぶ。全長1,956kmのうち、約半分が標高4,000mの高所で、一部は永久凍土の上も含まれる。世界最高所5,072mの地点や最高所の「唐古拉」駅(5068.63m。途中下車は不可)も通る。客車内には酸素吸入用の設備があるなど、乗客の高山病にも備えている。

世界規模のIT企業が誕生! 「BAT」に加えて「TMD」も

IT企業といえば、アメリカの「GAFA(Google/Amazon/Facebook(Meta)/Apple)」が有名だが、中国の「BAT」も上記4社と引けを取らないほど注目されている。検索エンジンの「Baidu(百度:バイドゥ)」、楽天市場のようなECサイトやスマホ決済のAlipayを運営する「Alibaba(阿里巴巴:アリババ)」、SNSのWeChatやスマホ決済のWeChatPayに加え、オンラインゲームが人気の「Tencent(騰訊:テンセント)」の3社だ。さらにBATの基盤を利用してサービスを行う「TMD」も現れた。TikTokを運営するバイトダンスが親会社で、会社自体はニュースアプリで知られる「Toutiao(今日頭条:トウティアオ)」、フードデリバリーと口コミサービスで大きなシェアを誇る「Meituan-Dianping(新美大:メイチュアン)」、日本を含め世界400以上の都市で配車サービスを行う「Didi Chuxing(滴滴出行:ディディ)」がその3社だ。

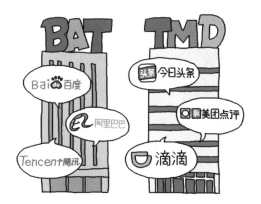

中国の 人

馬雲(1979〜)

浙江省杭州市出身の起業家。英語名ジャック・マー。中学・高校時代の成績は振るわず、三輪自動車の運転手となるが一念発起し、杭州師範学院(現・杭州師範大学)英語科に入学。卒業後は大学講師や政府機関での勤務を経て、1999年にB2Bサイトであるアリババネットを創業。世界最大級の規模に成長させた。2003年にはオンラインモール淘宝網を開設。2019年、アリババグループの会長職を退任。翌年には取締役も退任した。

「農業生産高」も世界一! 日本への輸出が最多

中国では黄河と長江の流域をはじめ、広大な平野を利用して古くから農業が行われてきた。現在も「農業生産高」は世界第1位だ。米、小麦、キャベツ、じゃがいも、落花生、茶、たばこなどは品別でも首位を誇り、海外へ輸出される農産物も多い。ちなみに中国にとって、食料品輸出先は日本が第1位で、日本にとっても中国がいちばんの輸入相手先になっている。

◀中国の農業や農村は近代化が大きく進展し、着実に農作物の供給を確保しているという。

電子産業とエンターテインメントを引っ張る先進国

大韓民国 Republic of Korea

面積	約10万km²
人口	約5163万人（2022年）
通貨	韓国ウォン（KRW）
言語	韓国語（公用語）
宗教	仏教／プロテスタント／カトリックなど
民族	朝鮮民族

国土 ユーラシア大陸の東端、朝鮮半島の南側に位置する。東は日本海、西は黄海、南は東シナ海に面している。韓国の釜山と日本の対馬は、約50kmと近い距離にある。国土は日本の4分の1ほどで、6割は山岳地帯。気候は四季があり、南部は温帯気候、北部は亜寒帯気候。冬のソウルはマイナス温度に達する。

◀韓国の総人口の約5分の1が住んでいる国際的な大都市である首都「ソウル」。

「八方美人」は誉め言葉!?
日本では、誰にでもよく思われようと愛想よく振る舞う意味の「八方美人」。韓国では、非の打ちどころがなく、いろいろな才能があるという意味の誉め言葉として使われている。

経済 朝鮮戦争で大きな被害を受け、経済は世界的最貧国レベルに落ち込んだが、朴正煕大統領が経済開発5か年計画を発表。ベトナム戦争参戦で得たドル資金と日韓基本条約に基づいた円借款、日米による技術援助などにより、鉄鋼業や石油化学などの重化学工業を中心に経済が急発展。輸出は船舶、半導体、通信機器、自動車など。IT産業も盛ん。

歴史 4世紀頃は高句麗、百済、新羅の3国に分かれていたが、7世紀後半に新羅が半島を統一。14世紀は朝鮮王朝が支配した。1910年に日本が占領。第二次世界大戦後は、南部をアメリカ、北部をソ連が支配し、1950年に南北で朝鮮戦争が起きた。1953年に休戦協定が結ばれたが、今も緊張状態が続いている。

◀「韓服」、あるいは「チマチョゴリ」と呼ばれる伝統衣装。着用され始めたのは15世紀頃で、「チマ」は「スカート」、「チョゴリ」は「短い上衣」を表すことから女性が着る伝統衣装のことを指す。男性にも「パジチョゴリ」という非常によく似た伝統衣装がある。

文化 第4代国王の世宗が取り入れた儒教は、現在まで国民生活に深く浸透。また、K-POPや韓流ドラマなどのポップカルチャーは、韓国内のみならず、日本や海外にも広がっている。

人物 近年、エンターテインメント業界の躍進が著しい。音楽ではPSYの「江南スタイル」、BTSの「Dynamite」が全米チャートでも上位を記録。映像では、日本でも一世を風靡したTVドラマ「冬のソナタ」（ユン・ソクホ監督）をはじめ、「パラサイト 半地下の家族」（ポン・ジュノ監督）、「イカゲーム」（ファン・ドンヒョク監督）などが注目を集める。

日本との関係 海を挟む隣国として、古くから経済、文化、芸術、スポーツなどでさまざまな交流がある。近年の貿易では、日本への輸出は第5位、輸入は第3位となっている（2021年）。

韓国の食

キムチ

白菜や大根、きゅうりなどを唐辛子、にんにくなどの薬味とともに漬けて発酵させた韓国の漬物。日本でも人気で、韓国の食卓にはかかせない。スーパーマーケットでも購入できるが、自家製で作る文化もある。毎年、立冬前後から冬の期間のキムチを作る伝統行事「キムジャン」は世界無形文化遺産。

アジア
東アジア

「北緯38度線付近」を境に分断 現在も南北の緊張状態は続く

朝鮮半島は第二次世界大戦終戦後、南部はアメリカ、北部はソ連によって支配される。1950年から朝鮮戦争が始まり、1953年に休戦協定が結ばれたが完全な終結には未だ至っていない。南北の境界線である「北緯38度付近」には、軍事境界線を挟んで幅約4kmの非武装地帯が設けられ、お互い緊張状態にある。2018年、11年ぶりの南北首脳会談が行われたが大きな進展はなかった。

◀北緯38度線上の「板門店」を境に、それぞれの軍が警戒にあたる。「境界線を越えた者、相手兵士と会話した者は即処刑される」ことになっている。

男性は、ほぼ全員に兵役義務
韓国人男性は、満18歳で徴兵検査対象者となり、心身等に問題がなければ、満20〜28歳の誕生日を迎える日までに入隊が義務づけられている。俳優やスポーツ選手などでも基本的に免除されず、服務期間は18〜21か月の場合が多い。

急拡大する「韓国経済」 世界有数の企業も!

1960年代から政府主導のもと、輸出に重点を置いた経済開発が行われ、財閥を中心に急成長し、「漢口の奇跡」と呼ばれた。1996年、OECDに

Bundo Kim on Unsplash

加盟し、先進国となった。翌1997年のアジア通貨危機では影響を受けたが、外国資本の導入や産業の整理などを進め、さらなる発展につなげた。その結果、サムスンは世界最大の総合家電メーカーに、ヒュンダイはホンダを抜く自動車メーカーに成長。LGは有機ELテレビ、PCモニターなどで世界シェア第1位を獲得している(2022年)。

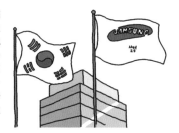

▶韓国4大財閥の売り上げは、国の全上場企業の50%、総純利益の60%を占める。また、IT先進国としてインターネット速度は、モバイルで世界ランキング上位に位置している。

15世紀に国王主導で作られた 朝鮮民族独自の文字「ハングル」

朝鮮半島では中国の漢字を文字として使っていたが、言語は中国とは異なり、正確に表現することに限界があった。15世紀、朝鮮王朝第4代国王の世宗は当時の有名な学者を集め、「ハングル」を考案。ハングルは発音に合わせて作られた表音文字で、10の母音と14の子音を組み合わせて表される。

◀ハングルの成り立ち、原理が書かれた解説書「訓民正音」。木版で印刷されている原本は、文字創成の記録書として国宝第70号に指定され、1997年に世界記録文化遺産に登録された。

韓国の マナー

テーブルマナー
日本とは異なる韓国の食事の作法。韓国では箸とスプーンは縦に置き、茶碗やお皿は置いたまま食べる(手で持ち上げて食べてはいけない)、食事中の箸やスプーンはテーブルもしくは箸置きに置く。日本では正しいとされる作法が、韓国ではマナー違反になる場合もある。

Markus Winkler on Unsplash

東シナ海

中国　　●台北

南シナ海　　　　　　　　　　　　250km

台湾 Taiwan

面積	約3.6万k㎡
人口	約2326万人（2022年）
通貨	新台湾ドル（TWD）
言語	北京語／台湾語／客家語など
宗教	仏教／道教／キリスト教など
民族	漢族など

DATA

アジア

東アジア

地理 日本の琉球諸島（八重山列島）の西方、アジア大陸東南の沿海に浮かぶ台湾本島と周辺の島々で構成される。面積は九州とほぼ同じ大きさで、本島は南北約394km、東西約144km。土地の7割が山岳地帯で、島中央部には5つの山脈が連なり、富士山より高い玉山（3,952m）もそびえる。北回帰線を境に、北は亜熱帯気候、南は熱帯気候で、年間を通じて温暖。

経済 第二次世界大戦後は、軽工業から重工業にシフト。ベトナム戦争特需にも恵まれ、飛躍的な成長は「台湾の奇跡」ともいわれた。1980年代後半から自転車、2000年頃からは電子製品や情報通信機器の製造が主要産業となった。半導体受託製造分野では、トップ企業のTSMC社を有しており、世界の60%以上のシェアを占めるなど影響力がある。

歴史 1624年、オランダが占領。1683年に清が台湾を支配するも、日清戦争に敗れた清が日本に割譲。1945年、日本が太平洋戦争で敗れ、再び中国領に。1949年、中国本土で敗れた中華民国の蒋介石が台湾を統治した。

文化 祭事や宗教など、ごく一部で先住民の文化が残るが、基本的には漢族の文化が浸透している。海外文化では、日本の影響が最も大きい。日本語の単語の使用や、弁当や温泉などの日本式の習慣が残っている。近年、若者を中心に日本のアニメ、音楽、ゲームなどに興味をもつ「哈日族」（ハーリージュー）が登場し、訪日する台湾人も多い。

人物 日本で活躍した台湾人や台湾出身の人は多く、プロ野球で活躍した王貞治は生まれは東京だが、父親が中華民国出身。日本で数々のヒット曲を出した歌手のジュディ・オング、テレサ・テン、ビビアン・スーらも台湾出身。中でもテレサ・テンはアジア全域で爆発的な人気を誇り、1995年に亡くなった際には台湾政府主導で弔われた。

◀台北のシンボル的存在ともいえる「台北101」（中央左のビル）。名前の由来は地上101階であることから。

Frolda on Unsplash

台湾の 健康 肥満率

日本の厚生労働省にあたる衛生福利部が発表した「国民栄養健康状況変遷調査成果レポート」による統計では、近年、台湾の肥満率が上昇し、成人の肥満率は45%を超えた。背景には外食中心であることや油っぽい料理が多いことが考えられ、デザートや飲料による糖の過剰摂取なども挙げられる（日本でも人気の「タピオカミルクティー」は、1食分に近いカロリー）。スポーツを好む割合が低く、通勤はスクーターによる移動で歩く機会が少ないことも理由の一つといわれている。

日本との関係 1895～1945年の約50年にわたって日本による統治が続き、台湾在住の高齢者には日本語が話せる人も。1972年の日中共同声明により断交という形になったが、「非政府間の実務関係」は維持。経済的、文化的な交流は盛ん。

本土と台湾で「ぶつかり合う主張」台湾を承認する国は少数派

中国、台湾とも、台湾の土地は自分たちに支配権があると主張している。世界のほとんどの国は、中国側の正当性を認めている。台湾を承認している国は、バチカンやパラグアイなど14か国のみ（日本やアメリカも非承認）。それでも在外公館と同様の施設（日本では台北経済文化代表処）を設置するケースは多く、国際交流は行われている。

▶ 2022年8月、アメリカのナンシー・ペロシ下院議長が台湾を訪問したことで、中国側は「極めて危険」だと非難し、米中間の緊張関係が高まった。

冷え込んでいた台中間だが、直行便が復活！

1949年の蒋介石による台湾統治以降、台湾と中国の関係は冷え込み、ほぼすべての交流が途絶えた。1979年、中国側から「通商、通航、通郵」の申し入れがあったが、台湾側は拒否。しかし、香港やマカオが中国に返還され、これら地域を経由して行き来する人が現れた。2008年、台湾が中国国民党の馬英九政権になると、政策を転換。約60年の間、止まっていた台湾～中国間の直行便も飛ぶようになった。

日欧の技術を取り入れた台湾版新幹線「台湾高速鉄道」

2007年から運行を始めた「台湾高速鉄道（台湾新幹線）」。現在は、台北の南港駅と高雄の左営駅間、348.5kmを約1時間半で結ぶ。車両など日本の技術をベースに、配電、制御などの一部の技術は欧州が担うことになった。現在の車両は東海道山陽新幹線でかつて使用されていた700系をベースにしたもので、車内もそっくり。最高速度は時速300km。

▲ 開通前は4時間かかっていた区間が「台湾新幹線」により半分以下の時間になり、多くの人が航空機からシフトした。

官民一体で「半導体王国」へ最先端工場が建設ラッシュ

1970年代から政府プロジェクトとして、電子産業を推進。2022年現在、世界1位のTSMC、3位のUMCともに政府の支援を受けて創業した。北部にある新竹科学工業園区（サイエンスパーク）は「台湾のシリコンバレー」とも呼ばれ、大学や半導体工場が並ぶ。現在、最先端半導体の9割以上を台湾企業が生産している。

台湾の **市場** **土林市場**

多くの街に夜市が存在している、台湾最大規模の市場。夜になると地元民や観光客が訪れ、活気にあふれる。服や雑貨を売る屋台もあるが、ほとんどは食べ物。通りは客たちの声で賑わい、美味しそうな料理の香りが漂う。屋台の多くは深夜まで営業しており、台湾人の約9割が外食やテイクアウトに利用しているという。

森の中を走る「阿里山森林鐵路」

台湾中部、嘉義と阿里山を結ぶ「阿里山森林鐵路」は日本統治時代に木材運搬用として造られた鉄道だが、戦後は観光に利用されている。標高差が2,250m以上もあり、ループ線やスイッチバックと呼ばれるジグザグの線路をゆっくり登る。祝山駅そばの展望台から眺める日の出が観光客に人気があり、日の出時間に合わせた御来光列車も走る。

▲ 日本でも「TSMC半導体工場」の建設が予定されており、ソニーとの共同出資で子会社を設立、場所はソニーグループ工場のある熊本県に決定した。2022年より着工し、2024年の稼働を予定している。

見渡す限りの大草原に遊牧文化が残る国

モンゴル国 Mongolia

面積	約156.4万km²
人口	約341万人（2021年）
通貨	トグログ（MNT）
言語	モンゴル語（公用語）／カザフ語
宗教	伝統信仰／チベット仏教など
民族	モンゴル人など

国土 ユーラシア大陸の東部にあり、北をロシア、南を中国に挟まれた内陸国。北部は4,000mを超える山々が連なり、南部にはゴビ砂漠が広がる。冬は寒く、-40℃になる日もある。雨は少ない。

経済 銅、石炭、金などの豊富な鉱物資源を活かした鉱業が輸出の中心。牧畜業も盛んで、羊や山羊がほとんど。世界的に有名なカシミアは、約90％が原毛のまま輸出される。

歴史 1206年、チンギス・ハーンが建国。中国北部からヨーロッパ東部まで勢力を拡大するが、漢民族の反撃により、勢力が徐々に縮小。1669年には清の支配下に置かれる。1924年、モンゴル人民共和国として独立。1990年の民主化により、社会主義体制を放棄。1992年、モンゴル国に改名。

文化 遊牧の文化があり、音楽や楽器なども遊牧の影響を受けている。食文化も羊、山羊、牛などの食材が発展。乳製品は多彩。

厳しい気候の中、家畜を育てる 想像よりも大変な「遊牧生活」

減りつつあるが、今も国民の約10％、30万人ほどが羊などとともに「遊牧生活」を送っている。遊牧という言葉から、草地をめざして気ままに移動する姿を想像する人がいるかもしれないが、春夏秋冬の年4回移動し、毎年同じ場所に滞在するケースが多いようだ。出産ピークが重なる春の天候は快適だが、羊の毛刈りや馬の去勢に追われる夏、干し草刈りや乳製品づくりなど冬に備える秋、そして、-30℃近い気温が4か月も続く冬と厳しい生活だけに、遊牧をやめて都市で暮らす人も増えている。

▶遊牧民は移動式住居の「ゲル」で暮らす。最近は、太陽光パネル、蓄電池、パラボラアンテナつきもある。

◀1206年、モンゴルを統一した「チンギス・ハーン」は、今でも建国の父として国民から尊敬されている。ウランバートルにあるモンゴル最大の空港の名前も「チンギス・ハーン国際空港」だ。

土俵ナシ、手のひらならついてもOK 国民に人気の「ブフ（モンゴル相撲）」

ひと言で「ブフ」といっても、地域によってルールは異なる。最も知られている「ハルハ・ブフ」は、胸が大きく開いている長袖のベスト（ゾドグ）と短いパンツ（ショーダグ）、ブーツ（ゴタル）を着用して行う。土俵はなく、相手の身体（手のひらを除く）を地面につければ勝ち。「投げる」か「倒す」が基本になる。

7月に行われる国民的祭り「ナーダム」

「ナーダム」はモンゴル語で「祭り」を意味し、7月に各地で開かれる。ブフ、競馬、弓射の3競技が行われることが多い。中でもウランバートルで行われる国家ナーダム（イフ・ナーダム）が最大規模で、毎年7月11〜13日の3日間にわたり開催される。

モンゴルの人　白鵬 翔（1985〜）

ウランバートル出身の元相撲力士。2001年3月場所で初土俵を踏むと、2007年、夏場所後の22歳で69人めの横綱に昇進。以後、数々の名勝負を残した。2019年に日本国籍取得。2021年9月場所で引退。通算1,187勝247敗253休。12月には、優勝45回、通算1,187勝、幕内1,093勝、幕内全勝優勝16回、横綱在位84場所の5項目がギネスブックに認定された。

アジア　東アジア

朝鮮民主主義人民共和国 North Korea

面積	約12万km²
人口	約2578万人（2020年）
通貨	北朝鮮ウォン（KPW）
言語	朝鮮語（公用語）
宗教	仏教／キリスト教など
民族	朝鮮民族

国土 朝鮮半島の北半分に位置し、北は中国、ロシア、南は韓国と接する。国土の多くを山地が占め、中国との国境には聖地・白頭山がそびえる。亜寒帯冬季少雨気候で、夏は涼しく、冬の寒さは非常に厳しい。

経済 経済状況は厳しく、食糧やエネルギー、外貨などの不足に苦しんでいる。最大の貿易相手は中国だが、2020年以降はその規模を大きく縮小している。

歴史 日本による統治を経て、第二次世界大戦後、朝鮮半島はソ連に北緯38度以北を、アメリカに北緯38度以南を占領され、南北に分断。1948年に北朝鮮が建国される。現在は金日成、金正日、金正恩と3代にわたり金一族が世襲で実権を握る、朝鮮労働党による一党独裁国家。

文化 食文化はキムチや冷麺が有名で、女性の民族衣装チマ・チョゴリも広く知られている。

住宅不足の平壌で80階建ての「タワーマンション」を1年で建設!?

住宅不足問題を背景に、朝鮮労働党は住宅建設に注力している。2022年4月には、1年で建設したという80階建ての「タワーマンション」もお披露目された。竣工式には金正恩総書記も参加し、朝鮮中央テレビの看板アナウンサー、リ・チュニさんへ高級アパートをプレゼントした。朝鮮労働党は2025年までに毎年1万戸ずつ、首都の平壌に合計5万戸の住宅を新築する方針である。

▶平壌には105階建ての、ピラミッド型超高級ホテル「柳京ホテル」もある。1987年に着工したが、いまだ完成はしていない。

◀聖地・白頭山には、朝鮮民族の祖・檀君が誕生したという伝説が残る。

朝鮮戦争はまだ終わっていない!?
1950年に勃発した北朝鮮と韓国による朝鮮戦争は、休戦協定が締結された、あくまでも休戦状態。戦争は終戦しているわけではなく、軍事境界線上の板門店には両国の軍が警備にあたっている。

「メーデースタジアム」は世界最大のスタジアム

平壌の景勝地である大同江の綾羅島にある「メーデースタジアム」は、なんと収容人数15万人に上る世界最大のスタジアム。1989年5月に竣工し、2014年10月には、スポーツ好きといわれる金正恩総書記からの「世界的レベルに改装せよ」との指示により、改装が行われた。同スタジアムの近くには平壌国際サッカー学校があり、未来のサッカー選手が育っている。同スタジアムは大規模なマスゲームが行われていたことでも有名。

◀「メーデースタジアム」では、1995年4月にアントニオ猪木氏がメインイベンターを務めたプロレスイベントも開催された。

北朝鮮の 世界遺産
高句麗古墳群
中国東北部から朝鮮半島にかけて、紀元前37年頃から668年まで存在していた王国、高句麗。その中後期に造られた古墳群で、4〜5世紀頃の生活風習がよくわかる壁画が残されている。

香港 中華人民共和国香港特別行政区　Hong Kong

面積	約0.1万㎢
人口	約740万人（2021年）
通貨	香港ドル（HKD）
言語	広東語・英語（公用語）
宗教	道教／仏教／プロテスタント／カトリック／イスラームなど
民族	中華系など

地理 中国南部にある中国の特別行政区（SAR）で、面積は東京都の約半分。世界有数の人口密集地域。亜熱帯気候で高温多湿だが、冬は10℃を下回る日もある。

経済 アジアの金融経済における主要都市の一つ。低税率と自由貿易を特徴とし、通貨の香港ドルは世界第8位（2019年）の取引高を有する。電気・電子機器、精密機械の製造など工業も盛ん。

歴史 1842年に南京条約で香港島が、1860年に北京条約で九竜半島の先端（約9.7㎢）が英国領土となる。1898年、英国はさらに235の島を含む新界の99か年にわたる租借を確保する。1984年に中英による香港返還問題が妥結し、1997年7月1日、中国に返還された。

文化 日常生活、食生活など、中国本土からの影響が最も大きいが、イギリスの統治下にあったため、生活様式や考え方など欧州的な部分もある。

中国領ながら資本主義を維持 世界初の「一国二制度」

　1997年にイギリスから返還された香港は中国の特別行政区で、中国本土とは異なる行政機関が設置され、独自の法律が適用される。「一国二制度」とも呼ばれるこの制度は、中国本土の社会主義、香港の資本主義が併存して実施される世界初の試み。2047年までは同制度が維持されることが決まっているが、その後はわからない。

▲「香港」は、東京、ロンドン、ニューヨーク、シンガポール、上海と並ぶ世界都市の一つ。ビクトリア・ハーバーからの眺めは「100万ドルの夜景」と呼ばれ、世界3大夜景に数えられる。　genki/PIXTA（ピクスタ）

香港の夜景は光と音のショー
ビクトリア・ハーバーで行われる「シンフォニー・オブ・ライツ」は、「世界最大の光と音のショー」としてギネスにも登録されている。新年など、特別な日には花火も打ち上げられる。

世界で唯一の全車両2階建て 香港の街を走る「香港トラム」

　1904年に香港島で運行を開始した路面電車。現在は、香港島東側の筲箕湾と西側の堅尼地城を結ぶ本線と、中央の跑馬地方面を周回する支線がある。開業時は1階のみの車両だったが、1912年に2階建て車両が導入され、以後は2階建て車両のみになった。約250m間隔で120の電停が設置されている。

▶ラッシュ時は、90秒間隔で運行する「香港トラム」。全面広告が施された車両が過半数を占める。

香港の人　ジャッキー・チェン（1954〜）

香港出身のアクション映画俳優。1962年の「大小黄天覇」でデビューするが、無名時代が続き、俳優業を離れた時期もあった。1978年、ユエン・ウーピン監督「スネーキーモンキー 蛇拳」のヒットで脚光を浴びる。1980年代になると、「プロジェクトA」など自ら主演・監督を行う作品も公開。ハリウッドにも進出し、「ラッシュアワー」シリーズで世界的スターになった。

マカオ 中華人民共和国マカオ特別行政区　Macao

面積	約33㎢
人口	約68.3万人(2020年)
通貨	マカオ・パタカ(MOP)
言語	広東語・ポルトガル語(公用語)／英語
宗教	道教／仏教／カトリック／プロテスタント／イスラームなど
民族	中華系など

地理 香港の南西64kmに位置し、中国広東省珠海市に隣接するマカオ半島と2つの島(タイパ島・コロアネ島)から構成されている。タイパ島・コロアネ島間は埋め立てが進んでいる。

経済 観光・カジノ産業がGDPの約8割を占める。新型コロナウイルス感染症の影響で大打撃を受けるが、中国本土との往来制限緩和を受け、現在は回復傾向にある。

歴史 1845年、ポルトガルがマカオ自由港の成立を宣言。1888年にはポルトガル・清友好通商条約を締結し、ポルトガルのマカオに対する行政権が法的に確立する。1987年、マカオ返還の共同声明調印。1999年12月に中国に返還された。

文化 歴史地区にある古跡30か所が世界文化遺産に認定。400年以上にわたる東西文化交流の軌跡を窺い知ることができる。市街地レース「マカオグランプリ」は世界的に有名。

世界屈指の「エンタメシティ」に新交通システムが開通

これまでマカオの公共交通機関といえばバスとフェリーだったが、2019年、タイパ島でマカオ初の鉄道となる澳門軽軌鉄路(LRT)の運行が始まった。開業から3年、コロナ禍で利用者数は伸び悩んでいたが、新交通システムへの期待は再び高まっている。

◀マカオの「カジノ」は160年以上前から存在したが、快進撃が始まったのはマカオが中国に返還された1999年から。外国資本を受け入れたことで2006年にはラスベガスを抜き、世界のトップになった。

▶ユニクロは、2020年に世界遺産「聖ポール天主堂跡」前に新店舗をオープン。近年、マカオでは日系大手小売業の進出が相次いでいる。

世界最長の橋「港珠澳大橋」が開通

2018年、中国本土の広東省珠海市からマカオを経て、香港を結ぶ世界最長の橋「港珠澳大橋(全長55km)」が開通した。マカオ〜香港間は、フェリーによる移動手段にバスという選択肢が加わり、利便性が向上した。

カジノだけではないマカオの魅力「ホテル開発」

マカオでは近年、カジノ産業への依存から脱却しようという動きが進んでいる。特に力を入れているのが「ホテル開発」。ギャラクシーマカオの「フォーチュン・ダイヤモンド噴水ショー」や、スタジオシティにある世界初の8の字型観覧車「ゴールデン・リール」など、世界最高峰のエンターテインメントを楽しむことができる。

◀中国で幸運のシンボルとされる、8の字型の観覧車「ゴールデン・リール」。さまざまなアングルからマカオの風景を楽しめる。

マカオの 食　マカオ料理

16世紀の大航海時代を経て、東西の食文化が融合し、誕生した料理。ポルトガル料理を源流とし、船乗りたちが立ち寄ったアフリカやインド、東南アジアの食材、そして中華料理のエッセンスをすべてまとめて楽しむことができる料理だ。塩漬けした干し鱈の切り身が入ったコロッケ「バカリャウコロッケ」や、鶏肉のグリルに香辛料やココナッツミルクを加えた「アフリカンチキン」(右上)などが有名。

アジア

東アジア

約300の民族と多様な動植物が暮らす世界最大の島国

インドネシア共和国 Republic of Indonesia

ジャカルタ（ヌサンタラに移転予定）
500km
オーストラリア

面積	約192万km²
人口	約2億7000万人（2020年）
通貨	ルピア（IDR）
言語	インドネシア語（公用語）など
宗教	イスラーム／プロテスタント／カトリックなど
民族	ジャワ人／スンダ人など

国土 東南アジア南東部に位置し、大小約1万7,000の島々で構成される。面積は日本の約5倍。約130の火山のうち80は活火山で、地震も多

◀ジャカルタ首都特別州、通称「ジャカルタ」。同国最大の都市で、都市圏人口は東京に次いで世界第2位。

ジャカルタからヌサンタラに首都を移転

人口の一極集中、地盤沈下や地震の災害リスクなどから、古くからジャカルタからの首都移転構想があったが、2022年1月に議会で移転が正式に決まった。移転先はボルネオ島の北西部で、名称はヌサンタラ。森の中にゼロから都市を建設する。2024年から順次移転を開始し、2045年に完了をめざしているが、予算や環境面から反対者も多い。

い。赤道直下にある熱帯雨林気候で、気温は一年を通して25～30℃。雨が多く、年間降水量が4,000mmを超える地域もある。

経済 農業・漁業従事者が多く、農業では米、とうもろこし、油やし、ゴム、コーヒーなどが栽培されている。地下資源も豊富で、石炭、天然ガス、ボーキサイトなどの輸出も多い。

歴史 13世紀末、ジャワにマジャパイト王国が誕生。1602年、オランダがジャワに東インド会社を設立し、植民地として支配する。独立を認めないオランダとの間で戦争が勃発。1949年に勝利し、独立を宣言。1976年に東ティモールを併合するが、2002年に東ティモールは独立した。

文化 国民はジャワ人が多いが、約300の民族が住む。言語、文化、宗教、風習などが異なり、それぞれが自分たちの伝統を守っている。

インドネシアの 🍴食 ナシゴレン

日本でも人気のあるインドネシアの家庭料理。「ナシ」は「ご飯」、「ゴレン」は「油でいためる、あげる」を意味する。チャーハンのような料理で、野菜や目玉焼きなどを一皿に盛りつける。日本同様にインドネシアの主食は米で、日本の米とよく似ている。

人物 スカルノ初代大統領は、建国の父とされている。しかし、軍との対立が深まり、1966年には実質的に政権を奪われ、最後は幽閉状態で死を迎えた。

▲日本人でタレント活動をしているデヴィ夫人は、スカルノ大統領の第三夫人。

日本との関係 第二次世界大戦中の1942年、日本がオランダ軍を破ったことが、オランダからの解放とインドネシアの独立支援につながったため、日本に対して好印象をもつ人が多い。なお、日本はASEANの中でもトップレベルの資金援助を行っている。

世界的に珍しい種が多い「メガダイバーシティ国」

広大で緑豊かな土地をもつインドネシアは、ブラジルに次ぐ「メガダイバーシティ国（多種・多様な生物が生息している国）」。インドネシアだけにしか生息しない動物や、他国で絶滅の危機に瀕している動植物が多い。ただし、そのインドネシアでも近年、環境破壊や生物種の減少が懸念されており、その要因として森林伐採、密猟、乱獲などが指摘されている。

▶世界で最も重量があるコモドオオトカゲは、「コモドドラゴン」とも呼ばれる。全長3m、70kgほどになるものもいて、シカ、サル、ヤギなどを食べ、人を食べたこともある。

◀世界で最も小さい「スマトラトラ」は、世界で最も南に生息しているトラでもある。密漁により、野生の個体数は500頭未満と推測されている。

手つかずの大自然! インドネシア初の国立公園

ジャワ島西端のウジュン・クロン国立公園はインドネシア初の国立公園で、世界遺産にも登録されている。

▶絶滅危惧種の「ジャワサイ」はこの公園でしか見られない。

インドネシアの 踊り 民族舞踊

多民族国家だけに、その民族に伝わる舞踊もそれぞれ異なり、多くの種類がある。バリ島に伝わるワリ舞踊、ブバリ舞踊、バリーバリハン舞踊は、2015年に世界無形文化遺産になった。アチェ州伝統のサマンダンスは継承が危惧され、無形文化遺産の緊急保護リストに登録されている。

多様な民族が暮らす中、「多様性の中の統一」をめざす

インドネシアには、古くから約300の民族が暮らしている。政府は「多様性の中の統一（Bhinneka Tunggal Ika）」を掲げ、全民族の共存をめざしている。最大の民族はジャワ人で約4割を占める。元はジャワ島の民族だったが、今は全土に住み、初代スカルノ大統領や2代めスハルトもジャワ人。2番めに多いのがスンダ人、3番めがマドゥーラ人と続く。各民族それぞれ、言語、宗教、歴史などが異なる。言語は自分の民族の言語とインドネシア語の両方を話す人が多い。

▶ジャワの伝統や慣習は代々先祖から受け継がれ、伝統信仰の「ケヴァジャン」や、布にろうけつ染めを施す「バティック」（右）は今も残る。

世界最大の仏教遺跡「ボロブドゥール寺院」

ジャワ島中部にある「ボロブドゥール寺院」は、8～9世紀に建てられた大乗仏教の遺跡。全高約35m、最下部の基壇は一辺約120mのほぼ正方形に近い形で造られ、仏教遺跡としては世界最大。下部は6層の方形壇と上部3層の円形壇からなり、その構造は仏教の三界（欲界・色界・無色界）を表している。総延長5kmに及ぶ方形壇の回廊の壁には、ブッダの生涯やインドの説話が1,460面にわたって彫られている。

▶「ボロブドゥール寺院」では、基壇から頂上部に上るにしたがい、悟りが開けるといわれている。432体の仏像と、72基の釣鐘型卒塔婆（ストゥーパ）の内部にも1体ずつ仏像が納められている。

▶天を突く仏塔が印象的な世界遺産「プランバナンの寺院群」。ヒンドゥー教と仏教にまつわる複数の寺院で構成されている。

急速に経済発展を遂げた多民族国家

シンガポール共和国 Republic of Singapore

面積	約720km²
人口	約569万人（2020年）
通貨	シンガポールドル（SGD）
言語	マレー語（国語・公用語）／英語・中国語・タミール語（公用語）
宗教	仏教／キリスト教／イスラーム／道教など
民族	中華系／マレー系など

国土 東南アジアのほぼ中央、マレー半島の南にある島国。シンガポール島を含む大小63の島で構成され、面積は東京23区とほぼ同じ。地形はほぼ平坦。高温多湿の熱帯雨林気候で、一年中蒸し暑く、季節風が吹く11〜3月は雨が多い。

経済 金融・輸送分野を中心に、サービス業が最大の産業になっている。陸海空すべてが便利な立地に加え、政府による税金の優遇措置などもあり、外国企業が多数進出。1人当たりのGDPは7万2,000ドルを超えて世界第5位、アジアでは首位となっている（2021年）。

歴史 1400年頃、現在のシンガポール領域にマラッカ王国が建国。1511年、マラッカ王国の王がマレー半島のジョホールに移り、ジョホール王国を建国。1824年からイギリスの植民地となる。1965年、マレーシアから分離し、共和国として独立した。

シンガポールの **シンボル**

マーライオン

上半身がライオン、下半身が魚の姿をしていて、口から水を吐き出す架空の動物の像。1960年頃に観光局が発案し、シンガポールの芸術家クアン・サイケンが設計、彫刻家リム・ナンセンが1972年に完成させた。2022年9月現在、マーライオンは国内に6体あり、シンガポール川沿いにある大小（約8.6mと約2m）の2体が有名。

文化 人口の76%を占める中華系に加え、マレー系15%、インド系7.5%などが住み（2019年）、互いに影響を与え合いながら、それぞれの文化、風習を守ってきた。

人物 イギリス人で東インド会社の社員トーマス・ラッフルズは、シンガポールを自由貿易港とし、現在の繁栄の基礎を築いた。マレーシアから独立させ、初代首相となったリー・クアンユーとともに、シンガポールの建国を語るうえで欠かせない存在であり、当地の高級ホテル「ラッフルズ・ホテル」にもその名を残している。

シンガポールを一望できる世界最大級の観覧車

マリーナベイの中心地にある直径150mにも及ぶアジア最大の観覧車「シンガポールフライヤー」。最高到達点は165mで、42階建てのビルに相当する高さ。マレーシア、インドネシアまで一望でき、ゴンドラ内で食事やアルコールも楽しめる。

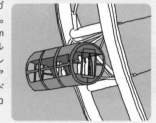

日本との関係 1942年から終戦までは日本が統治した。日本軍が中華系住民を多数殺害したシンガポール華僑粛清事件が起こるも、リー首相の方策により現在まで友好な関係が続く。1966年に外交関係を樹立した。

▶アジア有数の経済大国であり、都市国家でもある「シンガポール」。
tomcat PIXTA（ピクスタ）

移民都市ならではの 手軽に食べられる「各地の美食」

中国、マレーシア、インドなどからの移民が多いため、食事のバリエーションが豊富。海に近く、新鮮な魚介類を味わえるのも魅力だ。カニを甘辛いチリソースで炒めたチリクラブは、シンガポール発祥といわれる。鶏をゆでたあと、そのスープでご飯を炊き上げたチキンライスは、地元定番の味だ。

▶2011年に開業した「マリーナベイ・サンズ」は、シンガポールのランドマーク。地上200m、全長340mのスカイパークにはプールや展望デッキがあり、絶景が楽しめる。

たくさんの屋台が集まる「ホーカーズ」

路上で営業していた屋台を、衛生上の問題から政府主導で常設の屋台街にした「ホーカーズ」。国内いたるところにあり、気軽に利用できる。日本のフードコートと同様、セルフサービスで食べたい店を選び、料理を注文。料理と引き換えに代金を払い、空いている席で食べる。レストランより安く、一人でも気軽に入れる。

建国から影響が続く 初代首相「リー・クアンユー」

中華系の住民が多かったシンガポールをマレーシアから独立させた「リー・クアンユー（1923～2015年）」は、1959～1990年にシンガポールの初代首相を務めた。同首相は、韓国、フィリピン、インドネシアのように開発独裁（最優先政策として工業化を掲げ、反対勢力を抑圧し、独裁につなげていく政治）で国全体をまとめた人物だ。ゴー・チョクトンに政権を譲ったあとも「上級相」というポストに就き、実質的に政権を握った。ゴー政権のあとは、長男のリー・シェンロンが首相の座に就いており、建国からリー家の影響力が絶え間なく続く状態となっている。

▲「建国の父」として国民の敬愛を集めた「リー・クアンユー」。生い立ちは華人として生まれ育ち、ケンブリッジ大学留学後は帰国し、弁護士として働いていた。

「限られた資源」を最大限に活用 水は輸入や海水を淡水に

山がないシンガポールは、水資源が限られており、貯水池の水だけで国民の生活用水をまかなうことができない。そのため、国を挙げて浄水技術に力を入れている。下水を飲用できるまで浄化したNEWater（ニューウォーター）は、水需要の40%をまかなえるほど。WHOの飲用水基準をクリアしており、2022年にはこの水を使ったビールも登場した。

◀下水を浄化するプラントは国内5か所にあり、水需要の40%を供給できる。隣国マレーシアからパイプラインで輸入している水を段階的に減らし、2060年までに水の自給自足をめざしている。

シンガポールの 世界遺産

ボタニック・ガーデン

植物の研究もしていたトーマス・ラッフルズが造った植物園を前身として、1859年に開園した植物園。東京ドーム約13個分の広さを誇る。目玉のランは世界最大級700超の原種と約2,100種の交配種など計6万株以上が展示されている。1850年代に造られたガゼボや、300種以上の植物が生い茂る森など見どころは多い。2015年、世界文化遺産に登録されている。

タイ王国 Kingdom of Thailand

面積	約51.4万km²
人口	約6609万人（2022年）
通貨	バーツ（THB）
言語	タイ語（公用語）など
宗教	仏教など
民族	タイ族など

国土 インドシナ半島中部からマレー半島の半ばまで広がる国で、広さは日本の1.4倍ほど。熱帯のサバナ気候で、年間を通じて25〜30℃の日が続く。モンスーンの影響を受け、雨季と乾季に分かれる。

経済 近年は海外企業の誘致により、自動車、電気・電子機器、繊維などの生産が行われ、産業別GDPでは製造業が多い。古くから盛んな農業は現在も主要産業で、米は世界的な輸出国。

◀新旧の文化が入り混じった首都「バンコク」。ASEAN経済の中心地で、東南アジア屈指の世界都市。

歴史 1240年頃、タイ族初の統一国家であるスコータイ王朝が成立。1351年に都を移し、アユタヤ王朝になる。1792年から現在のチャックリー王朝が始まる。初代国王はプッタヨートファーチュラーローク王（ラーマ1世）で、王都をバンコクへ移した。

文化 国民の約94%が信仰する、仏教の影響を強く受けている。宗教、思想はインドから影響を受け、食文化や生活文化は中国から多大な影響を受けている。

▲仏教への信仰心は厚く、国中にさまざまな寺院がある。

COYG K-50/PIXTA（ピクスタ）

多くの男性は一生に一度は出家する!?
仏教徒の男性は一生に一度は出家するという習わしがあり、一般の人が短期間（数日から3か月程度）出家するのは日常となっている。

人物 1946〜2016年の長期にわたり君臨したプーミポン・アドゥンヤデート王（ラーマ9世）は、1992年の「暗黒の5月事件」で騒乱を鎮静化した。2001〜2006年、タクシン・チナワット首相は、インフラ拡大や貧困撲滅に大きな成果を上げた。

日本との関係 1960年代から日本企業が続々とタイへ進出を始めた。日本から近く、人件費が安かったため、自動車、オートバイ、電気・電子機器などの企業が移転し、工場を造った。タイ在住の日本人は約8万人にのぼる（2020年）。

一度も他国から占領されずに地位を保った「独立国家」

19世紀前後、東南アジアの国々はイギリスとフランスの植民地となったが、タイだけは独立を守った。英仏両国は衝突を避けるため、1896年に英仏宣言を締結。結果的にタイが緩衝国となり、植民地支配を免れた。ラーマ4世はイギリスと不平等なボーリング条約を結び、支配を逃れた一方、欧米の技術や学問を取り入れて貿易を活性化。ラーマ5世は豪族・貴族による地方分権体制から中央集権体制に改め、議会制度、学校教育、道路、鉄道の整備などのチャクリー改革で近代化を進めた。

▲「ラーマ5世」はタイを近代化した功績から、1999年にアメリカ・タイム誌の「今世紀最も影響力のあったアジアの20人」にタイ人として唯一選ばれた。タイの「3大大王」の一人として、新紙幣にも登場している。

タイの 世界遺産 アユタヤ遺跡

1351〜1767年の古代王朝時代の遺跡。王の遺骨が納められた仏塔「ワット・プラシーサンペット」や、木の根に仏頭が覆われる「ワット・マハータート」が有名で、世界各国から観光客を集める。1967年にタイの歴史公園に指定されると、1991年、世界遺産に登録された。

国民の90%以上が仏教を信仰する「微笑みの国」

信仰の自由があるタイだが、約9割の国民が仏教を信仰する。日本に広がる大乗仏教ではなく、カンボジアやミャンマーと同様、戒律が厳しい上座部仏教が中心。オレンジ色の袈裟をまとった僧侶が托鉢する姿は、都市・地方を問わず日常的に見られる。人々は僧侶に喜捨（布施）をすることで徳を積み、来世でよりよい暮らしができると信じている。

▲仏教建築である仏塔を模した金の冠をつけて踊る「タイ舞踊」。かつては王宮だけで披露されていた神聖な舞だ。

迫力の王室寺院にあるタイの涅槃仏

タイでは涅槃仏と呼ばれる横になった仏像が多い。バンコクにある「ワットポーの涅槃仏」は全長46m、高さ15mの特大サイズ。仏像の足裏には仏教の世界観を表した108の図が描かれている。

各地では屋台も並ぶ観光客にも人気の「タイ料理」

唐辛子や胡椒の辛味、ココナッツミルクや砂糖などの甘味、柑橘類系の酸味に加え、パクチーなどの香りが特徴の「タイ料理」。北部はゲーン・ハンレー（ポークカレー）などのマイルドな料理が多く、東北部はソムタム（青パパイヤのスパイシーなサラダ）やガイヤーン（鶏の炭火焼き）など味が濃く、辛め。街のいたるところに屋台がある。

▲タイのレストランや屋台のテーブルには、粉唐辛子、砂糖、唐辛子入りの酢、ナンプラーの調味料4点セット「クルアン・プルン」が必ず置かれており、自分好みの味に調整して食べる。

40年の歴史を誇る劇場「ティファニーズショー」

トランスジェンダーに寛容な国といわれるタイでは、劇場でショーなども見ることができる。パタヤの「ティファニーズショー」では毎年、世界大会が行われ、2009年には日本のタレント・はるな愛が優勝した。

タイの スポーツ ムエタイ

13世紀にはすでにあったといわれるタイ式のキックボクシングで、現在はタイの国技。手、肘、足、膝を使って戦い、技の美しさが採点のポイントになる。首に手を回し組みつくクリンチ（首相撲）も認められており、勝敗のカギを握る。1ラウンド3分×5ラウンドが一般的。会場内では賭けも行われ、参加者は最初の2ラウンドで勝敗を予想し、勝つと思うほうに賭ける。

スペインにアメリカ、そして韓国に日本と、多様な文化を吸収し続ける国

フィリピン共和国 Republic of the Philippines

中国
ベトナム
南シナ海
ブルネイ
インドネシア
マニラ
フィリピン海
500km

面積	約29.8万km²
人口	約1億903.5万人（2020年）
通貨	フィリピン・ペソ（PHP）
言語	フィリピノ語（国語）／フィリピノ語・英語（公用語）／タガログ語／セブアノ語など
宗教	カトリックなど
民族	マレー系（タガログ人／セブアノ人など）など

国土 インドシナ半島の東、マレー諸島の北部に位置する7,100あまりの島々からなる島嶼国家。国土の西側は南シナ海、南側はセレベス海、東側はフィリピン海に面している。面積は日本の約8割。南沙諸島の領有権問題を抱えている。

経済 以前は鉱工業、農林水産業を主な産業としていたが、2000年代後半からコールセンターやソフトウェアの開発といった、ビジネス・プロセス・アウトソーシング（BPO）産業がGDPの約6割を占めるまでに成長している。

世界最大の労働力輸出国
高い英語力、若年層の高い人口比率などを背景に、世界中に多くの海外就労者を送り出しているフィリピン。現在は、国民の10人に1人に当たる約1000万人が海外に居住し、建設、炭鉱、石油関係（中東）から家政婦（東アジア）、医師、看護師（北米）まで幅広い職種で活躍している。

歴史 紀元前1500〜800年頃にマレー人が定住し

◀フィリピンの首都「マニラ」の正式名称は「メトロマニラ（マニラ首都圏＝マニラ市をはじめとする17の行政地域の集合体）」。

始める。14〜15世紀頃、イスラーム伝来。1521年、ポルトガル出身の探検家マゼラン率いるスペイン遠征隊が到達。1571年、スペインによる統治が始まる。1898年に米西戦争でスペインが敗れると、フィリピンは独立を宣言。アメリカはこれを認めず、1899年、米比戦争が勃発。1902年には米領フィリピン諸島政府が発足する。その後、日本の植民地時代を経て、1946年にフィリピン共和国として独立。

文化 9月頃からクリスマスソングが街中に流れ始め、「世界でいちばん長くクリスマスを祝う国」といわれるほど、お祝い好きの国民性。小さな子どもの誕生パーティーは特に盛大で、親戚や友人を何十人と招いて行われることもしばしば。

人物 マニー・パッキャオ（1978

▲「マニー・パッキャオ」は2022年に大統領選に出馬したが、敗北した。

〜）は世界6階級制覇を成し遂げたことで知られるボクシング界のレジェンドで、現在は政治家としても活動しているフィリピンの国民的英雄。

日本との関係 アメリカ統治時代の影響でフィリピン人の英語はなまりが少ないことで知られ、物価も安いことから、人気の語学留学先の一つになっている。首都マニラのマカティ地区にはリトルトーキョーと呼ばれる日本人街があり、大勢の日本人が暮らしている。

バスケットボールはフィリピンの国民的スポーツ
街の至るところにフープが置かれ、大人から子どもまでバスケットボールを楽しむ姿が見られる。フィリピンの人たちが熱狂する国内リーグPBAは、アジアで最も長い歴史をもつバスケットボールリーグである。

rasinona/PIXTA（ピクスタ）

フィリピンでも「韓国コンテンツ」が席巻!

今や世界中を席巻している韓流ブームだが、フィリピンでも韓国ドラマやK-POPの人気は絶大。若い女性たちの間では韓流ファッションや韓流コスメも注目を集めている。マニラでは最近、サムギョプサル(韓国の豚バラ焼き肉)や、ダルゴナコーヒー(ミルクの上にコーヒークリームをのせた韓国で人気の飲み物)が流行中だ。

◀一方、アニメは日本のものがよく観られていて、最近は「僕のヒーローアカデミア」「進撃の巨人」「呪術廻戦」などが人気だという。

▶そして、こちらは中国文化の影響か…。お正月にコインを連想させる水玉模様の服や、風水でいちばん強い力をもつ赤色の服を家族全員お揃いで着て、験担ぎをする風習も。

バチカン市国以外で離婚が禁じられている世界で唯一の国

これはカトリック信者が多数を占め、教会の影響力が大きいことによるもの。ただし、最近では女性の人権保護の観点から、離婚を合法化するために家族法を改正する法案が国会で審議されているという。

フィリピン人は日本人よりも「米」が好き!?

世界有数の「米」輸入大国として知られるフィリピン。国民の多くが米を主食とし、おかずと一緒に食べるのはもちろん、もち米を使ったスイーツなども豊富。人口は日本よりもやや少ないが、米の消費量は日本を大きく上回る。

◀フィリピンでは「ジョリビー」というファーストフード店がマクドナルドよりも人気だ。これはフィリピン人の食嗜好に合わせて、ライス・セットメニューをいち早く取り入れたことが勝因だといわれている。

▶フィリピンでケチャップといえば、「バナナケチャップ」が一般的。これは第二次世界大戦中に原料のトマトが不足した際、代用品としてバナナを使っていたのが定着したのだそう。赤い色は着色料によるものだ。

フィリピンの 🍴食

メリエンダ

フィリピンで毎日、午前10時頃と午後3時頃におやつや軽食を摂る、1日2回のおやつタイムの習慣。これはスペインの統治時代に広まったものだ。メリエンダの定番料理はバナナの揚げ春巻きだが、この時間にご飯をしっかり食べて1日5食が習慣化している人たちもいるという。

フィリピンの 👤人

マヨネーズ（Mayonnaise）

2002年にデビューしたフィリピンのオルタナティブ系ロックバンド。デビューアルバムに収録されている「Jopay」をアレンジした曲が最近TikTokで大きな話題となり、その結果、本人たちも再ブレイクした。テレビやYouTubeにもよく登場し、若者たちからも支持され、彼らのライブには今でも大勢のファンが詰めかける。

若者たちの日常会話は「タグリッシュ」が主流に

人口の9割以上が実用レベルで英語を話せるといわれているフィリピンでは近年、国語であるフィリピノ語(タガログ語)が使われる機会が減っていて、代わりにタガログ語混じりの英語「タグリッシュ」で会話するのが一般的になっている。

GOOD MORNING PO!!

▲フレンドリーな国民性で知られるフィリピンの人たち。見ず知らずの人や外国人にも、すれ違いざまに微笑むのは当たり前。スーパーマーケットに行けば、よい品の見分け方やセール品の置き場所をあちこちから教えてくれるのだとか。

ベトナム社会主義共和国 Socialist Republic of Viet Nam

面積	約32.9万km²
人口	約9946万人（2022年）
通貨	ドン（VND）
言語	ベトナム語（公用語）など
宗教	仏教／カトリックなど（無宗教の人が多い）
民族	ベトナム人など

アジア
東南アジア

国土 インドシナ半島の東部に広がる細長い国。南北は約1,500kmあるのに対し、東西は最も狭いところで50kmしかない。国土の4分の3は山岳地帯。北部には紅河デルタ、南部にはメコンデルタと呼ばれる大きな三角州が広がる。気候は北部が温暖湿潤気候、南部がサバナ気候。

経済 近年は中国からの生産移管が起きており、製造業が盛ん。輸出品上位は電話機・部品、電子製品、縫製品など。北部の山岳地帯では石炭、鉄鉱石などが採掘され、鉱業も重要産業に。2か所のデルタでは灌漑を利用した稲作が行われ、海外にも輸出。観光収入も大きい。

コーヒーの生産量は世界第2位！
ベトナムは、ブラジルに次ぎ、コーヒー生産量世界第2位（2020年）を誇る。フランス統治時代に生産が始まり、現在も続く。コーヒー好きな国民が多く、町ではコンデンスミルクをたっぷり入れて飲むのがスタイル。

歴史 古くから中国による支配が続いたが、18世紀はフランスが支配、太平洋戦争中は日本の占領下となった。1945

▲湖や公園の緑が美しい首都「ハノイ」は、ベトナムの政治と文化の中心地。

年、ホー・チ・ミンにより独立。フランスが独立を認めず、インドシナ戦争に。1954年、北緯17度線を境に休戦が決まり、ベトナムが南北に分断された。1960年から始まったベトナム戦争ではアメリカが参戦するも撤退。1975年に終戦。翌年にベトナム社会主義共和国が成立。

文化 かつて支配された中国やフランスの文化の影響が強い。遺跡や古文書には漢字が見られる。

人物 ベトナム建国の父ホー・チ・ミンは「ホーおじさん」とも呼ばれ、今でも人々から愛される。また、インドシナ戦争を勝利に導き、ベトナム戦争の北ベトナム最高司令官として活躍したヴォー・グエン・ザップも国民から尊敬されている。

日本との関係 1973年に外交関係が樹立。日本企業の対ベトナム投資は年々活発になり、貿易額も増加。日本の外国人技能実習生制度では全体の6割をベトナム人が占める（2021年）。

ベトナムの 食
日本人にも親しみやすいベトナム料理
中国やカンボジア、タイなどの影響を受け、発展してきた料理。主食は、米や米粉を使ったフォーやブンと呼ばれる麺。主菜には、野菜やハーブをたくさん使うものが多く、魚醤（ヌクマム）も多用される。辛い料理は少なく、外国人でも食べやすい。季節を問わず、鍋料理も好まれる。フランスの影響も強く、バゲットに野菜や肉類を挟んだ「バインミー」は、庶民のファストフードになっている。

お土産にも人気 伝統衣装「アオザイ」

丈の長い上衣と長いパンツがセットになった「アオザイ」。成立には諸説あるが、18世紀に中国で着用されていた「旗袍」と呼ばれるチャイナドレスの影響を受けたと考えられている。かつて白ズボンは未婚、黒は既婚女性などの決まりがあったが、今はない。ホテルや航空会社、女子高生の制服として使われているが、他の人にとっては、日常的に着る服というよりは結婚式やパーティーなど、重要なイベントの日に着用する衣装となっている。

「ドイモイ（刷新）政策」により急成長を遂げたベトナム経済

　1976年の南北統一後、ベトナムは社会主義国建設をめざしていたが、配給制の食料や物価を国が決めるというシステムに経済は低迷していた。そのような中、1986年に開かれたベトナム共産党大会で、「ドイモイ政策」を打ち出す。「ドイモイ」とはベトナム語で「刷新」を意味し、市場経済への移行や社会主義政策の緩和を提唱した。開始後、農作物の生産高は飛躍的に増加、工業も発展し、1995年にはASEAN加盟も果たした。人々の給料は10年で約3倍に上昇、国全体が豊かになりつつある。

1 南北統一したものの、国民は疲弊していた。特に課題となっていた食料は配給制で、指定された日時に受け取る必要があるなど、不便な生活が強いられていた。

▶19世紀頃から女性の体形を強調したシルエットに変化した「アオザイ」。短時間でのオーダーメイドに対応している店もある。歴史を知りたいなら、ホーチミンのアオザイ博物館がおすすめ。

2 ドイモイ政策が始まり、働けば働くほど生活が豊かになるので、国民は働き、経済が活性化した。今まで禁止されていた個人営業はむしろ推奨された。米の生産高も上がり、1989年から輸出国になった。

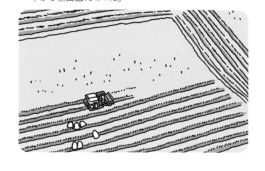

3 1995年、それまでは社会主義国であったため加入できなかったASEANに入り、より経済が活発に。1988年には外国投資法が公布され、外国資本の企業の活動も可能になった。GDPは2000年からの10年で倍増し、今も高い成長を続けている。

地方から都市へ移住する人が増加
ドイモイ政策により、国民のお金や豊かさに対する考え方が一変した。劇的に経済が発達し、人々は豊かで快適な生活を求め、地方から都市へ移住する人が急激に増加。ホーチミンの人口は、2009年からの10年間で180万人増加し、900万人を超えた。住宅供給が追いつかず、不動産価格の上昇も起こっている。

1920年代からのベトナム独立運動の指導者。太平洋戦争中はベトミン（ベトナム独立同盟会）を組織して日本軍と戦い、第一次インドシナ戦争では、北ベトナムの大統領としてフランスに勝利した。ベトナム戦争中の1969年に死去。現在の都市名「ホーチミン」は、彼の功績を称えるためにサイゴンから改称された。

長い海岸線をもつベトナム「ビーチ観光」も盛ん

　日本からの直行便もあり、ハネムーン先として人気のダナン、ヤシの並木が美しいニャチャン、タイランド湾に浮かぶフーコック島など、ビーチリゾートが点在する。海岸線には高級ホテルが建ち、ダイビングやジェットスキーなどが楽しめる。

▲ベトナム中部の人気ビーチリゾート「ダナン」。南北に約10kmのロングビーチには新しいリゾートホテルの建設ラッシュが続き、世界中から観光客が訪れる。ダナンはベトナムで3番めに大きい都市。

カンボジア
ベトナム
クアラルンプール 南シナ海
マラッカ
インドネシア カリマンタン島
500km

マレーシア Malaysia

熱帯雨林に囲まれた東南アジア有数の工業国

面積	約33万㎢
人口	約3260万人（2022年）
通貨	リンギット（MYR）
言語	マレー語（公用語）／英語／中国語／タミール語
宗教	イスラーム／仏教など
民族	ブミプトラ（マレー系と先住民族）／中華系など

国土 マレー半島の南部と、南シナ海を挟んだカリマンタン（ボルネオ）島北部（東マレーシア）で構成される。国土の約70%は熱帯雨林。海沿いにはマングローブ林が広がる。気候は熱帯雨林気候で、モンスーンの影響から雨季と乾季に分かれる。

経済 1980年代は天然ゴム、石油、木材の輸出が多かったが、近年は電気・電子製品などの機械類が輸出の4割を占める。20世紀末まで世界一の生産量を誇ったすずは毎年、生産量が減少して

いる。

歴史 15世紀初め、マラッカ王国が成立し、マラッカを中心に繁栄するが、1511年からポルトガル、1641年以降はオランダに支配される。1824年、イギリスの植民地になる。1963年、マレーシアが成立。1965年にシンガポールが分離し、現在の領土になった。

文化 主にマレー系、中華系、インド系の3つの民族が暮らし、文化や習慣はそれぞれが自分たちの伝統を守っている。占領下にあったイギリ

スの影響を受けているところも多い。

人物 1981年に第4代首相に就任したマハティールはルック・イースト政策を掲げ、東南アジア有数の工業国にした。2003年に退任するが、2018～2020年に再び首相を務めた。

日本との関係 1942年から終戦までは日本が統治し、複雑な感情をもつ国民もいると考えられるが、第4代マハティール首相は日本をお手本にするよう公言。日系企業が1,000拠点以上に進出している。

広大な熱帯雨林を伐採し、プランテーション推進

19世紀末頃から、クアラルンプール郊外やカリマンタン島は森の一部を伐採し、その跡地に天然ゴムの木を植え、樹液を回収するプランテーションが行われるようになった。世界一の天然ゴム生産地になるほど拡大したが、生産が不安定になったため、油やしやパイナップルの生産に切り替えるようになった。油やしの生産量は、インドネシアとともに世界トップレベル。

▼東南アジア有数の世界都市、首都「クアラルンプール」。市街地は清潔で、治安もよい。

Photo by Deejpilot

高層ビルが立ち並ぶ
大都市「クアラルンプール」

19世紀中頃、すずの採掘拠点として開拓された「クアラルンプール」だが、1990年頃から急激に都市化が進んだ。自動車が道にあふれ、大渋滞が起こっていたが、高架鉄道LRT、KLモノレール、KTMコミューター（郊外まで結ぶ鉄道）などが走り、交通環境は改善した。マレーシアのシンボルである「ペトロナス・ツイン・タワー」をはじめ、高層ビルも多い。

◀1998年に完成した「ペトロナス・ツイン・タワー」（452ｍ）。国策石油会社であるペトロナス社の本社、ショッピングセンター、その他の企業が入る。クアラルンプールのランドマークだ。

都市発展の裏では深刻な環境問題
人々が豊かになった反面、環境問題も起きている。一つは動植物の減少。中にはオランウータンやテングザルなどの希少種も含まれる。次に地中に水が蓄えられなくなることによる洪水などの災害の増加。地球温暖化も懸念されている。

古くから交易都市として
発展してきた「マラッカ」

中国とインドのほぼ中間に位置し、古くから「マラッカ」は海上貿易の中継地として栄えた。15

マレーシアの 食

ニョニャ料理
（プラナカン料理）

ババニョニャ民族から生まれた料理。見た目は中華だが、ココナッツやスパイス、唐辛子を大量に使うエスニックな味つけがマレー風になっている。チリたっぷりの「ニョニャ・ミーゴレン」、ココナッツミルクをたっぷり使った「ニョニャラクサ」などが定番。イスラームでは禁じられている豚肉を使っているのも特徴の一つ。

世紀初めにマラッカ王国が誕生すると、ヨーロッパ各国から狙われるように。その後、ポルトガル、オランダ、イギリスに支配されたことから、街には古い教会など、ヨーロッパ様式の建物が残る。19世紀末までに外国から渡ってきた中国人男性と地元のマレー人女性が結婚して生まれた子孫を「プラナカン」と総称する。

▶プラナカンは男児を「ババ」、女児を「ニョニャ」と呼ぶことから、「ババニョニャ民族」とも呼ばれる。マレー語を話し、衣服や日常の生活習慣はマレー系の彼らだが、冠婚葬祭は中華系を守る特徴がある。

お手本は日本や韓国
「ルック・イースト政策」を推進

1981年、マハティール首相は、当時アジアで活気があった日本や韓国を手本にして経済を発展させようという「ルック・イースト政策」を掲げた。東アジアに留学生を派遣するとともに、鉄鋼、セメント、自動車などの産業を政府主導で推進し、近隣国が行っていた開発独裁に似たような形で、資源輸出国から工業国へと転換した。

▲日本や韓国から経済支援や技術指導も行われ、急速に経済が成長。東南アジアでは、シンガポール、ブルネイ（産油国）に次いでGDPが高い国になった。

マレーシアの 人

マハティール・ビン・モハマド（1925〜）

マレーシアの元首相。1981〜2003年に首相を務めたが、2018年、92歳のときに再び首相の座に就き、2020年まで2年間務めた。国の指導者としては世界最高齢での就任だった。2022年11月に行われた選挙にも立候補し敗れてしまったが、もし勝利していれば97歳の首相が誕生していた。

ミャンマー連邦共和国 Republic of the Union of Myanmar

面積	約68万km²
人口	約5114万人（2019年）
通貨	チャット（MMK）
言語	ミャンマー語（公用語）／シャン語／カレン語など
宗教	仏教など
民族	ビルマ族など

アジア 東南アジア

国土 インドシナ半島の西部に位置し、インドやバングラデシュ、中国など5か国と国境を接する。面積は日本の1.8倍ほどで、ASEANの中ではインドネシアに次ぐ広さ。北から南へ縦断するようにエヤワディ川が流れており、同川流域には肥沃な平野が形成されている。季節は大きく乾季（11～3月）、暑季（4～5月）、雨季（6～10月）に分かれ、年間を通じて温暖な気候。

経済 主要産業は農業。国民の約7割が地方農村部に住み、農業を営んでいる。主要農産物は米や豆類、ごま、さとうきびなど。GDPの約2割を農林水産業が占める。製造・サービ

▲「アウンサン将軍」は1945年に日本軍が撤退したあと、独立に向けて占領国イギリスと交渉を重ねた。しかし、独立を実現する半年前に32歳の若さで政敵からの銃弾に倒れた。

ス業が拡大傾向。

歴史 1886年よりイギリスの植民地となる。1943年、日本軍とビルマ建国の父アウンサン将軍がイギリス相手に共闘し、ビルマ国が建国される。その後、再びイギリス領となるも、1948年にビルマ連邦として独立。1989年、国名をビルマからミャンマーに変更した。

文化 少数民族を含めると135の民族がいるといわれ、多様性に富んだ文化をもつ。中には、独自の言語を使う民族もいる。民族衣装には「ロンジー」と呼ばれる、巻きスカートのような衣服がある。民族衣装は特別な行事の日だけでなく、男女ともに普段着として愛用されている。

ミャンマーの国民的行事「水かけ祭り」

ミャンマーの正月は4月中旬だが、その直前にはその名のとおり、水をかけまくる「水かけ祭り（ティンジャン）」が開催される。水をかけるのには、「水をかけて、昨年の不幸や汚れを落として、新たな年を迎える」という意味が込められている。

人物 アウン・サン・スー・チー氏はアウンサン将軍を父にもつ、ミャンマーの民主化指導者。長年にわたる軍事政権による軟禁にも抵抗の意思を示し続け、「民主化の象徴」として国民からの人気が高い。2016年に発足した国民民主連盟（NLD）政権では実質的な指導者となるも、2021

年2月のミャンマー国軍によるクーデターにより、軍に身柄を拘束された。

▶首都「ネーピードー」は、旧首都ヤンゴンから2005年に移転された新首都。ヤンゴンが経済の中心であるのに対し、ネーピードーは政治の中心として機能している。

日本との関係 京都大学の客員研究員として日本で生活したこともあるアウン・サン・スー・チー氏へは、京都大学から名誉博士号が贈呈されている。経済面では、2011年以降の民主化に伴い、「アジア最後のフロンティア」といわれるミャンマーへ進出する日本企業が増加。2022年6月末時点では413社が進出している。

ミャンマーの 人

アウン・サン・スー・チー
（1945～）

軍事政権下で民主化運動を主導してきたミャンマーの「民主化の象徴」。その功績から1991年にはノーベル平和賞を受賞している。トレードマークは花の髪飾り。日本食では「うな丼が好き」という話も。

世界3大仏教遺跡の一つ 絶景が広がる「バガン遺跡」

「バガン遺跡」は、国民の約9割が仏教徒であるミャンマー仏教屈指の聖地。エヤワディ川の中流域、40km²にもわたる平野に数千の仏塔や寺院が建ち並ぶ。2019年に世界遺産登録され、インドネシアのボロブドゥール寺院、カンボジアのアンコールワットとともに世界3大仏教遺跡の一つに数えられる。

◀「アーナンダ寺院」は白亜の外観と黄金の仏塔、シンメトリーな構造が特徴の、バガン遺跡で最も美しいといわれる寺院。寺院内部には東西南北に高さ約9.5mの仏像が安置されている。

▶ミャンマー中央部、標高約900mのシャン高原にある「インレー湖」。湖には少数民族のインター族が暮らしており、伝統的な漁の様子を見ることができる。

ミャンマー人の食卓の定番「ヒン」 中でも人気なのは?

ミャンマーの代表的な料理といえば、ミャンマー風カレー「ヒン」。具材は鶏肉や羊肉、エビなどさまざまで、具材によって「○○ヒン」というように名称も異なる。特に鶏肉を煮込んだ「チェッターヒン」は数あるヒンの中でも屈指の人気。

◀「チェッターヒン」は日本でもレトルトカレーとして販売されており、ミャンマーの国民食を手軽に楽しめる。

▶「ミャンマービール」はさまざまなビールコンテストで高い評価を受けており、「アジアで最もおいしいビール」ともいわれる。あっさりとした中にもコクとキレがあり、ミャンマー料理との相性も抜群。

田中じゃない! 女性は「タナカ」を顔に塗る

ミャンマーの女性や子どもは、伝統的な化粧品「タナカ」を顔に塗る文化がある。タナカは「タナカ」という木が原料で、保湿や日焼け止めの効果があるとされる。タナカの歴史は古く、約2000年前より化粧品として顔や身体に塗られていた。

▶「タナカ」は、タナカの木を研磨石で磨り潰したもので、顔などに塗る。街中ではタナカで絵を描いている、可愛らしい子どもたちも見かける。

ミャンマーの 場所

ゴールデンロック

標高約1,100mのチャイティーヨー山の頂上にある、その名のとおり「金色の岩」。石の上には高さ約7mの黄金の仏塔が建てられている。岩が金色なのは、参拝者により金箔が貼られているため。崖の端に巨大な岩がのっている、その今にも落ちてしまいそうな不思議な光景は多くの観光客を惹きつけている。ちなみに岩が落ちそうで落ちないのは、「仏塔の中に祀られている、仏陀の聖髪の神秘的なパワーによるもの」という言い伝えもある。

Photo by tounka25

アジア

東南アジア

アンコール王国の繁栄と内戦の辛さを経た平和な国

カンボジア王国 Kingdom of Cambodia

面積	約18.1万㎢
人口	約1530万人（2019年）
通貨	リエル（KHR）
言語	クメール語（公用語）
宗教	仏教など
民族	カンボジア人（クメール人）など

国土 インドシナ半島南部に位置し、国土の東部にはメコン川が北から南に約500kmにわたって流れる。国土の4分の3は平野。大半はサバナ気候で、気温は一年を通じて28℃前後。5〜10月は雨季、11〜4月が乾季。南西部は年間4,000mmほどの雨が降る。

経済 メコン川などの豊かな土壌を利用した米の栽培が盛ん。キャッサバ、とうもろこし、ゴムなども生産する。工業や観光業も大きな収入源。

歴史 802年、アンコール王国が建国。1853〜1953年は、フランスの植民地となる。独立後は近隣国の影響を受け、内戦も勃発。1976〜1979年のポル・ポト政権時代は約300万人が虐殺されたとされる。1993年、シハヌークを国王とするカンボジア王国が成立。

文化 近隣のタイやベトナム、インドなどの影響を受け、独自の文化が発展してきた。

数日かけて見学したい 世界遺産の「アンコール遺跡」

「アンコール遺跡」は、カンボジアの北西部にあるクメール王朝時代の遺跡群だ。12世紀末にスールヤヴァルマン2世によってヒンドゥー寺院として建てられ、14世紀以降には仏教寺院として使われた「アンコールワット」、王都跡の「アンコールトム」などが有名。

▶毎年約300万人の観光客が訪れるという「アンコールワット」。朝日、夕日とも壮大な景色が楽しめる。

◀アンコールワットに隣接して作られた王都「アンコールトム」。バイヨン寺院を中央に1辺3kmの城壁が囲む。

繁栄と衰退の歴史をもつ首都プノンペン

直近では1975年、ポル・ポト派の入城で、全住民が農村に追い出され、ゴーストタウンになってしまう。しかし、今はビルも立ち並び、再びカンボジア最大の都市に。2024年には新空港も完成予定だ。

雨季は乾季の6倍に広がる 東南アジア最大の「トンレサップ湖」

カンボジア中西部にあるひょうたん形の「トンレサップ湖」は、伸縮する湖として知られている。乾季の4〜6月は3,000㎢（それでも琵琶湖の4倍程度はある）ほどだが、8〜10月の雨季には1万6,000㎢まで広がる。世界最重量の淡水魚とされるメコンオオナマズのほか、約300種の淡水魚が生息し、漁業も盛ん。湖に高床式の家を建てたり、ボートハウスを使って生活している人も約4万人いるとされる。

▶雨季に備え、高さ数メートルの基礎柱の上に家が建つ「コンポン・プルック村」。湖には商店や学校もあり、ボートを使って移動する。

カンボジアの 踊り

アプサラダンス

煌びやかな衣装をまとい、細かな手や指の動きが美しい妖艶な舞いで、9世紀頃に生まれた宮廷舞踊。「アプサラ」はインドの神話に出てくる天女のことで、アンコール遺跡群のレリーフにも描かれている。ポル・ポト政権時代に踊り手の約9割が処刑されてしまったが、生き残った踊り手によって伝承された。

東ティモール民主共和国 The Democratic Republic of Timor-Leste

バンダ海
インドネシア
ディリ
ティモール海
100km

面積	約1.5万km²
人口	約130万人(2021年)
通貨	アメリカ・ドル(USD)
言語	テトゥン語・ポルトガル語(公用語)／英語など
宗教	キリスト教など
民族	メラネシア系など

国土 インドネシア東部に位置するティモール島の東半分と付近の島、飛び地のオクエシからなる。国土の約3分の2が山岳地帯。熱帯モンスーン気候で雨季と乾季があり、日中の最高気温は年間を通じて30℃台と高温になる。

経済 主な輸出品はコーヒーで、加えて、国家の重要な財源と位置づけて石油・天然ガスの開発を進めている。主要貿易国は、輸出が日本、マレーシアなど、輸入がインドネシア、中国など。

歴史 16世紀から1974年までポルトガルの植民地となる。ポルトガルの主権放棄後、1976年にインドネシアに併合された。その後、独立賛成派と反対派の抗争を経て、2002年に独立。

文化 ポルトガルや中国、インドネシアなど、さまざまな国の影響を受けた文化。一方で、伝統的織物タイスや伝統的建築物ウマ・ルリックなど、固有の文化も受け継がれている。

反対派による破壊行為を乗り越えて「独立」

1980年以降、インドネシアからの「独立」を求める人々の声はやまず、1999年の直接住民投票では、国民の約8割が東ティモールの分離・独立を支持した。その直後に独立に反対する勢力による暴力行為により、たびたび街が破壊されるなどの苦難が続いたが、国連の暫定行政機構を中心に乗り越え、国際社会の支援を受けて、2002年5月20日に独立した。

▼海には時おり「ワニ」が出没し、人を襲うこともある。東ティモールではワニは神聖な存在で、ティモール島はワニが固まってできたという伝説もある。

▲初代大統領「シャナナ・グスマン」。当時の小泉純一郎首相などとも会談している。

使用される言語は、ゆうに10を超える!
公用語の一つであるテトゥン語は、ティモール島に古来から根づく地域言語。ほかに、インドネシア語と英語も一般的に使われる作業言語となっており、看板などは複数言語で掲示されるのが普通。ほかに30以上の地方言語があるとされる。

無人島に広がる「サンゴ礁」ダイビングにも最適

国土の東端に位置するジャコ島付近の景観は国内で最も美しいと評判で、サンゴが息づく海はダイビングやシュノーケリングにも最適。きれいなビーチも魅力で、国の発展が進めば、観光立国も夢ではないだろう。

▶東ティモールの日の出。早起きして見るだけの価値はある。

Bryan Ross on Pixabay

アジア
東南アジア

東ティモールの 自然

ラメラウ山

標高2,963mの国内最高峰の山。地元の人々から聖なる山として崇拝されている、日本でいえば富士山のような存在で、首都ディリからは車で5時間ほどかかるところに位置している。山頂にはマリア像が設置されていて、ご来光を拝めば神聖な気持ちに。年間を通して気温の高い東ティモールにおいて、珍しく低温になる地域でもある。

45

ブルネイ・ダルサラーム国 Brunei Darussalam

面積	約0.6万㎢
人口	約46万人(2019年)
通貨	ブルネイ・ドル(BND)
言語	マレー語(公用語)／英語／中国語
宗教	イスラーム(国教)など
民族	マレー系／中華系など

国土 日本の三重県とほぼ同じ大きさの国土面積で、ボルネオ島北西の海岸部に位置する。全土が熱帯気候で高温多雨。

経済 石油と天然ガスが主要資源で、日本は最大の貿易相手国。外貨獲得を資源に依存している。食料品のほとんどを輸入に頼っていて、現在はメタノールの生産に力を入れている。

歴史 古くから東南アジアの交易地として知られる。14世紀末にイスラームに改宗したアラク・ベタタール王が初代スルタン・モハマッドに就任。1906年にイギリスの保護領となる。1956年に内政自治を回復し、1984年に独立。

文化 敬虔なイスラームの国で、スルタン(宗教的権威)と呼ばれる国王が治める立憲君主制の国。国民性は大変温和で、大家族が多く、家族の絆を大切にする。イスラームが社会に根づいていて、伝統的なしきたりや行事を重んじる。

世界最大級の水上集落「カンポン・アイール」

首都バンダルスリブガワンを流れるブルネイ川には、約1万人が住む巨大な水上集落「カンポン・アイール」が広がっている。学校も警察も商店も病院もモスクもそろっており、建物は歩道橋でつながっている。家には電気、ガス、水道などのインフラも整備。水上集落は1300年以上も続くライフスタイルで、陸地に比べると水上は涼しく快適であることから、今も人々が住み続けている。

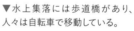
▼水上集落には歩道橋があり、人々は自転車で移動している。

▲水上集落から離れた場所への移動は、ボートを利用する。

知る人ぞ知るダイビングスポットは「沈船」
ブルネイにはダイバーが好む複数のスポットがある。中でも見どころは「沈船」。漁礁となっている沈船には、バラクーダをはじめとする回遊魚が生息しており、海中撮影に凝るダイバーに人気だとか。

豊かな資源と自然に恵まれた「福祉国家」

ブルネイは石油、天然ガスなどの地下資源に恵まれていることから、国民は豊かな暮らしを享受している。ブルネイ国民であれば、個人に対する所得税はなく、医療費や教育費はすべて無料。イスラームが社会に根づいているため、治安がとてもよく、生活秩序が保たれている。

また、熱帯雨林が広がるブルネイは空気と水がきれいで、ラフティングなどのエコツーリズムも盛ん。

ブルネイの 食 アンブヤ

ブルネイの人たちの主食である伝統料理。ヤシの一種であるサゴヤシの樹液からサゴ粉をつくり、熱湯を注いで混ぜて出来上がり。魚や野菜、海老のペーストなどと食べるのが一般的。食感はタピオカのようにもちもちしており、箸にまきつけて食べる。

アジア 東南アジア

ラオス人民民主共和国 Lao People's Democratic Republic

面積	約24万km²
人口	約733.8万人（2021年）
通貨	キープ（LAK）
言語	ラオス語（公用語）など
宗教	仏教など
民族	ラオ人など

国土 東南アジア唯一の内陸国で、面積は日本の本州とほぼ同じ。国土の8割が山岳地帯。南北に東南アジア最長のメコン川が流れる。全土が熱帯モンスーン気候で、5〜10月の雨季、11〜2月の乾季、3〜4月の暑気に分かれる。

経済 農業が主要産業で、最大の生産量を誇るのは主食の米。日本や東南アジアと異なり、もち米が主流で水田と陸田の2形式で生産されている。輸出向けにはコーヒー、とうもろこしが多い。

歴史 1353年、ランサーン王国として統一。1899年にフランスのインドシナ連邦に編入されたが、1953年に独立。その後、内戦やベトナム戦争の影響を受け、不安定な時期が続く。1975年にラオス人民民主共和国が成立。

文化 民族ごとの多様な言語、文化がある。民族によってデザインや製法が異なる伝統織物は観光客に人気。芸能や音楽はタイの影響を受ける。

ラオス人男性の多くは出家を経験 人々の生活に根づいた「仏教」

ラオス人の多くは、「上座部仏教（小乗仏教）」を信仰し、古くから男性は一生に一度は出家して、僧になる慣習がある。諸説あるが、子の出家は親にとっての功徳であり、子から見れば最大の親孝行であるという考えがあるからだという。僧になる時期や日数は人それぞれだが、1か月前後というケースが多い。各地でオレンジ色の袈裟を着た僧侶が喜捨を求めて托鉢する姿は、日常の風景になっている。

▶僧侶が鉢を持って街中を歩き、市民から食料やお金などの施しを受ける「托鉢」。世界遺産の街ルアンパバーンの托鉢は特に有名。

◀首都ビエンチャンにある国内最大級の仏塔「タート・ルアン」。毎年11月に行われる祭りでは、全土から僧侶が集まる。

1人当たりの米消費量世界第2位 うるち米でなく、「もち米」が人気

ラオス人は米が好きな国民で、1人当たりの米消費量はバングラデシュに次ぐ世界第2位（2018年）。カオニャオと呼ばれる「もち米」が好まれ、右手で小さく丸めておかずと一緒に食べる。ラオス料理は、隣接するタイの料理に似ているものが多い。植民地時代の名残で、フランスパンを使ったサンドイッチも好まれる。

ラオスの **交通**

空港バス

ラオスの首都ビエンチャンでは昔、京都市内で活躍していた市バスがほぼ当時のままの姿で走っている。京都市とビエンチャンは友好関係にあり、2014年に象を贈ったお礼という形で、2016年に中古バス34台が寄贈された。現在も空港と市内中心部を結ぶ路線などで運用されている。ちなみに、JICAもバスの運行管理や経営改善などのサポートに関わった。

急速に増加した外国人観光客

ラオスツーリズム統計2015年版によると、1990年にラオスを訪れた旅行者の数は約1万4,000人であったが、2015年には約468万人が訪れた。ASEAN加盟により、周辺国との交流が活発化したことなどが背景にあると思われるが、この増加率は驚きである。

インド共和国 Republic of India

インドを代表する歴史ある大都市圏

インドの北部に位置する首都で、中央アジアから南アジアに抜ける交通の要衝としての役割を果たしてきた世界有数の大都市。イギリスが1911年に建設した都で、整然とした計画都市になっている。デリーは「オールドデリー」「ニューデリー」「デリーカントメント(軍管区)」の3つに分かれており、インド憲法には「首都はデリーに置く」と明記されている。

映画制作の本場で、インド第2の港湾都市

16世紀はボンベイ島を含む7つの島であったが、埋め立てにより現在のように半島になった。今でも「ボンベイ」と呼ばれることもある。デリーに次ぐインド第2の都市で、商業、金融、娯楽の中心。特に映画制作で有名。

面積	約328.7万km²
人口	約14億756万人(2021年)
通貨	インド・ルピー(INR)
言語	ヒンディー語(連邦公用語)など
宗教	ヒンドゥー教/イスラームなど
民族	インド・アーリヤ系/ドラビダ系など

デリー
(ニューデリー)

シャイプール

アグラ

ベナレス

「インドゾウ」は現在でも荷役動物として利用され、さまざまな儀式に深く関わっている。

ムンバイ
(ボンベイ)

ゴア

チェンナイ
(マドラス)

カンニャークマリ

200km

イギリスによる植民地時代の首都

1690年にイギリス・東インド会社がここに拠点を置き、1858年以降、1911年のデリー遷都まで首都として栄えた。2001年に植民地時代の英語名カルカッタから改称。現在は東インド最大の都市。

ダージリン

コルカタ(カルカッタ)

貧しい人々のために生涯を捧げた修道女「マザー・テレサ」の活動は、コルカタから全世界へ広まっていった。

南インドの玄関口で北部とは違う文化

南インド最大の都市で、インド第4の都市。以前は「マドラス」と呼ばれていた。ベンガル湾に面し、港を使った貿易も盛ん。タミル人が多く、主要言語はタミル語。文化も北部とは異なる。「アーユルヴェーダ」の発祥地でもある。

国土 国土の大部分はインド洋に逆三角形の形で突き出したインド半島で、南北約3,100km、東西約3,000kmある。面積は世界第7位で、日本の約9倍。北部にはヒマラヤ山脈があり、そこからインダス川が流れ、中南部の大部分を占めるデカン高原では綿花畑が広がる。気候は、北部のヒンドスタン平原からデカン高原の中部にかけては温暖湿潤気候、南部は熱帯気候、西側は熱帯雨林気候、東側はサバナ気候に分類され、ステップ気候、砂漠気候、高山気候の地域もある。

経済 農業が全就業者の約半数を占め、米と小麦は中国に次いで世界第2位の生産量を誇る。イギリスによる植民地時代に本格化した綿花や茶の栽培も盛ん。石炭、鉄鉱石、ボーキサイトなどの鉱物資源を活かした重工業も発展。工業では自動車産業の成長が大きい。近年ではソフトウェア開発などのIT関連産業も注目を集めている。

歴史 紀元前2600〜1800年頃、インダス文明が栄え、青銅器やインダス文字と呼ばれる象形文字が生まれた。紀元前1500年頃に中央アジアから移動してきたアーリア人が北部に定住。紀元前317年にマウリア朝が誕生し、インド半島のほぼすべてを支配した。その後、複数の王朝の繁栄と滅亡を経て、1757年からはイギリスの植民地になる。国民の反発が強まっていく中、ガンディーによる非暴力・不服従運動の成果もあり、1947年にイスラム系中心のパキスタンと分離し、インド連邦として独立。パキスタンとは領土を巡って三度戦争を行い、現在も対立が続いている。

◀インダス川とザンスカール川の合流地点。それぞれの川の色や流れの速さが季節により異なるので、「魔法の合流点」といわれている。

文化 先住民ドラビダ族、中央アジアから移住してきたアーリア族など、たくさんの民族が住み、それぞれの多様な文化が根づく。植民地支配を受けていたイギリスの影響や、国民の80%近くが信仰するヒンドゥー教の影響も強い。

インドで話されている言語は800種以上ある!?
公用語はヒンディー語だが、主に北部や中部で使われており、使用人口は4割程度。民族や地域によってさまざまな言語が使われ、その数は方言も合わせると800種以上。英語が準公用語の役割を担っている。

人物 政治指導者では、紀元前2世紀にマウリヤ朝の第3代の王としてインド大陸をほぼ統一したアショーカ王、人頭税(ジズヤ)の廃止などによってヒンドゥー教徒との融和を図りながら北インドをほぼ平定したアクバル、インド独立の父ガンディーなどが有名。

日本との関係 6世紀に仏教が中国を通じて日本に伝わり、以後、文化的な交流が続く。第二次世界大戦中はイギリス軍を相手に共に戦ったことも。1952年の国交樹立後は貿易や投資も活発化。日本からのODAも積極的に行われている。

カレーを中心とした「食生活」南北で違う味!?

インドでは、ターメリック(ウコン)やクミン、胡椒などの香辛料を使ったカレーや煮込み料理が定番。北部はカシューナッツなどの豆類を牛乳や生クリームで煮込み、小麦が原料のチャパティやナンと一緒に食べる。一方、中部や南部では、唐辛子やマスターシードを多く使い、ココナッツミルクで味を調えるスタイルが多く、米とともに食べる。菜食主義者が多く、肉を食べない代わりにヨーグルトや牛乳が好まれ、沸かしたミルクに紅茶と砂糖を混ぜて飲むチャイは国民的な飲み物だ。

◀南インドの食堂で提供される「ミールス」。料理の下に敷かれているのはバナナの葉。カレー、スープ、副菜、ご飯などが並び、手で混ぜながら食べる。

インドの食

ソアン・パプディ
インド伝統の飴菓子。砂糖を溶かし、アーモンド、ピスタチオ、カルダモンなどを加えて水飴状にしたあと、何度も伸ばして、繊維状になったものを型に入れて作る。口当たりはサクサクしているが、すぐに口の中で崩れ溶ける。日常的に食べるほか、お祝いごとのお菓子にもなっている。

国民の約80%が「ヒンドゥー教」 生活に根づく菜食主義や「沐浴」

インド国民の80%近くが「ヒンドゥー教」を信仰しているといわれている。ヒンドゥー教はバラモン教から発展した宗教で、開祖はなく多神教であり、人間は何度も生まれ変わるとする「輪廻」という考え方をもつ。教徒が守らなければならない戒律の一つに生き物を殺してはいけない不殺生があり、動物の肉や卵を食べない菜食主義の人が多い。また、川や池で体を洗う「沐浴」を行うことで罪を流して身を清めることができるとされており、ガンジス川では毎日たくさんの人が沐浴をしている。

▶原則として既婚かつ夫が存命中のヒンドゥー教徒の女性がつける眉間の装飾「ビンディー」。赤い染料で小さな丸を描くが、近年は丸いシールやアクセサリーをつける人も多い。

▲ガンジス川で沐浴をすると、すべての罪を洗い流すことができるとされている。宗教都市「バラナシ（ベナレス）」はヒンドゥー教の一大聖地で、多くの人々がここに訪れ、沐浴を行う。

Photo by ma222ur

1950年に憲法で廃止されたが 根強く残る「カースト制度」

インドには古くから「カースト」と呼ばれる身分制度があった。カーストは「バラモン（司祭）」「クシャトリア（王侯・氏族）」「ヴァイシャ（庶民）」「シュードラ（隷属民）」「ダリット（不可触民）」という「バルナ（身分）」に分かれ、それに応じて「ジャーティ（職業）」が決まることがあった。例えば、バラモンなら僧侶、クシャトリアなら王族や貴族、ヴァイシャは農業など、シュードラは鍛冶、理髪業など、ダリットは清掃、洗濯業といった具合だ。人々は生まれながらに属するバルナが決まっていて、結婚も同じバルナの相手を選んでいた。1950年に制定された憲法で、こうした制度による差別は廃止され、職業選択の自由も認められたが、人々の日常生活にはその名残りが根強く残っており、国の課題になっている。

インドの人

マハトマ・ガンディー
（1869～1948年）

北西部のグジャラート州生まれの政治指導者で、インド独立の父。ロンドンで弁護士資格を取ったあと、帰国後は公民権運動に参加。非暴力、不服従による抵抗やイギリス製品の不買などを国民に呼びかけ、1947年に独立を勝ち取るが、翌年、熱狂的なヒンドゥー教徒に殺されてしまう。「マハートマー（偉大なる魂）」や「バープー（お父さん）」とも呼ばれ、今でも愛されている。

アジア

南アジア

年間の制作本数は世界一！ ハリウッドを超える「インド映画」

インドでは映画産業が盛んで、年間の制作本数は1,500本を超え、映画館観客総数も世界一を誇る。国民の娯楽として定着していることや、多言語国家でありそれぞれの需要に合わせて制作

されることから、必然的に本数が増えるという背景もあるようだ。映画産業の中心地ムンバイの旧都市名であるボンベイとアメリカのハリウッドをもじって、「ボリウッド映画（フィルム）」と呼ばれることもある。わかりやすいストーリーに歌や音楽を多用したミュージカル的な映画が多く、国内だけでなく海外でも人気がある。

ソフトウェア開発など 急成長を続ける「ICT関連産業」

インドでは、1990年代後半から「ICT関連産業」が急速に成長を続けている。その要因としては、もともと数学教育に力を入れており、優秀な人材や英語話者が多い点、最大の市場であるアメリカの企業と協業すれば、時差を利用して24時間連続した業務が可能である点などが挙げられる。データ処理やコールセンター業務のビジネス・プロセス・アウトソーシング（BPO）も増加傾向にある。

▲1995年に公開された人気俳優ラジニカーントが大地主に仕える召使いムトゥの活躍を演じた「ムトゥ 踊るマハラジャ」。日本では1998年に公開され、インド映画ブームの先駆けになった。

◀2015・2017年に公開された全2部構成の「バーフバリ」。古代インドを舞台に、主人公シヴドゥの人生や王位継承を描き、インドの歴代興行収入最高額を更新した。

▶2008年に起きたテロを題材にした「ホテル・ムンバイ」（2020年）でも有名になった、ムンバイにある五つ星ホテル「タージマル・ホテル」。

ついに世界第1位に！ 増え続ける「インドの人口」

2021年のインドの人口は約14.1億人で中国に次ぐ世界第2位だったが、2023年、ついに中国を抜いて第1位となり、今後、少なくとも2100年頃まではその座を維持すると見られている。子孫を増やすことが一族の繁栄につながるという宗教的な考えや、貧しい家庭を中心に労働力として子どもが期待されていることが背景とされている。衛生面の向上や医療の普及なども後押しし、人口増加が続いている。

▲一方、急激な人口増加により、飲料水不足や失業率の高さなども問題になっている。

インドの 世界遺産 タージ・マハル

北部アーグラにある総大理石の墓廟。ムガル帝国第5代皇帝シャー・ジャハーンが1631年に死去した妃ムムターズ・マハルのために建設し、1653年に完成した。世界で最も美しい建築物ともいわれ、インド内外から観光客が訪れる。1983年には世界文化遺産に登録された。

Photo by yuliang11

アジア

南アジア

51

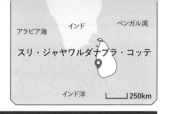

インド洋に浮かぶ自然豊かな島国

スリランカ民主社会主義共和国 Democratic Socialist Republic of Sri Lanka

面積	約6.5万km²
人口	約2216万人（2021年）
通貨	スリランカ・ルピー（LKR）
言語	シンハラ語・タミル語（公用語）／英語
宗教	仏教／ヒンドゥー教など
民族	シンハラ人／タミル人など

国土 インド半島の南に浮かぶセイロン島を主島とする島国で、面積は北海道の80%ほど。国土の大部分は、高温多湿な熱帯雨林気候。一年を通じて、25〜30℃前後。南西部の年間降水量は4,000mmを超える。

経済 イギリスの植民地時代から生産されるようになった紅茶の茶葉をはじめ、農業が主要産業。繊維や衣類の輸出も増えている。

歴史 16世紀にポルトガル、17世紀にオランダ、18世紀にはイギリスの植民地を経て、1948年にイギリス連邦内の自治領として独立。1972年に国名をセイロンからスリランカに改称。1983年、政府と反政府勢力LTTEによる内戦が始まる。2009年に政府軍の勝利で終結。

文化 シンハラ人の多くが仏教、タミル人はヒンドゥー教、スリランカ・ムーア人がイスラームを信仰する。食はインドの影響が強い。

結婚相手も年の初めも重要なことは「星占い」で決める

スリランカは、世界でも有数の「占星術大国」だ。子どもが生まれるとすぐに占星術師に依頼し、誕生日、時間、場所などから占星表（ハンダハナ）と呼ばれるチャート表を作成し、就職、引っ越し、結婚などの際は、それをもとに吉凶を判断。結婚で星の相性が悪ければ、諦めることも珍しくはないそうだ。外交日程も占いで決められ、さらには新年の始まりも大統領お気に入りの占星術師らが決める。2022年は4月14日8時41分だった。

スリランカの **人**

ジェフリー・バワ（1919〜2003年）
スリランカ・コロンボ出身の建築家。元弁護士だが、27歳から建築を学び、建築家に転身した。高級リゾートホテルなどの設計で知られ、トロピカル建築と呼ばれる独自のジャンルをつくった。プールと海や湖などが一体化したような感覚になれるインフィニティープールは、彼の考案だといわれている。

一日3食カレーは当たり前!?
インド南部の影響を受け、スリランカ人は毎日3食カレーを食べるのが一般的だ。日本のカレーより水分が多く、具は1〜2種程度でシンプル。油の代わりにココナッツミルクをベースに作られ、ヘルシーだが、汗が噴き出る辛さのものも。

19世紀に始まった「紅茶文化」今も国民に愛される飲物

セイロンティーで知られるスリランカの「紅茶」はインドに次ぎ、世界有数の生産量を誇る。スリランカでは古くからコーヒー生産が盛んだったが、1860年頃にサビ病が蔓延し、生産量が低迷してしまう。1867年にスコットランド人のジェームス・テイラーが茶園を造り、栽培に成功。製茶機械の開発も行い、南部を中心に一気に茶畑が増えた。彼はセイロンティーの父として尊敬されている。紅茶は現在も国民の人気の飲物で、1日4〜5回飲む人も多い。

▶庶民の間で飲まれているのが「キリテ」。「キリ」はミルク、「テ」は紅茶で、訳すとミルクティー。町のカフェでは、粉ミルクと砂糖を溶かした熱湯と紅茶が入ったポットを高い場所から交互にカップに注ぎ、泡たっぷりで提供される。

◀一方、「ハイティー（アフタヌーンティー）」が楽しめる高級ホテルも多い。元祖イギリスと同様、スコーンやサンドイッチなどが載ったスタンドで楽しむことができる。

アジア　南アジア

世界最高峰エベレストをはじめ、8,000m級の山々がそびえる国

ネパール Nepal

面積	約14.7万k㎡
人口	約3003.5万人 (2021年)
通貨	ネパール・ルピー (NPR)
言語	ネパール語 (公用語) など
宗教	ヒンドゥー教など
民族	パルバテ・ヒンドゥー人／マガル人／タルー人／タマン人／ネワール人など

国土 8,000m級の山々が連なるヒマラヤ山脈の麓に、東西に広がる。国土の半分は山岳地帯。気候は多彩で、北部は山岳気候だが、南部は標高が低くなるにつれて、地中海性気候、温暖湿潤気候などの地域もある。6〜9月は全土で雨が多い。

経済 主要産業は農業で、米や繊維製品の材料となるジュートを栽培。登山で訪れる外国人を相手にした観光業も重要な産業になっている。

歴史 4世紀頃、リッチャビ族が王朝を築き、その後、民族が入れ替わりながら王朝が続く。1814〜1816年、イギリスとのグルカ戦争が起き、敗れるが、独立は保つ。王政復古と民主化を繰り返し、内戦なども起こるが、2008年に王制を廃止し、大統領を元首とする共和制の国になった。

文化 多民族、多宗教、多言語の国であるため、民族ごとにそれぞれの文化があるが、インドとチベットの影響を強く受けている。

ブッダは南部のルンビニ生まれ 「仏教」も国民生活に深く根づく

2006年まで世界で唯一ヒンドゥー教が国教だったネパール。南部にあるルンビニは「仏教」の祖ブッダ (釈迦) の生誕地として聖地になっているが、国民の仏教徒の割合は1割程度と少ない。仏教とヒンドゥー教の教義は似ている部分があり、祈りの場所を共有したり、同じ神々を信仰するケースも多く、国民と仏教の関係は強い。ヒンドゥー教の影響を大きく受けたネワール仏教、1959年のチベット政変後に難民として移住したチベット人が信仰するチベット仏教などがある。

◀カトマンズ郊外にある「ボダナート」はチベット仏教の聖地で、ネパール最大の仏塔 (ストーバ) がそびえる。その高さは約36m。ネパール国内だけでなく、ブータン、インドからの巡礼者が集まり、塔の周りを歩いて参拝している。

ネパール人にとって、牛は神様

ネパール人が多く信仰するヒンドゥー教では、牛を神聖な動物として崇拝している。農耕や運搬用に飼育する農家も多いが、食肉用として飼われることはない。牛に感謝と敬意を示すためのお祭りもある。

「エベレスト」があるヒマラヤ山脈 手軽なトレッキングツアーも

世界には8,000mを超える山が14座あるが、そのうち世界最高峰の「エベレスト (8,848m)」を含む8座がネパール・ヒマラヤ山脈にある。標高1,000〜3,000mほどの道を歩きながら、ヒマラヤの大展望を楽しむトレッキングツアーは、「シェルパ」という案内人が荷物も運んでくれるため、登山初心者でも参加しやすい。

◀ヒマラヤ山脈の玄関口、ルクラにある「テンジン・ヒラリー空港」は、標高が約2,860mと高く、山や崖に囲まれている。滑走路は527m、斜度11.7%と特異な形状で、「世界一危険な空港」ともいわれている。

Photo by PastTrance

ネパールの 🍴食 ダルバート

ネパールの定食。「ダル」は豆のスープ、「バート」はご飯を意味する。タルカリ (野菜のおかず) やアチャール (漬物) もつき、丸い1枚のプレートで提供される。

パキスタン・イスラム共和国 Islamic Republic of Pakistan

イスラマバード
イラン／アフガニスタン／中国／インド／アラビア海
500km

面積	約79.6万km²
人口	約2億2090万人（2020年）
通貨	パキスタン・ルピー（PKR）
言語	ウルドゥー語（国語）／英語（公用語）など
宗教	イスラーム（国教）など
民族	パンジャーブ人／パシュトゥーン人／シンド人など

国土 面積は日本の約2倍。北部にはヒンドゥクシュ山脈、カラコルム山脈、ヒマラヤ山脈が連なり、カラコルム山脈には世界第2位の標高を誇るK2（8,611m）がある。K2は不安定な天候や強風、急な傾斜などが特徴。

経済 主要産業は農業や繊維業で、繊維製品、植物性生産品、鉱物性生産品の輸出が多い。アメリカ、イギリス、中国、シンガポール、UAEなどとの貿易が盛ん。

歴史 国の中央を流れるインダス川流域で世界四大文明の「インダス文明」が誕生。文明の滅亡後は王朝による盛衰を経て、19世紀中頃にイギリスの植民地化が進んだが、1947年に独立した。

文化 ムスリムが国民の大部分を占めており、「ハラール（合法なもの）」と「ハラーム（非合法なもの）」という概念がある。細かいルールは宗派や地域などにより異なる。

ムスリムが安心して食べられる「ハラールマーク」

パキスタン料理には香辛料が使われる。唐辛子だけでも種類が豊富で、カレーやチャパティー（無発酵のパン）、スパイスとお肉などを米と混ぜ合わせたビリヤニなどがよく食されている。一方、食に関しても「ハラール」の規律があるため、アルコールや豚肉などは食べられていない。加工食品などには多くの成分が含まれており、判別するのは簡単ではない。宗教と食品衛生の専門家による検査でハラールであることが保証されているものには「ハラールマーク」のロゴがつけられていることもある。

◀カレーの味には地域差があり、「青唐辛子」が大量に入っているものもあれば、マイルドな味のものもある。

**あの岩塩も実はパキスタン産!?
お土産にピッタリな名産品**

ヒマラヤ岩塩、ピンクソルトなど、世界で流通している多くの岩塩がパキスタン産。世界有数の採掘量で、岩塩から造られたモスクもあるほど。岩塩の採掘地は、観光地としても訪れることができる。

「K2」の登頂の難易度はエベレスト以上!?

「K2」があるカラコルム山脈は、中国の新疆ウイグル自治区との国境にある。19世紀末まではほとんど存在を知られていなかった。登頂の難しさにおいては、世界最高峰のエベレスト（8,848m）よりも上だとされ、世界一の登頂難易度ともいわれている。「非情の山」の異名をもち、頂上の風速は時速200km、冬季の気温は-60℃まで下がる。K2のほかにも8,000m級の山々がそびえており、美しい山を求めて世界中から登山家が訪れている。

▲カラコルム山脈の山々を測量した際に、特に標高が高い山にカラコルム（Karakoram）の頭文字「K」を使ったことからその名がついた。

パキスタンの 世界遺産

モヘンジョダロ

パキスタン南部シンド州の内陸部にある、インダス文明で最古最大の都市遺跡。整然と整備された街には道路が碁盤状に伸びており、沐浴場、神官像、井戸などが発見されている。発掘品からはインダス文字が見られ、その解読も含めて調査が進められている。

バングラデシュ人民共和国 People's Republic of Bangladesh

面積	約14.7万㎢
人口	約1億6630万人（2021年）
通貨	タカ（BDT）
言語	ベンガル語（公用語）／英語
宗教	イスラーム（スンナ派）など
民族	ベンガル人など

国土 周囲のほとんどをインドに囲まれ、南東の一部をミャンマーに接し、南はベンガル湾に面する。ガンジス、ブラマプトラ、メグナの大河が流れ、豊かな土壌を有するが、標高が低いため洪水が頻発する。熱帯気候。

経済 主要産業は衣料品・縫製品産業、農業。慢性的な貿易赤字を外国援助や海外労働者からの送金で補填している。2015年、世界銀行の分類で低所得国から低中所得国に移行。

歴史 1947年、インド・パキスタン分離独立時に東パキスタン州として発足。1971年に独立。軍政を敷いたエルシャド大統領が1990年に退陣し、民主化が進む。以降はアワミ連盟、BNPのいずれかが政権を担う。

文化 住民の85％以上がイスラームを信仰。多くのモスクがあり、礼拝の時間を知らせる音声「アザーン」が1日に5回流れる。

日本と同じ? 違う? 「国旗」「リキシャ」「米が主食」…

　バングラデシュには、日本と似ている点がいくつかある。その一つが「国旗」。独立後、1972年の国旗制定時に日本の日の丸を参考にしたといわれている。ただし、円の位置は、掲揚した際に中央に見えるよう少し左に寄っている。街中を走る「リキシャ」は日本の人力車が伝わったものだが、バングラデシュでは庶民の移動手段である。「米が主食」である点も日本と同じだが、消費量は大きく異なる。

▲客引きのため、「リキシャ」はどれも色鮮やかなデザインをしている。この装飾は「リキシャアート」の職人が手描きしたもの。

▼バングラデシュの人々は日本人の約4倍も米を食す。食事は右手で食べることがマナーだ。

世界一の人口過密国は隠れたIT大国⁉

「アジア最後の新興国」といわれるバングラデシュは、人口はアジア第4位で、1㎢に約1,100人が暮らす世界一の人口過密国だ。国策として多くの外資企業を誘致し、英語が話せるIT人材がその発展の後押しをしている。

さまざまなイスラームの行事 世界中のムスリムが集まる「巡礼祭」

　ラマダン（1か月の断食期間）のほか、イスラームの行事がいくつもあるバングラデシュ。犠牲祭と呼ばれる「イード・アル・アドハ」では、市場で購入した牛や山羊を神に捧げたあと、近所や貧しい人に食肉を分け与える。トンギで行われる巡礼祭「ビッショ・エスティマ」には世界中から約1000万人のムスリムが集結する。

▶「ビッショ・エスティマ」の時期は、道路が大渋滞となる。満員電車どころか、電車の上に乗って移動する人も。

バングラデシュの 人

ムハマド・ユヌス（1940〜）

バングラデシュ南部のチッタゴン生まれの経済学者・実業家。1969年にアメリカのヴァンダービルト大学で経済博士号を取得。帰国後の1974年、大飢饉による貧困層の窮状を目の当たりにし、自立支援活動を開始する。1983年、マイクロクレジット（少額無担保融資）を行うグラミン銀行を創設。現在では全世界で1億人以上がその恩恵を受けているといわれている。2006年、ノーベル平和賞を受賞。

精神的な豊かさを重んじるヒマラヤ山脈麓の国

ブータン王国 Kingdom of Bhutan

面積	約3.8万km²
人口	約77.9万人 (2021年)
通貨	ニュルタム (BTN)
言語	ゾンカ語 (公用語) など
宗教	チベット仏教／ヒンドゥー教など
民族	ブータン人 (チベット系)／ネパール系など

国土 東ヒマラヤの麓に位置し、北は中国のチベット自治区、南、東、西はインドと接する。総面積はスイスとほとんど同じ大きさ。緯度は沖縄と同じだが、国土の大半を山脈が占めており、真夏でも過ごしやすく、冬には降雪もある。

経済 主要産業は農業、電力 (水力発電)、観光など。近年は水力発電所の建設や隣国インドへの電力輸出が経済を牽引。開発の原則として、独自の概念「国民総幸福量 (GNH)」を提唱。

歴史 17世紀、ヒマラヤの一地域であったブータンが統一国家として成立。19世紀に入ると内乱が多発するも、ウゲン・ワンチュクがこれを治め、1907年に初代ブータン国王となる。2008年、絶対君主制から立憲君主制へと移行。

文化 チベット仏教に根ざした文化。スポーツは国技の弓術「ダツェ (弓)」が親しまれている。「クレ」と呼ばれるダーツやサッカーも人気。

唐辛子を野菜として食べる 世界一辛い「ブータン料理」

「ブータン料理」の特徴は、その辛さ。唐辛子 (エマ) をふんだんに使った料理が多く、国民食ともいえる「エマダツィ」は、唐辛子とチーズを煮込んだ代表的な料理だ。唐辛子を使った調味料「エゼ」も定番であるなど、唐辛子はブータン料理において欠かせない食材である。

◀蒸し餃子に似た「モモ」もブータン料理の定番。唐辛子ベースの調味料「エゼ」をつけて食べる。

▶「織物」はブータンの重要な産業の一つ。織り手の中には手を大事にするため、畑仕事をあまりしない人もいるとか。

お祭りが盛んなブータンで最も有名な「ツェチュ」
ブータンには村々に有名なお祭りがあるが、特に有名なのが「ツェチュ」。華やかな衣装をまとい、3日間、村人たちは仕事も中断して、大いに楽しむ。

日本の着物にも似ている ブータンの「民族衣装」

男性用が「ゴ」、女性用が「キラ」と呼ばれるブータンの「民族衣装」。ゴもキラも、伝統文化保護のため、公の場での着用が義務づけられている。男性用のゴには「カムニ」と呼ばれる布がかけられ、色はステータスにより変わる。一方、女性用のキラでは「ラチュー」と呼ばれるスカーフを身につける。

◀身分や地位により異なる男性用民族衣装「カムニ」。一般男性のカムニの色は白色で、国王や法王は黄色。一方、女性用民族衣装の「ラチュー」には色による区別はない。

ブータンの人

ジグミ・ケサル・ナムギャル・ワンチュク (1980〜)
2006年に王位を継承した、第5代ブータン国王。王妃ジェツン・ペマとは2011年10月に結婚式を挙行。2011年11月に国賓として来日した国王は、東日本大震災の被災地を訪問し、国会では震災復興へと向かう日本へ、深い思いやりに溢れた演説を行った。メディアではこの来日が結婚後初の外遊先ということもあり、"新婚旅行" とも報じられた。

アジア 南アジア

アラビア海　インド
マレ
スリランカ
2km
インド洋
500km

水没の危機にある世界的に有名なリゾート地

モルディブ共和国 Republic of Maldives

面積	約298km²
人口	約55.7万人（2020年）
通貨	ルフィア（MVR）
言語	ディベヒ語（公用語）／英語
宗教	イスラーム（スンナ派）
民族	モルディブ人

国土 スリランカの南西約700kmに位置する南北に連なる約1,200の島で形成される。海抜が平均1.5m程度と平坦な地形。高温多湿の熱帯気候で雨季と乾季があり、年平均気温は約27℃。

経済 主要な産業はGDPの20％を占める観光業。漁業も盛んで、日本にもマグロやカツオを輸出しており、カツオ節も生産している。主要貿易国は、輸出がタイ、ドイツ、イギリスなど、輸入がUAE、中国、シンガポールなど。

歴史 12世紀にイスラームが伝わり改宗が進む。15 〜 19世紀にわたってポルトガルの統治下、オランダ、イギリスの保護国となるが、1965年に独立。1985年にイギリス連邦に加盟、2016年に離脱するも、2020年に連邦へ復帰した。

文化 イスラームの文化の影響を受けており、ラマダン（断食月）などもある。首都マレではビルが立ち並ぶなど、都市化も進んでいる。

世界有数の「ビーチリゾート」数々のマリンスポーツも

モルディブといえば、「一大リゾート地」というのが世界中の人々に共通するイメージだろう。水上コテージに宿泊するホテルがあり、ダイビングやシュノーケリング、ジェットスキーやパラセーリングなどのマリンスポーツが楽しめる。

マンタやジンベイザメも見られる！
モルディブでのダイビングでは、美しいサンゴのほか、マンタやジンベイザメといった珍しい生き物を間近に見ることもできる。

モルディブの 場所 環礁
26の環礁で形成されるモルディブ。環礁には4つの国際空港と13の国内空港が存在し、環礁と環礁は水上飛行機やスピードボートでつながっている。

温暖化で国土が消える!? 人工島や水上住宅などで対策

海抜が最高で2.4mという平坦な国土のため、このまま温暖化が進むと、水没して国土が消滅してしまうおそれがあると指摘されている。実際に多くの砂浜で海の浸食が進行中だ。対策として、モルディブ政府は埋め立てによる「人工島」や、水に浮く「水上住宅」の開発などに着手している。

▶海の浸食により、砂浜沿いに立つヤシの木が倒れる被害も。

▼海の上に浮かぶ数々のコテージ。水上で食べるディナーや、朝の光景は格別だとか。

アジア
南アジア

デヨルツ /PIXTA（ピクスタ）

砂漠が広がるアジア唯一の二重内陸国

ウズベキスタン共和国 Republic of Uzbekistan

面積	約44.7万k㎡
人口	約3520万人 (2023年)
通貨	スム (UZS)
言語	ウズベク語 (公用語) ／ロシア語など
宗教	イスラーム (スンナ派) など
民族	ウズベク人など

国土 世界で2国 (もう一つはリヒテンシュタイン) しかない二重内陸国 (2回国境を越えないと海に行けない) で、東西に長い国土をもつ。国土の大半は平野で、中部にはキジルクーム砂漠が広がる。雨はほとんど降らず、乾燥している。

経済 アムダリヤ川とシルダリヤ川を利用した灌漑農業が行われ、綿花は世界有数の生産量と輸出量を誇る。

歴史 1370年にティムールがサマルカンドを首都にティムール帝国を建国。没後は滅び、シャイバーニ朝を経て、他国による支配が続く。1868〜1876年にかけて、ロシア帝国に征服され、1924年にウズベク・ソビエト社会主義共和国が成立。1991年、ソ連崩壊とともに独立。

文化 古代ペルシャ、ロシア、中国、ヨーロッパなど、さまざまな文化が混ざり合い、独特な文化を形成してきた。

かつての首都「サマルカンド」は現在も第2の都市として健在

ティムール王国を建国したティムールは残忍な支配者として語られることも多かったが、英雄視される場面が増えて各地に像が置かれている。彼が首都として選んだ「サマルカンド」は、現在もウズベキスタン第2の都市であり、人気の観光地として注目されている。ティムール朝時代に建設されたレギスタン広場は、3つのメドレセ (イスラームの教育機関) に囲まれた都市のシンボル。サマルカンドには、青を基調とした建築物が多く、「青の都」と呼ばれている。

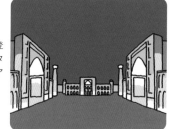

▶世界文化遺産にも登録されている「レギスタン広場」。夜はライトアップされ、美しい。

イスラームの国だけど戒律はゆるく、飲酒もする?
国民の9割以上はイスラームを信仰しているが、戒律はゆるく、日常的にビール、ウォッカ、ワインなどのアルコールを飲み、国内でも製造している。ラマダン期の日中でも普通に食事をする国民が多い。ちなみに、ラマダン明けは他国の信者同様、しっかり祝い、ご馳走を食べる。

国の中に国がある!?「カラカルパクスタン共和国」

ウズベキスタンの北西部 (面積の約40%) は、「カラカルパクスタン共和国」という自治共和国になっている。主権国家ではなく、ウズベキスタンの一部という位置づけではあるが、独自の国旗、国章、国歌を制定、国家語も規定。これまで独立をめざした内戦は起きていないが、2022年7月にウズベキスタン憲法改正に抗議する大規模デモが発生した。

▶カザフスタンとの国境にまたがる塩湖「アラル湖」は面積世界第4位の湖だったが、現在は20分の1以下に干上がってしまった。原因は灌漑のための取水。水が涸れた土地にそのまま残された船もある。

ウズベキスタンの 🍴食 ナン (ノン)

ウズベキスタンの食卓に欠かせない発酵パン。いわゆるインドのナンとは異なり、直径20〜30cmほどの円盤状で、味は塩気の効いたベーグルといった感じ。朝食時にジャムをつけて食べるだけでなく、米や麺を食べるときにも食卓に並ぶ。地域によって味や形状が異なるが、サマルカンドのナンは抜群の人気を誇る。2か月以上保存できるのも特徴。

多民族が暮らす中央アジア最大の国

カザフスタン共和国 Republic of Kazakhstan

面積	約272.5万㎢
人口	約1920万人（2022年）
通貨	テンゲ（KZT）
言語	カザフ語（国語・公用語）／ロシア語（公用語）
宗教	イスラーム（スンナ派）／ロシア正教など
民族	カザフ人／ロシア人など

国土 中央アジア北部に位置し、中央アジア最大の面積。東はアルタイ山脈、南は天山山脈の4,000m級の山々が連なるが、国土の大部分は低地や高原。乾燥した気候で、冬は氷点下になる。

経済 原油が主力輸出品。そのほか、世界一の生産量を誇るウランをはじめ、精製銅、天然ガス、クロム、合金鉄など、鉱物資源関連が経済を支える。

歴史 15世紀後半、カザフ・ハン国が成立。1850〜1860年代に現在のカザフスタン全域がロシア帝国の支配下になる。1936年、ソビエト連邦を構成するカザフ・ソビエト社会主義共和国に。1991年のソ連解体で、国名をカザフスタン共和国に変更し、共和国独立宣言。

文化 もとは遊牧の民であったことから、住居や生活様式にその文化が残る。統治下にあったソビエト（ロシア）や中国の影響も受け、混じり合ったものになっている。

首都「アスタナ」の都市計画は日本の建築家・黒川紀章が監修

1997年に首都になった「アスタナ」は、当時のナザルバエフ大統領の強力な推進で遷都されたといわれている。潤沢なオイルマネーを活用し、近未来的な建物が多数造られているが、都市計画全体の監修は、国際協力事業団（当時）のプロジェクトとして、日本人建築家の黒川紀章氏が手がけた。2030年頃の完成をめざし、現在も工事が行われている。

▲2010年に完成した高さ520mのショッピングセンター「ハーン・シャティール」。世界最大の張力構造建築物で、有名ブランドのテナントが多数入る。 hideto328/PIXTA（ピクスタ）

国家語のカザフ語よりロシア語のほうが通じる!?
ソ連（ロシア）時代が長かったことや、国民の3分の1が非カザフ系である多民族国家であることもあり、カザフ語よりロシア語が流暢なカザフ人は多い。都市部では、カザフ人同士なのにロシア語を使って会話するケースも珍しくないという。

ソユーズなど有名ロケットを発射ロシア管理の「バイコヌール宇宙基地」

カザフスタン南部のバイコヌールには、ソ連が1955年に建設した「バイコヌール宇宙基地」がある。世界初の人工衛星スプートニク1号や有人宇宙飛行に成功したユーリ・ガガーリンを乗せたボストーク1号がここから宇宙に飛び立った。現在はロシアがカザフスタンにリース料を支払い使用しているが、国内にボストチヌイ宇宙基地を造ったため、ここからの発射は減らしていく予定だという。

▶「バイコヌール宇宙基地」から打ち上げられたソユーズには、TBS記者の秋山豊寛氏や、前澤友作氏らが搭乗した。

カザフスタンの 建物

バイテレク・タワー

アスタナ中心部にある高さ105mのモニュメント兼展望塔。「バイテレク」は、カザフ語で「高いポプラの木」を意味する。ナザルバエフ大統領の手描きスケッチをもとに造られたといわれており、彼の手形も飾られている。首都が移転した1997年にちなみ、97mの場所に設置された展望台からは都市を一望できる。

遊牧民族文化が根づく中央アジアの国

キルギス共和国 Kyrgyz Republic

面積	約19.9万㎢
人口	約670万人（2023年）
通貨	キルギス・ソム（KGS）
言語	キルギス語・ロシア語（公用語）
宗教	イスラーム（スンナ派）など
民族	キルギス人／ウズベク人など

国土 カザフスタン、中国の新疆ウイグル自治区、タジキスタン、ウズベキスタンと国境を接する中央アジアの国。国土全体が山岳地帯で、寒さの厳しい冷帯気候。西部の低地は、夏は乾燥している地中海性気候。

経済 山岳地帯では牧畜が盛んで、GDPの約3割が農牧畜業。金を中心とした鉱業も重要な産業。2015年8月にロシアが主導するユーラシア経済同盟に加盟している。

歴史 8世紀にウイグル帝国、13世紀にモンゴル帝国の支配下に。その後独立を回復するが、1924年にロシア連邦共和国の自治州となる。ソ連崩壊に伴い1991年に独立宣言し、1993年にキルギス共和国に改称。

文化 キルギス人の祖先は騎馬遊牧民。食文化においても、羊や馬、牛などの肉や乳を使用した料理が発達している。

口伝で語り継がれてきた世界最長の叙事詩「マナス」

キルギス民族に伝わる英雄叙事詩「マナス」は、世界でいちばん長い詩としてギネス世界記録に認定されている。マナスとは、異民族からキルギス族を守るために戦った勇士のこと。古代からキルギス族はさまざまな国に支配されてきたが、口伝でマナスの物語を伝えてきた。

◀「マナス」とは、サンスクリット語で「心」という意味。キルギスの首都ビシュケクに英雄マナス王の像がある。

遊牧民族の伝統「鷹狩り」

ソ連支配時代に強制的な定住が進められ、現在では遊牧民族はほとんど存在しないが、伝統的にキルギス人は鷹狩りに親しんできた。今でも、ツアー旅行客向けに鷹狩りを見せる鷹匠が約50人いるのだとか。

活気あふれる巨大市場「オシュ・バザール」

日用品から食料品まで、何でも買える首都ビシュケクにある市場「オシュ・バザール」。キルギス最大のマーケットで、価格も安く、多くの市民がここで普段の買物を済ませる。

Photo by Ozbalci

◀「オシュ・バザール」では量り売りで、欲しいものを欲しい分だけ購入できる。平日、休日問わず、活気があふれるマーケットだ。

キルギスの【場所】 イシク・クル湖

「中央アジアの真珠」と形容される、世界でも数少ない10万年以上存在する古代湖。琵琶湖の約9倍の大きさで、ソ連時代には外国人の立ち入りが禁止されていた。塩分を多く含むため、冬でも湖面が凍らない。湖底には集落跡の遺跡が沈んでいる。湖の南には天山山脈が連なり、山脈が水面に映し出される様子は圧巻のひと言。

アジア　中央アジア

タジキスタン共和国 Republic of Tajikistan

面積	約14.3万㎢
人口	約1000万人(2022年)
通貨	ソモニ(TJS)
言語	タジク語(公用語)/ロシア語
宗教	イスラーム(スンナ派/シーア派)など
民族	タジク人/ウズベク人など

国土 中央アジアの南部に位置し、中国、キルギス、ウズベキスタン、アフガニスタンと国境を接している。国土の9割以上が標高3,000m以上の山岳地帯であり、特に東部に位置するパミール高原は国土の約3分の1を占める。

経済 主要産業は綿花を中心とする農業や放牧、アルミニウム産業など。山岳地域の河川、湖、氷河などからの水資源が豊富で、世界で8番めに水力発電が盛んな国である。

歴史 19世紀後半にロシア帝国に併合されるが、ロシア革命後、1929年にタジク・ソビエト社会主義共和国としてソ連を構成する共和国となる。1990年に主権宣言し、その翌年に現国名に改称し、独立を宣言した。

文化 シルクロードの要所に位置し、東西の品物だけでなく、さまざまな思想や文化の往来における影響を受けている。

エメラルドグリーンに輝く絶景の「イスカンダル・クル湖」

1,450もの湖があるタジキスタンを代表する湖が「イスカンダル・クル湖」。首都ドゥシャンベから130kmの場所に位置する。4,000mを超す高い山に囲まれ、この秘境には多くの野生動物が生息。「イスカンダル」は現地語でアレクサンドロス大王、「クル」は湖の意味で、大王が東方へ遠征の際にこの湖に立ち寄ったという伝説が残っていることにちなんでいる。ハイキングのベストシーズンは5〜10月で、湖の近くには宿泊地やレストランがあり、観光名所でもある。

◀エメラルドグリーンに輝く「イスカンダル・クル湖」の透明感は、晴れた日に周囲の山々や青空が水面に映るほど。

美女の条件は「つながり眉毛」
オリエンタルで彫りの深い顔立ちの人が多いと言われているタジキスタン。この国では、眉毛がつながっている女性が美しいとされているそう。メイクでは、ハーブで眉毛と眉毛の間を塗りつぶすのだとか。

第二の都市ホジェンド「最果てのアレクサンドリア」

北部の街ホジェンドはタジキスタン北部に位置し、シルクロードにおける中心地の一つとして重要な役割を担った。2500年以上の歴史があり、アレクサンドロス大王の東方遠征時にギリシャ人が入植したことから「アレクサンドリア・エスハテ(最果てのアレクサンドリア)」とも呼ばれている。近代まで防衛施設として機能してきた要塞は地域歴史博物館として生まれ変わり、その歴史を今に伝えている。

◀「ホジェンド」は、モスク、霊廟といった歴史的遺産が豊富なため、観光地としても発展しているという。

タジキスタンの 建物

国旗掲揚台
ソ連からの独立20周年を記念し、2011年に建設された国旗掲揚台は当時世界一高い165mで、ギネスブックに登録された(現在は2番めの高さ)。旗の大きさは長さ60m、幅30m、重さは350kgにも及ぶ。

トルクメニスタン Turkmenistan

面積	約48.8万km²
人口	約620万人(2022年)
通貨	トルクメニスタン・マナト(TMT)
言語	トルクメン語(公用語)／ロシア語など
宗教	イスラーム(スンナ派)など
民族	トルクメン人など

国土 西はカスピ海に面し、カザフスタン、ウズベキスタン、アフガニスタン、イランと国境を接する。国土の大部分を砂漠が占める。

経済 天然ガスなどの豊富な資源に恵まれ、その輸出が重要な経済基盤となっている。主な輸出先は中国。農業も盛んで、大規模灌漑による綿花のほか、小麦、果物、野菜などを生産。

歴史 19世紀後半、ほとんどのトルクメニスタン諸民族がロシアに征服される。1924年、トルクメン・ソビエト社会主義共和国が成立。1991年に独立し、国名をトルクメニスタンに変更。1992年に国連加盟。1995年の国連総会で永世中立国として承認された。

文化 主食はピラフに似たプロフで、羊肉もよく食される。伝統産業の絨毯織りの技術は、代々母から娘に受け継がれる。エリート層とその他国民の貧富の差が大きい。

情報が厳しく制限されている「閉ざされた国」

大統領が強大な権力をもつトルクメニスタン。インターネットが厳しく検閲されるなどの情報統制があることから、「国境なき記者団」の世界報道自由度ランキングで、180か国中ワースト4位(2022年)。第2代大統領グルバングルィ・ベルディムハメドフは、2007年の就任以降、強権的な体制を敷き、2022年の退任後は副首相の長男が大統領に就任。権力世襲として話題になった。

◀「ベルディムハメドフ大統領」のことは、ロシアのプーチン大統領に犬を贈呈したシーンで知る人もいるのではないだろうか。

トルクメニスタンの🍴食

メロン

旧ソ連時代から名産のフルーツ。現在では、大きさや風味の異なる400種類以上のメロンが市場に山積みされている。初代大統領ニヤゾフは、8月の第2日曜日を「メロンの日」という祭日に制定した。

ギネスにも認定された大理石の街「アシガバット」

首都「アシガバット」には、無類の白好きであるベルディムハメドフ大統領が造らせた白い大理石製の建物が集積し、その多さはギネス記録となっているほど。街中には、星形八角形の側面をもつ結婚式場「ウェディング・パレス」や、外装建築に囲まれた屋内観覧車「アレム」など、独特な造形の建物も多くある。

◀世界最大の星形建造物「ウェディング・パレス」には、複数の結婚披露宴ホールや客室、ショップ、レストランなどがそろう。

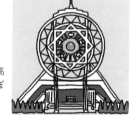

▶「アレム」は、世界でいちばん高い屋内観覧車。骨組みまで、ほぼすべてが大理石製となっている。

50年以上燃え続ける「地獄の門」

1971年、ダルヴァザ村にて天然ガスの採掘工事中に地面が崩落し、直径約90mのクレーターができた。その際、噴出する有毒ガスを止めようとしてつけた火が今もなお燃え続けている。「地獄の門」と呼ばれるこの秘境は、天然ガスの埋蔵量が不明のため、いつまで燃え続けるかわかっていない。

アゼルバイジャン共和国 Republic of Azerbaijan

面積	約8.7万㎢
人口	約1030万人（2022年）
通貨	アゼルバイジャン・マナト（AZN）
言語	アゼルバイジャン語（公用語）など
宗教	イスラーム（シーア派／スンナ派）など
民族	アゼルバイジャン人など

国土 北はロシア、西はジョージア、アルメニア、南はイランと国境を接している。北部地域は温暖湿潤気候、南部地域はステップ気候で、首都バクーにカスピ海から強い風が吹きつける。

経済 主要輸出品目は原油と石油製品、天然ガス。2006年にはバクーからトルコ・ジェイハンまで約1,760kmのBTC石油パイプラインが完成。

歴史 紀元前6〜4世紀にはカフカス＝アルバニア王国があった。7〜10世紀はアラブが支配し、11世紀にはトルコ系諸民族が大量流入。1828年にロシア帝国が北半分を併合し、1920年にアゼルバイジャン・ソビエト社会主義共和国が成立。1989年、旧ソ連の中でいち早く主権宣言を行い、1991年に現国名に変更、独立した。

文化 アゼルバイジャン語はトルコ語と似ている。モスクが多数あり、エネルギー資源を背景に開発が進み、近代的な建築物も多く建つ。

アゼルバイジャンは「火の国」？

アゼルバイジャンは「火の国」とも呼ばれるほど、火と関係が深い。「燃える丘」と呼ばれる「ヤナ・ルダク」は、地下の天然ガスが地表の割れ目から漏れ出し、自然発火している。この火はなんと2000年近くも燃え続けている。ロックバンド・クイーンのフレディ・マーキュリーが信仰していたゾロアスター教は「拝火教」とも形容され、アゼルバイジャンはその聖地となっている。

◀天然ガスの自然発火により、雨や雪が降っても2000年以上燃え続けている「ヤナ・ルダク」。

アゼルバイジャンの🍴食 キャビア

カスピ海に面するアゼルバイジャンで有名な海産物。カスピ海は塩分濃度が海水より低いため、淡水に棲むチョウザメの生息地となっているが、近年はチョウザメの漁獲量が制限され、キャビアの値段が上がっている。

アゼルバイジャンは大の親日国!?

アゼルバイジャンは親日国として知られている。バクーには日本庭園が造られ、空手や柔道などを習う子どもも多いそう。日本政府が政府開発援助（ODA）を通して発電所の建設に貢献してきたことがその理由だとされる。

世界一の高さに!?「アゼルバイジャンタワー」

2028年に完成予定のバクーにある「アゼルバイジャンタワー」は、完成すると約1,050mになり、ドバイのブルジュハリファを抜く。石油をはじめとした天然資源の輸出による外貨獲得を背景に、アゼルバイジャンは近年、都市開発を急速に進めている。

▼「第二のドバイ」とも形容されるバクーには奇抜な建築物が多い。中でも有名なのが、火をモチーフにした「フレイムタワー」。夜にはさまざまな色にライトアップされる。

journeymen/PIXTA（ピクスタ）

アフガニスタン・イスラム共和国 Islamic Republic of Afghanistan

面積	約65.2万km²
人口	約3890万人(2020年)
通貨	アフガニー(AFN)
言語	ダリー語・パシュトー語(公用語)など
宗教	イスラーム(スンナ派/シーア派)など
民族	パシュトゥン人/タジク人など

国土 アジア大陸の中央に位置する内陸国。タジキスタン、ウズベキスタン、トルクメニスタン、イラン、パキスタン、中国の6か国と隣接する。面積は日本の約1.7倍。国土の4分の3は高山地帯になっており、乾燥気候で年間を通して雨が少ない。北部の山岳部は亜寒帯(冷帯)気候で、冬には厳しい冷え込みとなる。カブールの年平均気温は13.1℃で、最低気温は-0.8℃(1月)、最高気温は25.7℃(7月)。

経済 小麦、米、大麦、とうもろこし、アーモンド、果物などの農業が主産業だが、不安定な治安により経済は非常に厳しい。歳入の大半を国際支援に依存しているが、タリバン(→右ページ参照)が実権を握ったことを承認できない各国から経済制裁を受け、多くの支援が停止。深刻な貧困と食糧不足に直面している。世界最大のアヘン生産国でもあり、タリバンの資金源になってい

▶3000年以上の歴史をもち、"文明の十字路"といわれる首都「カブール」。現在、数十年続いた戦災から復興の途上にある。

る。人道支援を必要とする人口は、1840万人に上ると見られている(2021年)。

歴史 長年、他民族による支配が続いたが、1747年にイランから独立し、ドゥラーニ王朝を創設。1826年にバラクザイ王朝が成立した。1973年に国王を追放し、共和制に移行。1978年のクーデターにより、社会主義政権が成立。1992年、ゲリラ軍の攻勢により社会主義政権が崩壊するが、内戦状態は継続。1999年にタリバンが国土の9割を支配。アメリカによる軍事行動により2001年にタリバン政権は一度消滅するも、2021年8月にアメリカ軍が撤退完了したことを機に再び政

◀2021年8月、撤退する米軍機に乗り込もうと、数百人ものアフガニスタン人が押し寄せた光景は記憶に新しい。

権を握ることとなった。

文化 ヨーロッパとアジアを結ぶシルクロードの中継地であることから、ヨーロッパとアジアの文化が交わる「文明の十字路」として、さまざまな文化が生まれた。しかし、たび重なる内戦やタリバンの制圧により、音楽や娯楽などが極端に制限される状況になっている。

人物 日本人として長年アフガニスタンの人道的支援を続けてきた人物に、国際NGO団体「ペシャワール会」が支援していた中村哲医師がいる。1980年代から医師として現地で十分な医療を受けられない人々への医療支援を続け、2003年からは干ばつで苦しむ人々のため、井戸や用水路の建設、農業支援も行った。その後も同国で人道支援にあたっていたが、2019年12月4日、車で移動中に武装グループから銃撃を受け、73歳で亡くなった。その後もペシャワール会は、アフガニスタンでの人道支援を続けている。

▲「中村哲医師」は2019年に長年の活動が評価され、アフガニスタンの名誉市民として認められた。用水路で救われた人々の数は65万人にものぼる。

日本との関係 日本はアフガニスタンの主要支援国として、長年支援を続けてきた。2001年以降

アジア

西アジア

DATA

64

の累計支援実績は約69億ドル。2002年と2012年には、東京で支援国会合を開催。2023年3月現在、外務省はアフガニスタン全土に「レベル4（退避勧告）」を発出している。

2つの世界遺産と大自然の「観光資源」

アフガニスタンは、紛争と人道危機のイメージが先行するが、美しい自然などの「観光資源」も豊富な国だ。「ジャームのミナレットと考古遺跡群」と「バーミヤン渓谷の文化的景観と古代遺跡群」の2つが世界文化遺産に登録されている。「ミナレット」とは、モスクなどのイスラームの宗教施設に付属する塔のこと。ジャームのミナレットは、60mの高さと八角形の土台が特徴となっており、12世紀末頃のゴール朝の最盛期に建てられた。バーミヤン渓谷は、標高2,500mほどの高地に位置するヒンドゥークシュ山脈の渓谷地帯にあり、近郊には石窟の仏教寺院が広がる。そのほか、ブルーモスクと呼ばれるコバルトブルーのモスク「ハズラト・アリー廟」なども有名だ。

▲青色のタイル装飾や幾何学模様、クーフィー型アラビア文字の刻印などが特徴的なジャームの「ミナレット」。

スンナ派のイスラーム主義勢力「タリバン」とは？

タリバンは、1994年に誕生した、イスラームの教えを厳格に解釈して国家や社会を築くことをめざす原理主義組織。イスラームの神学校の学生が中心となって結成され、メンバーの大半がパシュトゥン人とされる。教えに違反した者に対しては、むち打ちや手足の切断、公開処刑など、過激な手段をいとわない。結成以降、急速に勢力を広げ、1999年には国土の9割近くを制圧した。

2001年9月11日にアメリカで同時多発テロが発生。首謀者といわれるウサマ・ビン・ラディンをタリバンがかくまったことをきっかけに、アフガニスタン紛争（2001～2021年）が勃発。タリ

アフガニスタンの 場所 バンデ・アミール湖

バーミヤン州の標高3,000mの山岳地帯に位置する透き通るブルーの湖で、バンデ・ハイバットやバンデ・グラマーンなど6つの湖の総称。その透明度や美しさから「砂漠の真珠」と呼ばれている。2009年、アフガニスタンで初の国立公園に指定された。

バン政権も消滅したが、2021年にアメリカ軍が完全撤退すると、再び政権を取り戻した。

◀危機遺産指定中の世界文化遺産「バーミヤン渓谷の文化的景観と古代遺跡群」。5～6世紀頃に高さ55mと38mの2体の巨大大仏が彫られたが、2001年にバーミヤンを占領したタリバンにより大仏は爆破され、その様子は世界に配信された。

深刻な「人道危機」が発生 女性の権利制限も問題に

タリバン政権を認めない世界各国が経済制裁を行った影響で、経済状況が悪化し、深刻な食料不足が発生。貧困を原因とした児童婚や強制結婚なども増加している。イスラームを厳格に解釈するタリバンは、旧政権時代、「ブルカ」の着用や、教育や就労の禁止など、女性の権利を厳格に制限してきた。再び実権を握ってからも、「ヒジャブ」着用の義務化や教育の制限などが再度始まっている。

▶「ヒジャブ」（左）は頭、耳、首をスカーフで覆い、顔は見える。一方、「ブルカ」は全身をベールで覆い、網状の布で視界を確保している。

猛スピードで発展を続ける、7つの首長国で構成された連邦国家

アラブ首長国連邦 United Arab Emirates：UAE

面積	約8.4万㎢
人口	約989万人（2020年）
通貨	UAEディルハム（AED）
言語	アラビア語（公用語）
宗教	イスラーム（スンナ派など）／ヒンドゥー教など
民族	アラブ人／南アジア系など

国土 アラビア半島の南東端に位置する。サウジアラビア、オマーンと国境を接し、アラビア湾（ベルシャ湾）と一部オマーン湾にも面している。アブダビ、ドバイ、シャルジャ、ラス・アル・ハイマ、フジャイラ、アジュマン、ウンム・アル・カイワインの7つの首長国からなる連邦国家。

経済 1950年代に石油が発見される以前は、遊牧、小規模農漁業、真珠採取などが中心だったが、油田開発によって急激な経済成長を遂げた。原油の大部分を産出する首都アブダビと、貿易、観光、

◀アブダビ首長国の首都かつUAEの首都でもある「アブダビ」。人口はドバイに次いで同国第2位だが、アブダビ首長国は連邦国土面積の80％以上を占める。

金融などに力を入れているドバイが、その後の持続的な経済発展を支えている。

100年以内に火星に移住!?

2017年に「Mars Science City」と呼ばれる壮大な火星移住計画を発表し、「今後100年以内にこの移住計画を遂行する」と宣言した。UAEでは石油産業だけに頼らない経済モデルの構築が進められていて、中でも宇宙開発事業には特に大きな期待がかかっている。

歴史 18世紀にアラビア半島南部から移住した部族が現在のUAEの基礎をつくった。18世紀半ばにイギリスの進出を受けるが、19世紀半ばに恒久休戦協定を結び、19世紀末には保護領になった。その後、1968年にイギリスがスエズ以東の軍事的撤退を宣言すると、各首長国に連邦結成の気運が高まり、1971年、6首長国により連邦国家として独立した（ラス・アル・ハイマは翌年参加）。

文化 もともと海洋国で、他の文化圏との交流も盛ん。アラブ諸国の中では比較的寛容な文化政

策が採られている。2020年にはドバイ国際博覧会（ドバイ万博）も開催された。一方で、特にドバイでは労働のために移住してきた外国人が人口の大半を占めるようになり、自国民が圧倒的に少数という現状から、現在、国を挙げて伝統的な文化の保存などにも力を入れている。

人物 ハムダン・ビン・モハメッド・ビン・ラシッド・アル・マクトゥーム（1982～・右）は、ドバイの皇太子兼執行評議会議長。各国の王族たちが学ぶ、イギリスのサンドハースト王立陸軍士官学校出身のエリート。ファッザ（Fazza）の愛称で親しまれ、詩人としても活躍している。フォロワー数1500万人を越える人気インスタグラマー。

日本との関係 日本は、UAEの建国以来50年間にわたって、原油の最大のバイヤーとして揺るぎない関係を築き上げてきた。現在もUAE産原油の4分の1以上が日本に向けられている。2018年には、種子島宇宙センターからUAE初の国産人工衛星ハリーファ・サットの打ち上げに成功。2020年にも同地から火星探査機ホープ・プローブの打ち上げに成功するなど、近年、その協力関係は宇宙開発にまで広がっている。

西アジア

DATA

「7つの首長国」により構成される連邦国家

　各首長国には、長年同地を支配してきた首長家が存在。国土の大部分は砂漠だが、アブダビ首長国の東部アル・アイン地方などはオアシスに恵まれている。連邦政府の最高意思決定機関は、7首長によって構成される連邦最高評議会。同評議会の互選により、大統領と副大統領が選出される。ただし建国以来、アブダビ首長が連邦大統領を務め、ドバイ首長が連邦副大統領と首相を務めることが慣習となっている。

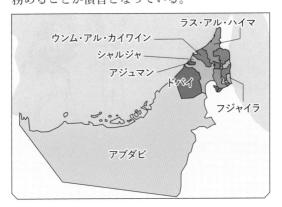

アブダビ首長国

広大な国土に埋蔵された豊富な石油資源により、連邦の政治、経済を支えるリーダー国。仏ルーブル美術館の別館「ルーブル・アブダビ」(右)や、世界唯一のフェラーリのテーマパーク「フェラーリ・ワールド・アブダビ」を次々とオープンさせるなど、近年は観光開発にも力を入れている。

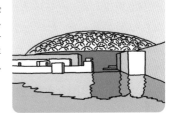

ドバイ首長国

アブダビの北東に位置するが、石油資源は豊富ではなく、貿易、観光、金融業務を経済の柱として大きく発展した。地上206階、828mと世界一の高さを誇る超高層ビル「ブルジュ・ハリファ」や、世界で最も大きな人工島「パーム・アイランド」(下)、高さ250mを誇る世界最大の観覧車「アイン・ドバイ」など、ドバイには世界一が溢れている。

Photo by Delpixart

アジュマン首長国

外国人居住者のイスラーム戒律適用が緩いことから、世界中のアルコール類を購入できる大型酒店があり、酒税もかからないため、他首長国から買い出し客が多く訪れている。一方で現在も、漁業や造船業が主要な産業として残り、港につながれたダウ船(下)や、砂浜の魚網など、古き時代のUAEの風景と出合うことができる。

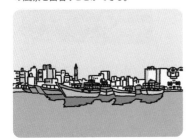

シャルジャ首長国

近年はドバイのベッドタウンとして発展。多くの高層ビルが建設され、ドバイと連続した都市圏を形成している。一方で、イスラームの戒律を厳守する国でもあり、連邦構成首長国の中で唯一、アルコールの販売や消費が禁止されているほか、厳格な服装規定も導入されている。

ラス・アル・ハイマ首長国

海、砂漠のほかに緑豊かな平原と山岳地帯を擁しているのが、ラス・アル・ハイマ首長国。UAE最高峰のジャベル・ジャイス山脈には、ギネスにも認定された2.83kmの長さを誇る世界最長のジップライン(右)が設置されている。

ウンム・アル・カイワイン首長国

連邦中、最も人口の少ない首長国。昔から漁業が盛んで、今もUAE内の海産物の主な供給源になっている。工業団地の整備などにより産業が多角化してきているが、アブダビやドバイに比べると、静かで趣のある街並みが多く残っている。

フジャイラ首長国

フジャイラは、イランによる封鎖や武力行使などの地政学的リスクを抱えるホルムズ海峡の外側、オマーン湾に面していることから、フジャイラの港(下)が新たなエネルギー流通のハブとして注目されるようになり、同港はシンガポール、ロッテルダムと共に世界3大バンカリング(燃料供給)拠点へと成長した。

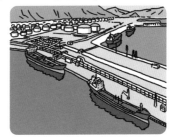

アジア

西アジア

四度にわたる中東戦争など、アラブ諸国との対立が続くユダヤ教国家

イスラエル国 State of Israel

面積	約2.2万㎢
人口	約950万人(2022年)
通貨	新シェケル(ILS)
言語	ヘブライ語・アラビア語(公用語)／英語
宗教	ユダヤ教／イスラームなど
民族	ユダヤ人／アラブ人など

国土 東はヨルダン、北東はシリア、北はレバノン、南西はエジプトに接し、西は地中海、南端はわずかにアカバ湾に面している。

エルサレムはイスラエルの領土じゃない!?

エルサレムは東西に分かれており、国際的に認められているイスラエルの領土は西エルサレムのみで、東側は日本を含めた国際社会の大多数に首都として認められていない。また、国土面積には第三次中東戦争でイスラエルが併合した東エルサレム、ゴラン高原を含むが、国際社会の多くは承認していない。

経済 ダイヤモンド研磨加工産業やIT関連のハイテク産業など、輸出品の約9割が工業製品。大規模な天然ガスの開発も進み、2013年から生産が開始されている。

歴史 ユダヤ人は世界各地に離散していたが、19世紀にユダヤ人国家建設をめざそうとする思想がヨーロッパで興る。第一次世界大戦中の1917年に、イギリスがパレスチナでのユダヤ人国家建設の支持を表明。第二次世界大戦後の1947年に国連総会でパレスチナをアラブ人地域とユダヤ人地域に分割する案が採択され、1948年にユダヤの人々がイスラエルとして独立を宣言する。しかし、周辺のアラブ諸国との間に四度の中東戦争が勃発。1978年にエジプトとの平和条約、1994年にヨルダンと平和条約を締結し、2020年にはアラブ首長国連邦、バーレーン、スーダン、モロッコと国交正常化に合意した。

▶1973年に起きた第四次中東戦争は第1次オイルショックを引き起こし、日本をはじめとする諸外国に多大な経済混乱をもたらした。

文化 国内で多くの人が信仰しているユダヤ教には、食に関して、血の摂取、肉類と乳製品の混合、豚肉などが禁忌とされる食事規定がある。こうした決まりを守ることで、住む場所がバラバラでもユダヤ人としてのアイデンティティを保っ

ていたという。

人物 ハリウッド映画の有名女優が多い国としても知られるイスラエル。ナタリー・ポートマンやガル・ガドットなどもこの国の出身だ。男女ともに兵役があるため、ガル・ガドットは18歳から2年間、国防軍で職務に就いていた。その経験は演技に役立ったという。

▶ナタリー・ポートマン(左)は「レオン」「スター・ウォーズ」「ブラック・スワン」など、ガル・ガドット(右)は「ワイルド・スピード」「ワンダーウーマン」などの映画に出演した。

日本との関係 AI技術分野などに強いIT大国で、日系企業が続々と進出。その数は92社に上り、在留邦人は1,156名ほど(2019年)。

発端はイギリスの三枚舌外交「パレスチナ問題」とは?

2000年ほど前、パレスチナ地域にはユダヤ人たちの国があった。たびたび大国に侵略され、ついにローマ帝国の時代にその地を追い出され、ヨーロッパや中東、アフリカに離散する。イギリスはユダヤ人の国家建設支持を表明した一方で、

アジア

西アジア

アラブ人たちにも独立国家を約束していた（さらに、フランス、ロシアともオスマン帝国領土の分割を話し合っていた）。そのため、アラブ人たちはパレスチナの分割に不満を募らせ、イスラエルの独立宣言を受けて侵攻（第一次中東戦争）。勝利したのはイスラエルで、独立当初より領土を拡げ、その地に住んでいたアラブの人々の多くは難民になった。エルサレムは国連管理下にあったが、東西に分割され、西をイスラエル、東をヨルダンの領土とした。第三次中東戦争で、イスラエルは東エルサレムを含むヨルダン川西岸などを占領。ヨルダン川西岸は1993年に「パレスチナ自治区」とすることに合意したが、東エルサレムはイスラエルの実効支配が続いている。

3つの宗教の「聖地」がこのエリアに集まっている!?

一神教の中で最も歴史が古いユダヤ教が生まれたパレスチナ地方。そこにはユダヤ教の聖地

イスラエルの 交通 イツハク・ナボン駅

先が見えないほど長いエスカレーターが続くイスラエル鉄道の駅。地下にあるこの駅は世界一深いといわれ、シェルター機能もあるという。イスラエルのハイスピード列車は、ベン・グリオン国際空港とエルサレム市内を約20分、テルアビブの街までを約45分ほどで結んでいる。

だけでなく、キリスト教の聖地とイスラームの聖地がある。その理由は、この3つの宗教が天地創造の唯一の神を信仰しているから。3つの「聖地」は、ヨルダンからの申請で「エルサレムの旧市街とその城壁群」として世界遺産にも登録されているが、争いが続いている地域のため、当事国をもたない世界遺産となっている。

◀『旧約聖書』によると、「モーセ」は神の言葉を聞き、エジプトで奴隷として働かされていたヘブライ人の同志たちを解放するために立ち上がった。彼の祈りによって紅海の水が分かれ、ヘブライ人たちは海底を歩いて渡ったという奇跡が記されている。

▶カナン（パレスチナ地方）をめざす道中で、「モーセ」は石版に掘られた十戒を神から授かる。この石版はエルサレムに建てられた神殿に安置されたが、神殿は外国からの侵攻などで破壊され、現在は壁のみが残る。

◀その残された壁こそがユダヤ教の聖地「嘆きの壁」。壁の前には祈りを捧げるユダヤ教徒が後を絶たない。

イスラエルの 食 コーシャ

主に旧約聖書に基づいたユダヤ教徒の食事規定のこと。食べてよい物は、動物の中だと、ひづめが完全に2つに割れていて反芻を行う牛や羊など。魚はヒレとウロコがある魚と、その稚魚や卵のみ。

◀キリスト教はもともとユダヤ教の一派だった。「キリスト」は十字架にかけられ、処刑されたといわれている。

▶キリストの処刑、埋葬、そして、復活が起きたとされるその場所に、キリスト教の聖地「聖墳墓教会」が建てられた。

◀イスラームの聖地「岩のドーム」は、現存する最古のイスラーム建築といわれている。

脱石油をめざすイスラーム発祥の国

サウジアラビア王国 Kingdom of Saudi Arabia

面積	約215万㎢
人口	約3534万人（2021年）
通貨	サウジアラビア・リヤル（SAR）
言語	アラビア語（公用語）
宗教	イスラームなど
民族	アラブ人など

国土 広大なアラビア半島の約8割を占める砂漠の国。面積は中東地域最大。東はペルシャ湾、西は紅海に面している。最高峰は南部にあるサウダ山（3,313ｍ）。

経済 輸出総額の約9割、財政収入の約8割を石油に依存するエネルギー大国。OPECの指導国として、石油の安定的な供給に努めるなど、国際原油市場に強い影響力をもつ。現在は石油依存型経済からの脱却と産業の多角化を最重要課題に掲げており、2016年に「サウジ・ビジョン2030」を発表。大規模な改革が進められている。

歴史 622年、イスラームの開祖ムハンマドがメッカを追われ、メディナに移住。これを遷都（ヒジュラ）といい、イスラム暦（ヒジュラ暦）の起源となった。翌年、ムハンマドはメッカに戻り、敵対勢力を制圧。イスラームが主導する国家の礎を築いた。ムハンマド亡きあとはさまざまな王朝が乱立し、群雄割拠の時代が訪れた。16世紀にはオスマン帝国の支配下に。その後、第一次サウード王国（1744～1818年）、第二次サウード王国（1824～1891年）を経て、1931年、アブドゥルアズィーズ王（イブン・サウード）がナジュドおよびヒジャーズ王国の建国を宣言。翌1932年に国名を「サウード家のアラビア」を意味するサウジアラビア王国と改めた。

文化 イスラームの聖職者らにより1980年代に映画館が禁止されるなど、長年にわたって芸術や娯楽が制限されてきたが、2018年以降は「サウジ・ビジョン2030」の一環で、35年ぶりに映画館が解禁。外国人ミュージシャンのライブも開催されるようになった。

人物 1932年にサウジアラビア王国を建国し、初代サウジアラビア国王となったイブン・サウード（1876～1953年）。アメリカの後ろ盾により石油・天然ガス開発を行い、国の財政基盤を整えた。

◀「イブン・サウード国王」には子どもが89人いるとされ、第2代から第7代まで、6人の国王はいずれも彼の息子。

日本との関係 1955年に外交関係が樹立。以来、日本はアメリカに次ぐ世界第2位の輸出相手国となっている。2017年には「日・サウジ・ビジョン2030」も策定された。

新たな国づくりをめざす計画「サウジ・ビジョン2030」

サウジアラビアでは、2016年にサルマン国王とサルマンの息子ムハンマド・ビン・サルマンが主導し、2030年までに実現したい経済改革計画「サウジ・ビジョン2030」を発表。石油依存型経済からの脱却と産業多角化を中心とした改革を進めている。現在はまだ道半ばであるが、特にエンターテインメント産業は成長著しい業界として世界に認識されつつある。

▲2018年、長年禁止されてきた「映画館」が35年ぶりにオープン。翌年には紅海国際映画祭も初開催された。同じく規制されてきた公開コンサートも復活。2019年にはマライア・キャリーやBTSもコンサートを行った。

◀2021年には紅海沿岸の港湾都市ジェッダで、「第1回サウジアラビアF1グランプリ」が開催された。市街地ナイトレースは、シンガポールグランプリに次いで2コースめ。

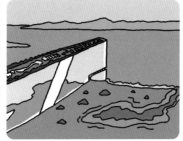

▶「NEOM」と呼ばれるスマートシティプロジェクトも進行中。2021年には、海抜500mの高さに900万人が暮らす世界初の直線型高層都市「THE LINE」の計画が発表され、世界中を驚かせた。

日本も「サウジ・ビジョン2030」を支援！
2017年に「日・サウジ・ビジョン2030」を、2019年に「日・サウジ・ビジョン2030 2.0」を発表。日本のメーカーが工場を建設したり、共同で電気自動車の走行実験を行ったり、日本のテレビ番組のサウジアラビア版を制作するなどの事業が進んでいる。

「閉ざされた国」の観光ビザの発給が復活

古代都市マダイン・サーレハの遺跡群や、メッカの玄関口にあたるジェッダ歴史地区など、6つの世界遺産を有するサウジアラビア。以前は、「世界一入国が難しい国」の一つといわれていたが、2019年に日本を含む49か国に観光ビザの発給を開始。手軽に観光を楽しめるようになった。

▲サウジアラビア初の世界遺産となった「アル＝ヒジュルの考古遺跡（マダイン・サーレハ）」。アル＝ヒジュルは「岩だらけの場所」という意味。
norif/PIXTA（ピクスタ）

「女性」の労働参加や社会進出を推進

「サウジ・ビジョン2030」の中心人物ムハンマド・ビン・サルマンは、「女性」の解放政策を積極的に進めている人物としても知られている。2015年に女性の参政権が認められたのを皮切りに、2018年には女性による自動車の運転とサッカースタジアムでの観戦が解禁された。

▶かつては女性の自動車運転が禁じられている、世界で唯一の国だった。

観光の際は服装にご注意！
外国人女性に対しては、アバーヤ（外套状の長衣）やヒジャブ（スカーフ）の着用は義務づけられていないが、観光の際は、男女ともに控えめな服装が推奨されている。

サウジアラビアの 場所 カアバ神殿

メッカにあるマスジド・ハラーム（モスク）の中央に位置する聖殿。イスラームにおける最高の聖地とみなされていて、世界中のムスリムはこの聖殿の方向に向かって1日5回の礼拝を行っている（シーア派は3回とすることも多い）。ちなみに、メッカともう一つの聖地メディナへはムスリム以外、街への立ち入りも許されていない。

サウジアラビアの 食 カブサ

米、肉、野菜をピラフのように炊き込んだ料理で、サウジアラビアの人たちが毎日のように食べている国民食。ナツメグやクローブ、コリアンダーなどの香辛料が効いたスパイシーな味わい。

アジアとヨーロッパをつなぐ交易地

トルコ共和国 Republic of Turkey

面積	約78万㎢
人口	約8528万人（2022年）
通貨	トルコリラ（TRY）
言語	トルコ語（公用語）など
宗教	イスラーム（スンナ派／シーア派）など
民族	トルコ人／クルド人など

国土 アジア大陸西端のアナトリア半島とバルカン半島南東部のトラキアという地域で構成される。国土のほとんどは山岳地帯と高原で占められ、東部に位置する国内最高峰の大アララト山（5,165ｍ）は、ノアの箱舟が大洪水で流れ着いた場所だとされる。多くは地中海性気候だが、東部の山岳地帯は亜寒帯（冷帯）気候、アナトリア半島中部はステップ気候に属する。

経済 世界有数の農業国で、麦、ぶどう、綿花、オリーブなどを生産。牧畜も盛んで、毛織物の生産量も多い。工業は自動車や家電製品が多い。観光業を中心としたサービス業も大きな産業となっている。

歴史 中部のコンヤ付近に紀元前6000年頃の世界最古とされる農耕集落の遺跡が発見されるなど、古くからさまざまな民族がこの地で暮らしてきた。13世紀末に興ったオスマン帝国は北アフリカまでを支配する巨大帝国となり、600年以上続いた。1923年、ムスタファ・ケマルがトルコ共和国を建国。

文化 遊牧民を遠い祖先にもつトルコ人、山岳地帯に住んでいたクルド人に加え、アゼルバイジャン人も住むなど、民族の流動は多い。交易などによるヨーロッパからの影響も受け、独自の文化が発展してきた。

人物 オスマン帝国の軍人ムスタファ・ケマルは、第一次世界大戦で英仏の連合軍を撃退。1923年にトルコ共和国を建国し、初代大統領に就任した。信仰の自由、アラビア文字からローマ字への変更、女性への参政権付与などを行った。のちに議会で「トルコの父」を意味するアタテュルクの姓を与えられてムスタファ・ケマル・アタテュルクとなり、今もそう呼ばれている。

▲トルコ第2の都市である首都「アンカラ」。その歴史は浅く、ムスタファ・ケマルによって首都と定められたときの人口はわずか6万人だったという。

日本との関係 1890年、和歌山県沖で沈没したエルトゥールル号の乗組員を地元住民が救助したことから友好関係が続く。

「エルトゥールル号」の沈没とイラク戦争の邦人救出

1890年に日本を訪れたオスマン帝国の軍艦「エルトゥールル号」は帰路に台風に遭い、和歌山県の串本町沖で沈没。約600人が命を落としたが、69名は地元住民により救出され、日本の軍艦で故郷に送られた。このことはトルコの教科書にも載り、日本に親しみをもつ国民が増えたという。

▶エルトゥールル号遭難事件は、2015年に「海難1890」として、日本、トルコの合作で映画化された。

トルコから救いの手も!?
1985年、今度は日本人が助けられる事件が起きた。イラン・イラク戦争が勃発し、各国は自国民救出のために飛行機を飛ばしたが、日本は自衛隊、民間会社ともに救出用の飛行機を出すことができなかった。そこで、トルコ航空は"過去の恩返し"として自国民よりも優先させて、215名の日本人を搭乗させた。

アジアと欧州に分かれた 最大都市「イスタンブール」

ボスポラス海峡とマルマラ海に面した「イスタンブール」は、トルコ最大の都市。「ビザンティウム」「コンスタンティノープル」「イスタンブール」と時代とともに呼称は変わったが、古代ローマ帝国、東ローマ帝国、オスマン帝国では首都になるなど、繁栄の中心であったことには変わりがない。ヨーロッパ側は、ブルー・モスク（スルタンアフメット・ジャーミィ）やオスマン帝国時代の皇帝（スルタン）の居城トプカプ宮殿などがある旧市街と、ビジネスの中心地である新市街に分かれる。

▶交通の要衝として、さまざまな文化が混ざり合って発展した「ボスポラス海峡」。クルーズ船からその歴史を今に伝える名所を数多く見ることができる。

falco on pixabay

橋とトンネルが結ぶ「ボスポラス海峡」

ヨーロッパとアジアを隔てる「ボスポラス海峡」は、全長約27km、幅0.7～3kmで、フェリーのほか、3つの橋とトンネルが南北方向で黒海とマルマラ海（エーゲ海の北）を結んでいる。2013年に開通した鉄道用のマルマライトンネルは、日本の大成建設が現地企業とともに建設に参加。開通により、フェリーで約30分かかっていた大陸間の移動が約4分に短縮された。

▶14世紀に建造され、イスタンブールのシンボルでもある「ガラタ塔」。高さは約67mとさほど高くはないが、小高い丘の上に建っているので、旧市街の街並みを一望できる。

Meriç Dağlı on Unsplash

◀旧市街にある「ブルーモスク」は、世界で最も美しいモスクと称される。2万枚を超える青を基調としたタイルが内部の壁に敷き詰められていることから、その名がついた。

トルコの 🍴食　トルコ料理

中国料理、フランス料理とともに、世界3大料理の一つ。中央アジアとヨーロッパ、双方の影響を受け、さまざまな料理が生まれた。主食はエキメッキと呼ばれるパンで、料理にはトマト、オリーブ（オイル）、ヨーグルトなどが使われる。野菜に米、玉ねぎ、ひき肉などを詰めたドルマ、羊や牛肉を使ったハンバーグのようなキョフテ、串に刺したシシケバブ、バゲットに挟んだドネルケバブなどが有名。

火山の噴火と長い年月が 生んだ奇岩群「カッパドキア」

アナトリア高原の中央部にあり、奇岩が広がる「カッパドキア」。数億年前に火山の噴火によって堆積した凝灰岩や溶岩層が風雨によって浸食し、固い部分だけが残り、不思議な形の岩になったといわれている。4世紀前後からは、迫害を恐れたキリスト教徒らが凝灰岩を削り、住居や教会を造って住み始めた。天井や壁にはフレスコ画が美しいまま残されている。

▶さまざまな形をした奇岩が並ぶ世界遺産「ギョレメ国立公園とカッパドキアの岩窟群」。岩をくり抜いて造られた洞窟ホテルや、色とりどりの熱気球が飛ぶ光景は有名。

トルコの デザート　ドンドゥルマ

アイスクリームに似た水菓子。ラン科の植物の根を乾燥させて粉にしたサレップを使用し、粘度があり、お餅のように伸びるのが特徴。日本でもトルコアイスの名で知られているが、日本で流通しているものはサレップの代わりに山芋や海藻を使い、味も異なるケースが多い。

キリスト教を国教にした世界初の国

アルメニア共和国 Republic of Armenia

面積	約3万km²
人口	約300万人(2022年)
通貨	ドラム(AMD)
言語	アルメニア語(公用語)など
宗教	アルメリア正教など
民族	アルメニア人など

国土 黒海とカスピ海に挟まれた内陸国。ザカフカス(カフカス南部)地方の山が多い国で高原が広い面積を占め、国土の中央部北西から南東にかけ約3,000mの小カフカス山脈が貫き、セバン湖(海抜1,900m)が見られる。気候が多様で、春に多く雨が降る。

経済 主要産業は果樹、綿花、野菜などの農業、ダイヤモンド加工を中心とした宝石加工、IT産業。食品工業では、ワイン、ブランデーが世界中に輸出されている。輸入はロシア、中国、イランなど。

歴史 1922年にアゼルバイジャン、ジョージアとともにザカフカス連邦共和国を結成し、ソビエト連邦に加わる。1991年のソ連崩壊に伴い、アルメニア共和国となった。

文化 世界最古のキリスト教国。エチミアジン大聖堂、ズヴァルトノツの考古遺跡が世界遺産。ワインやブランデーの産地としても有名。

初めて「キリスト教」を国教とした国 世界にある大聖堂のルーツ

最も古い文化をもつ国の一つで、ローマ帝国が「キリスト教」を公認した313年よりも前の301年に、キリスト教を国教と定めた。キリスト教教会の一派であるアルメニア教会は、11世紀にセルジューク朝に征服されるとアナトリア(現在のトルコ)への移民が増え、中東各地に広がった。聖グレゴリウスが建設したエチミアジン大聖堂は、世界中の大聖堂のルーツと呼ばれている。

◀「エチミアジン大聖堂」は世界最古のキリスト教の大聖堂で、多くの芸術家によって描かれた。

文化の象徴「アララト山」

現在は、「アララト山」はトルコ領だが、かつてはアルメニア領であり、多くのアルメニア人が住んでいた。アララト山にノアの箱舟が流れ着いたといわれており、アルメニア人がノアの子孫だと信じる者もいる。

世界最古のリード管楽器 民族楽器「ドゥドゥク」

アルメニアの名産として知られるアプリコット(あんず)の木から作られた木管楽器「ドゥドゥク」。世界最古のリード管楽器とされている。美しく滑らかな音が特徴で、聖歌の演奏などに使用されている。

▶アルメニアの「ドゥドゥク」とその音楽は、無形文化遺産に登録されている。

◀アルメニア人はとにかく踊り好きとして有名で、ダンスの歴史は中東で最も古い。伝統的な衣装タラズを着て、踊りで自国の歴史やルーツを表現する。

アルメニアの 名産 ワイン／ブランデー

世界最古のワイナリー遺跡が発見されるほど、ワインやブランデーの歴史は古く、産地として有名。1945年のヤルタ会談で友好の証として当時ソ連の首相スターリンがイギリスの首相チャーチルに有名なブランデー「アララット」を供したところ大変気に入り、亡くなるまで愛飲していたとか。

今も南北の分断が続く、ビーナス生誕のリゾート島

キプロス共和国 Republic of Cyprus

面積	約0.9万km²
人口	約124万人(2021年)
通貨	ユーロ(EUR)
言語	ギリシャ語・トルコ語(公用語)／英語
宗教	ギリシャ正教など
民族	ギリシャ系／トルコ系など

国土 地中海東部の島国。シリア西方100km、トルコ南方70kmに位置する。北と南にそれぞれ標高1,000m級の山脈が走る。全土が地中海性気候。

経済 主要産業は観光。地理的利点を活かし、積極的に外国資本を誘致。金融業、海運業も盛ん。

歴史 紀元前からエジプト、ペルシャ、ローマ帝国の支配を受けてきた。1960年、最後に併合されたイギリスから独立するも、トルコ系住民とギリシャ系住民の対立が激化し、内戦に発展。1974年、ギリシャ軍事政権の介入に反発したトルコ軍が国土の36%の北部を占領。1983年には北キプロス・トルコ共和国の独立を宣言し、事実上、南北2つの国家が共存することとなった。2004年、南部のキプロス共和国のみEUに加盟。

文化 こうした歴史から、南部にはギリシャ系、北部にはトルコ系の住民が多く住む。近年の治安は比較的安定している。

2つの国に1つの首都!? 「グリーンライン」で分断

南部キプロスと北キプロス・トルコ共和国の境目には、国連が管理する「グリーンライン」という緩衝地帯があり、首都ニコシアも南北に分断。近年は南北の融和が進んだことで、住民の往来が可能となった。なお、北キプロス・トルコ共和国を国家として承認する国はトルコのみ。

▶首都ニコシアを分断する「グリーンライン」。コンクリート壁や有刺鉄線、ドラム缶を積み上げるなどして隔てられている。

◀北キプロス・トルコ共和国の国旗は、トルコの配色を反転させたデザイン。南北の協調を願う、2本のオリーブの枝をあしらった統一旗はほぼ使われていないという。

かつてのリゾート地がゴーストタウンに!?

「地中海のラスベガス」といわれ賑わいを見せた街「ヴァローシャ」は、1974年の内戦でギリシャ系住民が逃亡し、南北境界の北側に取り残された。その後、40年以上も廃墟のままとなっている。

世界遺産の街「パフォス」 美の女神が生まれたビーチも!?

キプロス南西端にある「パフォス」は、かつて首都として栄えた街。屋外の博物館である考古学公園内には、主に2〜7世紀の遺跡が点在し、モザイクタイルで装飾された邸宅跡などがある。海岸も美しく、中でも「ペトラ・トゥ・ロミウ海岸」は美の女神ビーナス(アフロディーテ)生誕の地といわれ、ギリシャ神話ファンの聖地になっている。

▶考古学公園にあるギリシャ神話の「モザイク画」。中央には、ミノタウロスを退治するテセウスが描かれている。

キプロスの食

ハルミチーズ

キプロス原産のフレッシュチーズ。熱で溶けにくいため、ステーキのように焼くことができる。塩味が強く、繊維状の食感が特徴。かつては羊乳と山羊乳で作られていたが、需要の増加につれ、安価な牛乳を原料に加えたものが多く流通するようになった。

ロシア
黒海　トビリシ　カスピ海
トルコ　アルメニア　アゼルバイジャン
イラン
250km

長寿とワインと美食の国

ジョージア Georgia

面積	約7万km²
人口	約400万人 (2022年)
通貨	ラリ (GEL)
言語	ジョージア語 (公用語) など
宗教	ジョージア正教など
民族	ジョージア人など

アジア

西アジア

国土 北はロシア、東はアゼルバイジャン、南はアルメニア、トルコと国境を接し、西は黒海に面している。5,000m級の山々が連なる大コーカサス山脈から黒海沿岸のビーチリゾートまで、多様な自然環境に恵まれている。

経済 主な輸出品は、柑橘類、ワイン、茶、ミネラルウォーター、鉱石など。世界銀行のビジネス環境ランキング (2020年) で7位に認定された。

歴史 11世紀、バグラト朝によって初めて国家が統一される。13世紀には、モンゴル、トルコ、ペルシャの支配を経て、ロシア帝国の一部となった。1991年、ソ連の崩壊後に独立。

文化 古くから多くの民族が行き交う交通の要衝だったため、ヨーロッパ、アジア、コーカサスなど、さまざまな文化が混在している。カズベグリ、カルトゥリなどの伝統舞踊 (ジョージアンダンス) が有名。

長寿の秘訣は 「美食」と「発酵乳製品」

アジアとヨーロッパの十字路として、古くからさまざまな食材や香辛料が集まり、独自の調理法や食文化を発展させてきたジョージア。近年、「美食の国」として世界中から注目されている。また、100歳以上のお年寄りが多く暮らす「長寿大国」としても有名で、「マツォーニ」と呼ばれる発酵乳をよく食すことが長寿の秘訣だと考えられている。

▲以前、日本でブームとなった「カスピ海ヨーグルト」は、マツォーニの乳酸菌から作られたもの。

◀首都トビリシの美しい街並みを見渡すことができる「ナリカラ要塞」。

ダイナミックなステップが魅力の伝統舞踊

ジョージアの人たちは、結婚式や祭りの際に必ず舞踊を楽しむことでも有名。中世の民族衣装をまとい踊るのが特徴の「ジョージアンダンス」は、地域ごとにスタイルが異なり、多様性のあるジョージアの文化を反映しているといわれている。レストランにもダンスフロアを併設した店が多くある。

クレオパトラも愛した 世界最古の「ジョージアワイン」

最近になって、紀元前6000年頃のブドウの種や醸造の痕跡が次々と発見され、ジョージアはワイン造りの発祥の地としても注目されるようになった。古代エジプトの女王クレオパトラも愛飲したといわれ、良質なジョージアワインは「クレオパトラの涙」と称されている。世界中で生産されているワインはここジョージアから広まったものとされ、「ワインのゆりかご」とも呼ばれている。

▶「クヴェヴリ」と呼ばれる粘土でできた素焼きの壺を地中に埋めて発酵させる、昔ながらの製法が今も受け継がれ、無形文化遺産に登録されている。

ジョージアの 人

栃ノ心 剛史 (1987~)

ジョージア出身で、春日野部屋に所属した元大相撲力士。17歳で来日し、2006年に初土俵を踏む。ジョージア出身では黒海以来2人めの関取で最高位は大関。幼い頃から柔道やレスリングに打ち込み、サンボで欧州王者に輝いたこともある。

「幸福のアラビア」と呼ばれた、紅海とインド洋を結ぶ要衝に位置する国

イエメン共和国 Republic of Yemen

面積	約55.5万㎢
人口	約2983万人（2020年）
通貨	イエメン・リアル（YER）
言語	アラビア語（公用語）
宗教	イスラーム（スンナ派／シーア派）
民族	アラブ人など

国土 アラビア半島の南西部に位置し、紅海とアラビア海に接する。北部は山岳地帯、南部は砂漠地帯に大別され、首都サヌアは標高2,213ｍの高地に位置する。

経済 アラブ諸国で最貧国の一つ。慢性的な食糧不足の状態にあり、昨今は日本も人道支援を実施。主要産業は石油・ガス、農業。農業はGDPの約2割にあたる。

歴史 紀元前10世紀頃より、インド、地中海、東アフリカを結ぶ中継地として栄え、「幸福のアラビア」と呼ばれる。北側では1962年にイエメン・アラブ共和国が成立し、南側では1967年に南イエメン人民共和国が独立。1990年、南北イエメンが統合され、現在のイエメン共和国が成立した。

文化 コーヒーの産地として知られ、有名な「モカコーヒー」は、かつてモカ港から輸出されていたことが名称の由来。

「サヌア旧市街」に色濃く残る中世アラブの香り

イエメンの首都サヌアは、「ノアの箱舟」で知られるノアの息子が拓いたといわれる世界最古の都市の一つ。城壁で囲まれた「サヌア旧市街」には、100を超えるモスクや14の浴場などが点在し、中世からほとんど変わらない人々の生活を目にすることができる。スーク（市場）には、ジャンビーヤ（半月刀）やカート、香辛料、穀物などが販売されている。1984年、世界遺産に登録された。

▶「サヌア旧市街」の建物は、レンガ造りと白い幾何学模様のイスラム装飾が特徴。多くの建物は300〜400年以上前の姿をそのまま残す。森林が少ないイエメンでは、家づくりに木材ではなく、石やレンガを使う。

◀「スーク」では、ヒジャブ姿の女性が行き交う。ヒジャブはイスラム教徒の女性が外界から自分を守るために着用する。

イエメン内戦が招く深刻な人道危機

2015年以降、イエメンでは政府側と反政府勢力の内戦が続いている。イエメン内戦は37万人以上の犠牲を出し、深刻な人道危機を引き起こしている。

ほぼ埼玉県と同じ面積の中に独自の生態系を育む「ソコトラ島」

「インド洋のガラパゴス」の異名をもつソコトラ島。ぷっくりした幹が目を引く「ボトルツリー」や赤い樹液の出る「竜血樹」、世界で唯一のウリ科の樹木「キューカンバーツリー」など、島固有の植物が数多く生息している。2008年、世界遺産に登録された。真っ白な砂浜と青い海が美しい「デトワ・ラグーン自然保護区」も有名。

▶ソコトラ島のシンボルとも言える「竜血樹」。その名前は、赤い樹液が出ることに由来する。ソコトラ島の中でも、標高600〜800ｍの「ディクサム高地」や、島の東端に位置する「ホムヒル保護区」で観察できる。

イエメンの🍴食 サルタ

イエメンの名物料理。肉、野菜を石鍋でグツグツ煮込み、香辛料ペーストをかけて食べる料理で、首都サヌアではランチの定番として親しまれている。

世界最古の文明であるメソポタミア文明発祥の地

イラク共和国 Republic of Iraq

面積	約43.8万㎢
人口	約3965万人(2021年)
通貨	イラク・ディナール(IQD)
言語	アラビア語・クルド語(公用語)など
宗教	イスラーム(シーア派/スンナ派)など
民族	アラブ人/クルド人など

国土 アラビア半島のつけ根に位置し、東南の端はペルシャ湾に臨む。中央部には平野、南西に砂漠が広がり、北部には山岳地帯も。大半が乾燥気候で、夏は日中最高気温が50℃に達する。雨は12～3月に見られ、北部では雪も降る。

経済 最大かつほぼ唯一といえる産業が石油で、歳入の9割が石油によるもの。主要貿易国は、輸出が中国、韓国、インド、アメリカなど、輸入がUAE、トルコ、中国など。

歴史 紀元前6000年頃からメソポタミア文明が繁栄。766年、アッバース朝が首都をバグダッドと定め、イスラームの文化が定着する。その後、イギリスの委任統治を経て、1932年に独立。1979年にサダーム・フセインが大統領に就任した。

文化 基本的にはモスクなどの建築物など、イスラームの文化の影響下にあるが、イスラームの普及以前に古代文明が栄えていたのが特徴。

人類最古の「メソポタミア文明」 文字や法もここから生まれた!

人類初の「メソポタミア文明」が栄えたチグリス川、ユーフラテス川周辺が国土となっている。くさび形文字やハンムラビ法典など、文字や法律といった概念もこの地から生まれた。古代文明の時代は肥沃だった土地も、大部分が砂漠となり、今日に至っている。

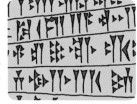

▶紀元前3000年頃に発明されたといわれる「くさび形文字」。粘土板などに刻まれたものが発見されている。

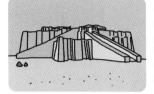

◀「ジッグラト」とは、主にレンガなどによって建てられた巨大な神殿のような建造物。その中で最も保存状態がよいのが「ウル」という地域にあるジッグラトだ。

アントニオ猪木氏が活躍したイラク人質事件

1990年に起きたイラクのクウェート侵攻では、両国に在住している日本人が人質となり、出国を許されない事態となった。当時、国会議員だったアントニオ猪木氏は、所属するプロレス団体のレスラーとともにバグダッドに乗り込み、「平和の祭典」としてプロレスの試合を開催。この効果があったか否かは不明ながら、それから間もなくイラクは「人質」たちの出国を認めた。

2000年代に戦争は治まるも 国内の「宗教対立」が激化

フセイン大統領の就任後は、イラン・イラク戦争、1990年に始まったクウェート侵攻からの湾岸戦争、大量破壊兵器を隠していると疑われての2003年のイラク戦争といった戦火が続く。戦争終結後も、同じイスラーム内でスンナ派とシーア派の「宗教対立」が激化。過激組織イスラム国の活動が続くなど政情は不安定だ。

◀イラクとイギリス・アメリカ軍によるイラク戦争の結果、拘束・処刑されたイラクの「フセイン大統領」。後日、戦争勃発の原因である、隠蔽を疑われた大量破壊兵器は存在しなかったことをアメリカの調査団が発表した。

イラクの 世界遺産

サーマッラーの考古学都市

イラクには、人類最古の文明が発展した地として、多数の世界遺産をはじめ貴重な遺跡が残るが、アッバース朝の古都「サーマッラーの考古学都市」はその世界遺産の一つ。そのほか、ローマ帝国の攻撃をたびたび受けたという歴史をもつ、北部の都市遺跡「ハトラ」、アッシリア帝国最初の都である「アッシュール」なども有名。

イラン・イスラム共和国 Islamic Republic of Iran

面積	約164.8万㎢
人口	約8399万人（2020年）
通貨	イラン・リアル（IRR）
言語	ペルシャ語（公用語）など
宗教	イスラーム（シーア派／スンナ派）など
民族	ペルシャ人／アゼルバイジャン人／クルド人など

国土 西はトルコ、イラク、東はアフガニスタン、パキスタンと国境を接し、北はカスピ海、南はペルシャ湾とインド洋に臨む。東部の大半は砂漠で、国土の大半が乾燥気候。

経済 原油・天然ガス埋蔵量が世界トップクラス。輸出品目の大部分を石油関連が占める。民間資本は商業が主で、農畜産業も盛ん。2018年8月以降、アメリカによる制裁で経済が悪化。

歴史 1501年にイスラーム（シーア派）を国教とするサファビー朝が成立。1919年、英国が保護国化した。1935年にパフラヴィー王朝が国名をイランに改称。1963年以降、「白色革命」と呼ばれる近代化政策を推進したが、1979年、シーア派による反対運動に押され、ホメイニ師を最高指導者にするイスラム共和国に移行。

文化 厳格なイスラームの国で、飲酒は法律で禁止。女性は常に黒いチャドルで身を覆う。

アケメネス朝ペルシャの都「ペルセポリス」

南部ファールス州の荒野に、かつて世界の中心と呼ばれたアケメネス朝ペルシャの都「ペルセポリス」の壮大な建築群が残されている。同朝はエジプトからインドに至る大帝国を築き、ペルセポリスは紀元前520年に建設され始めた。精緻な彫像やレリーフなど、紀元前のものとは思えないほど磨かれた建築・装飾技術を今でも垣間見ることができる。

◀約60年にわたって、建設された「ペルセポリス」。ペルセポリスを陥落させたアレクサンドロス大王は、その財宝を持ち運ぶために、1万頭のロバと5,000頭のラクダを使ったとされる。

イランの 食 食事風景

イランの一般家庭では、ハーブやフルーツを多く使用した肉料理や米料理を食べている。また、多くの家庭では現在でもテーブルを使わず、絨毯の上にビニールのカバーを敷いて、みんなで囲んで食事を楽しむ。

すべて手織りで作られる「ペルシャ絨毯」

ペルシャ王朝時代から織り継がれ、3000年以上の歴史がある「ペルシャ絨毯」。頑丈で耐久性の高い素材使いにより、80〜100年ほどの酷使にも耐えられる。染色や細かな織りの技術は長い年月をかけて地域に受け継がれており、現在でもペルシャ絨毯は手織りのみ。

▲「ペルシャ絨毯」は美しいだけでなく、実用的でクリーニングや修理も可能なのが特長。踏まれることによって魅力が増す、まさに床の上の芸術品だ。

イランにルーツをもつ「ダルビッシュ有選手」

現在、大リーグのサンディエゴ・パドレスで活躍するダルビッシュ有投手の父親ファルサさんは、イラン出身の元サッカー選手。

砂漠とオアシスが共存する産油国

オマーン国 Sultanate of Oman

面積	約31万㎢
人口	約500万人 (2023年)
通貨	オマーン・リアル (OMR)
言語	アラビア語 (公用語) ／英語
宗教	イスラーム (イバード派) など
民族	オマーン人／インド・パキスタン系など

国土 アラビア半島の東端に位置する。国土の大半は酷暑と乾燥が一年中続く砂漠気候。5〜9月は最高気温が50℃を超える日もある。南部では、インド洋で発達したサイクロンが頻繁に上陸する。

経済 主要産業は石油・天然ガス関連業で、そのほかは漁業や農業、観光業など。国内経済の多様化・民営化が進められている。

歴史 1650年、マスカットを1世紀半にわたり支配していたポルトガル人をヤールビ王朝が追放。東アフリカまで勢力を伸ばすも国土の分割などを経て、1891年にイギリスの保護国となる。1970年にオマーン国に変更し、翌1971年に国連に加盟した。

文化 中東では指折りの親日国として知られる。イスラームが文化として深く浸透し、イバード派という独自の宗派が発展している。

ユニコーンのモデルともいわれる「アラビアオリックス」が生息

「アラビアオリックス」は、まっすぐ伸びた角が印象的なウシ科の草食動物。想像上の動物であるユニコーンのモデルであるともいわれている。オマーン国内では1972年に野生種が絶滅。当時の国王は1982年にアメリカから10頭のアラビアオリックスを譲り受け、保護区を設けて放し飼いにした。保護区は1994年に自然遺産に登録されたが、環境の悪化やオマーンの国内事情などにより2007年に抹消。世界遺産の登録が抹消された初めてのケースとなった。

◀1972年にオマーン国内で「アラビアオリックス」の野生種が絶滅してしまった大きな原因は、美しい角を狙った狩猟。日本国内にも飼育している動物園がある。

「シンドバット」ゆかりの地

首都マスカットは「アラビアン・ナイト (千夜一夜物語)」に登場するシンドバットが航海に乗り出した港としても知られている。イギリスの保護国となってからは鎖国状態が続いていたが、豊富な資源をもとに近代化が進み、今や中東の富裕国の一角を占めるまでに成長している。

高度な技術を活用した灌漑施設人々の生活を支えてきた「ファラジ」

オマーンには古代から使われている「ファラジ」と呼ばれる灌漑施設が約3,000か所あり、人々はこの施設で生活用水を確保してきた。高低差と地下水を利用して継続的・公平に水を供給するために土木技術を用いたシステムで、最も古い5つのファラジが「アフラージュ (ファラジの複数形)」として世界遺産に登録されている。

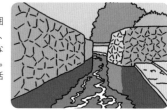

▶「アフラージュ」周囲の観測施設や日時計、水の競売所、住居跡なども世界遺産に登録。ファラジは、今日でも活用されている。

オマーンの人

ブサイナ王女

日本人を母親にもつ、オマーン国の王女。王女の父、タイムール元国王は日本を訪れた際、日本人女性・大山清子さんと恋に落ち、結婚。二人の間にブサイナ王女が誕生した。清子さんは出産後、病気を患い死去。タイムール元国王とブサイナ王女はオマーンに帰国したが、ブサイナ王女は1978年に再び日本を訪れ、清子さんの墓参りを行った。

アジア
西アジア

カタール国 State of Qatar

面積	約1.1万km²
人口	約280万人（2020年）
通貨	カタール・リヤル（QAR）
言語	アラビア語（公用語）
宗教	イスラーム（スンナ派）など
民族	アラブ人／インド人／ネパール人／フィリピン人など

国土 アラビア半島のペルシャ湾に突き出した半島国。サウジアラビアと国境を接している。面積は秋田県くらいで、国土の大部分は砂漠。最高気温は50℃まで上がる。

経済 天然ガスの埋蔵量は世界第3位を誇り、1人あたりのGDPは世界トップレベルだが、労働力の多くは外国人に依存している。

歴史 18〜19世紀にかけてアラビア半島内陸部の民族が移住し、現在の民族構成が成立。19世紀前半に東部のサーニー家が勢力を拡大する。1872年、オスマン帝国領となる。1916年、英国の保護下に入る。1971年、独立を宣言。以降、サーニー家の世襲君主制が続いている。

文化 アラブの遊牧民族として知られるベドウィンの伝統文化から強く影響を受けている。現在も鷹狩りが盛んで、カタール航空では1人1羽までハヤブサを機内に持ち込むことが可能。

「世界で最も豊かな国」の一つだが人口の8割以上は外国人

世界有数の液化天然ガス（LNG）輸出国で、日本は最大の輸出先の一つ。1人あたりのGDPは世界第8位（2021年）。医療費、教育費、光熱費はほぼ無償で、消費税や所得税もない。こうした豊かな財政を背景に、南アジア諸国から外国人労働者が多く集まっている。

◀石油や天然ガスが発見される前のカタールは、「真珠採取業」が主な産業だった。

▶カタールは、世界有数の外国大学分校受け入れ国。カーネギーメロン大学（右）やジョージタウン大学など、多くの欧米系大学が開校している。

中東のニュースを世界に発信する国営テレビ局

日本でもおなじみの1996年開局の「アルジャジーラ」は、首都ドーハに拠点を置く衛星放送のテレビ局。世界各国の主要メディアに中東のニュースを提供していることから、「中東のCNN」と呼ばれている。

世界トップクラスの航空会社も「観光」をあと押し

以前は「世界で最も退屈な街」と呼ばれていたカタールの首都ドーハだが、現在は国営カタール航空のあと押しもあり観光業が発展している。4WDの車で砂漠を疾走する「デザートサファリ」や、巨大な人工島に高級ホテルやショッピングモールが立ち並ぶ「ザ・パール・カタール」など見どころは多い。

▶2022年11月、中東・アラブ地域初となるFIFAワールドカップが開催された。

カタールの こと　ラクダレース

カタールで毎年10〜5月にかけて行われているレース。何世紀も続く伝統競技で、もともとは近隣諸国同様、体重の軽い子どもが騎手を務めていたが、カタールではそれを禁じる法律を制定された。現在は、遠隔操作で鞭を打つロボットが採用されているという。

アジア

西アジア

81

「石油に浮かぶ国」と呼ばれるリッチな小国

クウェート国 State of Kuwait

面積	約1.8万k㎡
人口	約446万人 (2022年)
通貨	クウェート・ディナール (KWD)
言語	アラビア語 (公用語) ／英語
宗教	イスラーム／ (スンナ派／シーア派) ／キリスト教／ヒンドゥー教など
民族	クウェート人／アラブ人など

国土 ペルシャ湾最奥部の北西岸に位置し、イラク、サウジアラビアと国境を接する。国土面積は四国よりやや小さく、ほとんどが砂漠地帯。

経済 小国ながら世界第7位の原油埋蔵量 (2020年) を誇り、その産出が経済の柱。国土・気候の特徴から食糧自給が難しく、輸入に大きく依存している。国民の85％以上が国家公務員か国営企業の社員。

歴史 18世紀、アラブ遊牧民がアラビア半島中央部から移住。1914年、イギリスの保護領となる。1938年に大油田が発見され、1961年に独立。1990年8月、イラク軍がクウェートに侵攻して全土を制圧すると、多国籍軍が進軍し、湾岸戦争に発展。翌年2月にイラクから解放された。

文化 国民の半数以上がアラブ諸国などからの労働移住者。1990年のイラクによる侵攻からは復興し、治安は良好とされている。

クウェートを印象づける「3つのタワー」

首都クウェートは、クウェートの政治、経済、文化の中心地。政府庁舎や企業本社が集中するほか、高級ホテル、イスラームの建築物、戦争で廃墟となった建物などが混在している。そのうち、形や由来に特徴のある3つのタワーを紹介する。

クウェートタワー

お札にもデザインされている、クウェートのシンボル的タワー。球体が2つある第1の塔にはレストランと回転展望台、球体が1つの第2の塔は給水塔、第3の塔には電力供給機器が収められている。

解放タワー

クウェートで最も高い372mの建造物。「クウェート・テレコミュニケーションズ・タワー」と名づけられる予定だったが、1996年完成時、イラクからのクウェート解放を記念してこの名前に変更された。

クウェートウォータータワー

青と白のストライプが特徴的な給水塔。クウェートの水消費量は世界最大級だが、国内に河川や湖沼が存在しないため、水利用のほとんどを海水淡水化に依存している。

オイルマネーによる「高福祉国家」豪華絢爛な巨大モスクも！

「石油に浮かぶ国」とも呼ばれるクウェート。オイルマネーを背景に「社会福祉」が充実しており、教育や医療は無償で受けられる。一度に1万人を収容できる「グランドモスク」は、金の装飾が惜しげもなく使われるなど豪華な造りだ。

▶クウェート最大のモスク「グランドモスク」。内部の壁には精巧な細工が施されている。

Photo by HomoCosmicos

クウェートの🍴食

ビリヤニ

パエリア、松茸ご飯と並び世界3大炊き込みご飯の一つと称される「ビリヤニ」。クウェートなど中東の国々でよく食されており、バスマティ (インドの高級米) と、羊肉や鶏肉、卵、野菜、香辛料を炊き込んで作る。国内でも地域によって調理法がやや異なる。

シリア・アラブ共和国 Syrian Arab Republic

面積	約18.5万km²
人口	約2156万人（2022年）
通貨	シリア・ポンド（SYP）
言語	アラビア語（公用語）など
宗教	イスラーム（スンナ派／アラウィ派など）など
民族	アラブ人など

国土 中東に位置し、イスラエルやトルコなど5か国と国境を接する。面積は日本の半分ほど。国土の多くを砂漠が占め、国の中央部にはユーフラテス川が流れる。約1万年前に農業が始まった「肥沃な三日月地帯」の一部。

経済 石油生産業、繊維業、食品加工業が主要産業。主要輸出品はオリーブオイルや果物、野菜など。2011年3月以降の内戦長期化により社会インフラが壊され、経済と国民生活は打撃を受ける。

歴史 古くより東西交流の交差点として栄えてきた。661年にダマスカスが首都になる。1918年にオスマン帝国から独立。1920年にフランスの委任統治領となるも、1946年に再び独立。2010年にチュニジアで端を発した民主化運動「アラブの春」の影響により、内戦状態が続いている。

文化 古代都市アレッポやパルミラ遺跡など、6つの世界遺産がある。「影絵芝居」は、緊急に保護する必要がある無形文化遺産。

「オリエントの真珠」と讃えられた古都「ダマスカス」

首都「ダマスカス」は、紀元前8000～1万年には人が定住していた世界で最も古い都市の一つ。ローマ帝国やオスマン帝国など数多の勢力の支配を受け、そのたびに変化を遂げてきた歴史をもつ。東西交易の要衝として発展し、「オリエントの真珠」とも評された。1979年、世界遺産に登録された。

▶ダマスカスにある「ウマイヤ・モスク」は現存する最古のモスクであり、イスラーム4大聖地の一つ。もともとはキリスト教会として聖ヨハネが祀られていたが、7世紀以降はモスクに改修された。

◀ダマスカス北部にある「カシオン山」は、アダムとイブの子カインが弟アベルを嫉妬に駆られて殺害した、人類初の殺人が行われた場所として有名。

難民問題への関心を高めることになった写真とは？
「シリア移民の子ども」というキャプションでTwitterに投稿され、世界に広まったその写真は、Appleの創業者スティーブ・ジョブズの顔を撮影した有名な白黒写真。ジョブズの父アブドゥルファター・ジョン・ジャンダリはシリア出身である。

日本でも買える「アレッポの石鹸」

「アレッポの石鹸」は、シリア第2の都市アレッポで、1000年以上にわたって作り続けられてきた無添加の石鹸。オリーブオイルやローレルオイル（月桂樹のオイル）からできている。アレッポは石鹸の発祥の地で、日本でも「アレッポの石鹸」として販売されている。

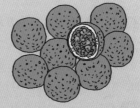

◀「アレッポの石鹸」の内部は綺麗な緑色をしている。これは材料のオリーブオイルとローレルオイルによるもの。表面にはスタンプが押されているが、これは製造工場や製造番号など、石鹸の情報を示している。

シリアの 食

クッベ

多くのシリア人に親しまれている肉団子。挽き割り小麦と羊の挽き肉を混ぜて作った皮で、肉や玉ねぎなどを包み、油で揚げて作る。親戚や近所の女性たちが集団で一気に何百個も作ることもあるそう。

アジア

西アジア

サウジアラビア　クウェート　イラン
マナーマ
ペルシャ湾
カタール　アラブ首長国連邦
5km　250km

中東諸国の中で革新的な小さな島国

バーレーン王国 Kingdom of Bahrain

面積	約787㎢
人口	約148.4万人（2019年）
通貨	バーレーン・ディナール（BHD）
言語	アラビア語（公用語）／英語
宗教	イスラーム（シーア派／スンナ派）／キリスト教など
民族	バーレーン人（アラブ系）など

国土 ペルシャ湾西に位置する、東のカタールと西のサウジアラビアに挟まれた島国で、首都マナーマのあるバーレーン島が国土の中心。砂漠気候で雨はほとんど降らないが、11〜3月は日中最高気温が20℃強で、雷雨を伴うことも。

経済 主要産業は石油精製、アルミニウム精製、観光、金融など。原油は輸入している。主要貿易国は、輸出がサウジアラビア、UAE、アメリカ、オマーンなど、輸入が中国、オーストラリア、UAE、アメリカなど。

歴史 16世紀よりポルトガルやペルシャの支配を受け、1880年にイギリスの保護国となる。1971年の独立後は首長制による独裁政治が続いたが、2002年に立憲君主制に移行した。

文化 イスラームの国だが、戒律は比較的ゆるやかで、アルコールや豚肉の購入も可能。入国する外国人に対して寛容な面もある。

女性参政権が認められるなど中東の国の中では「革新的な国」

イスラームの教えや伝統文化について保守的な国が多い中東において、王政だが、立法権のある2院制議会を設立し、女性参政権が認められるなど「革新的な国」。1932年にペルシャ湾岸諸国で初となる石油生産（最初の輸出先は日本）を開始したが、近年では経済の石油依存から脱却し、金融業や観光業に力を入れている。

▶第61回国連総会議長に選出された「ハヤ・アール・ハリーファ氏」。中東諸国の中で女性の社会進出が進んでおり、女性の就業率や大学進学率も比較的高い。

◀モータースポーツが人気で、中東地域で初の「F1世界選手権」を開催。観光業を盛り上げるために誘致した面もある。

かつては世界有数の真珠の産地だった!?
紀元前3世紀から15世紀頃まで天然の真珠の産地として世界的に有名だったが、20世紀初頭に日本で真珠の養殖が本格的になると、急速に衰えていった。バーレーンの真珠採取産業に関連していた施設は世界遺産にもなっている。

砂漠の真ん中にポツンと立っている「生命の木」

バーレーン南部の砂漠の真ん中にポツンと1本だけ立っている「生命の木」は、神秘的な生命の象徴とされ、多くの観光客を集めている。この木の周囲数キロにわたって、ほかに植物がない点も不思議だが、一説によると、地下10mほどの場所に地下水があり、そこに根が到達しているため枯れないのだという。

▶約3万年前の戦争で焼け落ちた木から、奇跡的に再生されたという伝説をもつ「生命の木」。樹齢は400年とされる。

バーレーンの 場所

キング・ファハド・コーズウェイ
島国バーレーンとサウジアラビアとをつなぐ、海上に建設された全長25kmの大橋。1986年にサウジアラビアの全額出資で開通した。イスラームの戒律が緩く飲酒もできるバーレーンには、週末になると、宗教的制約の厳しいサウジアラビアから大勢の観光客が押し寄せるという。

アジア　西アジア

ペトラに死海…、観光資源が豊富な中東の砂漠国

ヨルダン Jordan

面積	約8.9万km²
人口	約1114.8万人(2021年)
通貨	ヨルダン・ディナール(JOD)
言語	アラビア語(公用語)／英語
宗教	イスラーム(スンナ派)など
民族	ヨルダン人／パレスチナ人／イラク人／ベドウィン人など

国土 大部分が砂漠。南部のごく一部がアカバ湾に面する。西部のヨルダン渓谷に死海、砂漠と渓谷の間のヨルダン高原に主要都市がある。

経済 第1次・第2次産業の比率が低く、サービス業の比率が高い。衣類やリン鉱石が主な輸出品。2008年の世界的金融危機、2011年のシリア難民の受け入れの影響を受け、経済成長が鈍化。都市と地方間の所得格差が大きい。

歴史 7世紀以降はイスラム諸王朝が支配。1923年にハーシム家のアブドッラーを迎え、トランスヨルダン首長国が成立。1967年にイスラエルに一部領土を占領され、1998年、イスラエル占領下のヨルダン川西岸の統治権放棄を宣言。

文化 国民の半数以上は中東戦争を逃れて移住したパレスチナ難民で、近年はイラク人やシリア人が多数流入している。国民の平均年齢は20代前半、識字率は99%以上で教育水準が高い。

「岩の芸術」とも称される 謎めく「ペトラ遺跡」

2000年以上前にヨルダンに定住していたナバテア人が岩壁を削り、大都市を建設した。その跡地が「ペトラ遺跡」。高さ約80mの巨石「シーク」の裂け目が入口になっていて、中には宝物殿エルカズネや犠牲祭壇、劇場、修道院など、さまざまな歴史的建造物が残されている。

▲荘厳な雰囲気が漂う「ペトラ遺跡」。映画「インディ・ジョーンズ」の舞台としても有名だ。

浮遊体験でおなじみ! 生物が生息できない塩湖「死海」

ヨルダンとイスラエルの国境沿いに広がる塩湖「死海」。海水の約30倍ほどの塩分濃度で、生き物が住めないことから「死海」と名づけられた。海中での浮遊体験も有名だが、ミネラル分が豊富な死海の底に沈む泥を身体に塗る「泥パック」も多くの観光客が楽しんでいる。

▶ラッコのように仰向けで浮かんでいる姿があまりにも有名な「死海」。湖岸はリゾート開発が進み、世界有数の泥浴地としても人気。

Photo by Joel Carilet

ヨルダンの 人 ラーニア王妃(1970〜)

その華麗さからファッションアイコンとしても有名な王妃。社交界の花形であるだけでなく、元ビジネスウーマンとしての経験を活かして、チャリティ活動にも熱心に取り組んでいる。国王アブドッラー2世との間に2男2女をもうけた。

国土の約80%が砂漠!?
ヨルダンは国土のほとんどが砂漠に覆われている。中でも「ワディ・ラム」という自然保護区は一面すべてが砂漠で、観光スポットになっている。

シリア
ベイルート — バールベック
地中海
イラク
イスラエル
ヨルダン
150km

さまざまな宗教が混じるアルファベット発祥の国

レバノン共和国 Lebanese Republic

面積	約1万km²
人口	約529万人(2022年)
通貨	レバノン・ポンド(LBP)
言語	アラビア語(公用語)/フランス語/英語など
宗教	イスラーム(シーア派/スンナ派など)/キリスト教(マロン派など)
民族	レバノン人/パレスチナ人など

国土 西アジア西部。地中海東岸にある国。帯状に長く、北と東はシリア、南はイスラエルに囲まれている。冬は短く、夏が長い地中海性気候で、夏季は高温で乾燥が激しい。冬季に雨が集中する。

経済 主要産業は金融業、観光業、不動産業、海外移住者からの送金による貿易外収入など。主要貿易国は、輸出がUAE、EU,スイス、輸入がEU、トルコ、中国など。

歴史 古代フェニキア人による通商の中継地として栄えた。16世紀にオスマン帝国の支配下に入る。第一次世界大戦後、1920年にフランスの委任統治下になるが、1943年に独立。

文化 さまざまな宗派が混じることから「モザイク国家」と呼ばれる。首都ベイルートはかつて「中東のパリ」と呼ばれ、欧風の美しい街並みが人気を集めていた。2020年に大爆発事故が起きたが、現在は復興により景観を取り戻しつつある。

アルファベットのルーツである「フェニキア文字」の故郷

世界遺産「ビブロス」遺跡は、紀元前3000年頃より海洋民族フェニキア人が築いた都市。フェニキア文字は時代とともにギリシャ文字、ラテン語へと変化し、ビブロスから世界中に広がっていったといわれている。中東三大遺跡の一つ「バールベック」には「ジュピター神殿」「バッカス神殿」および巨石などが存在し、ジュピター神殿の6本の大列柱はバールベックのシンボルとなっている。

▲「ビブロス」遺跡アヒラム王の石棺から、アルファベットのルーツといわれている、最古の「フェニキア文字」が発見された。

▼2〜3世紀に建てられた「バッカス神殿」。バールベックの3つの神殿は、ギリシャのパルテノン神殿よりも大きいとされている。

紀元前からのオリーブの原産地!?
レバノンはオリーブの産地であり栽培が盛んで、オリーブの実やオイルは農業の柱となっている。紀元前4000年頃からレバノンやパレスチナにあたる地域の人々によりオリーブの栽培が始まり、フェニキア人が栽培技術を広めたといわれる。

国旗に描かれるレバノン杉の群生地「カディーシャ渓谷と神の杉の森」

レバノン山脈にある「カディーシャ渓谷」は、「聖なる谷」とも呼ばれるほど景観が美しく、かつては「レバノン杉」で埋め尽くされていた。国旗中央にも描かれ、この国のシンボルであるレバノン杉は良質な材木であったため、古代エジプトのファラオの棺や、フェニキア人が地中海へと出ていく船の材木として使用され、繁栄の原点となったという。これら「カディーシャ渓谷と神の杉の森」は世界文化遺産として登録されている。なお、カディーシャ渓谷は古くは初期キリスト教修道僧の修行地でもあり、修道院群が今も存在している。

レバノンの🍴食

ファラフェル
ひよこ豆とハーブ、スパイスを使ったレバノン料理定番のコロッケ。中東ではファストフードとしても売られている。レバノンは多宗教国家であり、キリスト教正教会、イスラム教など肉類を食べない宗教や時期があるため、野菜を多く使ったヘルシー料理が多い。欧米を中心にヴィーガンフードやダイエット食としても注目されている。

パレスチナ Palestine

面積	約0.6万㎢
人口	約548万人（2023年）
通貨	新シェケル（ILS）
言語	アラビア語
宗教	イスラームなど
民族	パレスチナ人（アラブ系）／ユダヤ人

地理 地中海東岸のガザ地区（福岡市よりやや広い）と、ヨルダン川西岸地区（三重県と同程度）からなる。乾燥気候で、降水量は極めて少ない。

経済 主要産業は果実、オリーブなどの農業。2000年9月以降のイスラエルによる自治区封鎖、移動の制限などにより、経済は停滞している。

歴史 第一次世界大戦下のイギリスによる相反した外交を背景に、アラブ系パレスチナ人とユダヤ人が衝突。1947年、国連がパレスチナ分割決議を可決。1948年、ユダヤ側がイスラエル建国を宣言、第一次中東戦争が勃発、イスラエルが勝利。その後、二度の中東戦争や反イスラエル闘争が発生。1993年、イスラエルとパレスチナ解放機構（PLO）間でオスロ合意が調印され、1994年、ガザとヨルダン川西岸がパレスチナ自治区となる。

文化 パレスチナ人難民は約639万人（2021年）。現在もイスラエルとの武力衝突が続く。

違法勧告後も建設が続いてきた　ヨルダン川西岸の「分離壁」

2002年、イスラエルによりヨルダン川西岸地区を取り囲むような壁が建設され始めた。名目は「パレスチナのテロ行為からイスラエル国民を守る」というものだが、その壁はヨルダン川西岸地区側に浸食し、イスラエルの違法な入植地を恒久的な領土とする意図があるといわれている。

◀高いところで約8mある「分離壁」。分断された反対側の自分の農地に行くにも、許可証が必要なのだという。

防弾チョッキを着た"平和の象徴"

ヨルダン川西岸地区ベツレヘムの壁にある「オリーブの枝をくわえた鳩」の絵は、アーティスト・バンクシーによるもの。絵の正面にイスラエル軍の監視塔があり、そこから狙われている様子を表しているともいわれている。有名な「花束を投げる少年」などのグラフィティもこの地に数多く残る。

大規模な空爆を受ける　天井のない監獄「ガザ」

壁やフェンスで囲まれた365㎢の面積に、約200万人が住む「ガザ地区」。2007年にパレスチナの過激派組織ハマスが実質的支配を始めて以来、ハマスをテロ組織とみなすイスラエルによって封鎖された。住民はパレスチナ難民が大半で、食料や燃料など最低限の物資しか手に入らず、許可がない限り外に出られない暮らしを余儀なくされている。

▶民間の建物も空爆の被害に遭い、がれきと化した。ハマスはイスラエルの商業都市テルアビブにロケット弾を発射して反撃し、両者の衝突は激化した。

パレスチナの　場所

エルサレム

ヨルダン川西岸地区にある、ユダヤ教、キリスト教、イスラム教の3つの聖地がある都市。イスラエルはエルサレムを自国の首都と宣言している（国際連合などの国際社会は未承認）。一方、パレスチナ自治政府は東エルサレムを将来の独立国家の首都にしたいと考えている。

アジア

西アジア

ヨーロッパ

Europe

約4000年前、古代ギリシャ文明が栄えたことから繁栄した、ユーラシア大陸北西に位置する大州。ローマ帝国の時代からカトリックと正教会に分かれた。2023年3月現在のEU加盟国は27か国。

●北ヨーロッパ

スカンディナビア半島中央部にはスカンディナビア山脈が走り、バルト海に面する南側は平坦な地形。大西洋側には、氷河による浸食作用で形成された入り江、フィヨルドが続く。

●西ヨーロッパ

ヨーロッパ大平原が東西に広がり、南ヨーロッパとの境界にはアルプス山脈やピレネー山脈がそびえる。イギリスやフランス、ドイツなどの大国が位置する。

●東ヨーロッパ

東側はアジアと接する。歴史的背景からスラブ系、ラテン系、アジア系の民族が数多く居住しており、宗教や文化もさまざまに混ざり合っている。

●南ヨーロッパ

地中海沿岸諸国からなる地域で、温暖な気候からリゾート地も多く点在している。穀物、オリーブ、ぶどうなどの生産も盛ん。主にラテン語系の言語を母語としている民族が多い。

[ギリシャ神話のフェニキア王女が語源]

ヨーロッパの名称の由来は諸説あるが、最も有力なのは、ギリシャ神話に登場するフェニキアの王女エウロペ（Europe）を語源とする説だ。ギリシャ神話の中で、ゼウスは花を摘んでいた王女エウロペに一目惚れする。そこで白い牡牛に化け、彼女を連れ去った。その走り回った地を、エウロペの名前にちなんで「ヨーロッパ」と名づけた。ヨーロッパには2023年5月現在45か国があり、王国も数多く存続している。

アイスランド（→P.98）

アイルランド（→P.122）

イギリス（→P.102）

大西洋

北海

ノルウェー（→P.94）

スウェーデン（→P.90）

フィンランド（→P.96）

バルト海

エストニア（→P.99）

ラトビア（→P.100）

リトアニア（→P.101）

ロシア（→P.126）

ベラルーシ（→P.141）

デンマーク（→P.92）

オランダ（→P.116）

ドイツ（→P.106）

ポーランド（→P.134）

ベルギー（→P.120）

ルクセンブルク（→P.125）

リヒテンシュタイン（→P.124）

チェコ（→P.140）

スロバキア（→P.139）

ウクライナ（→P.138）

スイス（→P.118）

オーストリア（→P.114）

ハンガリー（→P.130）

フランス（→P.110）

スロベニア（→P.156）

セルビア（→P.157）

ルーマニア（→P.136）

モルドバ（→P.142）

黒海

アンドラ（→P.161）

モナコ（→P.123）

クロアチア（→P.154）

ブルガリア（→P.132）

サンマリノ（→P.162）

イタリア（→P.144）

北マケドニア（→P.161）

ポルトガル（→P.152）

スペイン（→P.150）

バチカン（→P.158）

ボスニア・ヘルツェゴビナ（→P.159）

コソボ（→P.155）

ギリシャ（→P.148）

アルバニア（→P.143）

マルタ（→P.160）

モンテネグロ（→P.162）

地中海

※メルカトル図法による。

89

ノルウェー海
ノルウェー
フィンランド
ストックホルム
ロシア
エストニア
デンマーク
ラトビア
リトアニア
250km

最先端の技術と自然が調和する環境先進国

スウェーデン王国 Kingdom of Sweden

面積	約45万km²
人口	約1045万人（2021年）
通貨	スウェーデン・クローナ（SEK）
言語	スウェーデン語（公用語）など
宗教	福音ルーテル派など
民族	スウェーデン人など

国土 スカンディナビア半島の東側に位置し、北はフィンランド、東側はボスニア湾、バルト海に面する。国土の6割が森林で北西部にはスカンディナビア山脈が走り、北部には最高峰ケブネカイセ山（2,123m）やサレク山塊（2,090m）がある。国土の大部分は冷帯。北部は標高が高い地域のみ寒帯気候で、南部は温帯気候。

氷の彫刻が幻想的！冬限定の「アイスホテル」

「ユッカスヤルビ」という街に毎年12月に建てられる「アイスホテル」は、世界の彫刻家が一部屋ずつ異なるデザインのものを氷だけで造る。見学はもちろんのこと、宿泊も可能。氷のチャペルも存在し、毎年多くのカップルが結婚式を挙げる。

◀首都「ストックホルム」には14の島とそれを囲う運河があり、「水の都」と呼ばれる。

経済 主要産業は自動車などの機械工業、化学工業、林業など。主要貿易国はノルウェー、ドイツなど。1人当たりの国民所得は高く、社会保障制度は世界最高基準。欧州債務危機により一時マイナス成長となるも、2014〜2018年まで2％以上の成長が続いた。

歴史 9世紀から強力な艦隊を保有していたバイキングは、バルト海や北海沿岸で交易・略奪により繁栄。1397年にカルマル同盟でデンマーク王がスウェーデン王として即位。1523年にデンマークから独立。1948年にウェストファリア条約でバルト海沿岸を支配。1995年にEU加盟。

文化 スウェーデン人は第二言語の英語が堪能で、全体の90％の人が話せる。「フィーカ」というコーヒーブレイクがあり、毎日必ず家族や友人、仕事仲間と小休憩する。IKEAやH&Mなどのブランドは世界的人気を誇り、スポーツはアイスホッケーやカーリングが有名。

スウェーデンの **文学**

DO YOU KNOW
PIPPI
LONGSTOCKING?

長くつ下のピッピ

スウェーデンを代表する児童文学作家アストリッド・リンドグレーンの作品。1945年に出版された『長くつ下のピッピ』は日本でも知られており、現在も世界的に有名。ピッピは、リンドグレーンの娘カリンのために語られた物語に由来。『やかまし村の子どもたち』『ちいさいロッタちゃん』なども含めたリンドグレーン作品は世界でおよそ1億6500万部の売り上げを誇り、100か国語もの言語に翻訳されている。

人物 スウェーデン王グスタフ2世アドルフ（在位1611〜1632年）はカール9世の息子で三十年戦争の英雄。17歳で親政をとり、父王の開始した戦争に勝利し、バルト海を制覇。三十年戦争中の1632年、ドイツで戦うもリュッツェンの戦いで戦死。英主としてバルト帝国の道を開いた。

▲「グスタフ2世アドルフ」は「北方の獅子王」といわれ、バルト帝国時代を築いた。

日本との関係 1868年に外交開始。岩倉遣欧使節団がスウェーデンに滞在し、良好な関係を築いた。日本の皇室とスウェーデン王室は密接に関わり、現在のカール16世グスタフ国王は、これまで17回訪日。2018年、外交関係樹立150周年を迎えた。

ノーベル賞を創設した ダイナマイトの「発明者」

アルフレッド・ノーベル（1833～1896年）はスウェーデンの化学者・発明家で、取得した特許の数は約350件に上る。ダイナマイトの発明で巨万の富を得て、数々の発明で世の中を便利にしたが、戦争転用や爆発事故で大勢の人々が巻き込まれた。兄の死去で当時の新聞記者はノーベルが死んだと勘違いし、「死の商人、死す」と見出しに記載。ショックを受けたノーベルはこの風評を払拭するため、自分の財産のほとんどを賞の設立に充てる遺書を残した。1901年にノーベル賞が創設され、授賞式はノーベルの命日である12月10日に行われる。遺言書には「国籍や男女の隔てなく、物理学、化学、医学、文学、そして平和の推進に功績のある人物を称えるための賞を創設してほしい」と綴られている。

▶受賞者に贈られる「メダル」は、1902年から授与が始まった。物理学賞、化学賞など6つの賞それぞれデザインが異なる。1980年まで純金を使用していたが、現在では18金をもとに24金のメッキで塗装されている。

◀旧証券取引所を改装し建てられた、ストックホルム旧市街地のシンボルともいえる「ノーベル博物館」は、全受賞者のパネルやノーベルの顔を型取りしたデスマスクなどが展示されている。

キャッシュレス最先端 「現金が消えた国」

スウェーデンはキャッシュレス先進国と言われるほど、現金を扱わない。2015年の現金流通残高の対名目GDP比率は1.7%ほど。レストランやショッピング、寄付、入場料など、あらゆるところでキャッシュレス決済が浸透している。こうした背景には、冬季の現金輸送の労力やコスト面の懸念、1990年代初めの金融危機から国の政策で生産性の向上を図ってきたことが挙げられる。

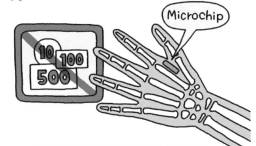

▲現金お断りを掲げるお店も多く、現金を取り扱う金融機関やATMも削減傾向。「Swish」という、国民IDと銀行口座を紐づけた決済認証システムがキャッシュレスを加速。手の皮膚にICチップを埋め込んで、お店の端末に手をかざすだけのカードレス決済も普及している。

自然を大切にする環境先進国でエコな暮らしを実現！
スウェーデンでは、環境にやさしいサステナブルな社会づくりが進んでおり、未来的な光景が広がっている。街中には自転車利用者が多く、バスは生ゴミを燃料としたバイオガスで走行している。スーパーでは、オーガニックやフェアトレードの商品が当たり前に並んでいる。

国民にやさしい国 みんなに還元する「福祉国家」

スウェーデンの消費税は現在25%と高額だが、高い消費税を取る分、国民に還元する。「子どもが16歳になるまでの児童手当と、両親手当の支給」「480日間の育児休暇」「出産費用無料」「大学まで学費無料」など保障が手厚く、国民が豊かに暮らしていけるような社会福祉制度になっている。

▲スウェーデンの大学は17校だが、世界ランキングの上位校に多く名を連ねている。大学入試は行わず、高校の成績と先生の推薦書で大学を決めるため、入学ハードルは低い。ルンド大学を筆頭に数々のノーベル賞受賞者を輩出。

スウェーデンの🍴食

シュールストレミング

「世界一臭い食べ物」といわれる、スウェーデン発祥の塩漬けにして発酵したニシン。発酵過程で発生した細菌によって強い悪臭が放たれる。14世紀頃は塩が貴重であったため、塩そのものに漬けるのではなく、塩水に漬けたことが始まりとされる。「シュールストレミング」という名前は、「発酵したバルト海のニシン」という意味。缶詰の中でも発酵が進み、発生したガスによって缶が膨らむ。破裂の危険性もあるため、多くの航空会社では機内への持ち込みを禁止している。スウェーデンのエルンシェルツビクという街には、シュールストレミングに関する博物館がある。

アンデルセンが愛した、美しい街並みの環境先進国

デンマーク王国 Kingdom of Denmark

面積	約4.3万㎢
人口	約581万人（2019年）
通貨	デンマーク・クローネ（DKK）
言語	デンマーク語（公用語）など
宗教	福音ルーテル派（国教）など
民族	デンマーク人など

デンマークの コト

バイキング・マーケット

バイキングが築いたデンマーク最古の町リーベにある、リーベ・バイキング博物館が開催するイベント。「バイキング・マーケット」では、当時のバイキングの暮らしを感じることができ、戦士や射手になりきれるアクティビティもある。

国土 北欧諸国の最南に位置し、北はノルウェー、東はスウェーデン、南はドイツに面する。ユトラント半島と約500の島々からなり、シェラン島にある首都コペンハーゲンに国民の約4分の1が暮らす。ほかに、自治領としてフェロー諸島、グリーンランドがある。国土のほとんどが平地（最高地点173m）で、内陸には農業用地、海岸線には砂浜が広がる。気候は西岸海洋性気候。

経済 世界的な酪農国。ハイテクを導入し、約1500万人を養うことができる農産物を生産する。主要な輸出先はドイツとスウェーデン、輸入先はこの2国とオランダ。世界的な金融危機と輸出減により、2009年のGDP成長率は-5.7%まで落ち込むも、2019年には、2.9%にまで回復。なお、2000年の国民投票においてユーロ参加が否決され、デンマークはユーロに参加していない。

歴史 8〜11世紀にバイキングとして有名なノルマン人が住んでいた。1397年にデンマークを盟主とするノルウェー、スウェーデンとのカルマル同盟が成立、1523年にスウェーデンが離脱し解体。1626年にドイツ30年戦争に介入するも敗北。1849年、立憲君主制に移行。第一次世界大戦では中立政策を維持、第二次世界大戦ではドイツ軍に占領された。1973年、EU（当時はEC）に加盟。NATO加盟国の一つ。

文化 所得格差が小さく、国民の平等意識が高い。公立校だと大学まで学費が無料で、私立校でも政府から補助金が出る。

人物 『裸の王様』『みにくいアヒルの子』などで知られる、世界的童話作家ハンス・クリスチャン・アンデルセンのほか、『死に至る病』を著した哲学者セーレン・キェルケゴール、「デンマーク・モダン」を世界に広げた建築家兼デザイナーのアルネ・ヤコブセンの出身国。

日本との関係 1867年、江戸幕府が日デンマーク修好通商航海条約を締結。2017年に外交関係樹立150周年を迎えた。日本で親しまれている玩具「レゴ」、磁器「ロイヤル・コペンハーゲン」、日用雑貨店「フライングタイガーコペンハーゲン」はデンマーク発。

おとぎ話のような街で「アンデルセン」の足跡をたどる

「アンデルセン」が半生を過ごし、生涯を終えたコペンハーゲン。その景観は「北欧のパリ」と評され、煉瓦造りの歴史的建造物やメルヘンチックな家屋、モダン建築が美しく調和している。

▲17世紀につくられた港町「ニューハウン」。運河沿いに並ぶカラフルな木造建物は、帰港した漁師が自分の家をすぐに見つけられるよう、色を塗ったのが始まりとされる。アンデルセンはここニューハウンで三度住み替えながら、18年過ごした。彼が住んでいた家には目印のプレートが飾られている。

ヨーロッパ 北ヨーロッパ

◀コペンハーゲン市庁舎脇、アンデルセン通りに「アンデルセン」の座像が設置されている。この像はある方向を見上げているが…。

▶アンデルセン像の目線の先にあるのは、世界最古のテーマパーク「チボリ公園」。1843年に開園したこのテーマパークにアンデルセンはたびたび訪れ、物語の構想を練ったといわれている。

▲「チボリ公園」は8万5,000㎡の広大な敷地に、アトラクション、劇場、土産店、庭園などがあり、メルヘンチックな世界観で統一されている。クジラが口を開けている外観が印象的なレストランも。

「環境」に対する意識が高く 風力発電や自転車利用を推進

　環境先進国として知られているデンマーク。安定した強い風が吹く地理的特徴を活かし、風力発電の開発に力を入れている。2020年には、風力を中心とした変動性再生可能エネルギー（VRE）が消費電力量の50％に達した。また、コペンハーゲンは自転車インフラが整えられ、通学・通勤する2人に1人が自転車に乗る。同政府は「環境保護政策」を進め、2050年までにカーボン・ニュートラルをめざすことを発表している。

◀コペンハーゲンでは、自動車と分離した自転車専用道路や専用信号機が設置されている。時速20kmで走り続ければ青信号が続き、止まらず走れるシステムも。

「人魚姫像」は人魚ではない!?

1913年に設立された「人魚姫像」は、アンデルセンの『人魚姫』をモチーフにしているが、童話とは違い、足首まで人間の脚になっている。この理由は、彫刻家がモデルにした妻の脚が美しく、鱗で覆うのをやめたためだとか。この像は、コペンハーゲンの有名な観光名所である一方で、たびたびの破壊行為や落書きの被害に遭っている。

「幸福度ランキング」上位常連だが うつ病の人も多い!?

　デンマークは国連が発表している「世界幸福度ランキング」で、調査が始まった2012年から2022年までトップ3にランクインしている。所得格差が小さく、個人の自由度が高いことが主な理由だ。その一方で、冬の日照時間が極端に短く、自然光を浴びにくいため、うつ病を発症する人が多いという側面もあるという。

▶厳しい環境で暮らすデンマークの人々は、「ヒュッゲ（心地よい時間や空間）」という考えを大切にしている。例えば、暖炉のそばでホットコーヒーを飲みながら、大切な人とゆったり語り合うことを「ヒュッゲな時間」という。

デンマークの食　スモーブロー

デンマーク風オープンサンド。薄く切ったライ麦パンにバターをたっぷり塗り、海鮮や肉、野菜、ハムやチーズなどをパンが見えないほどたくさん盛りつける。コペンハーゲンには老舗のスモーブロー専門店があり、エビとゆで卵を載せた定番のものや、ローストビーフをぜいたくに盛りつけたものなど、さまざまなスモーブローが楽しめる。食べるときはナイフとフォークで優雅に。

フィヨルドやオーロラといった絶景が見られる北極圏にある国

ノルウェー王国 Kingdom of Norway

面積	約38.6万㎢
人口	約542.1万人（2021年）
通貨	ノルウェー・クローネ（NOK）
言語	ノルウェー語（公用語）など
宗教	福音ルーテル派など
民族	ノルウェー人など

国土 スカンジナビア半島の西側に位置し、国土の多くが北極圏内にある。面積は日本とほぼ同じ。西海岸沿いには氷河によって形成された複雑な形をした入り江「フィヨルド」が続き、入り組んだフィヨルドを含めた海岸線の総距離は地球約2周半にも達する。気候は暖流のメキシコ湾流の影響もあり、緯度のわりに比較的温暖。

▶首都「オスロ」はノルウェー最大の都市。政治・経済・文化の中心であると同時に、フィヨルドと山に囲まれた自然豊かな街である。

経済 主要産業は石油・ガス生産業や水産業など。特に石油・天然ガスは欧州諸国を中心に輸出しており、GDPの約10%を占める。世界有数の漁業国でもあり、水産物は石油・ガスに次ぐ主要な輸出品。水産物の中では特にサケ類の養殖に力を入れている。

歴史 9世紀末、最初の統一王国が成立した。14世紀からデンマークによる支配、1814年からはスウェーデンによる統治を経て、1905年に王国として独立した。第二次世界大戦中はナチス・ドイツの占領下に入る。戦後の1949年、NATOに加盟。EUには加盟していない。

文化 イースター（復活祭）と推理小説を合わせた「ポースケクリム」という言葉があり、イースター休暇中は推理小説を読むノルウェー人が多い。ノルウェー語は世界で最も翻訳されている言語の一つであり、ノルウェー文学は世界中から人気を集めている。

あの「きつねダンス」の曲を歌っているのは?
北海道日本ハムファイターズの試合で披露され、一大ブームを巻き起こした「きつねダンス」。きつねダンスの楽曲「The Fox」を歌っているのがノルウェー人の兄弟ユニット「イルヴィス」だ。イルヴィスは2022年9月に来日し、札幌ドームでファイターズガールと一緒に歌と踊りを披露した。

人物 エドヴァルド・ムンク（1863〜1944年）は、日本では「ムンクの叫び」として知られる、自身の苦悩を表現した「叫び」を生んだ画家。幼い頃より母親や姉の死を体験したムンクは、「生」や「死」をテーマにした作品を多く残している。

◀ムンクの「叫び」は、人物が叫んでいるように見えるが、実は「自然を貫く叫び」から耳を塞いでいる様子が描かれている。ムンクが描いた「叫び」は全部で5作品ある。

日本との関係 ノルウェーの養殖サーモンは、日本ではお寿司のネタとして定着している。カラフトシシャモやサバもノルウェー産のものが多く流通。日本のアニメやマンガはノルウェーでも人気で、各地でマンガ・アニメフェスティバルが開催されている。

ノルウェーの 場所 ブリッゲン

ノルウェー第2の都市ベルゲンにある世界遺産で、カラフルな木造倉庫が密接して建ち並ぶ地区。木造のため、過去に何度も火災で焼失してきたが、そのたびに復元され、当時の姿を今に伝えている。

ノルウェー観光の定番「フィヨルド&オーロラ」

ノルウェーには1,700以上のフィヨルドがある。中でも4大フィヨルドと呼ばれる、世界最長のフィヨルド「ソグネフィヨルド」、ハイキングに

▲リーセフィヨルドの絶景スポット「プレーケストーレン」は、海面から600m以上の高さがある断崖絶壁。頂上は正方形になっており、リーセフィヨルドを見下ろすことができる。　Photo by anyaberkut

◀神秘的な光のカーテン「オーロラ」。オーロラはトロムソやボーデーなど、北極圏内に近い都市ほど見られる確率は上がるが、条件によっては南部にあるオスロでも見ることができる。

Photo by Biletskiy_Evegeniy

も人気の「リーセフィヨルド」、果樹園と花々も美しい「ハダンゲルフィヨルド」、世界遺産の「ガイランゲルフィヨルド」は観光地として人気だ。

自国の電力のほとんどを賄うことができる「水力発電」

ノルウェーのエネルギー自給率は、主要国の中では第2位のオーストラリアと大差をつけて世界一（2019年）。中でも豊富な水と急峻な地形を活かした水力発電が盛んで、自国の電力の約96%を水力発電で賄っている。世界でも有数の埋蔵量を誇る北海油田で産出した石油・ガスの大半は他国へ輸出しており、自国ではほとんど使っていない。

▲ガラス張りの前衛的なデザインで有名な「ウーヴレ・フォシュラン発電所」は、世界で最も美しい水力発電所といわれている。

ヨーロッパ各地へ遠征した海賊「バイキング」

「バイキング」は8世紀後半から11世紀半ばにかけて、現在のノルウェーやスウェーデンなどを居住地として、ヨーロッパ各地の沿岸部で海賊活動や交易を行っていたノルマン人。略奪活動を行った海賊のイメージも強いが、遠方との新たな交易ルートを切り拓き、優れた航海技術や造船技術をもつ一面もあった。現在のノルウェー人は、バイキングの子孫であることを誇りに思っているという。

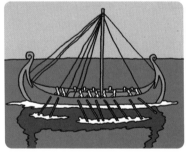

▶バイキングが使用していた「バイキング船」。船首と船尾が対称形で、前後を入れ替えて、すぐに反対方向へ進むことも可能だった。

ノルウェーの🍴食

フォーリコール

羊肉とキャベツを煮込んだノルウェーの国民的料理。羊肉はホロホロとほぐれ、キャベツは羊肉の旨味を吸い、甘くて柔らかい。素朴な美味しさが特徴で、ノルウェー人の身も心も温めている。

サンタクロースが暮らす、世界で最も幸福な「森と湖の国」

フィンランド共和国 Republic of Finland

面積	約33.8万㎢
人口	約553万人（2021年）
通貨	ユーロ（EUR）
言語	フィンランド語・スウェーデン語（公用語）など
宗教	福音ルーテル派など
民族	フィンランド人など

国土 スカンジナビア半島の東側を占め、西はスウェーデン、北はノルウェー、東はロシアに面している。森林が陸地の約7割あり、周囲200m以上の湖が約6万もある。豊かな自然に恵まれた環境であることから、「森と湖の国」と呼ばれることもある。

経済 森林資源を活かした紙・パルプなどの木材関連産業を主要としていたが、金属・機械産業、近年ではエレクトロニクスやICTといった情報通信産業も活発化している。北欧諸国で唯一、ユーロを導入している。生活水準が高く、社会保障制度も充実している分、一般消費税率が24％と高率である。

歴史 1155年にスウェーデンに征服され、1323年にスウェーデン王国の一部となる。1809年に自治権をもつフィンランド大公国が建国され、1917年のロシア革命に際して独立を宣言し、共和国となる。1955年、国連に加盟し、1995年、EUに加盟した。

文化 国民1人当たりのコーヒー年間消費量が世界第2位（2020年）。「カハヴィダウコ」と呼ばれるコーヒー休憩を取ることが雇用契約によって保証されている。

人物 「ムーミン」シリーズの作者で知られるトーベ・ヤンソンは首都ヘルシンキ生まれ。1945年に1作めである『小さなトロールと大きな洪水』を執筆した。初めは小冊子で出版され、あまり話題にならなかったものの、トーベはこつこつと執筆を続け、1948年に発表した3作めの『たのしいムーミン一家』がフィンラ

▲「トーベ・ヤンソン」は、小説家だけでなく、マンガ家や油彩画家、絵本作家、作詞家など、芸術家としてさまざまな面をもっていた。

ンド、スウェーデン、さらにはイギリスで大評判となった。その後、1954年からのマンガ連載をきっかけに世界各国でブームが起こり、ムーミン人気は不動のものとなった。

日本との関係 1919年に外交関係を樹立。1944年に一時断交するが、1957年に再開。その後は良好な関係を維持し、さまざまな共通関心分野で二国間協力が行われている。2019年には両国の外交関係樹立100周年を迎え、各種記念イベントが開催された。

フィンランドの コト　サウナ

フィンランド発祥の蒸し風呂。同国には人口約553万人に対して約300万か所の「サウナ」があるとされ、一般家庭はもちろん、会社や官庁、市役所などにも設置されている。「ロウリュ」はサウナストーンに水をかけて水蒸気を発生させる手法で、発汗を促す効果がある。かつて世界中の大使館で「サウナ外交」が行われた。2020年に無形文化遺産に登録された。

世界でいちばん幸せな国!?

国連が発表する「世界幸福度ランキング」において、フィンランドは5年連続で第1位に選ばれている（2022年）。主な理由は、社会福利の充実度や教育水準が高いことが挙げられる。国全体でワークライフバランスに取り組んでおり、個人のライフスタイルに合わせた働き方ができる点も幸福度の高さにつながっている。

ヨーロッパ　北ヨーロッパ

サンタクロースの故郷「ラップランド」

1972年にフィンランド国営放送局が「サンタクロースはラップランド州東部にあるコルバトゥントゥリで暮らしている」と宣言した。「ラップランド」があるのは、フィンランドの最北地域と北極圏エリア。北極線上にある州都ロヴァニエミの中心街から約8km北にサンタクロース村があり、サンタクロースのオフィスや郵便局、クリスマスグッズのお店などが集まっている。郵便局には世界中の子どもたちから手紙が届き、サンタクロースは「トントゥ」と呼ばれるお手伝いの妖精たちと一緒に村で働いているのだとか。

▶日本でもサンタクロース事務局を通して、サンタクロースから手紙を受け取ることができる。12月になると、サンタクロース財団公認のサンタクロースが来日している。

▲赤い服に赤いとんがり帽子をかぶった妖精「トントゥ」。森や民家に住んでいて、人目につかないところで人間のお手伝いをしてくれている。

大自然の芸術「オーロラ」と神秘の「白夜」

ラップランドは「オーロラベルト」と呼ばれる、オーロラが発生しやすい領域の真下にあり、年間200日以上も観測することができる。北緯70度では夏の間、太陽が沈まない「白夜」と呼ばれる現象がおよそ73日以上も続く。一方、冬は太陽が昇らない「カーモス（極夜）」と呼ばれる現象もおよそ50日間続く。

▶上空に広がるオーロラの美しさはもちろん、湖面に映るオーロラは「森と湖の国」であるフィンランドならではの絶景。

Photo by ASMR

◀北極圏北部では夏の間太陽が沈まず、南部ではほぼ一日中、太陽の姿が見える。南海岸のヘルシンキでも完全な白夜にはならないが、空が真っ暗になることはない。

Photo by Ville Heikkinen

子どもは国の宝 手厚い「子育て・教育支援」

1937年から「育児パッケージ」が法制化され、1945年からすべての母親が育児パッケージか現金かのどちらかを受給できるようになった。育児パッケージには、ケアアイテムやベビー服といった育児支援アイテムが多数入っている。0歳から保育園に通うことができ、「エシコウル」という小学校入学前のプレスクールから大学・大学院までの授業料が全額無料。世界で初めて給食費無償化を実現した。

▶「育児パッケージ」の中身は毎年発表され、食器やフェルトの靴など70点近くのアイテムが入っている。箱は赤ちゃんの最初のベッドとしても使える。

フィンランドの 企業

マリメッコ

日本でも有名なフィンランド発祥のファッションブランド。1951年にアルミ・ラティアによって創業され、現在、日本を含め世界各地に店舗がある。衣服以外にバッグやアクセサリー、雑貨も展開しており、色彩豊かで大胆かつ個性的な「マリメッコ柄（ウニッコ）」と呼ばれるデザインは多くの人々から愛されている。

ヨーロッパ

北ヨーロッパ

(グリーンランド)
ノルウェー海
レイキャビク
大西洋
イギリス
250km

日本と地理的共通点も多い世界最北の島国

アイスランド共和国 Republic of Iceland

ヨーロッパ 北ヨーロッパ

面積	約10.3万km²
人口	約36.4万人（2020年）
通貨	アイスランド・クローナ（ISK）
言語	アイスランド語（公用語）
宗教	福音ルーテル派（国教）など
民族	アイスランド人など

国土 氷河やオーロラなど、大自然に恵まれた世界最北の島国。北極圏の南に位置し、面積は北海道と四国を合わせたほど。暖流と地熱の影響により、緯度のわりに気候は暖かい。夏は平均気温10℃程度で、10月初旬には雪が降り始める。

経済 主要産業は観光業や水産業、水産加工業など。対日輸出の約7割が水産物で、日本で出回る多くのししゃもはアイスランド産。再生可能エネルギーの活用が進み、電力の1/4は地熱。

歴史 870〜930年頃、バイキングにより植民。930年には世界最古の民主議会「アルシング」が発足する。第二次世界大戦中はナチス・ドイツやイギリスなどに占領されるも、1944年にアイスランド共和国として独立。

文化 放羊が盛んで、人口よりも羊が多いともいわれる。1月半ば〜2月半ばにはたくさんのご馳走を食べる祝宴「ソーラブロート」が開かれる。

実は日本と地理的な「共通点」が多いアイスランド

遠く離れた日本とアイスランドの地理的な「共通点」はいくつもある。両国ともに島国であること。プレートの境界に位置しているため、地震が多いこと。そして、世界有数の火山国であり、温泉が多く湧いていることも共通している。

◀総面積は約8,100km²と静岡県よりも広い、ヨーロッパ最大の氷河「ヴァトナヨークトル氷河」内にある、見る人の心を魅了する青く輝く洞窟「スーパーブルー」。

▶世界最大の露天風呂「ブルーラグーン」。広大な敷地内には、美容成分が含まれる白い泥「シリカ」で泥パックを楽しむ人々の姿を多く見かける。

世界一ジェンダー平等な国
アイスランドは男女格差を測るジェンダーギャップ指数において、13年連続世界一を獲得。2010年には企業役員や公共の委員会のメンバーを、男女ともに4割を下回ってはいけないとする「クオータ制」を導入している。

素材の味を活かす「アイスランド料理」

味つけがシンプルで、素材の味を堪能できるのが「アイスランド料理」の特徴。羊肉スープ「キョットスーパ」は、同国の伝統的な家庭料理の一つ。熱々のスープと羊肉と野菜のやさしいうま味が、アイスランド人の心と体を温めている。乳製品「スキール」は、脂肪分ゼロ・高タンパクの健康食品。チーズの一種だが、濃厚かつ若干酸味のある味はヨーグルトのよう。

ICELAND LAMB

▶アイスランドの食材といえば、「ラム肉」。羊は1000年以上前にバイキングによって持ち込まれ、現在も交雑されていない古代種である。

アイスランドの 人 ビョーク（1965〜）

アイスランドのみならず、世界的に人気の歌姫。1993年、1stアルバム「Debut」でソロデビュー。賛否両論を呼んだ衝撃作「ダンサー・イン・ザ・ダーク」では主演を果たし、2000年のカンヌ国際映画祭で主演女優賞を獲得する。2004年にはアテネオリンピックの開会式でパフォーマンスを披露した。

フィンランド
タリン
バルト海
ロシア
ラトビア
リトアニア　　　100km

脱ロシアを図る世界最先端のIT立国

エストニア共和国 Republic of Estonia

面積	約4.5万㎢
人口	約133万人（2021年）
通貨	ユーロ（EUR）
言語	エストニア語（公用語）／ロシア語
宗教	福音ルーテル派／ロシア正教など
民族	エストニア人／ロシア人など

国土 東にロシア、西はバルト海、南にはラトビア、海を挟んで北にフィンランドがある。全体的に平坦な国土だが、氷河が生んだ多数の湖と島がある。海洋性の冷帯湿潤気候で気温の年較差が大きく、冬は-20℃まで下がることもある。

経済 主要産業はIT、鉱物、機械、木材、不動産、建設など。主要貿易国は、輸出がフィンランド、ラトビア、アメリカなど、輸入がフィンランド、ロシア、ドイツなど。

歴史 17世紀にスウェーデン領になったのち、ロシアやソ連への編入を経て、ソ連崩壊後の1991年に独立。2004年3月にNATO、5月にEUに加盟した。

文化 中世に複数の都市がハンザ同盟に加盟していたこともあり、ヨーロッパ文化圏に属する。伝統的に民謡や踊りが盛んで、民族衣装や木材などの工芸品も品質の高さで有名。

「IT立国」を国策として推進 世界初の選挙の電子投票も実施

「IT立国」を国策としており、行政システムのデジタル化や電子IDカード、電子カルテの普及など最先端のIT推進国として知られる。世界で初めて国政選挙に電子投票を導入した。電子居住権（e-Residency）の制度も設けられており、電子居住権取得者は外国人でも電子政府のシステムを利用できるため、外国からの投資や企業誘致などが期待されている。

▶2011年1月1日、旧ソ連構成国としては初めて、ユーロ通貨圏に加わったエストニア。同日付で、ユーロ単独表示の記念切手が発行された。

◀インターネット電話サービス「Skype」を生んだエストニア。ほかにも、世界的なオンラインゲーム企業など、複数の有名IT企業を輩出している。

最も重要な祭りの一つが「夏至祭」

エストニアは緯度が高いため、夏は夜でも薄明るい白夜となる。夏至直後の6月23・24日は国民の休日として、国民にとって最も重要な祭りの一つである「夏至祭」を開催。1年のうちでも最も明るい夜を迎えるこの祭りの日は、子どもも一晩中眠らずに起きて、野外でお祝いをする。

ロシアからの離脱を方針に ヨーロッパへの「回帰」をめざす

1991年のソ連崩壊に伴う独立後は、ヨーロッパ、西側諸国との関係を強化。NATOやEUにも加盟し、2011年には通貨にユーロを導入した。独立後はロシアへの貿易依存度を減らし、現在では7割以上をEUが占め、ユーロ圏全体でもトップクラスの健全な財政状態にある。ロシアとは2014年に国境画定条約が署名されたが、批准には至っていない。

▶IT分野で日本との提携も進んでおり、2022年5月には牧島かれんデジタル大臣（当時）がエストニアを訪れ、デジタル分野における協力覚書に署名した。

エストニアの 世界遺産 タリン歴史地区

首都タリンは14世紀に造られた全長約2.5kmの壁に囲まれた都市で、その旧市街にある世界遺産。教会など古くとも美しい建造物のほか、15世紀のレシピを今に伝えるレストランや、伝統的な製法で醸造されたビールが味わえる店、開店200年以上の歴史を誇る洋菓子店などグルメも充実。多くの観光客を魅了している。

ラトビア共和国 Republic of Latvia

面積	約6.5万㎢
人口	約189万人(2021年)
通貨	ユーロ(EUR)
言語	ラトビア語(公用語)／ロシア語／リトアニア語
宗教	福音ルーテル派／ロシア正教など
民族	ラトビア人／ロシア人など

国土 西はリガ湾に面し、北部はエストニア、東部はロシアに接する。バルト海に面した沿岸部は、冬でも比較的温和な西岸海洋性気候。内陸部は大陸性の冷帯湿潤気候で、冬は寒く長い。

経済 東西南北の交通の要路にあり、運輸・物流が盛ん。南東部の特別経済区に外国企業を誘致。貨物は主に石炭や石油関連製品で、独立国家共同体(CIS)諸国と西欧諸国を結ぶ経路が主なルート。

歴史 紀元前からバルト系の諸民族が居住。13世紀、ドイツ騎士団が領有を始める。1583年にリトアニア＝ポーランド領、1629年に一部がスウェーデン領になる。1918年に独立するも、1940年にソ連に編入される。1991年、国連に加盟。

文化 古来よりさまざまな宗教を受け入れてきた歴史から、カトリック、ルター派、ロシア正教、古儀式派など、さまざまな教会がある。ダイナスと呼ばれる民族音楽が民衆の間に受け継がれる。

女性の嫁入り道具？ 編み物「ラトビアミトン」

ラトビアでは、厳しい冬の寒さに耐えるため、暖かな編み物が伝統として受け継がれている。その一つが「ラトビアミトン」。保湿性に優れ、見た目も可愛らしい手袋だ。歴史的に、ラトビアの女性は嫁入り道具として、自分でラトビアミトンを編み、嫁ぎ先へ贈ったそう。

◀「ラトビアミトン」を編む過程で、女性たちは幸せを願ったり、想いを込めて編み方をデザインしたりするそう。柄の一つひとつが多様なのは、それぞれのミトンへの想いの表れだとか。

▶ラトビアの男女比の差は世界一大きく、女性のほうが人数が多い。

背が高いラトビア人！
ラトビア人は平均身長が高いことで有名で、男性は約181cm、女性は約169cmもある。なぜ平均身長が高いのかはわかっていない。

民謡120万曲を誇る ラトビア人は「歌う民族」

ラトビアには120万曲を超える民謡があるといわれる。子どもたちは、古代の格言からなる「ダイナ(ラトビア民謡)」を合唱し、暮らしの知恵を体得する。こうした歌が身近にあることから、ラトビア人は「歌う民族」と呼ばれている。

▶「ダイナ」は、自然や家族の大切さ、兵士や農民の人生を叙情的なメロディーにのせて歌われる。

ラトビアの 自然 森林

豊かな自然環境を有する国としても知られているラトビアで、国土の半分以上を占めているところ。ラトビア人家族は、そこで週末にキノコ狩りやベリー摘みをして楽しむという。日本と同じように、ラトビアでも林業の人手や後継者不足に悩んでいるが、近年はスタートアップ企業が林業に参入し、テクノロジーで森林を管理しようとしている。針葉樹を原料とした材木シェアも高い。

ヨーロッパ 北ヨーロッパ

バルト海　エストニア　ロシア
シャウレイ　ラトビア
ロシア　ビリニュス
ポーランド
ベラルーシ
100km

「命のビザ」を発給した日本人外交官の足跡が残る、バルト三国の一つ

リトアニア共和国 Republic of Lithuania

面積	約6.5万㎢
人口	約281.1万人（2021年）
通貨	ユーロ（EUR）
言語	リトアニア語（公用語）／ロシア語／ポーランド語
宗教	カトリックなど
民族	リトアニア人など

国土 バルト海の西沿岸に位置し、エストニア、ラトビアと併せて「バルト三国」と呼ぶ。バルト三国の中で最も面積が広いが、地形は平坦で最高地点でも標高は294m。沿岸部は西岸海洋性気候で温かく、一年中雨が降る。

経済 主要産業は石油精製、食料・飲料生産、家具製造。主要貿易国は、輸出がロシア、ラトビア、ドイツなど、輸入がドイツ、ロシア、ポーランドなど。

歴史 紀元前よりバルト系民族が居住。1253年にミンダウガス公がリトアニア国王となる。1991年、ソ連から完全に独立。2004年にはEU加盟。

文化 ロシア、北欧、ゲルマンから文化の影響を受けている。バスケットボールやサッカー、陸上競技などのスポーツが盛んで、プロリーグも複数もつ。特にバスケットボールは、世界ランキング最高第4位になるほどの強豪国。

リトアニアに刻まれる日本人の名前 多くの人を救った外交官「杉原千畝」

リトアニアのカウナス日本領事館に赴任した外交官「杉原千畝」は、ナチス・ドイツによって迫害された多くのユダヤ難民に約2,000枚のビザを発給し、彼らの亡命を助けた。のちに「命のビザ」と呼ばれ、多くのリトアニア人から称えられた。首都ビリニュスには「杉原千畝」の名が入った公園や記念碑がある。

◀2,000枚以上のビザを手書きで作っていたため、朝から晩まで、手が動かなくなるまで、杉原千畝は書き続けたという。

リトアニアの🍴食

サワークリーム

リトアニアの加工輸出食品のうち3割を占める乳製品。リトアニア料理にもよく使われている。中でもサワークリームは親しまれ、肉、魚、スープ、デザートなど、あらゆる料理の味つけやソースとして使われる。自家製サワークリームを作る家庭も少なくないそう。酪農自体が盛んなため、革製品の輸出も年々増加している。

5万を超える数の十字架！ 世界遺産「十字架の丘」

リトアニア北部に位置する都市シャウレイに佇む世界遺産「十字架の丘」。お墓のように見えるが、17世紀以降ロシアの支配下にあったリトアニア人が非暴力的抵抗を示し、この地に築き上げた歴史の象徴。芸術的な十字架も多く、巡礼地として人気を集めている。

◀十字架のほかに、マリア像、イエスの肖像画も置かれているほか、「十字架の丘」入口に売店があり、1ユーロ程度から十字架が売られている。

▲「十字架の丘」付近のお店では、名産でもある琥珀を使った「ロザリオ」も購入できる。

世界の80％を占める琥珀の名産地
古代よりバルト海の海底では琥珀が見つかり、昔は金と交換されるほど貴重だった。リトアニアで採れる琥珀は「リトアニアアンバー」と呼ばれ、コスメや石鹸、染料として使われている。

101

食、美術、ファッション…、芸術の薫り高き「自由・平等・博愛」の国

イギリス（グレートブリテン及び北アイルランド連合王国）

United Kingdom of Great Britain and Northern Ireland

面積	約24.3万km²
人口	約6708万人（2020年）
通貨	スターリング・ポンド（GBP）
言語	英語（公用語）など
宗教	英国国教会派など
民族	イングランド人など

イギリス全土に広がる「パブ」の文化。ビールを飲みながら「フィッシュアンドチップス」をつまむのが代表的なスタイル。

ヨーロッパの民族楽器「バグパイプ」。スコットランドのものを特に「グレート・ハイランド・バグパイプ」という。

スコットランド最大の産業都市

スコットランド南西部に位置する同国最大の都市。15世紀に創立されたグラスゴー大学から、蒸気機関の発明者ワットや、経済学の祖アダム・スミスを輩出するなど、イギリスの産業革命をリードした。

崖上の要塞が見下ろす美しい街並み

スコットランド第2の都市にして、同国の首都。中世の建造物が残る旧市街と、ジョージ王朝時代の建造物が立ち並ぶ新市街の美しい街並みは世界遺産に登録されている。キャッスルロックと呼ばれる崖の上に立つエディンバラ城はかつての要塞で、イングランドなどとの戦いの記憶を今に伝えている。

紅茶と菓子で楽しむ「アフタヌーンティー」の習慣は意外と新しく、19世紀からのもの。

「ロンドン」の象徴的イメージといえば、「2階建てバス」と、バッキンガム宮殿の「近衛兵」。

ビートルズ出身地は人気の観光スポット

イングランド北西部に位置する都市で、かつては港湾都市として栄えた。現在は世界的ロックバンド「ビートルズ」の出身地として、また、サッカー・プレミアリーグに所属する「リヴァプールFC」「エヴァートンFC」の本拠地として有名。観光地としても人気を博す。

スタジオ近くの横断歩道で撮影されたビートルズ「アビー・ロード」のジャケットはあまりにも有名。

伝統と格式ある連合王国の首都

イギリスの首都。中心地シティ・オブ・ロンドン（シティ）に、32のロンドン特別区を加えた地域は「グレーター・ロンドン」とも呼ばれる。金融や商業、観光などが盛んな先進的世界都市だが、時計塔「ビッグ・ベン」のあるウエストミンスター宮殿や近衛兵の交代儀式で知られるバッキンガム宮殿など王室ゆかりの建物も多い。

スコットランド
グラスゴー
エディンバラ
北アイルランド
ベルファスト
リヴァプール
マンチェスター
イングランド
ウェールズ
バーミンガム
カーディフ
ブリストル
ロンドン

100km N

国土 ヨーロッパ大陸北西部に位置するグレートブリテン島とアイルランド島の北部、および周辺の島々からなる。国土の大半は平坦で、一部になだらかな丘陵地や低い山脈が広がる。暖流の北大西洋海流の影響で、高緯度ながらも温暖な気候を示す。

▶イギリスで最も自然が美しいといわれる「湖水地方」には、氷河期にできたU字谷に多くの湖が点在している。「ピーターラビット」の故郷としても有名。

経済 産業革命をリードした国であり、現在も自動車、航空機、電気機器などの工業が盛ん。石油や天然ガスも産出する。ロンドンの「シティ」はヨーロッパ金融業の中心的存在。主な貿易相手国はドイツ、アメリカ、オランダなど。

歴史 ローマ帝国の支配・撤退を経て、1066年にノルマン王朝が樹立。1707年にグレートブリテン連合王国、1801年にグレートブリテン及び北アイルランド連合王国が成立する。17世紀以降の大航海時代に積極的に海外に進出、18〜19世紀の産業革命でさらに国力を高め、アジア、アフリカなどで広大な植民地支配を築いた。

文化 シェイクスピアを筆頭に、ディケンズ、コナン・ドイル、H・G・ウエルズ、クリスティなどの作家を輩出。J・K・ローリング作『ハリー・ポッター』は世界史上、最も売れたシリーズ作品となった。ビートルズの登場以降、ポピュラー音楽の分野でも世界をリードする存在となっている。

人物 現国王のチャールズ3世とその元妻ダイアナ、前国王エリザベス2世など、王室関係者は世界の注目を集める存在。政治家では第二次世界大戦時の首相チャーチルや、「鉄の女」サッチャーなど、科学者では万有引力の法則のニュートン、進化論のダーウィンなどがいる。

日本との関係 ▶1600年のウィリアム・アダムス（三浦按針）漂着より交流が始まり、1858年の日英修好通商条約で外交関係を樹立。現在は政治や安全保障、経済、文化などの面で緊密な関係を築いており、イギリス王室と日本皇室の交流も深い。

イギリスの人

チャールズ・チャプリン
（1889〜1977年）

映画俳優、監督、脚本家。映画史にその名を残すチャプリンはロンドン生まれ。舞台役者としてアメリカを訪れた際にスカウトされ、映画の世界へ。コメディ俳優として人気を博し、自ら監督・主演を務めた「キッド」「黄金狂時代」「モダン・タイムス」「独裁者」「ライムライト」など数多くの名作を生んだ。その作品に込めた反戦メッセージなどから共産主義者の疑いをかけられ、1952年にアメリカ追放の措置を受けるが、1972年にその償いの意味を込めてアカデミー賞名誉賞が授与された。

イギリスと旧植民地からなる「イギリス連邦」グループ

　かつて世界中に植民地を有し、広大な領土を誇ったイギリス。現在もその旧植民地、自治領の国々とともに、「イギリス連邦（正式名称はコモンウェルス・オブ・ネイションズ）」という国家連合を形成している。加盟国はイギリスを含め56か国で、その長はイギリスの君主が務める。2022年にチャールズ3世が新たにその長となった。なお、56か国のうち、イギリスの君主を自国の君主・国家元首とする国々を「英連邦王国」という。

「イギリス連邦」の56か国 （赤字は英連邦王国の国々）

アンティグア・バーブーダ／イギリス／インド／ウガンダ／エスワティニ／オーストラリア／ガーナ／ガイアナ／カナダ／ガボン／カメルーン／ガンビア／キプロス／キリバス／グレナダ／ケニア／サモア／ザンビア／シエラレオネ／ジャマイカ／シンガポール／スリランカ／セーシェル／セントクリストファー・ネイビス／セントビンセント・グレナディーン／セントルシア／ソロモン諸島／タンザニア／ツバル／トーゴ／ドミニカ国／トリニダード・トバゴ／トンガ／ナイジェリア／ナウル／ナミビア／ニュージーランド／パキスタン／バヌアツ／バハマ／パプアニューギニア／バルバドス／バングラデシュ／フィジー／ブルネイ／ベリーズ／ボツワナ／マラウイ／マルタ／マレーシア／モーリシャス／モザンビーク／モルディブ／ルワンダ／レソト／南アフリカ共和国

「4つの国」が連合して、一つの主権国家を形成

イギリスは、その正式国名が示すとおり、グレートブリテン島に位置する「イングランド」「スコットランド」「ウェールズ」と、アイルランド島北部にある「北アイルランド」の4か国からなる連合王国。イギリスの国旗「ユニオンジャック」は、イングランドとスコットランド、北アイルランドの旗を合わせて作られた。現在もこの4か国は独自の文化・伝統を守りつつ、一つの主権国家を形成している。

FIFAワールドカップでは4か国扱い!?

数多くのスポーツの発祥地として知られるイギリス。その歴史的背景から、FIFAワールドカップには「イングランド」「スコットランド」「ウェールズ」「北アイルランド」がそれぞれ個別に代表チームを組織し、参加している。ちなみに、そのうち優勝経験があるのは1966年大会のイングランドのみ。

イギリスの 音楽 ロック

ビートルズやローリング・ストーンズの登場以降、ロック音楽の中心地であり続けている。レッド・ツェッペリンやディープ・パープル、ブラック・サバスなどのハードロックや、ピンク・フロイド、キング・クリムゾンなどのプログレッシブ・ロック、セックス・ピストルズ（右）、ザ・クラッシュなどのパンク・ロックが世界にムーブメントを起こした。1990年代以降も、オアシス、レディオヘッド、コールドプレイなどを輩出している。

イングランド

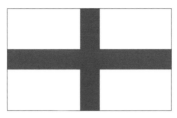

グレートブリテン島の南3分の2を占め、北でスコットランド、西でウェールズに接する。経済規模はイギリス最大であり、ロンドン、バーミンガム、リヴァプールなどの大都市を擁する。

スコットランド

グレートブリテン島の北3分の1を占め、本土と約800もの島々からなる。主要都市はグラスゴー、エディンバラなどで、スコッチ・ウイスキーの産地としても世界的に有名。

ウェールズ

グレートブリテン島の南西部に位置する。かつて石炭産業が栄え、イギリスの産業革命を支えた。主要都市は首都カーディフ、ニューポート、スウォンジーなど。

北アイルランド

アイルランド島の北東部に位置する。1920年代にアイルランドがイギリスから独立する際に、イギリスに留まる形で成立した。北アイルランドを表す旗として聖パトリック旗があるが、正式な国旗はない。

華麗なる一族「イギリス王室」は全世界の注目の的

2022年9月、在位70年を数えたエリザベス2世女王が亡くなり、長男チャールズ3世が国王に即位した。その国葬は全世界に生中継され異例の注目を集め、改めてイギリス王室に対する人々の関心の高さをうかがわせた。近年は王室を題材としたドラマや映画も制作されている。ダイアナ元妃を死に追いやったパパラッチによる執拗な追跡など、行きすぎた報道が問題になることも。2020年にはヘンリー王子とメーガン妃が王室を離脱して大きな話題となったが、過去にも国王エドワード8世が二度の離婚歴をもつ女性と結婚するため自ら王位を退いた例がある。

▲ロンドンにあるイギリス王室公式の「バッキンガム宮殿」。王または女王が在宅時は屋上に王室旗が、不在時にはイギリス国旗が掲げられる。　AndreyKr / PIXTA（ピクスタ）

ヨーロッパ　西ヨーロッパ

紳士淑女はスポーツ好き！ イギリス生まれの「競技5選」

サッカー

サッカーの原型となる遊びは世界各地に見られるが、現代サッカーの起源は19世紀のイギリス。世界各国に多くのファンをもつ一大スポーツ。

競馬

16世紀のイギリスで始まった近代競馬。以後、王室の保護のもとで発展し、フランスやアメリカ、さらには日本や香港、オーストラリアやニュージーランドなどでも普及した。

ラグビー

イギリスの学校で、サッカーの試合中に選手がボールを抱えて走り出したのが起源とされる。ニュージーランド、オーストラリアなど、かつてのイギリス植民地で盛ん。

クリケット

日本ではなじみが薄いが、世界の競技人口はサッカーに次いで2位とも。13世紀に羊飼いの遊びとして始まったといわれ、現在はイギリスの国技。野球の原型とされる。

ゴルフ

スコットランド、オランダ、中国など発祥の地には諸説あるが、近代スポーツとしてのゴルフが確立したのは18世紀のイギリス。1860年には第1回の全英オープン大会が開かれた。

「Brexit」でEU離脱！ どうなる？ イギリスの未来

イギリスでは2016年6月に国民投票を行い、欧州連合(EU)からの離脱を決定。2020年1月31日をもって正式に離脱した。イギリスのEU離脱は「British」と「Exit」からの造語で「Brexit」と呼ばれるが、その背景にはイギリスに流入する移民の増加やそれに伴う失業率の上昇、大陸ヨーロッパへの不満などがあったとされる。離脱後、イギリスはEU以外の国々との関係強化を通じた経済成長をめざしているが、コロナ禍や人手不足、燃料費の高騰などの影響もあり、先行きはまだ不透明な状況だ。

▶「EU離脱」を問う国民投票は、離脱賛成派が51.9%、反対派が48.1%という僅差だった。

ヨーロッパ / 西ヨーロッパ

イギリス料理は美味しくない!?

昔から存在する「イギリス料理はまずい」というレッテル。その背景として質素な食事が美徳とされてきたこと、英仏の対立でフランスの食文化を排除したことなどがある。近年は食の多様化で、中華料理や和食、中東料理の店なども増え、食のレベルはぐんと向上しているとか。

イギリスの [場所] 大英博物館

収蔵品約800万点、常設展示約15万点を誇る世界最大の博物館。古代エジプト、ローマの遺品から、大憲章「マグナ・カルタ」、シェイクスピアの原稿、ビートルズの歌詞に至るまで、人類の歴史、文化、芸術を網羅したコレクションを見ることができる。見学は無料だが、運営費は寄付やグッズの売り上げで賄われている。日本の埴輪、甲冑、刀剣、浮世絵、マンガなども収蔵されている。

niihara / PIXTA（ピクスタ）

地理、文化、経済…、あらゆる面でヨーロッパの中心地

ドイツ連邦共和国 Federal Republic of Germany

ドイツ最大の港湾都市

エルベ川の河口にある港湾都市で、人口はドイツ第2位の約184万人。9世紀に「ハンマブルク城」が築かれ、12世紀以降、交易の中心地として繁栄。音楽の都としても知られ、メンデルスゾーンやブラームスの生誕地でもある。

金融、商業、交通の中心地

人口は70万人強と決して多くはないが、日本の日銀にあたるドイツ連邦銀行、ユーロ圏の経済政策を担う欧州中央銀行（右）があるなど、ドイツの金融や商業の中心地。航空、鉄道とも欧州最大級の中継地になっている。

赤レンガの美しい街並みのブレーメンは、童話『ブレーメンの音楽隊』の世界そのもの。

ハンブルク
ブレーメン
ベルリン
ライプツィヒ
ドレスデン
デュッセルドルフ
フランクフルト
ニュルンベルク
ミュンヘン

28年間、壁で分断された激動の歴史をもつ首都

首都であり、国内最大の都市。1871年、プロイセンによるドイツ帝国の首都となって繁栄したが、ナチスの登場とともに衰退。敗戦後、東西に分割された。1961〜1989年の間に造られたベルリンの壁は、東西ドイツ分裂の象徴だった。

ビール醸造も盛んな工業都市

バイエルン州の州都で、ベルリン、ハンブルクに次ぐドイツ第3の都市。自動車のBMWや電機大手のシーメンス本社などがある工業都市でもある。ビール醸造所が多く、10月に行われるオクトーバーフェストが有名。

面積	約35.7万km²
人口	約8319万人（2020年）
通貨	ユーロ（EUR）
言語	ドイツ語（公用語）など
宗教	カトリック／プロテスタントなど
民族	ドイツ人など

DATA

100km
N

国土 国土の面積は日本とほぼ同じ。北はバルト海と北海、陸地ではオランダ、フランス、スイスなど9か国と接している。北部は海抜100m以下の広大な北ドイツ平原が広がり、中部は1,500m以下の丘陵地、南部はアルプス山脈につながる山間地帯となっている。スイス国境にある国内最大のボーデン湖から西側の国境に沿うようにライン川が流れるほか、南部にはヨーロッパ第2の大河といわれるドナウ川が流れる。気候は西岸海洋性気候で温暖だが、内陸かつ高地となる南へ行くほど冬は厳しい寒さになる。

経済 ヨーロッパ有数の農業国で、国土の約半分は農地。小麦、大麦などの穀物類のほか、いも、根菜類などの栽培が多い。畜産や酪農も盛んで、豚肉や生乳の主要産地となっている。ワイン用のブドウやビール用のホップも栽培され、どちらも世界的な産地。工業では自動車、鉄鋼、機械、通信機器などが生産され、技術力の高さに定評。

歴史 フランク王国が東西に分裂して成立した東フランク王国が現在のドイツの起源といわれる。962年、国王オットー1世がローマ皇帝に任命され、神聖ローマ帝国が誕生し、1806年まで続く。1871年、北部のプロイセン王国が力を強め、ドイツ帝国が誕生し、ヨーロッパの強国となるが第一次世界大戦に敗れ、崩壊してしまう。1929年の世界恐慌をきっかけにナチスが政権を取り、ヒトラーが独裁政治を開始。勢力を拡大し、第二次世界大戦を引き起こす。敗戦したドイツは東ドイツと西ドイツに分断される。東ドイツは、1961年に西ベルリンを取り囲むようにベルリンの壁を建設。1980年代後半から民主化運動が起こり、1989年、ついに壁が壊され（上）、翌年東西ドイツが再統一した。

文化 約90%はドイツ人であるが、移民や難民に対して寛容な国であることもあり、トルコ、イタリア、ギリシャ、ロシア人なども多く住み、文化や生活に影響を与えている

人物 古くから音楽、学術分野などで功績を残した人が多数いる。スポーツでは、サッカーのゲルト・ミュラー、フランツ・ベッケンバウアー、ローター・マテウス、オリバー・カーン、モータースポーツのミハエル・シューマッハ（右）などが有名。実業家も多い。

日本との関係 第二次世界大戦中は同盟国であり、親密な関係が続く。日本にとってドイツはヨーロッパ最大、ドイツにとって日本はアジア地域で中国に次ぐ貿易相手国となっている。日独とも機械類や自動車を中心に輸出入している。

10歳で決まる！ ドイツの「3つの進学路」

　義務教育は6〜15歳で日本と同じだが、全員が小学校に6年、中学校に3年通う日本とは異なり、ドイツでは初等教育にあたる「グルンドシューレ」に4年間通ったあと、つまり10歳の時点で担任の教師と相談して、将来大学に進学するのか、行かずに就職するのかを決め、それに合った教育機関に進む。職人をめざす人が進む「ハウプトシューレ」、事務職や専門職をめざす「レアルシューレ」、大学に進学する人が行く「ギムナジウム」の3種類から選ぶのが基本だ。

ハウプトシューレ

ドイツ伝統のマイスター制度に由来するもので、職人や販売員などをめざす子どもや移民が多く学ぶ。5年制。修了後は、就職もしくは職業学校に通いながら技能を習う。近年は減少傾向。

レアルシューレ

6年制。将来、中級クラスの事務職やサービス業をめざす人が多い。修了後は高等専門学校に進む人が多いが、3年制の専門ギムナジウムに進み、大学をめざすこともできる。

ギムナジウム

大学をめざす人が進学する学校。多くは8年制。修了時に行われる「アビトゥーア」という卒業試験は大学の入学資格も兼ねていて、合格すれば、自分の希望大学に無試験で入学できる（一部大学、学部を除く）。

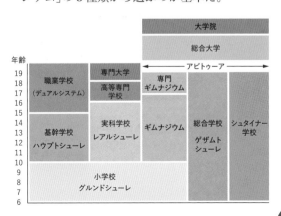

ダイムラーやベンツが築いた「自動車大国」としての地位

「自動車大国」としての歴史は19世紀にさかのぼる。ゴットリープ・ダイムラーとビジネスパートナーのヴィルヘルム・マイバッハが、1885年に小型内燃機関を二輪車に取りつけ、走らせることに成功する。1886年にカール・ベンツが自動車に関する最初の特許を取得し、今日の四輪自動車の原型を造った。1926年にダイムラー・ベンツとして合併。彼らの会社で働いていた設計者のフェルディナント・ポルシェが独立し、大衆向けのフォルクスワーゲンやスポーツモデルを中心としたポルシェを開発した。ほかにも、BMW、アウディ、オペルなどの人気メーカーを生み出した。合併や業務提携などが行われ、車自体もガソリン車から電気自動車に移行しつつあるが、ドイツ車の人気は今後も続きそうだ。

▶2025年以降に発表するベンツの次世代車は、EV専用にしていく計画だ。

制限速度がない!?「高速道路（アウトバーン）」

ドイツの「高速道路（アウトバーン）」は特定の区間を除き、制限速度がない。無法地帯ではなく、片側3車線の場合、端の車線はトラックなどの遅い車、真ん中が通常の車（時速130km前後）、中央車線寄りを高速の車が走行する。

「3つの分野」で大きく活躍した「ドイツの偉人たち」

中世以降のドイツは、音楽、哲学、各種学術分野で多大な功績を残した人物を数多く輩出した。数百年経った現在でも利活用されていたり、人々に影響を与えている技術、定理、作品も多い。ここに挙げたほかにも、活版印刷を発明したヨハネス・グーテンベルク、社会学者マックス・ウェーバー、ゲーテやシラーといった詩人など、世界的に有名な作品や功績を残した人物は多い。

音楽家

ヨハン・ゼバスティアン・バッハ（左）、スルートヴィヒ・ヴァン・ベートーヴェン（右）、ヨハネス・ブラームス、ロベルト・シューマン、フェリックス・メンデルスゾーン、リヒャルト・ワーグナーら、錚々たる人物が並ぶ。

哲学者

『純粋理性批判』『実践理性批判』『判断力批判』のイマヌエル・カント、ドイツ観念論を代表するヘーゲル、『資本論』のカール・マルクス（左）、さらには超人思想のフリードリヒ・ニーチェ（右）や『存在と時間』のマルティン・ハイデッガーもドイツ人だ。

数学者・天文学者 など

天文学者ヨハネス・ケプラー、「ガウスの法則」のカール・フリードリヒ・ガウス、理論物理学者のアルベルト・アインシュタイン（左）、日本に西洋医学を伝えたシーボルト、X線技術を発見したヴィルヘルム・レントゲンなどがいる。

ドイツの 場所 ロマンチック街道

ドイツ中部のヴュルツブルクから南部のフュッセンまで、約350kmを縦断する観光街道で、1950年に設定された。名称は「ロマン主義的な道」を意味し、ルートにはレジデンツが有名なヴュルツブルク、中世の街並みが残るローテンブルク、隕石の跡が残るネルトリンゲン、白亜の城として知られるノイシュヴァンシュタイン城（右）など、見どころが多い。

Photo by SCStock

ドイツの 人

シュテフィ・グラフ(1969 〜)

マンハイム出身の元プロテニス選手。1984年のロサンゼルス五輪で優勝、1987年の全仏オープンでは史上最年少優勝を果たす。1988年には全豪、全仏、ウィンブルドン、全米オープンで優勝する年間グランドスラムを達成した。ちなみにソウル五輪でも優勝し、男女を通じて史上初の年間ゴールデンスラムも達成した。1999年8月の引退までに、4大大会は通算22勝、世界ランキング1位の在位記録は通算377週など、輝かしい成績を残した。

170以上の言語に翻訳されている グリム兄弟編纂の『グリム童話集』

『グリム童話集(子どもと家庭のメルヒェン集)』は、ドイツ各地に伝わる昔話(メルヘン)をヤーコプとヴィルヘルム＝グリム兄弟が編纂し、1812年に第1巻(86編)、1815年に第2巻(70編)が出版された。収録されている作品は、「ヘンゼルとグレーテル」「灰かぶり(シンデレラ)」「赤ずきん」「ブレーメンの音楽隊」「白雪姫」など、日本でもおなじみのものも多く、現在は170以上の言語に翻訳されている。兄弟が各地を周り、民衆から聞いたものをベースに、兄弟が加筆修正をして創られた。

▶収録されている「白雪姫」は、ドイツ中部のヘッセン州バート・ヴィルドゥンゲンに伝わる話。版によっては、残酷なシーンなどを中心に編集されている。

生産量欧州第1位の「ビール大国」 法律で守られた高品質

ドイツでは、紀元前1800年頃にはすでにビールが造られていたといわれている。中世初期にフランク王国の国王カール大帝が宮廷内でビール醸造を始めると、北部を中心に醸造所が続々と誕生。一方で、品質が粗悪なものも登場するようになり、ヴィルヘルム4世は1516年に「ビールは、麦芽、ホップ、水、酵母のみを原料とする」というビール純粋令を制定した。2018年のドイツのビール年間生産量は93億ℓで、世界第5位(ヨーロッパでは第1位)。現在も1,500近い醸造所があり、約6,000種の銘柄が造られている。

▶毎年9月下旬〜10月上旬にミュンヘンで開催される、世界最大のビール祭り「オクトーバーフェスト」。2週間で約600万人が訪れる。地元バイエルンの参加者が多く、伝統衣装を身に着けて飲みに来る人もいる。

ドイツの 物語 くるみ割り人形とねずみの王様

E.T.A.ホフマン(1776 〜 1822年)作のメルヘンで、7歳の娘マリーが、クリスマスにもらったくるみ割り人形と一緒にネズミの王様を倒しに行く物語。フランス人のアレクサンドル・デュマ・ペールが本作を『くるみ割り物語』として翻案し、チャイコフスキーによるバレエ「くるみ割り人形」の原作になった。

国民の環境への意識が高く 日常に根づく「リサイクル習慣」

ドイツでは国民の環境意識が高く、古くから「リサイクル」が日常的に行われている。街中の至るところにリサイクル用のボックスが常設され、紙、ガラスなどを入れることができる。ビンやペットボトルの飲料には、0.15 〜 0.25ユーロほどのデポジット料金が上乗せされており、空の容器をスーパーや販売店に持っていけば、その分が返却される。こうした仕組みにより、2020年の使い捨てペットボトルのリサイクル率は約98%と高水準になっている。

▶自治体と企業が並行してゴミ処理を行う「デュアルシステム」によって、緑のマーク「グリューネ・プンクト」(右)のついた包装材や容器を無料で回収。

2023年4月に脱原発

2011年の東京電力福島第一原発の事故を受け、当時のメルケル政権は、国内にあるすべての原子力発電所を2022年末までに廃炉にすることを決め、段階的に実施してきた。ウクライナ危機によるエネルギー不安を受け、3基の原発の廃炉時期を延期したが、2023年4月15日に運転を停止した。

▲ドイツの「メルケル首相」は16年にわたって政権を担ったが、2021年12月に退任した。

食、美術、ファッション…、芸術の薫り高き「自由・平等・博愛」の国

フランス共和国 French Republic

伝統的な自動車レースの開催地

1923年から行われている「ル・マン 24時間レース」が有名。ドライバーを交代しながら、1周13kmほどのコースを24時間走り、周回数が多いチームが勝ち。モナコグランプリやインディ500とともに世界3大レースの一つ。

「花の都」は政治・文化の中心地

フランスの首都であり、EUを代表する大都市の一つ。人口は約200万人（都市圏では1200万人）。20の行政区に分かれている。景観規制が厳しく、歴史的建造物は中心部に集まり、郊外に高層ビルが並ぶ。

パリ

レンヌ

ル・マン

旧市街には木組みの建物が多く立ち並ぶなど、多くの世界遺産をもつ都市。

セレブも集う世界的なリゾート地

地中海に臨むビーチが広がり、かつてはヨーロッパ中の王侯貴族が避寒に訪れる地であった。現在もビーチリゾートとして、観光客が絶えない。シャガール、マティス、ルノワールら、この地を愛した画家の美術館もある。

世界有数のワイン生産地

フランス南西部の中心都市。ジロンド川（ガロンヌ川）とその支流である2つの川が流れる。年平均7億本が生産されているワインは赤ワインが中心で、日常のテーブルワインから高級品まで、さまざまなランクのものがある。

ボルドー

リヨン

豊かな水の恵みを受け、ローマ時代から栄えた歴史をもつフランス第2の都市。

ニース

マルセイユ

面積	約54.4万km²
人口	約6790万人（2022年）
通貨	ユーロ（EUR）
言語	フランス語（公用語）など
宗教	カトリックなど
民族	フランス人など

紀元前600年頃から港町として栄えたフランス第3の都市で、ブイヤベース発祥の地。

100km

国土 ヨーロッパ西部にあり、北はイギリス海峡、西は大西洋、南は地中海の3方向で海に面している。面積は日本の約1.5倍で、EU加盟国の中では最大。北部はパリ盆地を含め、標高が低めだが、南にはピレネー山脈、南東にはアルプス山脈やジュラ山脈などがあり、3,000～4,000m級の山も連なる。国土の大半は一年を通じて温暖な西岸海洋性気候だが、南部は地中海性気候、山岳地帯は亜寒帯(冷帯)気候。本土のほかにカリブ海やインド洋などにも領土がある。

経済 国土の約半分が農地で、ヨーロッパ最大の農業国。生産品は、小麦、大麦、とうもろこし、ぶどうなど。工業も重要な産業になっており、自動車、化学製品、医薬品などを海外に輸出している。

歴史 870年、ヨーロッパ西部を支配していたフランク王国が3つに分裂し、現在のフランスのもとになる西フランク王国が生まれた。イングランドなどとの戦いを繰り返していたが、16世紀末にブルボン朝が誕生。強い王政は次第に市民から反発を受け、1789年にはフランス革命が起き、国王ルイ16世と王妃マリーアントワネットが処刑され、共和制の国になった。1804年、ナポレオン(右上)が皇帝となり、勢力を拡大するが、最終的には敗北。第一次世界大戦時は連合国側につき、勝利。第二次世界大戦ではドイツに領土の北半分を取られるが、終戦により、領土は取り戻した。

文化 近隣のヨーロッパ諸国とは、文化、経済ともに関わりが深い。また、アフリカからの移民による影響も大きい。

人物 大国だけに、学術、文化、スポーツなどで活躍している人が多数いる。大予言が日本でも話題になった医師で占星術師のノストラダムス、「我思う、ゆえに我あり」が有名な近代哲学の祖ルネ・デカルト、世界的なファッションブランドの創設者であるルイ・ヴィトンやココ・シャネル、イヴ・サンローランもフランス人だ。映画では、アラン・ドロン、ジャン・レノ、リュック・ベッソン(右)、マリオン・コティヤールらが有名。

日本との関係 江戸時代初期から交流はあり、モネ、ゴッホ、ゴーギャンらは日本の影響を受けたとされる。貿易が本格化するのは、1858年の日仏修好通商条約以後。日本から自動車、オートバイなどを輸入し、ワイン、ブランデー、化粧品(右)などを日本に輸出している。

> **フランスの 場所 モン・サン＝ミッシェル**
> フランス西海岸、サン・マロ湾上に浮かぶ周囲約1kmの小島。島内にある修道院は966年に建築が始まり、増改築を重ねながら13世紀頃、現在の形になった。イギリスとの百年戦争の間は要塞となったり、監獄として使われたりした時代もある。かつては満潮時は島になり、干潮時のみ陸とつながっていたが、現在は橋がかけられ、いつでも渡ることができる。1979年、世界文化遺産に登録された。

同性婚も事実婚もOK！フランスの「3つの結婚制度」

フランスでカップルがともに暮らす場合、「法律婚」「PACS」「ユニオン・リーブル」の3種がある。各国と比べ、法律婚の手続きが煩雑であるため、法律婚とほぼ同等の権利が認められ、開始や解消時の手続きが簡単なPACSを利用するカップルが増えている。

法律婚
日本と同様に市役所に婚姻届を提出し、法律上で婚姻関係が認められている関係。税金や社会保障などは3つのうち最も優遇される。ただし、婚姻・解消時の手続きが煩雑。

PACS
同性カップルの保護を目的に1999年につくられたが、異性間の利用が増加。裁判所に書類を提出する。法律婚とほぼ同等の権利が与えられるが、相続や財産面では法律婚のほうが有利。

ユニオン・リーブル
法律的な手続きは行わずに同棲を行う、いわゆる事実婚の状態。19世紀、小説家サルトルがパートナーのボーヴォワールと実践したことで、トレンドの一つになった。子どもの親権は法律婚と同様。

Photo by ventdusud

世界一の観光客数を誇る**芸術の都「パリ」4つのアート**

美術 「ミロのヴィーナス」や「モナリザ」が展示された「ルーヴル」、ルノワール、マネなど印象派の作品が中心の「オルセー」、モネの「睡蓮」が有名な「オランジュリー」などの美術館が集まる。

▶1793年開業、38万点を所蔵する「ルーヴル美術館」。世界中から毎年1000万人の観光客が訪れる。

◀駅を改装して造られた「オルセー美術館」。建物の内外には駅の面影が残る。

音楽 さまざまなジャンルの音楽が集まり、音楽学校と人口あたりの楽器店の数は世界有数。ストリートミュージシャンも多く、広場や駅で演奏している姿をよく見かける。エディット・ピアフはパリ20区生まれ。

▶毎年6月21日に行われる恒例の「音楽の日（Fête de la Musique）」は、クラシック、ジャズ、ロック、ヒップホップなど、さまざまなジャンルのコンサートが各地で行われる。

ファッション 年に2回行われる「パリコレクション」の舞台であり、シャネル、カルティエ、エルメスなど、ハイブランドの本店も多数ある流行の発信地。市民のファッションも人それぞれ。

◀「パリコレ」の正式名は「Semaine de la mode à Paris」。プレタポルテ（既製服）の新作発表会としては世界最大規模。

建築 セーヌ川周辺には、19〜20世紀前半に建てられた建物が多数並ぶ。エッフェル塔、凱旋門、オルセー美術館、パレ・ガルニエ…。外側から眺めるだけでも、趣きがある建物が多い。

フランスの コト **カンヌ国際映画祭**

1946年から毎年（1948・1950年は除く）、南部の都市カンヌで開かれている映画祭。ベルリン、ベネツィアとともに世界3大映画祭の一つ。最高賞はパルム・ドールと呼ばれ、日本の作品では過去に『地獄門』（衣笠貞之助）、『影武者』（黒澤明）、『楢山節考』『うなぎ』（ともに今村昌平）、『万引き家族』（是枝裕和）の5作品が選ばれた。

世界最速に挑んできた「TGV」 2023年からは新車両が登場！

フランス国鉄の「TGV」は、1981年、パリ〜リヨン間で最高時速260kmの営業運転を始めた。当時の日本の新幹線は同210kmだったので、50km近く上回ったことになる。その後、日仏とも運転区間が伸び、最高速度はどちらも320kmになった。TGVが2007年の試験走行で記録した574.8kmは、鉄輪式における鉄道としては最速で、2023年現在、破られていない。2024年からは後継の新車両として、「TGV M（愛称「アヴェリア・ホライズン」）」の運行が始まる予定だ。

▶「TGV M」は、現行の TGV Duplex と同様、両端が電気機関車、中間は全2階建て客車になる。

ボーイング社とシェアを争うエアバス社

旅客機はトゥールーズに本社があるエアバス社が、アメリカのボーイング社と激しくシェアを争っている。エアバスは、1974年に中型機のA300が初就航。2号機にあたるA320が大成功し、世界トップクラスの企業になった。同社の最新鋭機はA350（下）。

フランスの 食

ブイヤベース

もとは漁師料理で、市場では売れない魚で作っていた寄せ鍋。本場のマルセイユでは、高い評判を守るために、使用する魚の種類や調理法を定めた「ブイヤベース憲章」が制定されている。

フランスの「美食」はなぜ生まれた？

中国料理、トルコ料理とともに世界3大料理の一つであり、2010年には無形文化遺産にも登録された「フランス料理」。16世紀前半、国王アンリ2世と結婚したメディチ家のカトリーヌがイタリア人の料理人を連れてきたことをきっかけに、フランス料理の原型となるものができたといわれている。フランスはヨーロッパ最大の農業国のため新鮮で質のよい食材が入手しやすく、ワイン、チーズなども各地で作られており、質の高い料理を比較的容易に味わえることも背景にありそうだ。

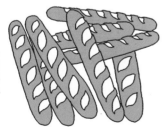

▶棒状の「バゲット」は、食事に欠かせないアイテム。焼きたてを食べるために、早朝から買いに行く人も多い。

「人気スポーツ」はサッカーラグビー、柔道、自転車なども

サッカーは、トップリーグにあたるリーグ・アンが開催され、パリサンジェルマンFCやオリンピック・マルセイユなどの古豪が参加している。代表チームは、FIFAワールドカップで2回の優勝を誇る。フランス南部を中心にラグビーも人気があり、ラグビーワールドカップやシックス・ネイションズは毎回注目を集めている。そのほか、バスケットボール、自転車、テニス、柔道なども人気だ。

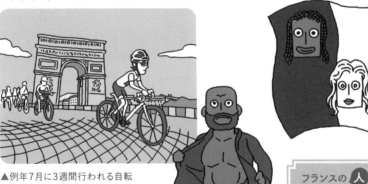

▲例年7月に3週間行われる自転車レース「ツール・ド・フランス」。

▶100kg超級で圧倒的な強さを誇った「テディ・リネール選手」。

柔道人口は日本より多い!?

ミズノによる「世界の柔道人口」調査（2016年）によると、フランスの競技人口は世界第2位の約56万人で、日本の約16万人を大きく超える。ダビド・ドゥイエ、テディ・リネールらトップ選手も輩出している。ちなみに第1位はブラジルで約200万人。

アフリカ系など、さまざまな民族が暮らす「多民族国家」

19世紀は周辺のヨーロッパ諸国から、20世紀前半はアルジェリア、モロッコ、カンボジアなどの植民地や保護国から、そして、後半は西アジアやアフリカ諸国から多くの移民が流入。古くから移民の受け入れをしてきたが、1970年代のオイルショックで失業率が高くなり、母国へ帰るよう推進したり、不法移民を厳しく取り締まったりするケースも見られる。

◀ヨーロッパ随一の移民受け入れ国として発展してきたフランス。その移民政策には、多くの課題もある。

フランスの 人

ジネディーヌ・ジダン

（1972〜）

マルセイユ生まれの元サッカー選手。両親はアルジェリア人。1988年からカンヌ、ボルドー、ユベントス、レアル・マドリードで活躍。回転しながら相手選手を交わす技は「マルセイユ・ルーレット」と呼ばれた。FIFAワールドカップ、欧州選手権、チャンピオンズリーグなどの優勝に貢献。2006年の引退後は監督として活動。

かつては有力貴族ハプスブルク家が治めた大国

オーストリア共和国 Republic of Austria

面積	約8.4万km²
人口	約892.2万人(2021年)
通貨	ユーロ(EUR)
言語	ドイツ語(公用語)など
宗教	カトリックなど
民族	オーストリア人など

国土 ドイツ、チェコ、スロバキア、ハンガリー、スロベニア、イタリア、スイス、リヒテンシュタインの8か国と国境を接する内陸国。ヨーロッパ大陸の地理的中心で、面積は北海道とほぼ同じ。北部にはドナウ川が流れ、南部にはアルプス山脈が連なる。国土の大半は温帯気候。

▶「音楽の都」として知られ、栄光の歴史をしのばせる首都「ウィーン」。

経済 機械・金属加工などの工業が経済の基盤。日本にも自動車やオートバイの部品が輸出されている。美しい都市や国土の大部分を占めるアルプスの山地などを資源にした観光業も盛ん。

歴史 976年に神聖ローマ皇帝によって置かれた東部辺境支配地(オストマルク)が起源で、996年にアルプスに近い地域一帯を指す「オスタリッヒ」という名称が文書に登場。1278〜1918年はハプスブルク家が支配。1866年にプロイセンとの戦争に敗れ、ハンガリーとの二重帝国に再編される。1914年、帝国の帝位継承者がボスニアの首都で暗殺されたことを引き金に、第一次世界大戦が勃発。1918年にオーストリアを含む同盟国側は敗北し、帝国は崩壊。ドイツ人のみの小規模な共和制国家になる。1938年にナチス・ドイツがオーストリアを併合。第二次世界大戦終戦まで続く。終戦後、アメリカ、イギリス、フランス、ソ連の4か国による分割占領を経て、1955年に独立し、永世中立を宣言。1995年にEU加盟。

文化 聖歌「きよしこの夜」は、オーストリアで生まれた曲。1818年、オーベルンドルフの聖ニコラス教会におけるクリスマスミサで初演奏されたときはオルガンが壊れていたため、ギターで演奏が行われたという。

「きよしこの夜」を広めたのは旅商人!?
初演奏のあと、オルガンの修理に訪れた職人が、その楽譜を歌手が多く住むチロル地方の故郷に持ち帰ったことから、この曲が世界各国に広まっていったという。

人物 古典音楽の代表的作曲家モーツァルトはこの地の出身。街の一部が世界文化遺産になっている出生地ザルツブルクには、今も生家が残されている。

▶5歳で初めて作曲をし、6歳のときにはシェーンブルン宮殿で女帝マリア・テレジアの前で演奏したほどの神童だった「モーツァルト」。35歳という短い生涯だったが、「フィガロの結婚」「魔笛」など、現代に残る名曲を数多く残した。

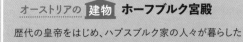

オーストリアの 建物 ホーフブルク宮殿

歴代の皇帝をはじめ、ハプスブルク家の人々が暮らした宮殿。ウィーンにあるこの建物は、600年にわたって増改築が繰り返され、現在はオーストリア大統領の公邸および官邸として使用されている。

▲ホーフブルク宮殿の正門として18世紀に造られた「ミヒャエル門」。馬車が通り抜けることができる。

日本との関係 1869年に修好通商航海条約を締結。日本人の留学生がウィーン市立音楽芸術大学などで学ぶ一方で、ウィーン少年合唱団やウィーン・フィルハーモニー管弦楽団が定期的に日本で公演を開催している。

帝国唯一の女帝「マリア・テレジア」

オーストリアはボヘミアに支配されていたが、1273年に神聖ローマ帝国の皇帝となったハプスブルク家のルドルフ1世が1278年にボヘミアに勝利し、オーストリアを領地とする。そこから約700年にわたる帝国の長い歴史が続くが、その中でただ一人、女性でハプスブルク家の家督とオーストリアの君主を継いだのが「マリア・テレジア」だ。

彼女が家督を継ぐとき、周辺諸国との戦争が起きる（オーストリア継承戦争）。戦局は不利な状況で一部領土を奪われたが、彼女の活躍によってオーストリアの君主継承は認められた。その後、約200年にわたって対立していたフランスとの関係も修復。「祖国の母」として現在も国民に慕われている。

▲夫のフランツ1世とは恋愛結婚で、「マリア・テレジア」は16人の子どもを産んだ。フランスに王妃として嫁ぐマリー・アントワネットはその中の一人。

オーストリアの **企業**

スワロフスキー

1895年にオーストリア・チロル地方で創業した、クリスタルガラスの製造企業。創業者ダニエル・スワロフスキーは「誰もが手にすることができるダイヤモンド」をビジョンに掲げていた。

舞台は「終焉に向かう帝国」…名作のミュージカル作品！

19世紀になると、オーストリア＝ハンガリー帝国を治めるハプスブルク家の権力に陰りが出てくる。その頃のオーストリアを舞台にしたのが、ミュージカル「エリザベート」。そして20世紀、第二次世界大戦目前のオーストリアが舞台になったのが、ミュージカル映画「サウンド・オブ・ミュージック」だ。

▶皇帝フランツ・ヨーゼフ1世に見初められ、16歳でオーストリアに嫁いできた「エリザベート」。堅苦しい皇室での生活になじめなかった彼女は、宮殿で過ごすことは少なかったという。

◀ミュージカル「エリザベート」では、スイスで暗殺されるまでの生涯を「トート（死）」という黄泉の帝王を登場させて描いた。

▶大自然の中で「ドレミの歌」を歌うシーンなどが有名な「サウンド・オブ・ミュージック」。ナチス・ドイツの侵攻目前のオーストリアが舞台になっており、時代背景を感じる描写も。

日本の先をゆく「脱炭素対策」再生可能エネルギー事情

オーストリア政府は「2040年までに温室効果ガス排出実質ゼロ」「2030年までに国内で生産される電力をすべて再生可能エネルギーで賄う」という目標を掲げている。その目標を達成するため、太陽光、風力、水力、バイオマス発電のほか、地域暖房プロジェクトやグリーン水素の拡大にも投資していくことを決め、日本に対し、再生可能エネルギーの技術サポートも提案している。

▼曇りの日の日没時に風力発電所は効果を発揮する。

Photo by AntaresNS

ヨーロッパ

西ヨーロッパ

オランダ王国 Kingdom of the Netherlands

北海／アムステルダム／イギリス／ドイツ／ベルギー／フランス／100km

面積	約4.2万km²
人口	約1747万人（2021年）
通貨	ユーロ（EUR）
言語	オランダ語（公用語）など
宗教	カトリック／プロテスタントなど
民族	オランダ人など

国土 ドイツ、ベルギーに隣接し、オランダ本土のほか、カリブ海のアルバ、キュラソー、シント・マールトンから構成されている。海外特別自治領としてBES諸島をもつ。本土は九州とほぼ同じ大きさ。国土の4分の1が海抜0m以下の低

▶「アムステル川のダム」を意味する首都「アムステルダム」。赤レンガ造りのアムステルダム中央駅は、東京駅のデザインのモデルになったといわれている。

運河クルーズで水上都市を満喫！
世界遺産となっているアムステルダムの運河は人気の観光スポット。その理由は、17世紀に築かれた細い環状運河を周遊できるクルーズがあるため。冬は運河が凍り、スケートを楽しめる。

地の国で、首都アムステルダムは水上都市と呼ばれている。気候は全土が温帯気候で、6～8月は乾燥していて過ごしやすく、9月からは強風や曇りの日が多くなる。

経済 1人当たりのGDPはEU加盟国の平均を上回り、世界でも上位に位置する。主要貿易国は輸出入ともドイツ、ベルギーのほか、近年は中国が台頭。チーズに代表される乳製品、チューリップなどの花や球根、牛や養豚などの園芸農業や畜産が盛んで、農作物の輸出額は世界上位。多国籍企業ユニリーバやビールのハイネケンの本拠地がある。エネルギー自給率はほぼ100％で、北部で天然ガスを生産。

充実した自転車インフラをもつ自転車大国
統計では1人1台以上、自転車を保有しているオランダ。1973年の石油危機により、政府が自転車利用者に配慮した政策を進め、自転車専用の橋や信号機、通行帯などの整備が徹底されている。

歴史 ローマ帝国衰退後、ホラント伯領などに分割統治される。15世紀にブルゴーニュ公国の一部となり、その後はハプスブルク家の統治下となる。1815年にオランダ王国として独立。1568年に対スペイン独立戦争（八十年戦争）が起こった。1940年、第二次世界大戦ではドイツにより占領

オランダの 伝統行事

シンタクラース
サンタクロースの元祖。スペインから蒸気船でアムステルダムに到着し、各地でパレードが開催される。オランダでは毎年12月25日のクリスマスより、12月5日の「シンタクラースの日」の前夜を盛大に祝う。

され、1945年に解放された。

文化 17世紀に繁栄したオランダは、その時代が「黄金時代」と呼ばれるほど文化活動が開花。フェルメール、レンブラントなどの画家が活躍し、芸術の発展に貢献。スピードスケート発祥国で、数々のメダルを獲得。サッカーオランダ代表は強豪国の一つ。

人物 フィンセント・ファン・ゴッホ（1853～1890年）は印象派の画家で、壮絶な人生や絵に対する情熱から「炎の画家」と呼ばれた。代表作「ひまわり」は全7作あり、最後に描かれたものがいちばん有名。日本の浮世

▲「ゴッホ」が亡くなってから知られるようになった作品は、弟テオとその妻が世に広めた。

ヨーロッパ 西ヨーロッパ

絵など、日本美術にも影響を受けた。今も世界的な人気を誇り、世界各国や日本でも毎年のようにゴッホの展覧会が開かれている。

日本との関係 1600年、現在の大分県にあたる豊後にオランダ商船リーフデ号が漂着したことから交流が始まった。徳川家康はオランダ船に関心を抱き、1609年、朱印状にもとづき長崎にオランダ商館を設置。日本は鎖国時代に入ったが、唯一の貿易国となった。以後4世紀にわたり日蘭関係が続く。

キンデルダイクの「風車」と国を象徴する「チューリップ」

オランダはオランダ語だと「ネーデルランド（Nederland）」で、「低地の国」という意味。国土の4分の1が海抜0m以下の土地のため、新たな土地を開拓する際に干拓が必要となった。その動力として「風車」が利用され、全盛期には1万基もあったそう。現在は全土で1,000基が残り、キンデルダイクにある19基は世界遺産に登録されている。オランダの国花でもある「チューリップ」もこの国の象徴。球根の生産量は世界一で、世界シェアの9割を誇る（2022年）。

▶もともと高価だった「チューリップ」は、16世紀は貴族だけが楽しめるものだったという。色鮮やかなさまざまなチューリップを楽しめる「キューケンホフ公園」はリッセに位置する世界最大の花の公園。

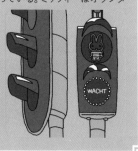

オランダの キャラクター ミッフィー

世界的に人気のキャラクター。生みの親である絵本作家ディック・ブルーナの故郷はオランダのユトレヒトで、現在はミッフィーの街となっている。ミッフィーはオランダ語で「ナインチェ」といい、「ナインチェ・ミュージアム」や「ユトレヒト中央美術館」でミッフィーの世界を楽しむことができる。そのほか、ミッフィー像、ホテル、信号機（右）など、世界で唯一の場所がたくさんある。

国中が王を祝う日オレンジ一色の「キングスデー」

街中がオランダのナショナルカラーであるオレンジに染まる「キングスデー（王の日）」は、国

民全員がオランダ国王ウィレム＝アレクサンダーの誕生日を祝う重要な日。毎年4月27日に開催される。オレンジ色になった由来は、オランダ建国の父オラニエ公のオランダ語「Oranje」から来ており、オレンジを意味する。現国王の名前にもオラニエという名前が受け継がれている。

欧州を代表する貿易港「ロッテルダム港」

オランダ南西に位置する港町ロッテルダムはアムステルダムに次ぐ都市。もとはニシン漁基地であったが、19世紀の産業革命から貿易港として発達した。通称「ユーロポート」といわれる港の長さは約40kmと広大で、ヨーロッパ各国の商船が行き交っている。

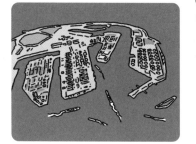

▲最新システムの導入や港の拡大など、「ロッテルダム港」は現在も貿易港として発展し続けている。

◀「キングスデー」では、大勢の人々がオレンジ色の衣服やアイテムを身につけて街に繰り出す。アムステルダムの運河では水上パーティも。

Photo by User5387422.776

スイス連邦 Swiss Confederation

面積	約4.1万㎢
人口	約867万人（2020年）
通貨	スイス・フラン（CHF）
言語	ドイツ語・フランス語・イタリア語・ロマンシュ語（公用語）
宗教	カトリック／プロテスタントなど
民族	ドイツ人／フランス人／イタリア人など

国土 アルプス山脈が国土の約6割を占める内陸山岳国。ドイツ、フランス、イタリア、オーストリア、リヒテンシュタインの5つの国に囲まれている。マッターホルンをはじめ、モンテローザ、ユングフラウなど、4,000m級の山が48、湖は約1,500あるなど、雄大な自然が広がる。九州と同じくらいの国土面積だが、標高差が4,441mもあるため、気候の地域差が大きい。

▲「マッターホルン」の麓にはツェルマットと呼ばれる村があり、アルプスを代表する観光地の一つとなっている。

経済 主要産業は化学・製薬、機械・電機などの高付加価値産業。品質の高さと伝統を兼ね備えた時計産業は世界的に評価を得ている。主要貿易国はドイツ、アメリカなど。金融業では富裕層のプライベートバンクが発展し、国境を超えた資産管理の約4分の1がスイスで行われている。

▶チューリッヒ、ジュネーブ、バーゼルに次ぐスイス4番めの都市、首都「ベルン」。

歴史 紀元前2世紀末頃、ケルト族、アルペン族が住んでいた。11世紀に神聖ローマ帝国の支配下に入る。1618～1648年の三十年戦争では最終的に中立を維持した。終戦後、神聖ローマ帝国から独立。1815年のウィーン議定書で永世中立が承認される。1848年に新憲法が制定され、中央政府をもつ連邦国家が成立。1874年、直接民主制を導入。1920年、国際連盟に加盟。第一次・第二次世界大戦とも中立を維持。1971年、国民投票で婦人参政権を承認。

文化 ジュネーブには、WHOや赤十字国際委員会などの国際機関が集まる。国民の6割以上がドイツ語話者。

人物 「社会契約説」を提唱した哲学者ジャン＝ジャック・ルソーや、『アルプスの少女ハイジ』の作者ヨハンナ・シュピリの出身国。物理学者のアルベルト・アインシュタインはドイツで生まれ、スイス国籍取得後に「相対性理論」を発表した。スポーツでは、日本の格闘技イベント「K-1」で人気を博したアンディ・フグや、男子テニスのロジャー・フェデラー、女子テニスのマルチナ・ヒンギスが有名。

日本との関係 1864年に修好通商条約を締結以来、友好関係を継続。日本でも人気の高級時計「オメガ」「ロレックス」はスイス製のブランド。

「氷河特急」に乗って アルプスの大自然をめぐる

「氷河特急」は、スイスのサンモリッツからマッターホルンの麓ツェルマットをつなぐ観光列車。約8時間かけてゆったり走る車窓から、アルプスの名峰や牧草地、渓谷などの絶景を楽しむことができる。しかし、名前の由来となったロー

▲高さ65mのランドヴァッサー橋を走る「氷河特急」。この橋はアルプスの自然石で建造され、完成した1902年から2009年までの間、一度も修復することなく活躍した歴史をもつ。 Photo by Scaliger

ヌ氷河は見ることができない。なお、地球温暖化の影響により、ローヌ氷河は消滅の危機に瀕しているとされる。

スイス政治の特徴「直接民主制」とは?

スイスが導入する「直接民主制」とは、国民がすべての政治的決定に関わる政治制度。柱となるのが、憲法条項の追加・修正を請求することができる「国民発議権」と、連邦会議による憲法改正案などを審判する「国民投票」だ。2022年9月には、今まで二度否決された「年金法改正案（女性の定年年齢を64歳から男性と同じ65歳に引き上げる）」が国民投票によって可決された。

◀アッペンツェル・インナーローデン準州で、毎年4月に開かれる「ランツゲマインデ（青空議会）」。広場に住民が集まり、法律改正の可否などの議題を挙手によって票決する。

スイスの 人　ロジャー・フェデラー (1981～)

スイス・バーゼル出身の元男子テニス選手。ウィンブルドンで8回の優勝を含むグランドスラム20勝、ツアー通算103勝、237週連続世界ランキング1位などの記録をもつ。史上6人めのキャリア・グランドスラム達成者。2022年9月に現役引退を発表し、ラストマッチとなった「レバー・カップ」では、長年の盟友ラファエル・ナダル選手とダブルスを組んだ。

スイスの 食　チーズフォンデュ

日本で有名なスイスの郷土料理。2～3種類のチーズを白ワインに溶かし、ひと口大に切ったパンや野菜をからめて食べる。使うチーズはエメンタールチーズ、グリュイエールチーズが一般的だが、地域や家庭ごとに種類や配合比が異なる。また、円盤型のチーズの表面を加熱し、ジャガイモの上にかける「ラクレット」（右）も、スイスの定番メニューの一つ。

世界一周を達成した電動飛行機「ソーラー・インパルス」

スイスで開発された「ソーラー・インパルス」は、日中に蓄積した太陽光エネルギーを動力に使うことによって、化石燃料を使わずに飛行できる電動飛行機。2016年には「ソーラー・インパルス2」が世界一周を達成。これは太陽光エネルギーのみを動力とした飛行機では世界初の快挙だった。この技術は太陽電池で動くドローン開発などに展開される見込みだ。

◀「ソーラー・インパルス2」は2人の操縦士が各経由地で交代しながら、合計500時間をかけて世界一周した。

長いもので4mもある伝統的楽器「アルプホルン」

「アルプホルン」は、アルプスの牧童が吹いていた木製金管楽器。牛たちを誘導するほか、牧童同士や谷底に住む家族との意思伝達に使われていた。1800年以降に一度衰退するも、観光業が盛んになった頃、スイスのシンボルとして復活。現在では、約1,800人のアルプホルン奏者がスイス国内外で活動している。

▶従来の伝達手段としては使われなくなったが、その音色が愛されている「アルプホルン」。クラシックやジャズ、実験的な現代音楽にも登場する。

スイスの 場所　マインフェルト村

『アルプスの少女ハイジ』の舞台となったスイス東部の村。ここにはハイジが過ごした「おんじの家」が再現された家屋や、物語が生まれた1880年頃の生活が感じられる博物館などがある。

イギリス　北海　オランダ
ブリュッセル　ドイツ
ルクセンブルク
フランス
250km　スイス

EUとNATOの本部が置かれる、美食の国

ベルギー王国 Kingdom of Belgium

面積	約3.1万㎢
人口	約1152万人（2021年）
通貨	ユーロ（EUR）
言語	オランダ語（フラマン語）・フランス語（ワロン語）・ドイツ語（公用語）
宗教	カトリックなど
民族	オランダ系フラマン人／フランス系ワロン人など

国土 ヨーロッパ北西部に位置し、フランス、オランダ、ドイツ、ルクセンブルクの4か国と国境を接する。面積は日本の約12分の1で、九州よりもやや小さい。ヨーロッパの文化が交差する要衝にあり、古くより「欧州の十字路」と呼ばれてきた。北大西洋海流の影響により全土が温帯。日本より気温は低いが、四季があり最高気温が20℃を超えることはなく過ごしやすい気候。

経済 豊富な石炭により先進工業国として発展。その後は産業構造の転換と近隣諸国との経済統合を進めた。主要産業は化学工業や機械工業、食品加工業など。輸出・輸入ともに貿易への依存度が高い。世界でも有数のチョコレート輸出国。

歴史 12〜13世紀までは地域領主が個々の地域を支配していた。15世紀末よりオーストリア・ハプスブルク家、16世紀半ばからスペイン・ハプスブルク家の領土となる。17世紀に北部はオランダとして独立するも、南部（現ベルギー・ルクセンブルク）はスペイン領に留まる。1815年のウィーン会議でオランダ領となるも、1830年に独立を宣言した。

文化 スポーツが盛んで、特にサッカーが人気。『タンタンの冒険』や『スマーフ』など多彩なマンガが生まれた国であり、マンガの文化的な地位は高い。国民の間では柔道や剣道など、日本の武道も人気。

人物 ジョルジュ・ルメートルはベルギー出身のビッグバン理論の提唱者。ルメートルは天体物理学者であり、カトリック司祭でもあった。宇宙に関する最も有名な法則の一つで、宇宙が膨張していることを示す「ハッブル・ルメートルの法則」は、ルメートルとアメリカの天文学者エドウィン・ハッブルに由来するもの。俳優のジャン＝クロード・ヴァン・ダムもベルギー出身。

日本との関係 日本との関係は、古くはベルギー人のイエズス会宣教師が長崎県の平戸で宣教活動に従事した16世紀にまでさかのぼる。日本の皇室とベルギーの王室との交流も盛ん。2016年に外交関係樹立150周年を迎えた。

◀首都「ブリュッセル」にはEUとNATOの本部が置かれており、ヨーロッパの政治の拠点となっている。

あの名作の舞台となった大聖堂がある！
ベルギー第2の都市アントワープには、「フランダースの犬」の終盤、ネロとパトラッシュが力尽きてしまう舞台となる「アントワープ聖母大聖堂」がある。

ベルギーの **人**

オードリー・ヘプバーン
（1929〜1993年）
20世紀を代表する女優。1929年、ブリュッセルで生まれたオードリーは、初の主演作「ローマの休日」で、24歳にしてアカデミー賞主演女優賞を受賞し、一気にスターダムを駆け上がった。晩年はユニセフ親善大使として活動。現在も日本をはじめ、世界中のファンから愛され続けている。代表作は「ティファニーで朝食を」「マイ・フェア・レディ」など。

チョコにワッフル！「美食の国」ベルギー

フランスの食文化にも影響を受けた「美食の国」ベルギー。ベルギーチョコレートやベルギーワッフルは日本でも有名。また、ビール大国の一つであり、国内には1,500以上のビールの銘柄が存在する。国民食のフリッツ（フライドポテト）やムール貝もよく食されている。

◀長いチョコレート作りの歴史をもつベルギー。ベルギーにはゴディバをはじめ、チョコレートのトップブランドが多数存在している。

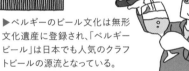

▶ベルギーのビール文化は無形文化遺産に登録され、「ベルギービール」は日本でも人気のクラフトビールの源流となっている。

◀実は、ベルギーは「フリッツ（フライドポテト）」発祥の地。フリッツは街中にある屋台で手軽に買って食べられる。

ベルギーの　街
アントワープ

ベルギー北部に位置する、「ダイヤモンド研磨の聖地」とも呼ばれる街。世界中からダイヤモンドの原石が集まるほか、ダイヤモンドの博物館やダイヤモンドの鑑定機関、宝石店など、多くのダイヤモンドに関する文化・産業基盤が整っている。

ベルギーのユニークな「お祭り」たち

ベルギーでは、伝統に根ざしたユニークな「お祭り」が各地で開催されている。例えば、フランドル地方にある町イーペルで行われている「イーペルの猫祭り」では、猫の着ぐるみを着た人たちで、普段は静かな街が猫一色になる。また、ベルギー西部の町バンシュで行われる「バンシュのカーニバル」は、ヨーロッパで最も有名な祭りの一つ。道化師「ジル」がダチョウの羽飾りがついた帽子を被り、木靴を踏み鳴らして踊る最終日がハイライトだ。

世界一美しい広場「グラン・プラス」近くにはあの小便小僧も

ブリュッセル中心地にある「グラン・プラス」は、周囲を市庁舎や市立博物館などの歴史的建造物が取り囲む、「世界一美しい広場」とも称される大広場。近くには「ブリュッセルの最長老市民」として親しまれている有名な小便小僧ジュリアンくんもいる。

◀ジュリアンくんは世界各地から衣装が送られてくるため、「世界一の衣装持ち」としても知られている。

▶1938年から続く「イーペルの猫祭り」の見どころの一つが、道化師が黒猫のぬいぐるみを繊維会館の鐘楼から落とす儀式。ぬいぐるみを手に入れた人には、幸せが訪れるといわれている。

◀「ジル」はオレンジを観客へ投げつけることで、豊作を祈っている。

▼広場では多様なイベントが開催されるが、特に2年に一度開催される花の祭典「フラワーカーペット」には多くの人が集まる。

ヨーロッパ　西ヨーロッパ

映画のロケ地にも使われる壮大な自然が残る島国

アイルランド Ireland

面積	約7万km²
人口	約512万人（2022年）
通貨	ユーロ（EUR）
言語	アイルランド語（ゲール語）・英語（公用語）
宗教	カトリックなど
民族	アイルランド人など

国土 ヨーロッパの西、大西洋に浮かぶアイルランド島の、北端にあるイギリス領北アイルランド以外の大部分を占める国。海流の影響で夏は涼しく、冬も5℃前後と暖かい。

経済 主要な産業は金融や製薬、食料生産など。輸出入ともに、イギリス、アメリカへの依存度が高い。EUの通貨であるユーロは、1999年の創設当初から導入している。

歴史 紀元前3世紀頃にケルト系民族が渡来、5世紀にキリスト教が伝えられる。12世紀からイングランド王国による植民地化が始まり、1801年、イギリスに併合。1919年開始の独立戦争の末、1922年に自治領となる。1949年、英連邦脱退。

文化 かつて西ヨーロッパを支配していたケルト民族の文化の影響が色濃く残っている。アイリッシュ・ミュージックや年中行事のハロウィンなどが有名。

壮大で優美な「自然」とその中に息づく「歴史」

アイルランドは豊かで壮大な自然が特徴的で、毎年多くの観光客が訪れる。特に有名な「モハーの断崖」は、大西洋に向けて高さ120〜200mほどの崖が約8km続く絶景で、映画「ハリー・ポッターと謎のプリンス」のロケ地となった。また、3つの湖や原生林とともに歴史的建造物を抱える「キラーニー国立公園」や、なだらかな丘の上にケルトやバイキングの遺跡が立つ世界遺産「タラの丘」など、「自然」と「歴史」が一体となった名所も多い。

▶「モハーの断崖」のいちばん高いところは214mに達し、その付近には1835年に建造された展望台「オブライエンの塔」がある。

「スター・ウォーズ」のジェダイが隠居した島
「スター・ウォーズ／フォースの覚醒」「同／最後のジェダイ」の中で、ジェダイの騎士であるルーク・スカイウォーカーの隠居場所としてロケ地となったのが、アイルランドの「スケリグ・ヴィヒール」という無人島。12世紀頃まで修道僧が暮らしていたといわれ、石造りのドーム型建物が残っている。

漁師が着ていた伝統的な「手編みセーター」

アイルランド西部に位置する3つの小さな島々を「アラン諸島」という。このアラン諸島の漁師が着ていた、凸凹模様が特徴的なセーターは「アランセーター」と呼ばれ、日本でも人気だ。素朴で粗い太糸を用いており、漁師用というだけあって、防水性・防寒性に優れている。

◀「アランセーター」はもとは手編みのセーターだったが、今は機械での製造も行われている。

アイルランドの 食 ギネス・ビール

1759年創業のビール会社がつくる、アイルランドを代表する世界的な黒ビール。町の至るところにあるパブで、ギネス・ビールを楽しむのがアイルランドの定番だ。さまざまな世界一を集めた書籍『ギネス世界記録』は、当時のギネス・ビール醸造所の最高経営責任者が、パブでの議論を解決するために考案したのが始まりとされる。

世界で2番めに小さい、元ハリウッド女優が尽くした公国

モナコ公国 Principality of Monaco

面積	約2km²
人口	約3.8万人(2020年)
通貨	ユーロ(EUR)
言語	フランス語(公用語)など
宗教	カトリック(国教)など
民族	フランス人／モネガスク(モナコ国籍)／イタリア人など

国土 バチカンに次いで、世界で2番めに小さな国。面積は皇居の約1.5倍ほど。三方はフランスに接し、一方は地中海に面する。年間300日以上が晴天。湿気が少ないため、夏でも過ごしやすい。

経済 主要産業は観光・金融業。タックス・ヘイブンとなっており、富裕層の移住者が多い。1人あたりGDPは日本の4倍以上と非常に豊か。カジノのほか、世界三大レースの一つ、F1モナコグランプリが開催され、観光業も盛ん。

歴史 1297年に富豪グリマルディ家が占拠。フランスに併合されたのち、1861年にフランスの保護下で独立。第二次世界大戦中のイタリア、ドイツによる占領を経て、1993年に国連に加盟した。

文化 南フランス料理やイタリア料理の影響を受け、郷土料理はチーズやほうれん草などを揚げたスナック「バルバジュアン」や、ひよこ豆粉のパンケーキ「ソッカ」が有名。

モナコでセレブや有名人に いちばん会える「季節」は5月!?

モナコで「F1モナコグランプリ」が開催されるのが、毎年5月。さらに、同時期にはモナコから電車で移動できるカンヌで「カンヌ国際映画祭」が開催される。

▶モナコの代名詞「カジノ」には、世界中からファンが集まる。特に「カジノ・ド・モンテカルロ」は、1863年開業のモナコ最古のカジノとして有名。

◀「F1モナコグランプリ」の魅力は、華やかな街並みを猛烈なスピードで駆け抜ける市街地でのレース展開。この迫力満点の光景はモナコでしか見られない。同グランプリ開催時には約20万人の観光客が訪れる。

モナコの **人** グレース・ケリー (1929〜1982年)

人気絶頂の最中、モナコ大公レーニエ3世と結婚し、モナコ公妃となったハリウッド女優。その美しさは今もなお、多くの人を魅了している。パパラッチから妊娠中のおなかをとっさに隠したエルメスのバッグが、のちに「ケリーバッグ」に改名されたのは有名な話。1982年9月、自動車事故により52歳の若さで亡くなる。

モナコとインドネシアの国旗は同じ!?

モナコとインドネシア、両国の国旗は上が赤色、下が白色で配色は同じ。モナコの国旗は正方形に近い形のため、国旗の形で区別することができる。

国を挙げて「サステナブル・ ツーリズム」を推進

環境保護を重要なテーマに掲げるモナコでは、「サステナブル・ツーリズム」を推進している。ホテルの88%が国際的な環境認証、もしくは持続可能性認証を取得。モナコの駐車場には多くの急速充電スタンドがあるほか、動く歩道や公共エレベーターを完備するなど、自転車や徒歩といった自身の身体を動かして移動する「ソフトモビリティ」の取り組みを進めている。

▼1世紀以上にわたり、海洋・野生生物保護の重要性に係る認識向上に取り組んできた「モナコ海洋博物館」。地中海に面した崖の上に建てられた美しい外観が特徴。 ふらスタ／PIXTA(ピクスタ)

小豆島ほどのサイズの、スイスとの関係が深い非武装中立国

リヒテンシュタイン公国 Principality of Liechtenstein

面積	約160km²
人口	約3.9万人（2020年）
通貨	スイス・フラン（CHF）
言語	ドイツ語（公用語）／アレマン語（ドイツ語の方言）
宗教	カトリックなど
民族	リヒテンシュタイン人／スイス人など

国土 アルプス山脈の麓、スイスとオーストリアに挟まれた日本の小豆島ほどの大きさの小国。国土の多くは山地で、ライン川沿いにわずかな低地がある。雨が多く、1月の平均気温は0℃と、高地の国にしては温暖な気候。

経済 主要産業は精密機械や医療機器など。スイスを除く主要貿易国は、輸出がドイツ、アメリカ、オーストリアなど、輸入がドイツ、オーストリア、中国、アメリカなど。

歴史 リヒテンシュタイン公爵家が購入した領土が、1719年に神聖ローマ帝国に公国として自治権を付与される。長年、フランスとオーストリアの領土紛争に巻き込まれてきたが、1806年に独立。現在はスイスの支援を強く受ける。

文化 スイスやオーストリアのほか、言語が同じドイツの文化の影響が強い。冬でも水風呂に入るという、ほかにあまりない風習がある。

「高度な技術」で精密機械を生産 切手の印刷技術でも有名

古くから高い科学技術力を誇り、顕微鏡や義歯といった精密機械や医療器具が主要産業になっている。印刷技術にも定評があり、切手の美しさは世界的に有名で、収集に心血を注ぐマニアが少なくない。ちなみに、国民の平均年収は1000万円を超えるといわれている。

▶高度な技術力の結晶である「精密機械」。日本でも評価は高く、リヒテンシュタインで義歯の研修を受ける歯科医がいる。

◀マニア垂涎の「切手」。切手販売の利益が国家収入の約10％を占めるという。

憲法や議会もある立憲君主制の国

19世紀に新しい憲法を施行し、その後、何度か改正している。リヒテンシュタイン家が治める国だが、1院制の議会もあり、議員数は25人。男性だけによる国民投票で、女性参政権が認められたのは1984年と遅め。所得税や相続税はない。

二度の世界大戦でも貫いた 1867年以来の「非武装中立国」

1867年に「非武装中立国」となり、その翌年に軍隊を廃止。第一次・第二次世界大戦でも、その方針を貫いた。スイスやオーストリアとのつながりは深く、特にスイスとは関税同盟を結び、輸出入管理を委託している。日本とは、1996年に正式な外交関係を樹立した。

▶世界で6番めに小さいリヒテンシュタインには国内に空港がなく、最寄りの空港はスイスのチューリヒ空港。首都「ファドーツ」の街は面積が小さいため、1時間程度で見て回ることができる。

リヒテンシュタインの 場所 ファドゥーツ城

小高い丘に建つ国のシンボルとなっている城。城そのものはリヒテンシュタイン公爵家の官邸であり、基本的に中には入れない。リヒテンシュタイン家の家訓の一つがお金をかけてでも貴重な美術品を収集することで、日本の美術館でその収蔵品の特別展が開かれることもある。

新旧の建造物が立ち並ぶ、美しきヨーロッパの小国

ルクセンブルク大公国 Grand Duchy of Luxembourg

面積	約0.3万㎢
人口	約63.5万人（2021年）
通貨	ユーロ（EUR）
言語	ルクセンブルク語・フランス語・ドイツ語（公用語）
宗教	カトリックなど
民族	ルクセンブルク人／ポルトガル人など

国土 ヨーロッパ大陸の西北部にあり、ベルギー、フランス、ドイツに囲まれた小内陸国。森林と渓谷の美しい国としても知られる。気候は海洋の影響から温和で、湿度は一年を通して高い。

経済 1970年代以降、金融・保険業が発展し、欧州有数の金融センターとして知られる。情報通信などのハイテク産業の多くがルクセンブルクに本社を構えており、GDPは世界トップクラス。生活水準も高く、社会保障も整備されている。

歴史 神聖ローマ帝国の一部として、963年にアルデンヌ家のジークフロイト伯が支配し、要塞都市として発展した。1815年にオランダ国王を大公とするルクセンブルク大公国となった。

文化 ミシュランガイド星つきのレストランが多い、「美食の国」としても知られる。自転車ロードレースの国際大会「ツール・ド・ルクセンブルク」が毎年開催されるなど、自転車競技が盛ん。

旧市街と新市街をつなぐ 独立の象徴「アドルフ橋」

首都ルクセンブルクにある、歴史的建造物が立ち並ぶ旧市街と、金融を中心にしたオフィス街の新市街をつなぐ「アドルフ橋」。1903年に完成したこの橋は、全長84m、高さ43mと壮大な規模。夏は特に濃い緑と真っ青な空が絶景といわれるこの橋は、ルクセンブルク独立の象徴となっている。

▶橋からは美しい渓谷と、ノートルダム大聖堂や憲法広場などの名所を一望することができる。

ルクセンブルクの🍴食

チョコレート

隣国のベルギーに負けず劣らず、ルクセンブルクが名産地として知られている菓子。有名ブランドの「オーバーワイス（OBERWEIS）」はもちろん、地元のマーケットでもチョコレートが豊富に販売されている。

首都ルクセンブルクには 「本社機能」を置く大企業が多い

首都には、巨大IT企業アマゾンの欧州本社や、オンライン通話サービスのスカイプ社など、グローバル企業が本社を構えている。小国で政情が安定していることや、税制面で他のEU諸国よりも優遇されているため、ビジネスがしやすいという事情がその背景にある。

▶旧市街を囲む城壁の背後に立ち並ぶオフィスビル群。新旧の建造物が並ぶ不思議な光景を見ることができる。

◀近年は金融業への依存を脱するため、ITをはじめとするさまざまな分野を支援し、多くの企業がヨーロッパの拠点を築くべく進出している。

ルクセンブルクは隠れた白ワインの名産地⁉

生産量は少ないながらも、ルクセンブルクは白ワインやスパークリングワインの名産地としても知られている。特に、郊外のモーゼルというエリアには、一面にブドウ畑が広がっており、ブドウの一大収穫地となっている。

ロシア連邦 Russian Federation

美しき古都は街全体が世界遺産

旧ロシア帝国の首都として栄えた歴史ある街で、その美しい街並みから「北のヴェネツィア」とも呼ばれる。歴史地区をはじめ、街の大半が世界遺産に登録されている。

ロシアの象徴的存在として扱われる「熊」。ロシアでは「メドヴェーチ(蜂蜜を食べる者)」と呼ばれる。

500km

N

日本とも縁が深い極東ロシアの港湾都市

ロシア極東地域最大の港湾都市で、シベリア鉄道の東側の発着地点。日本海に面していることから古くから日本との交流が盛んで、現在も成田からの直行便で2時間半でアクセスできる。

大きい人形の中に少し小さい人形、その中にさらに小さい人形…と、入れ子構造の工芸品「マトリョーシカ」。

寒いロシアで身体を温める「生命の水」として愛飲されてきた「ウォッカ」。さまざまなカクテルのベースとしても世界的に人気。

サンクトペテルブルク

オイミャコン

モスクワ

カザン　エカテリンブルク　オムスク　ノヴォシビルスク

イルクーツク

ハバロフスク

世界3大珍味の一つ「キャビア」。チョウザメの卵巣を塩漬けしたもので、チョウザメの種類によって値段が変わる。

ハイテク産業や大学も集積する先進都市

ロシア第3の都市で、シベリア地域最大の都市。19世紀末にシベリア鉄道建設の拠点都市として造られた新しい街で、鉄道開設後、急速な発展を遂げた。

ウラジオストク

ロシアの政治・経済の中枢をなす首都

およそ1200万人が住むロシアの首都にして同国最大の都市。旧ロシア帝国の宮殿で現在は大統領府が置かれる「クレムリン」や、その側に広がる「赤の広場」はこの街の象徴的存在。

面積	約1709万km²
人口	約1億4617万人(2021年)
通貨	ロシア・ルーブル(RUB)
言語	ロシア語(連邦公用語)など
宗教	ロシア正教など
民族	ロシア人など

国土 ユーラシア大陸の北半分を占める広大な国土をもち、北は北極海、西はバルト海、東はオホーツク海などに面する。国土の大半は亜寒帯（冷帯）に属し、永久凍土に覆われた地域も多い。国土を東西に隔てるようにウラル山脈が走る。

ロシアはヨーロッパ?

ロシアの国土は、西はヨーロッパ、北は北極圏、東はアジアに属しており、地理的に見ると面積の70%以上はアジアに位置していることになる。ただ、国連の地域区分では国としてのロシアはヨーロッパに分類され、人口の大半も首都「モスクワ」（下）をはじめ、ヨーロッパ地域に住んでいる。

経済 石油や天然ガスなどの地下資源が豊富で、世界最大級のエネルギー輸出国。自然環境は厳しいが、広大な国土を利用した小麦や大麦などの生産も盛ん。北極海などでの水産業も発達している。輸出・輸入ともに中国が最大の貿易相手国。

歴史 9世紀に建設されたキーウ公国を起源とし、モンゴルの支配を経て15世紀後半にモスクワ公国が誕生、18世紀にはピョートル大帝のもとロシア帝国が成立した。1922年に初の社会主義国であるソビエト社会主義共和国連邦が発足。1991年、ソビエト連邦の崩壊に伴い、翌年、国名をロシア共和国からロシア連邦と改称した。

文化 バレエやオペラ、サーカス、文学などの芸術が盛んで、体操、新体操、フィギュアスケート、アーティスティックスイミングなどのスポーツでも世界の強豪国に数えられる。

人物 政治家ではソ連の指導者だったレーニンやスターリン、フルシチョフなど。ほかに人類初の宇宙飛行に成功したガガーリンや、テニス選手のマリア・シャラポワ（右）、フィギュアスケートのエフゲニー・プルシェンコらがいる。

日本との関係 第二次世界大戦後、1956年の日ソ共同宣言により国交は回復。しかし、北方領土の問題は解決しておらず、平和条約は結ばれていない。一方、ロシア国内で柔道の普及が進むなど、スポーツ、文化面での交流は続けられている。

ロシアの 人

ミハイル・ゴルバチョフ
（1931 ～ 2022年）
1985 ～ 1991年にソビエト連邦の共産党書記長を務めた最高指導者。政治体制を再構築する「ペレストロイカ」、情報公開を進める「グラスノスチ」などの政策を進め、民主化への道を開いた。東西冷戦を終結させたことで、1990年にノーベル平和賞を受賞するなど西側諸国での評価は高いが、ソ連を崩壊へと導いたことで、ロシア国内での評価は必ずしも高くはない。

ロシア帝国の栄華を今に伝える「文化の首都」

1712年から1918年までロシア帝国の首都だった「サンクトペテルブルク」。かつてバレエや音楽、文学など芸術の華が開き、多くの歴史的建築物が残るこの街は、今もロシアの「文化の首都」と呼ばれている。その代表的な名所が、ピョートル大帝が妻エカテリーナに贈った宮殿をのちに拡張した「エカテリーナ宮殿」と、エカテリーナ2世ら歴代皇帝が集めた名画を収蔵する「エルミタージュ美術館」。ほかにも「夏の宮殿」「カザン大聖堂」「血の上の救世主教会」などが観光地として人気を集めている。

◀帝政ロシアの栄華を極めた「エカテリーナ宮殿」。宮殿内のきらびやかな「琥珀の間」が有名。

▶世界遺産に登録されている「エルミタージュ美術館」は、世界3大美術館の一つに数えられる。

とにかく大スケール！ ロシアが誇る「5つの世界一」

地球上の陸地の約11%という広大な国土を有するロシア。東西にも南北にも広い国だけに自然環境も多様で、とにかくそのスケールは大きい。ここでは、ロシアが誇るさまざまな世界一を紹介する。

寒い村
シベリア地域のオイミャコンという村では、1926年に-71.2℃を記録。1月の平均最低気温は-50℃で、世界で最も寒い村として知られる。

深い穴
人類が掘ったいちばん深い穴が、ロシアのコラ半島にある掘削穴。その深さは実に1万2,262mで、科学的研究のために掘られたという。

面積
ロシアの国土面積は世界の国々の中で最も広く、第2位のカナダと比べても約2倍、日本との比較では約45倍となる。

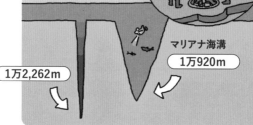

マリアナ海溝
1万920m

1万2,262m

鉄道
ロシアを東西に貫く「シベリア鉄道」は、全長約9,300kmと世界最長の鉄道。ウラジオストクとモスクワを6泊7日で結ぶ。

ロシアの食 ピロシキ

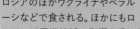

ロシアを代表する料理の一つ。パンのような生地に具材を詰めて焼いたり揚げたりして作る料理で、ロシアのほかウクライナやベラルーシなどで食される。ほかにもロシアには周辺地域の影響を受けた料理が多く、フランス料理に由来する「ビーフストロガノフ」や、ウクライナにルーツをもつ「ボルシチ」（左）、中央アジアから伝わった肉の串焼き「シャシリク」など多様な食文化が根づいている。

バイカル湖
面積こそアメリカのスペリオル湖に次ぐ世界第2位だが、最大水深や貯水量（淡水）、透明度などで世界一。世界で最も古い湖ともいわれる。

ロシアの東端と西端「時差」はなんと10時間！

東西に広いロシアには11の標準時があり、国内での「時差」は最大で10時間。例えば、モスクワと極東の都市ウラジオストクでも7時間の時差がある。ロシアの国土は東経180度をまたいでいるが、同じ国の中で日付が変わるという矛盾を防ぐため、日付変更線はロシアとアメリカの間のベーリング海峡を通るよう、折り曲げられている。

モスクワ 午前7時　　ウラジオストク 午後2時

▲ロシアを東西に結ぶシベリア鉄道では、混乱を防ぐために時刻表も車内の時計も、すべて「モスクワ時間」で統一されている。

多民族国家ロシア
100以上の民族が住むロシアは、主にその民族ごとに構成された「共和国」と「自治州」「自治管区」により構成される連邦国家。このうち、共和国にはタタールスタン共和国、バシコルトスタン共和国、ダゲスタン共和国、チェチェン共和国などがある。

ヨーロッパ 東ヨーロッパ

実はアート大国！ ロシアが世界に誇る「4つの芸術」

かつてロシア帝国として繁栄した時代から、ロシアは音楽や文学、舞踊などの芸術分野で多くの才能を生み出してきた。その偉大な芸術家と作品たちは今も世界中で語り継がれ、愛され続けている。

Photo by vladj55

音楽

チャイコフスキー（右）、ムソルグスキー、ストラヴィンスキー、ショスタコーヴィチなど、クラシック音楽界の巨匠を数多く輩出した。

文学

『戦争と平和』のトルストイ（左）、『罪と罰』のドストエフスキー、『桜の園』のチェーホフ、『初恋』のツルゲーネフほか、文豪も多数。

美術

エルミタージュ、プーシキン、トレチャコフ（上）など世界的に有名な美術館を有するほか、レーピン、「忘れえぬ女」のクラムスコイ、「コンポジション」のカンディンスキーなどの画家を輩出。

バレエ

チャイコフスキー作曲の3大バレエ「眠れる森の美女」「白鳥の湖」「くるみ割り人形」（上）ほかの名作を生んだバレエ大国。

ロシアの　芸能　サーカス

日本でもおなじみのロシアの伝統芸能。「ボリショイサーカス」の名称がよく知られるが、この「ボリショイ」はもともと「大きい」という意味で、直訳すれば、ただの「大サーカス」。実は「ボリショイサーカス」はロシアのサーカス団が日本で公演をする際に使われる「ブランド名」で、特定のサーカス団を指すものではない。ロシアには国立のサーカス団がいくつかあり、伝統芸能としてのサーカスを守り続けている。

「ウクライナ侵攻」でどうなる？ これからのロシアと世界

2000年代以降、プーチン氏の主導で「強いロシアの復活」を掲げて国際的に強硬な姿勢をとり続けているロシア。チェチェン共和国における紛争では独立派勢力を武力で鎮圧したほか、2014年にはウクライナが支配するクリミア半島を一方的に併合。ウクライナとの関係が悪化する中、2022年2月にはロシア軍がウクライナに侵攻し、西側諸国との対立が激化することとなった。

▲「ウクライナ侵攻」をめぐるロシアへの経済制裁の影響で原油価格が高騰。世界経済にも大きな影を落とした。

カクテル名にもなった民族楽器

「バラライカ」というカクテルをご存じだろうか。ウォッカをベースに、ホワイトキュラソー、レモンジュースなどを加えて作るさわやかな味わいのカクテルだ。そのネーミングの由来は、ロシアの民族楽器バラライカ。三角形の胴に3本の弦で音を鳴らすギターに似た楽器で、主に民謡の演奏に使われる。

ハンガリー Hungary

面積	約9.3万㎢
人口	約970万人（2021年）
通貨	フォリント（HUF）
言語	ハンガリー語（公用語）など
宗教	カトリック／プロテスタントなど
民族	ハンガリー人など

国土 ヨーロッパの中央部。ウクライナ、スロバキア、オーストリア、スロベニア、クロアチア、セルビア、ルーマニアの7か国と国境を接する内陸国。中心部をドナウ川が流れ、ドナウ川の東側はハンガリー盆地（プスタ）が広がっている。大陸性気候の特色をもち、国土の大半は温帯気候。地中海の影響も受け、年中降水があり湿潤。

ブダペストはもともと2つの街だった!?

首都ブダペストは、ドナウ川をはさんだ「ブダ」と「ペスト」という別々の街だった。1849年に「セーチェーニ鎖橋」の完成によって2つの街はつながり、1872年の合併で現在のブダペストとなった。

経済 1968年から経済改革を実施した東欧の改革先進国。生活水準は東欧一。主要産業は機械工業、化学・製薬工業、農業、畜産業。EU向け輸出入が7〜8割と依存度が高い。2013年以降は経済成長率がEU全体の成長率を上回る状態が続いている。

歴史 896年、ウラル系遊牧民を起源とするハンガリー人（マジャール人）が定住。1000年、キリスト教に改宗し、ハンガリー王国が建国。1946年に共和国、1949年に人民共和国を経て、1989年に民主制の共和国へと体制を転換。2012年には新憲法が施行され、国名をハンガリーに変更した。

文化 ドナウ川右岸の小さな都市モハーチで毎年2月に行われる祭り「ブショーヤーラーシュ」が有名。伝統的な覆面を身にまとって「ブショー」に扮した人々が街を練り歩き、民謡やダンスなどを披露する。

▶「ブショー」の起源は、オスマン帝国の兵士を脅かすためという説と、冬そのものを追い出すためという2つの説がある。2009年に無形文化遺産に登録された。

人物 ルービックキューブを考案したエルノー・ルービックは、ハンガリー出身の建築学者。3次

ハンガリーの ワイン トカイワイン

ルイ14世が「ワインの王」と称し、賛美したとされる有名な白ワイン。世界3大貴腐ワインの一つにも数えられている。トカイ地方はブダペストから北東230kmに位置するワイン産地。「フルミント」と呼ばれるブドウの品種を主体に甘口から辛口、スパークリングワインまで多くのタイプがある。特に「トカイ・アスー」や「エッセンシア」は歴史的に高評価で人気も高い。

元の幾何学を学生に説明するために作った立方体がアイデアのきっかけ。1977年に「マジックキューブ」として発売され、1980年に「ルービックキューブ」として世界展開された。

日本との関係 伝統的に良好。2019年に日本・ハンガリー外交関係開設150周年を迎えた。ハンガリーを含む「V4（ヴィシェグラード4か国）」と対話・協力を推進する「V4＋日本」に合意し、2013年に初の「V4＋日本」首脳会合が行われた。

まるでテルマエ・ロマエ！ 欧州一の「温泉大国」

古代ローマ時代の約2000年前から公衆浴場の文化が根づいており、国内にはブダペストをは

じめ、およそ1,300もの温泉がある。1937年にブダペストが「国際温泉治療地」に認定され、世界的な温泉大国として知られるようになった。火山がなく、地熱で温められた地下水を温泉として使っているため、温度は平均約35℃くらいとぬるめ。基本的に混浴であり、水着を着用して入浴する。

▲欧州最大級の温泉といわれる「セーチェーニ温泉」。屋内風呂が15か所、露天風呂が3か所ある。バロック建築で造られた内観は、まるで宮殿のよう。プールのような巨大な露天風呂にはチェス盤が設置されており、温泉に浸かりながらチェスを楽しめる。

◀およそ2000年前から存在する「ヘーヴィーズ温泉湖」。水深が最大38mあるため、浮き輪を使って入浴する。湖底にたまった泥で泥パックもできるのだとか。

日本企業が続々進出！「ものづくり国家」

主要産業が機械工業であることからもわかるように、ハンガリーは欧州屈指の「ものづくり国家」でもある。中でも、自動車産業は急速に成長している。1991年に進出した日本の自動車メーカー・スズキの現地法人「マジャール・スズキ」は大きな成功を収め、国民車を生産するまでになった。現在、自動車部品の大手メーカー・デンソーをはじめ、製造業を中心におよそ160社以上の日本企業が進出している。

▶「マジャール・スズキ」の工場でも、スズキの「小、少、軽、短、美」という企業スローガンが掲げられている。

世界が注目する自動車産業技術を推進

ハンガリー政府は、電気自動車（EV）普及を積極的に推進し、補助金や充電スポットの増設などの施策を講じている。EV発展に伴い、電池産業分野も成長を遂げており、日系企業では2019年にGSユアサが生産を開始、デンソーが工場を拡張、2021年には東レも進出した。さらに、自動運転技術の研究にも力を入れており、世界最大級の自動運転用テストコース「ザラゾーン」を整備した。

人口減少に歯止めを！ユニークな「少子化対策」

ハンガリーは、GDPの約4.7％を少子化対策に充て、さまざまな制度を導入している。学生ローン返済の減免、結婚奨励金によって成婚率が上昇。さらに、結婚によってマイホーム補助金などの家族向けインセンティブ制度を利用することができる。また、子どもが3歳になるまで有給育児休暇が認められ、3人めの子どもを出産すると赤ちゃんローンの返済が免除、4人めの子どもを出産すると定年を迎えるまで所得税が0円になる。

ほかにも、体外受精費用を全額補助するといった制度もあり、「人口減少問題解決」に積極的に取り組んでいる。

ハンガリーの🍴食　パプリカ

ハンガリーの食卓に欠かせない食材で、唐辛子の栽培品種の一つ。ハンガリーは200種類以上あるとされるパプリカのうち、およそ120種類を生産している「パプリカ大国」だ。16世紀の大航海時代に南米から持ち込まれ、ハンガリー大平原で盛んに生産されるようになった。その後、辛くない種が発見されたことをきっかけに、さまざまな品種改良が行われ広まった。肉や野菜をパプリカ粉でじっくり煮込んだスープ「グヤーシュ」は同国の伝統的な家庭料理。

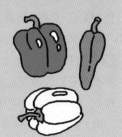

ブルガリア共和国 Republic of Bulgaria

面積	約11.1万km²
人口	約690万人（2021年）
通貨	ブルガリア・レフ（BGN）
言語	ブルガリア語（公用語）など
宗教	ブルガリア正教／イスラーム（スンナ派）など
民族	ブルガリア人など

国土 ヨーロッパの東南にあるバルカン半島の東部に位置し、ルーマニア、セルビア、北マケドニア、ギリシャ、トルコと国境を接している。面積は日本の約3分の1程度。国の東側は黒海に面している。

経済 主要産業は農畜産物生産・食品加工・化学・石油化学工業。主な輸出品は機械・銅・石油製品など。たばこ、ぶどう、バラなど農産物も多く輸出されている。1990年代に500％を超えるハイパーインフレなど大きな困難にも直面したが、その後、EU諸国との貿易投資関係の発展により、2015年以降は安定的経済成長を維持している。

歴史 5世紀以降にスラブ民族が定住。そこへチュルク系遊牧民のブルガール人が侵入したことを機に、681年、第1次ブルガリア王国が成立する。1018年にビザンツ帝国領となったあと、1185年に再び独立するが（第2次ブルガリア王国）、

1396年からはオスマン帝国に支配された。その後、大勢のトルコ人が移住してイスラームが流入。ロシア・トルコ戦争を経て、1879年にブルガリア公国が誕生する。1944年、ソ連軍が侵攻し、共産主義政権が成立。第二次世界大戦後に王政を廃止し、人民共和国が樹立される。1989年、共産党体制が崩壊。1990年、ブルガリア共和国へと改称した。2007年、EUに加盟。

文化 ギリシャ、スラブ、オスマン帝国、ペルシャなどの影響を受け、文化的多様性に富んでいる。伝統行事も多彩で、毎年1～3月に行われる伝統的な仮装行列「クケリ」や、5月下旬～6月上旬に開催されるバラ祭りなどが有名。

人物 鳴戸勝紀（元大関琴欧洲／1983～）は、かつて佐渡ヶ嶽部屋に所属していた大相撲力士

ブルガリアの **もの** 民族衣装

日常生活で一般の人が民族衣装を着ることはほとんどないが、バラ祭りなどのイベントや舞踊団のダンサーなど今でも目にする機会は多く、ブルガリアでは身近な存在といえる民族衣装。同国には主に7つの地方があり、それぞれに刺繍のデザインが異なる民族衣装が存在するのも特徴だ。

ブルガリアの **人**

クリスト・ヤヴァチェフ
（1935～2020年）

妻のジャンヌ=クロードとともに、さまざまな建造物や自然を布で「梱包」する作品を発表し続けた、世界的に有名な現代アーティスト。1935年にブルガリアで生まれ、ソフィアの美術学校で学んだ。代表作は、ベルリンの旧ドイツ国会議事堂を銀色の布で覆った「梱包されたライヒスターク」など。

▶構想60年といわれる、パリのエトワール凱旋門を布で覆った作品「包まれた凱旋門」は2021年、クリスト亡きあとに実現した。

で、本名はカロヤン・ステファノフ・マハリャノフ。現在は鳴戸親方として、鳴戸部屋の師匠を務めている。

日本との関係 久邇宮親王がフェルデナンド国王に謁見した1909年が、日本とブルガリアの交流開始年とされている。その後、共産党政権成立を背景に国交は一時中断したが、1959年に再開された。日本では「バラの国」として知られており、1990年の「国際花と緑の博覧会」や、2005年の「日本国際博覧会」ではバラをテーマにした出展が行われた。

世界一の「ヨーグルト」消費国
1人当たりの消費量は日本の約5倍

　もともと「ヨーグルト」は遊牧民の食べ物だったが、ブルガリアに自生するドリャン(セイヨウサンシュユ)という木の枝に付着する乳酸菌がヨーグルト作りに適していたことから、ブルガリアの食卓に欠かせない食材になった。この国では、ヨーグルトは「キセロムリャコ(酸っぱい乳)」と呼ばれる。牛乳から作るものが一般的だが、羊の乳から作ったものや、両方を混ぜて作ったものなどがある。

◀「ヨーグルト」をそのまま食べるだけでなく、調味料としてさまざまな料理に用いるのがブルガリア流。刻んだきゅうりやクルミが入った冷たいヨーグルトスープ「タラトール」は名物料理の一つ。

▶北東部の都市ラズグラドでは、毎年7月に自家製ヨーグルトやヨーグルトを使った料理のコンテストなどが行われる「ヨーグルト祭り」が開催されている。

日本にはブルガリア政府公認ヨーグルトがある
ブルガリアヨーグルトの名前を日本に広めた「明治ブルガリアヨーグルト」。当初はブルガリア政府から国名の使用を断られるも、伝統の味を忠実に再現していることを熱心に訴えた結果、1972年に国名使用許可を得ることができ、翌年、今の商品名で発売するに至った。

ブルガリアといえば「バラの国」
世界最大のローズオイル生産地

　世界のローズオイルの約7割を産出していることから「バラの国」と呼ばれることもあるブルガリア。国の中央を東西に走るバルカン山脈とスレドナ・ゴラ山脈にはさまれた一帯は、通称「バラの谷」と呼ばれ、香油用ダマスクローズの一大生産地として知られている。

◀「バラの谷」の中心地カザンラクでは、毎年6月に「バラ祭り」を開催。民族衣装の女性たちが馬車に乗り、沿道の人たちにバラの花をまいて廻るパレードやバラ摘み体験が人気だ。

▶「ダマスクローズ」は、16世紀にオスマン・トルコの商人たちによってこの地域にもたらされた。

ITアウトソーシング先として
評価される「IT先進国」

　他の東欧諸国同様にITが盛んで、近年は世界各国からIT関連のアウトソーシング先に選ばれるなど、「ITビジネスハブ」としての地位を確立している。これはソ連時代の名残りで、現在も数学や応用科学の教育が盛んに行われているのが理由だといわれている。2019年には、日本のゲームメーカー「セガ(当時はセガゲームス)」もソフィアに最先端スタジオをオープンした。

▶ソ連時代に女性エンジニアが重用されていたことから、ブルガリアでは今でも「女性ITエンジニア」が非常に多く、その割合はヨーロッパ随一といわれている。

世界の考古学ファンが注目する
5000年以上前の「黄金文明」

　「バラの谷」の中心地カザンラクのもう一つの注目スポットが、「トラキア人の墳墓」だ。トラキア人とは、紀元前3000年頃にこの地に住み着いたとされる「黄金文明」をもつ騎馬民族。ブルガリア国内の遺跡からは、紀元前3000年頃に作られた精巧な金細工が次々に発見され、世界中の考古学ファンから注目を集めている。トラキア人は文字をもたない民族だったため、その文化は今も謎のままだ。

▲2004年に発掘された「トラキア王の黄金のマスク」は、「アガメムノンの黄金のマスク」「ツタンカーメン王の黄金のマスク」と並ぶ、世紀の大発見といわれている。

周辺国に翻弄されてきたヨーロッパの地理的中心国

ポーランド共和国 Republic of Poland

面積	約32.2万km²
人口	約3801万人（2022年）
通貨	ポーランド・ズウォティ（PLN）
言語	ポーランド語（公用語）／ドイツ語
宗教	カトリックなど
民族	ポーランド人など

ヨーロッパ 東ヨーロッパ

国土 北西部がバルト海に面し、リトアニア、ロシアの飛び地カリーニングラード、ベラルーシ、ウクライナ、スロバキア、チェコ、ドイツの7か国と国境を接する。ベラルーシとの国境にあるビャウォヴィエジャはヨーロッパ最後の原生林とされ、世界遺産にも登録されている。ポーランドは「平原の国」という意味で、南部にカルパティア山脈はあるが、平原の土地が多い。

経済 農業国だが、小規模農家が多いことが課題。石炭、銅、銀など鉱物資源は豊富で、主要産業は食品、金属、自動車、電気機械。EU加盟国だが、通貨にユーロを導入することは見送っている。

歴史 1025年にポーランド王国成立。1386年にリトアニア大公国と同君連合を形成し、ボヘミア、ハンガリーを含むヤギェウォ朝が成立すると、大国として繁栄。16世紀に国土が最大となるが、16世紀後半から地方貴族が勢力をもち、国力が衰える。隣国ロシア、プロシア、オーストリアによって、1772年、1793年、1795年の三度にわたって分割され、国土が地図から消滅。第一次世界大戦が終戦を迎えた1918年に共和国として123年ぶりに独立した。しかし、1939年にナチス・ドイツとソ連から侵攻を受ける。1945年、アメリカ、イギリス、ソ連の三国首脳によるヤルタ会談でドイツに占領されたポーランドの国土を西へ移動することが決まる。1952年に人民共和国として成立した。

文化 第二次世界大戦で、ナチス・ドイツによって破壊された首都ワルシャワだが、ポーランド

▶クラクフから首都が移った16世紀以降、「北のパリ」と呼ばれて栄えた「ワルシャワ」。ドイツ軍により徹底的に攻撃された。

レンガのひび割れ一つまで復元!?
1944年8月1日、イギリス・ロンドンに亡命していたポーランド政府の国内軍と市民が参加し、ドイツ軍に対して武装蜂起した。しかし、ドイツ軍に制圧され、大勢が犠牲になったうえ、ワルシャワ市全体が破壊された。それを「レンガのひび割れ一つに至るまで」忠実に復元できたのは、建築科の学生を中心に、市民たちが戦前や戦時中に市街の隅々に至るまで入念なスケッチを残しておいたから。

の人々の執念により、旧市街地は17～18世紀の街並みが細部まで復元。街自体の歴史的価値ではなく、第二次世界大戦で失われた街並みを蘇らせたワルシャワ市民の「不屈の熱意」が評価されて、1980年に世界遺産に登録された。

▲第二次世界大戦中には人口の5分の1が死亡したとされ、ナチス・ドイツの最大規模の強制収容所「アウシュビッツ」はポーランドのクラクフ近郊にあった。

Photo by carterdayne

人物 キュリー夫人は放射能の研究により、夫とともにノーベル物理学賞を受賞し、女性初のノーベル賞受賞者となった。その後、ノーベル化学賞も受賞し、ノーベル賞を2回受賞した。

日本との関係 ポーランドでの相撲人気をきっかけに、2016年に島根県隠岐の島町とクロトシンは友好都市となった。

欧州最後の原生林に生きる「ヨーロッパバイソン」

ビャウォヴィエジャには、1,000種を超える植物、約8,500種の昆虫、約250種の鳥類、約300種の哺乳類が生息。そのうちの1種、「ヨーロッパバイソン」は絶滅の危機に瀕していたが、保全活動が実り、2020年に更新されたIUCN絶滅危惧種レッドリストで「危急」から「準絶滅危惧」に回復した。ヨーロッパバイソンは1万5000年以上前から生息するヨーロッパで最大の陸上哺乳類。1919年にビャウォヴィエジャで死滅時、世界には54頭のみが生存していたという。

▲その後、「ヨーロッパバイソン」の人工繁殖が行われ、2019年時点でヨーロッパ各地の個体数は6,200頭にまで増えた。現在、ビャウォヴィエジャ国立公園では放し飼いのヨーロッパバイソンを見ることができる。

ポーランド王国の古都「クラクフ歴史地区」

ポーランド南部の古都クラクフは、16世紀にワルシャワへ移されるまで王国の首都で、現在も国内第3の都市として栄えている。第二次世界大戦の戦火を免れた「クラクフ歴史地区」は世界遺産第1号の12件のうちの一つで、中世の街並みが残っている。「聖マリア教会」は国内の代表的なゴシック建築。旧市街の北門「フロリアンスカ門」を守るように造られた「バルバカン」は、かつて市街地を囲んでいた防壁の名残。バルバカンとは15世紀頃にヨーロッパで建てられた円形の砦のことで、現在は数か所しか残っていない。

▲「聖マリア教会」の塔では時報のラッパの演奏が行われているが、曲の途中で終わってしまう。これは13世紀、タタール人の襲撃をラッパで告げた北塔の見張りが矢で撃たれて亡くなったという歴史に由来している。

◀クラクフの「バルバカン」は、現存する円型砦の最大規模のもので、その直径は24m以上。

ピアノの詩人と呼ばれた天才作曲家「ショパン」

1810年3月1日、ワルシャワ近郊で生まれたフレデリック・ショパンは、4歳の頃からピアノを弾き始め、7歳ですでに作曲をしていたという。ワルシャワ音楽院を主席で卒業後、音楽の都ウィーンへ旅立つ。その頃、ワルシャワでロシアに対する蜂起が起り、ウイーン内に反ポーランドの風潮が広まったため、パリへ身を移す。1849年、肺結核のため39歳で息を引き取ったショパンの体はそのままパリの墓地に埋葬されたが、生前の意向により、心臓は祖国へ持ち帰られた。

▲ショパンの心臓は、ワルシャワの「聖十字架教会」の石柱に収められている。

▲ワルシャワ音楽院の教授が戦争で荒廃した人々の心を癒し、ショパンの音楽をポーランドに取り戻そうと1927年に創設した「ショパン国際ピアノコンクール」。各国のピアニストが参加し、2021年の第18回に参加した反田恭平さんが2位に入賞した。

ルーマニア Romania

スロバキア　ウクライナ
ハンガリー　　　　　モルドバ
ブカレスト
セルビア　　　　　　　黒海
ブルガリア
100km

面積	約23.8万㎢
人口	約1903万人 (2022年)
通貨	ルーマニア・レウ (RON)
言語	ルーマニア語 (公用語) ／ハンガリー語など
宗教	ルーマニア正教など
民族	ルーマニア人など

国土 ヨーロッパ東南部に位置し、ヨーロッパで12番めに大きい国。地形は北東部のモルドヴァ、西部のトランシルヴァニア、南部のワラキアに分かれる。中央部には王冠状にカルパティア山脈が発達。南部ブルガリアとの国境にドナウ川が流れる。河口ではデルタを形成し、黒海へ流れる。国土の大半が温帯気候で夏季は高温、冬季は寒冷となる。降雨は夏季に多く見られる。

ドナウ川の終点! 大自然の世界遺産「ドナウデルタ」
ルーマニアの世界遺産の中で、自然遺産は「ドナウデルタ」のみ。キリア川、聖ゲオゲル川、スリナ川の間でできた大きな三角州で、ヨーロッパの魚類の98%が生息し、ほか300種以上の野鳥や多くの植物が繁殖している。

経済 伝統的な農業国であり、「ヨーロッパのパンかご」といわれるほど、小麦、とうもろこし、肉の生産地として歴史があり、現在も農業が主要産業。そのほか、自動車、機械機器、繊維、石油など。観光業も重要な財源の一つ。主要貿易国は輸出入ともドイツ、イタリア、ハンガリーなど。EU加盟後は、世界経済危機の影響でマイナス成長となるも、2011年以降はGDPがプラスに転じ、急成長を遂げている。ルーマニアは人件費がEUで最も低い国の一つ。

歴史 106年、ローマ帝国によるダキア征服。271年、ローマは撤退するもダキア人とローマ人の混血などからルーマニア民族が次第に形成された。1878年に独立し、1881年にルーマニア王国が成立。1947年に王政を撤廃し、人民共和国を樹立。1989年、共産党一党独裁を撤廃し、国名をルーマニアに変更した。

▶首都ブカレストは第二次世界大戦前まで「東欧の小パリ」と呼ばれるほど美しい都市だった。その面影は、街の中心の旧市街に今も残されている。

文化 ルーマニア文化はローマに占領されていた時代まで遡り、東ヨーロッパの影響を強く受けている。文化や習慣を大切にする民族で、特別な日は必ず決まったしきたりで祝う。現在も衣装、ダンス、音楽などの民俗芸能が根強い。年齢や階級が尊重され、65歳以上はバスを無料で乗車できる。

人物 女子体操選手のナディア・コマネチ (右) は、1976年のモントリオールオリンピックで14歳という若さながら10点満点を叩き出し、金メダルを3個獲得した。純白のレオタードを着ていたことから、「ルーマニアの白い妖精」と呼ばれた。1993年に国際体操殿堂入りしている。

日本との関係 1902年、両国の駐オーストリア＝ハンガリー帝国公使が外交関係樹立のために協議を行ったことが始まり。第二次世界大戦では外交関係が断絶されるも終戦後の1959年に国交回復し、1964年に両国は大使館を設置。1989年、ルーマニアの革命後は民主化と市場経済化への移行を積極的に支援した。2021年、外交関係樹立100周年を迎えた。

春の訪れを祝うルーマニアの伝統
ルーマニアの春の訪れの象徴である「マルツィショール」は、赤と白の紐を組み合わせたチャームを送る伝統。装飾品でもあり、お守りでもあるチャームを親しい人や友人に贈る。

ヨーロッパ　東ヨーロッパ

恐怖の「ドラキュラ」伝説には モデルとなった英雄がいた!

「ドラキュラ」のモデルとなったヴラド・ツェペシュ（ヴラド3世）は、15世紀ルーマニアのワラキア公国の領主。敵のオスマン帝国や自国民の反逆者を串刺しにして粛清、処刑していたことから「串刺し公」を意味するツェペシュの異名がついた。アイルランド作家ブラム・ストーカーによって彼をモチーフとした『吸血鬼ドラキュラ』

▶「ドラキュラ」の名は、彼の父ヴラド2世が神聖ローマ帝国から授かったドラゴンが描かれたメダルに由来し、子孫にその名が継がれていった。

◀「ドラキュラ」の居城のモデルとなった「ブラン城」は、ルーマニア第2の都市ブラショフ近郊に位置する。実際に居城していたのは、ヴラド1世。

▶世界遺産シギショアラ歴史地区にある「ヴラド・ツェペシュの生家」は現在、レストランとしてドラキュラにちなんだ料理を提供している。

が書かれたが、ルーマニアではオスマン帝国の侵略から守った英雄として親しまれている。今も生家や城がブカレストをはじめとする各地に存在する。

正教の伝統で復活を祝う 「イースター」とは?

ルーマニア正教の最も重要なキリスト復活祭「イースター」は、国民がクリスマス同様に大切にしている行事。毎年3月か4月に行われ、イースターケーキや赤いイースターエッグなどが食卓に並ぶ。当日を迎える準備として、1週間ほど前から肉類と乳製品の断食が始まり、イースターの時期はほぼすべての店が閉店する。

▶ルーマニアでは「イースターエッグ」を食紅で赤く色づけする。正教のシンボルでもある羊の肉と一緒に食べるのが習慣。

ルーマニアの 🍴食 サルマーレ

酢漬けのキャベツでひき肉と米を巻き、トマトソースで煮込んだルーマニア風ロールキャベツ。ルーマニアの定番料理として愛され、食堂やレストランのメニューに必ずあるのだとか。家庭でもよく作られるおふくろの味でもある。

職業として認められた ルーマニアの「魔女」

ルーマニアでは現在も「魔女」が存在し、2011年には労働法改正で職業として認定され、課税対象となった。主に占いや祈祷、呪いで生計を立てている。ルーマニアの共産主義体制時代には魔術を使うことが禁止されていたが、その知識は子孫へと受け継がれていった。

▶北西部の都市クルジュ＝ナポカの「ホィア・バキュー・フォレスト」は、「呪いの森」として有名。魔女たちが黒魔術の儀式を行っているといわれ、怪奇現象やUFOの目撃なども噂されている。

ルーマニアの 建築物 国民の館

米国ペンタゴンに次いで、世界第2位の広さの巨大建築物。かつての独裁者チャウチェスク大統領によって、約1500億円をかけて建造された。ブカレスト市内に建ち、議事堂や政党オフィス、美術館などが入る。現在も完成しておらず、工事が続いている。

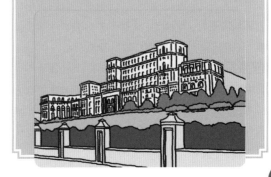

ウクライナ Ukraine

面積	約60.4万km²
人口	約4159万人(2021年、クリミアを除く)
通貨	フリヴニャ(UAH)
言語	ウクライナ語(公用語)／ロシア語など
宗教	ウクライナ正教(キーウ主教派／モスクワ主教派など)など
民族	ウクライナ人／ロシア人など

国土 東はロシア、北はベラルーシに接する。国土の半分が中央に流れるドニエプル川の流域平野で、南部にはクリミア半島が黒海に突き出ており、クリミア自治共和国となっている。

経済 主要産業は、小売・卸売業、鉄鉱石などの鉱業、小麦、とうもろこしなどの農業、畜産業も盛ん。主要貿易国は輸出・輸入どちらも中国が多くを占め、その次にロシア、ポーランド、ドイツなど。

歴史 4～6世紀に東スラブ人が現ウクライナの地に入り、9世紀にキーウ・ルーシ公国が形成、交易で栄えた。1954年、クリミアをウクライナに編入。1991年、ソ連崩壊により独立した。

文化 芸術への関心が高く、主要都市にはオペラ劇場をはじめ、交響楽団、音楽・芸術クラブなどがある。民族舞踊コサックダンスやウクライナ国立バレエが有名。東欧を代表するスポーツ大国であり、最も人気があるのはサッカー。

有名シーンの舞台となったオデッサの観光名所「ポチョムキン」の階段とは?

黒海が広がるウクライナ南部の地オデッサ。全長142mある「ポチョムキン」の階段は、1925年に公開された映画「戦艦ポチョムキン」のワンシーンでこの階段が使われたことで有名となり、今でも観光地として存在している。階段の目の前にはオデッサ港があり、軍艦が停泊している。

◀「ポチョムキン」は映画史上最も有名な階段として知られ、もとは高台にある市街地と港を結ぶために建設された。

ウクライナの 服 **ヴィシヴァンカ**

ウクライナ刺繍というものが施され、細かく美しい模様が特徴の民族衣装。刺繍には「魔除け」の意味が込められており、身を護るためのものでもある。女性用はネックレスをつけることが多いため、首元の刺繍は少なく、男性用は逆にしっかり刺繍がされている。5月の第3木曜日は「ヴィシヴァンカの日」とされ、多くのウクライナ人がヴィシヴァンカを着用する。

民族舞踊コサックダンス誕生の地今も「ホパーク」として踊り続ける

ロシアが発祥と思われがちなコサックダンスだが、実はウクライナが始まり。17世紀にコサック国家ができ、軍人が体を鍛える一環として踊られるようになった。18世紀にロシア帝国に滅ぼされ、コサックダンスは禁止になるも、「ホパーク」と名を変え、今なお踊り継がれている。

▶コサックダンスのほか、芸術が盛んなウクライナは「バレエ」大国。名門の「ウクライナ国立バレエ」は150年以上の歴史がある。トップダンサーも数多く輩出している。

◀「ホパーク」は「跳んで踊る」「跳んで踏み込む」という意味の「ホーパティ」が由来。当初は男性のみの踊りだったが、女性も参加するようになり広まった。

世界に広まるウクライナの食文化

赤いスープで日本でも馴染みのある「ボルシチ」はウクライナ発祥。東欧風餃子と呼ばれる「ヴァレーニキ」も含め、ロシアやポーランドなどの料理に影響を与えたといわれる。

ヨーロッパ

東ヨーロッパ

自動車産業に力を入れる、古くて新しい国

スロバキア共和国 Slovak Republic

面積	約4.9万km²
人口	約545万人（2021年）
通貨	ユーロ（EUR）
言語	スロバキア語（公用語）など
宗教	カトリック／プロテスタントなど
民族	スロバキア人など

国土 ヨーロッパ中央部にある内陸国。北はポーランド、東はウクライナ、南はハンガリー、西はチェコ、オーストリアと国境を接する。

経済 農業国だったが、近年は自動車工業と電子機器工業が新しい基幹産業となっている。フォルクスワーゲン、ステランティス、起亜、ジャガー・ランドローバーなどの大手自動車メーカーが国内で乗用車の組み立てを行っている。

歴史 10世紀に大モラヴィア王国が滅亡して以降、ハンガリー王国、ナチス・ドイツ、ソ連など、さまざまな国の支配下や影響下にあった。1968年に民主化運動「プラハの春」が起こるが、ワルシャワ条約軍に鎮圧され、連邦制に移行。1993年にスロバキア共和国として独立。

文化 首都ブラチスラバがウィーンから55kmと近いことから、ピアニストのヨハン・ネポムク・フンメルなど多くの優れた音楽家を輩出。

近年は経済成長も著しい ヨーロッパで最も「新しい国」の一つ

スロバキアは、1993年にチェコスロバキアが2つに分かれて誕生した、建国30年ほどの「新しい国」。かつては農業と牧畜が盛んな地域だったが、独立後は自動車産業に力を入れるようになった。ヨーロッパでは比較的安い賃金であることなどを背景に、2021年には人口1,000人当たりの自動車生産台数が184台で世界一になるなど、EU各国の中でも高い経済成長率を誇っている。

▶首都「ブラチスラバ」には、今も石造りの教会や家々が立ち並ぶ。石畳に覆われた通りは、まるで中世の街並みのようだ。

リーズナブルに楽しめるスキーリゾート

国土のほとんどを山岳地帯が占めるスロバキアでは、春から秋にかけてハイキングやトレッキングが盛んに行われている。リーズナブルに楽しめるスキーリゾートも人気で、冬にはヨーロッパ各地から多くの観光客が訪れている。

アイスホッケーをはじめ 「ウインタースポーツ」が人気！

スキー以外にも、「ウインタースポーツ」が盛んなスロバキア。特にアイスホッケーはチェコスロバキア時代から強豪国として有名で、世界中で同国出身の選手が活躍している。2022年には、アイスホッケーの最高峰NHLでも指折りの人気チーム「カナディアンズ」がドラフト全体1位でスロバキア出身のFWユライ・スラフォコフスキ（右）を指名し、話題となった。

スロバキアの 世界遺産 **スピシュスキー城**

1993年に登録された文化遺産。中央ヨーロッパ最大級の城の一つである「スピシュスキー城」と、その城下町である町や村に残る歴史的建造物群を対象としている（2009年に拡大登録）。スピシュスキー城はタタール人の侵攻に対抗するため、13世紀前半に建造されたもの。何度も改修が行われた結果、当初のロマネスク様式だけでなく、ゴシック様式、ルネサンス様式、バロック様式の要素も垣間見ることができる。

世界で最も宗教人口の少ない国の一つ

チェコ共和国 Czech Republic

面積	約7.9万km²
人口	約1051万人（2022年）
通貨	チェコ・コルナ（CZK）
言語	チェコ語（公用語）／スロバキア語
宗教	カトリックなど
民族	チェコ人など

国土 山地に囲まれた中欧の内陸国。西はドイツ、北はポーランド、南はオーストリア、東はスロバキアと国境を接している。

経済 主要産業は、自動車をはじめとする機械工業、化学工業、観光業。主な貿易相手国は、輸出入ともにドイツ。

歴史 10世紀にマジャール人が侵入し、大モラヴィア王国が消滅。以後スロバキア地方は長きにわたって、オーストリア帝国、オーストリア・ハンガリー二重帝国などの支配下に置かれてきた。1918年にチェコスロバキア共和国が成立。第二次世界大戦後はソ連の影響下にあったが、ソ連崩壊後にスロバキアと分離、独立した。

文化 作家のフランツ・カフカ、ミラン・クンデラが有名。ただし、カフカはドイツ語、クンデラはフランス語で創作活動を行ったため、それぞれドイツ文学、フランス文学に分類されることも。

ヨーロッパ有数の美しさを誇るプラハの「クリスマスマーケット」

1月の平均気温が-1.4℃と、冬の寒さが厳しい首都プラハだが、毎年11月後半から年明けにかけて、ヨーロッパ有数の美しさで知られる「クリスマスマーケット」が開催される。見どころは、チェコならではの手工芸品による飾りつけ。筒状のパン生地にシナモンをまぶした伝統菓子トゥルデルニークの屋台も人気だ。

◀「クリスマスマーケット」の盛況ぶりとは対照的に思えるが、チェコは世界で最も宗教人口の少ない国の一つでもある。

クリスマス料理の定番は鯉料理!?
チェコは古くから鯉の養殖が盛んなことでも有名。生命力の強い鯉は幸運のシンボルとされ、クリスマスには鯉のフライやスープ、ポテトサラダを食べるのが昔からの風習になっている。クリスマスシーズンに街角で鯉を売る魚屋も冬の風物詩の一つだ。

水よりも安くビールが飲める世界一の「ビール大国」

国内で造られるビールの銘柄は400種類以上。ミネラルウォーターよりもビールが安く買える国として知られ、1人当たりの年間ビール消費量は約182ℓと28年連続で世界一（2021年）。現在、世界中で親しまれているピルスナータイプのビールは、チェコのピルゼン生まれ。

◀緻密で繊細なカッティングと、宝石のような輝きが特徴の「ボヘミアングラス」も、チェコが世界に誇る工芸品の一つ。

チェコの 場所

ダンシング・ハウス（ナショナル・ネーデルランデン・ビル）

世界的に有名なカナダ人建築家フランク・ゲーリーが手がけた建築物。まるでカップルがダンスを踊っているように見えることから、このような名前で呼ばれるようになった。中世の建物を数多く残し、街自体が世界遺産になっているプラハで、その近未来的な外観は異彩を放っている。

ベラルーシ共和国 Republic of Belarus

ラトビア／リトアニア／ロシア／ポーランド／ミンスク／ウクライナ
100km

面積	約20.8万㎢
人口	約926万人（2022年）
通貨	ベラルーシ・ルーブル（BYN）
言語	ベラルーシ語・ロシア語（公用語）／ウクライナ語／ポーランド語
宗教	ベラルーシ正教など
民族	ベラルーシ人など

国土 国土は日本のおよそ半分程度で、その約3分の1に森林が広がる。北部には約4,000の湖沼と湿原があり、南部は大湿地帯となっている。

経済 旧ソ連的な管理経済体制を続けている。エネルギー供給など、経済はロシアに依存。主要産業は工業製品の生産や石油製品・カリウム肥料の輸出。近年はIT産業も成長している。

歴史 古くからスラブ人が住み、9世紀にポロツク公国が成立するが、ポーランド＝リトアニア大公国連合国家などに支配される。1772年から始まるポーランド分割の結果、ロシア領となる。1919年、白ロシア・ソビエト社会主義共和国が成立、1922年にソビエト連邦へ加盟。1991年に独立し、現国名となる。

文化 周辺国の影響を受けつつ独自の文化を形成している。主食はジャガいもで、すり下ろしたジャガいもを薄く焼いたドラニキが有名。

ウクライナ侵略に加担 旧ソビエト連邦の「親ロシア国」

ベラルーシは民族的な近さなどを理由に、伝統的な「親ロシア国」だ。旧ソビエト連邦の構成国からなる独立国家共同体（CIS）にも加盟し、その本部は首都ミンスクに置かれていた。一方で、完全にロシアに追従しているというわけではなく、政治・経済の面ではロシアとたびたび衝突している。

2022年から始まるロシアによるウクライナ侵略に際しては、ロシアに自国領域の使用を許しながらも、直接参戦はしていない。また、第三国としてロシアとウクライナの3回の停戦交渉を仲介したが、政治的には大きくロシア寄りの立場を取っている。

◀旧ソビエト連邦の構成共和国で形成された国家連合CISの旗。1991年、ベラルーシを含む11か国による共同体創設のための議定書調印によって、ソ連は消滅した。

ロシアとの深い関係は国名にも!?
ベラルーシの国名は、ベラルーシ語で「白いロシア」を意味する。なぜ「白」なのかの由来は諸説あり、「方角」を表す説や「自由」を意味する説などがある。

歴史ある建物が残る 世界文化遺産「ミール城」

16世紀初めに地元の有力者の手で建造された「ミール城」。改築により、ゴシック様式とルネサンス様式が入り混じっているのが特徴。赤レンガを多用した外観に5つの塔をもつ城壁、40部屋を抱える3階建ての美しい宮殿は、2000年に世界文化遺産に登録された。

◀「ミール城」は首都ミンスクの中心部から約100kmとほど近く、ベラルーシ有数の観光スポットとなっている。

ベラルーシの人

アレクサンドル・ルカシェンコ（1954～）
「欧州最後の独裁者」とも呼ばれる、ベラルーシの現大統領。旧ソビエト連邦からの独立後初めてとなる1994年に行われた大統領選挙以来、今日まで28年間連続でベラルーシ大統領に就任している。大統領の任期延長や三選禁止規定の廃止、不正選挙の疑い、抗議活動への厳しい取り締まりなどにより、国内外から批判を集めている。

ウクライナ
★キシナウ
ルーマニア
黒海
ブルガリア
250km

ソ連から独立した世界屈指のワイン生産国

モルドバ共和国 Republic of Moldova

面積	約3.4万km²
人口	約259.7万人（2021年）
通貨	モルドバ・レイ（MDL）
言語	ルーマニア語（公用語）／ロシア語など
宗教	モルドバ正教／ベッサラビア正教／ロシア正教など
民族	モルドバ人（ルーマニア系）など

国土 国境は三方をウクライナに、一方をルーマニアに接する。面積は九州よりやや小さい。内陸国であり、なだらかな丘陵地帯が国土の大半を占め、約8割が肥沃な黒土。夏は暖かいが、冬は降雪も多く、風も強い。

経済 市場経済へと移行中のヨーロッパ最貧国。ソ連崩壊時には経済システム分断や貿易量激減の影響で、大打撃を受けた。基幹産業は主に農業・食品加工業。労働人口の約3割が農業分野に従事。

歴史 1349年に現在のモルドバを含む地域にボグダニア公国が建国される。1812年よりロシアに併合。1991年のソ連崩壊後に独立し、1993年には独自通貨レイを導入。

文化 文化的にはルーマニアと近い関係性にあり、モルドバ料理はルーマニア料理がベース。世界有数のワイン生産国で、古代よりワイン造りが盛ん。モルドバワインは日本にも輸出。

モルドバの歴史を学べる「モルドバ国立歴史博物館」

「ナステレア大聖堂（キシナウ大聖堂）」はモルドバ正教の総本山。首都キシナウのシンボル的な存在だ。同大聖堂の近くには「モルドバ国立歴史博物館」がある。約35万点の所蔵品をもつ同博物館では、今日に至るまでのモルドバの歴史を学ぶことができる。

▶1830年代に建造された「ナステレア大聖堂」。数々の時代の波を乗り越え、「勝利の門」とともに市民に愛されている。

◀モルドバ国立歴史博物館から徒歩圏にある凱旋門「勝利の門」。1846年にモルドバを支配していたロシアの勝利を記念して造られた。

総延長200kmの巨大地下空間にあるワインセラー

モルドバといえば、200万本以上のワインが保存されている世界最大のワインセラー「ミレスチ・ミーチ」も有名。年間4万人の観光客が訪れる。

モルドバの 人 O-Zone

モルドバの 人 O-Zone

おそらく日本でいちばん有名なモルドバ出身の音楽グループ。「マイアヒ～マイアフ～」のフレーズが印象的な、日本でも一大ブームとなった「恋のマイアヒ」は彼らの楽曲だ。

モルドバでは日本の縄文時代から「ワイン」が造られていた!?

モルドバは、世界最古の「ワイン」生産地の一つ。5000年以上前、つまり日本の縄文時代からワイン造りを行ってきた。モルドバワインは世界的な評価も高く、英国王室御用達のワインもある。毎年10月に開催される「ナショナルワインデー」では多くの人がワインを楽しむ。

▶モルドバ中の人がワインに酔いしれるワインフェスティバル「ナショナルワインデー」。100近くのワイナリーが参加し、世界中のワイン愛好家が集まる。

142

美しい海と山の絶景が楽しめる、遅咲きの観光立国

アルバニア共和国 Republic of Albania

面積	約2.9万km²
人口	約284万人（2021年）
通貨	レク（ALL）
言語	アルバニア語（公用語）／ギリシャ語など
宗教	イスラーム（スンナ派など）／アルバニア正教／カトリックなど
民族	アルバニア人など

国土 バルカン半島の小国。面積は四国の約1.5倍。北はコソボとモンテネグロ、東は北マケドニア、南東はギリシャと国境を接し、西はアドリア海とイオニア海に面している。海を挟んだ対岸にはイタリア。国土の大部分を山地が占める。

経済 EU諸国への輸出と出稼ぎ労働者からの送金に依存しているため、常にEUの経済動向に左右されるという構造的課題を抱えている。

歴史 1912年にオスマン帝国から独立。1939年、イタリアに併合。パルチザン闘争を経て、1944年に共産党臨時政権が成立。1961年にソ連と断交、1976年には中国とも断絶状態となり、長い鎖国状態に入る。1985年、それまで独裁政治を行ってきたホッジャ第1書記が死去。大統領制に移行し、1991年にアルバニア共和国となった。

文化 ヨーロッパで唯一ムスリムが多数派を占める。共産主義時代には、あらゆる宗教を禁止する「無神国家政策」が推し進められた。

未知の国アルバニアが気づけば人気の「観光地」に

長年、鎖国状態にあったことから「東欧の秘境」と呼ばれることもあったが、近年はアドリア海やイオニア海のビーチを中心に「観光業」が発展。物価の安さも後押しとなり、現在ではヨーロッパから多くの観光客が訪れる国になっている。

▶スターリン主義への固執から、鎖国政策を進めた独裁者として知られる「エンヴェル・ホッジャ」。

◀アルバニア南端にある「サランダ」は、美しいビーチが評判の港町。

Photo by badahos

「ねずみ講」がきっかけで暴動が勃発!?
ホッジャが死去し、資本主義に変わったアルバニアで、国民を最も夢中にさせたのが「ねずみ講」。ねずみ講業者がユーゴスラビアへの武器の密売で利益を上げ続けたため流行が長期化し、国民の半分が巻き込まれたとされている。1997年にユーゴスラビア紛争が終結すると、投資金を失った国民たちによる暴動が勃発。米軍やNATO軍が出動する事態に発展した。

アルバニア人の情報源は「イタリアのラジオ放送」だった!?

鎖国当時、アルバニア人が海外のことを知る唯一の情報源は、海を越えて届く「イタリアのラジオ放送」。1990年の民主化・資本主義経済導入以降は、多くの若者たちがイタリアへ出稼ぎに行くようになった。そのため、アルバニアでは英語は話せなくても、イタリア語は流暢に話せる人が多い。

▶首都ティラナに立つ「スカンデルベグ像」。スカンデルベグは、15世紀にオスマン帝国からの独立をめざしたアルバニアの英雄。国旗に描かれている「双頭の鷲」も彼の紋章に由来する。

◀アルバニアのドゥラスからイタリアのバーリへは、一年を通して「フェリー」が運航している。

アルバニアの人 エディ・ラマ（1964〜）

アルバニア共和国の第33代首相。ティラナ市長を務めたのち、2013年より現職。市長時代には、無機質な建物をカラフルに塗り替えるという一風変わった手法で街のイメージ向上を図った。首相に就任してからは一貫してEU加盟を推進している。学生時代はバスケットボールのアルバニア代表として活躍したことも。

イタリア共和国 Italian Republic

「世界3大ブルーチーズ」の一つに数えられる「ゴルゴンゾーラチーズ」。その名は、ミラノ中心部から北東へ20kmほどの距離にある街ゴルゴンゾーラに由来する。

世界有数の流行発信地

ローマに次ぐ、イタリア第2の都市で、商業、工業、金融、観光業が発展。特にファッションは年に2回行われるミラノ・コレクションをはじめ、世界的にも有名。

フェラーリの創設者エンツォ・フェラーリは「アルファロメオ」のレーシングカー部門の元責任者で、独立後のレースで初めてアルファロメオに勝利した際に「私は自分の母親を殺してしまった」という言葉を残した。アルファロメオの本拠地はミラノ郊外の街アレーゼにある。

500年の歴史と文化と美しさをもつ「永遠の都」

古代ローマの時代から首都として栄え、政治、経済、文化、宗教の中心。人口約286万人（2019年）を誇るイタリアの最大都市であり、欧州を代表する主要都市の一つ。

運河に囲まれた「水の都」

アドリア海の最深部、ヴェネツィア湾にできた潟に造られた都市。10世紀には貿易で栄えた。旧市街は街中に運河が張り巡らされ、人々は船で移動する。

トリノ
ミラノ
ヴェネツィア
ボローニャ
ジェノバ
ピサ
フィレンツェ
ローマ
ナポリ
バーリ
パレルモ
カターニア

面積	約30.2万㎢
人口	約6036.8万人（2021年）
通貨	ユーロ（EUR）
言語	イタリア語（公用語）など
宗教	カトリックなど
民族	イタリア人など

風光明媚な南イタリアの都市

ローマ、ミラノに次ぐイタリア第3の都市。ナポリ湾に面し、南イタリアの経済の中心地であるとともに観光都市でもある。「ナポリを見てから死ね」という言葉もあるほど景色が美しい。

100km

Photo by Slavko Sereda

国土 ヨーロッパ南部にあり、地中海に突き出した長靴型のイタリア半島とシチリア島、サルディーニャ島などで構成される。面積は日本の約5分の4。北側のスイスやフランスとの国境付近にはアルプス山脈があり、ヨーロッパ最高峰のモンブラン（4,810 m）も内包する。イタリア半島の中央部にはアペニン山脈が連なり、ここではたびたび地震が起きている。気候は、北部が温暖湿潤気候で夏暑く、冬は寒い。中部から南部は地中海性気候で、冬は雨が多いが温暖で過ごしやすい。

経済 北部はミラノ、トリノ、ジェノバを中心に工業化が進み、製鉄、電力、機械、自動車、化学などの工場が置かれている。一方、南部は冬でも温暖な気候を活かした農業が盛ん。小麦、トマト、ジャガいも、豆類、ぶどう、オレンジ、レモンなどが多く栽培されている。ポー川流域のパダノ＝ベネタ平野では、ヨーロッパでは珍しい稲作が行われている。

歴史 紀元前7世紀頃、現在のイタリアにはさまざまな民族が住み、それぞれ都市国家を形成していた。中でもローマが大きな力をもち、紀元前27年、ローマ帝国が誕生する。ローマ帝国は勢力を拡大し、ヨーロッパの大部分とイギリス、西アジア、北アフリカまで支配するようになったが、3世紀以降は次第に衰え、東西に分裂。イタリアがある西側は476年に滅亡した。その後、北部は神聖ローマ帝国の支配下に置かれ、商業や工業、文化が発展した。特に華やかだった14〜16世紀

はルネサンスと呼ばれている。19世紀になると統一の動きが生まれ、1861年にイタリア王国ができた。第一次世界大戦後の1922年にムッソリーニ（右）が首相となり、独裁国家に転換する。第二次世界大戦では敗戦。1946年に王政が廃止され、1948年にイタリア共和国になった。

文化 紀元前からさまざまな文化、美術、音楽などを生み出してきた。国民の多くはカトリックを信仰しており、宗教にちなんだ行事も多い。地域ごとの文化が根強く残り、住民の気質も異なる。

人物 中世〜近代に文学・芸術・音楽分野などで、さまざまな成果を残した人物が多数いる。探検家のマルコ・ポーロ、クリストファー・コロンブス（右）、化学電池を発明したアレッサンドロ・ボルタ、無線電信の発展に貢献したグリエルモ・マルコーニら、世界を動かした人物も多い。

日本との関係 13世紀、中国（宋）を訪れたマルコ・ポーロが著書『東方見聞録』でふれたことで、欧州の人々に日本が認知された。本格的な外交や貿易が始まったのは、1866年の日伊修好通商条約締結後。第一次・第二次世界大戦では同盟関係にあった。戦後、人・物とも交流は多く、貿易では、日本に衣料品、バッグ、アクセサリー、ワインなどを輸出、日本からは自動車、オートバイ、パソコンなどを輸入している。

地域によって異なる料理 国民食の「パスタ」も種類豊富

　日本のように南北に長く、それぞれの地域で気候が異なるイタリアは、各地にそれぞれの料理があり、「イタリアにイタリア料理はなく、あるのは郷土料理だけ」という人もいる。歴史は古く、ベースとなる料理や調理法は紀元前の古代ローマで生まれた。彼らが毎日のように食べる「パスタ」（下）は、スパゲッティなどのロングパスタのほか、ペンネ、ファルファッレ、マカロニなどのショートパスタなど700種類近くあり、ソースも地域ごとに特色がある。

イタリアの🍴食

ピッツァ

パスタ同様、イタリアの国民食。地域や店により、大きさ、厚さ、形、焼き方などが異なる。代表的な例を挙げると、ナポリ風は厚めでもっちり（右上）、ローマ風は薄くてパリパリとした食感が特徴の生地になっている。ちなみに、ピッツァは夜に食べる軽い食事という位置づけのため、ピッツェリアと呼ばれる専門店は夜しか営業しない場合が多い。

ヨーロッパ　南ヨーロッパ

14世紀のイタリアで始まった「3つのルネサンス」

「ルネサンス」は、もともと「復活」や「再生」を表すフランス語。14世紀、イタリアでは「神こそがすべて」というキリスト教の考え方の影響が少しずつ弱まり、人々は自由で個性を活かした生き方を求めるように変化。古代ギリシャ・ローマの文化復興をめざす動きが出てきた。この流れはヨーロッパ全土に広がり、16世紀まで続いた。絵画、彫刻、科学技術まで、さまざまな作品や技術が生まれ、社会に大きな影響を与えた。

文学

イタリア人作家では、『神曲』のダンテ・アリギエーリ（左）、『デカメロン』のジョヴァンニ・ボッカチオ、『君主論』のニッコロ・マキャヴェッリなどが有名。『ドン・キホーテ』のミゲル・デ・セルバンテス（スペイン）、『エセー』のミシェル・ド・モンテーニュ（フランス）らもルネサンスの影響を受けた作家だ。

芸術

建築家ブルネレスキが発明した遠近法を、マサッチオが絵画に応用。奥行きのあるリアルな作品が生まれるようになった。有名な画家は、「モナ・リザ」（右）のレオナルド・ダ・ヴィンチ、「最後の晩餐」や「ダビデ像」を創ったミケランジェロ、「アテナイの学堂」のラファエロなど。メディチ家らパトロンの支援や油絵の技法の確立も絵画の発展に大きく貢献した。

科学技術

「羅針盤」「火薬」「活版印刷術」は、3大発明といわれる。羅針盤は航海時間の大幅短縮になり、火薬の発見は戦争のスタイルを変えた。活版印刷は聖書の印刷などに使われた。いずれも、すでに中国で発明されたものであったが、ルネサンス期に改良され、世界で広く使われるようになった。

この時期、信じられてきた天動説が覆る！

地動説の提唱もルネサンス期。ポーランドのコペルニクスが、それまで主流だった天動説に異を唱え、晩年に地動説を発表。のちにガリレオ・ガリレイが擁護した。

イタリアの　場所　ピサの斜塔

イタリア中部トスカーナ州のピサにあるピサ大聖堂の鐘楼。1171年に建てられ、高さは55.86m。地盤が悪く、完成直後から傾き始め、5.5度傾いていたこともある。倒壊の危険も指摘されていたが、1990〜2001年の間に行われた工事により、現在は約3.97度になっている。ピサ生まれでピサ大学の教授だったガリレオ・ガリレイが、塔の上から質量が異なる2つの球を同時に落とす物理実験を行ったとされるが、真偽はわかっていない。

イタリアの首都として繁栄 多くの人を魅了する「ローマ」

イタリア半島中部にあり、政治、経済、文化の中心である「ローマ」。古代ローマ帝国時代からヨーロッパを代表する都市として繁栄し、人々を魅了してきた。カトリックの中心地でもあり、当市に囲まれるようにローマ教皇が居住するバチカン市国がある。市内には今も歴史的な建造物が多く残され、世界文化遺産にも登録されている。1953年の映画「ローマの休日」の舞台にもなり、訪れたことがなくても、そこで描かれた景色が目に焼きついている人も多いはずだ。

▶市の中心部にある「スペイン広場」。スペイン大使館がそばにあることに由来する。有名な大きな階段の前には、ジャン・ロレンツォ・ベルニーニの「バルカッチャの噴水（舟の噴水）」がある。

◀ローマ帝政期の西暦80年に造られた円形闘技場「コロッセオ」。5万人以上収容可能な巨大施設で、当時はゾウ、ワニ、ライオンなどの猛獣と剣闘士、あるいは剣闘士同士の戦いを見に大勢の観客が訪れた。

▶1762年に完成したバロック芸術の噴水「トレヴィの泉」。肩越しにコインを投げ入れると再びローマを訪れることができるという言い伝えはあまりに有名。

ヨーロッパ　南ヨーロッパ

数多くの作曲家を輩出！「オペラ」の故郷はフィレンツェ

ヴァイオリン協奏曲「四季」で有名なアントーニオ・ビバルディ、「アイーダ」や「椿姫」のジュゼッペ・ヴェルディ、「トスカ」や「蝶々夫人」のジャコモ・プッチーニなど、当地出身の音楽家は多い。17世紀初めにフィレンツェで初めて上演された「オペラ」は、10〜6月にかけて有名なミラノのスカラ座をはじめ、各地の劇場で鑑賞できる。ヴェローナのアレーナなど、屋外の劇場で夜風に吹かれながらの鑑賞も趣きがある。

▶カンツォーレの代表曲「オー・ソレ・ミオ」や、替え歌「鬼のパンツ」の原曲「フニクリ・フニクラ」などは、日本でも広く知られている。「フニクリ・フニクラ」は、ヴェスヴィオ火山にあった登山電車の集客のために制作されたCMソング。

イタリアの モノ
ストラディバリウス

イタリア北西部のクレモナで生産された、高額かつ名器として知られるヴァイオリン。アントニオ・ストラディバリと2人の息子が作ったものを指し、3人で1,200前後（ヴィオラやギターなど、他の楽器を含む）作られ、約600挺が現存する。現在も修復などを重ねながら、一流のヴァイオリニストらが所有し、演奏に使われている。

伝統的な手工業から発展したイタリアの「ファッション」

古代ローマの時代から服装や道具、住居などのデザインへのこだわりが強かったといわれるイタリア。皮革や繊維産業も盛んで、ヴェネチアやフィレンツェなどの都市で行われたこうした手工業は、北西部の重工業地域、南部の農業地域に次いで重要な産業となり、中部から北東部は「第3のイタリア」と呼ばれている。1970年代には、ジョルジオ・アルマーニやジャンニ・ヴェルサーチなどの人気デザイナーが登場。ミラノ・コレクションをはじめとするファッションの展示会も行われるようになり、洗練されたファッションの国というイメージが定着した。

▶毎年夏冬の年2回、ミラノで開催される「ミラノ・コレクション」は、服飾ブランドの新作発表会。パリ、ニューヨーク、ロンドンとともに「ビッグ4」の一つとして数えられている。

イタリアの 人　バレンティーノ・ロッシ (1979〜)

中部マルケ州ウルビーノ出身のオートバイレーサー。1995年のイタリア選手権125ccクラスでチャンピオンを獲得。翌年、同クラスでロードレース世界選手権デビュー。2000年以降は最高峰クラスに出場し、2001〜2005・2008・2009年には年間チャンピオンになるなど、「史上最強のライダー」といわれた。2021年に引退。ゼッケン番号「46」は永久欠番になっている。

豊かな自然と長い歴史「世界遺産」の登録数は世界一！

紀元前からの長い歴史と多様な自然をもつこともあり、登録された世界遺産の数は58件で、2022年12月現在で世界第1位。

◀シチリア島東部にあるヨーロッパ最大の活火山「エトナ山（3,323m）」。50万年以上前から噴火活動が行われているといわれ、現在も世界で最も活動的な火山の一つ。

▶イタリア北部にあり、東西貿易の中心地として栄えた「ヴェネツィア」。118の小島で構成され、旧市街は車が入れないため、船を利用する。ゴンドラは街の風景の一部になっている。

▲南部のアルベロベッロの街に並ぶ、白い漆喰塗りの壁に円錐型のとんがり屋根が特徴の伝統的家屋「トゥルッリ」。簡素な造りのため、スペイン統治時代、役人が来るときだけ屋根を外し、税金を逃れたという話も残る。

人類にとって重要な文明が生まれた地

ギリシャ共和国 Hellenic Republic

面積	約13.2万㎢
人口	約1064万人（2021年）
通貨	ユーロ（EUR）
言語	ギリシャ語（公用語）
宗教	ギリシャ正教など
民族	ギリシャ人など

国土 ヨーロッパ南東部、バルカン半島の最南端に位置する。東はエーゲ海、西と南は地中海に面し、周辺の約3,000の島々も領土に含まれる。面積は日本のおよそ3分の1。気候は地中海性気候で夏は暑く乾燥し、南からの季節風シロッコにより暑さが強まる。冬は温暖で雨が降る。

美しい景色のほか魅力がたくさん！個性ある島々
6つの風車と迷路のような街並みが続くミコノス島、太陽神アポロンと月の女神アルテミスが誕生した島として信仰の対象になっていたデロス島、ビザンティン時代の面影が残るヒオス島など、それぞれ個性があり、フェリーや飛行機で巡ることができる。

経済 古い遺跡や景観に恵まれたリゾート地が多いことから、世界各国から観光客が訪れ、年間の観光客数は人口の約3倍ともいわれる。ホテル、交通、レストラン、土産物店など、観光関連が大きな収入源。海運業も盛んで、貨物船の所有数は世界有数、船の売買や建造なども行う。輸入金額が輸出金額を大きく上回る貿易赤字が続いており、2009年の通貨危機もこれが原因だとされる。

歴史 現在の領土がある地域は、1万年以上前から人が住んでいたといわれる。紀元前20世紀頃にクレタ文明、16世紀頃にミケーネ文明が栄え、その後、アテネやスパルタなどの都市国家（ポリス）が誕生。古代から中世にかけ、ローマ帝国やオスマン帝国の支配下となるが、1829年に独立。1974年に共和制になり、1981年にEU前身のECに加盟。

文化 古くから中東やヨーロッパ各地と交流があり、双方の影響を受けてきた歴史がある。近年はEUの一員として、欧州の影響が特に大きい。

▲ギリシャ中南部に位置するアテネ市内の南西12kmにある港町「ピレウス」は、かつてアテネの外港として栄え、現在はエーゲ海クルーズの拠点になっている。
Tyler Hurd on Pixabay

人物 哲学者のタレス、ソクラテス、プラトン、アリストテレス、数学者のアルキメデス、ピタゴラス、ユークリッドなど、古代ギリシャにはたくさんの偉人がいる。新聞記者・作家のラフカディオ・ハーンは、小泉八雲として日本に帰化。

日本との関係 たばこ、石油製品、綿花、果実、医薬品などを日本に輸出し、船舶類、一般機械、自動車・部品などを日本から輸入。日本からの輸入超過が続いており、2018年は約464億円、逆に日本への輸出額は234億円だった。

「オリンピック発祥」の国 2004年にはアテネで開催

近代オリンピックの前身にあたる古代ギリシャの「オリンピア祭」は、紀元前8世紀頃、ペロポニス半島西部のオリンピアで、ギリシャ神話の神ゼウスに捧げる祭りとして始まったといわれている。4年に1回、各ポリスから集まり、レスリングや短距離走、戦車レースなどが行われて

▶近年は毎回200を超える国・地域のチームが参加するようになり、2004年には108年ぶりにアテネで開催された。
David Mark on Pixabay

いた。393年にローマ帝国によって中止されるが、フランスの教育者ピエール・ド・クーベルタンらが開催を呼びかけ、1896年、アテネで第1回オリンピックが14か国の参加で開かれた。

▲第1回オリンピックの優勝メダルは銀メダルで、オリーブの小枝とともに授与された。片面には全能の神ゼウスの顔が彫られ、もう片方にはアクロポリスの神殿全体が彫刻されている。

▶第1回オリンピックの公式報告書の表紙イメージ。左上の数字は、紀元前776年に古代オリンピア祭が行われ、1896年に第1回アテネオリンピックが開催されたことを意味している。

第1回のスタジアムを2004年開催時にも活用！
1896年の第1回オリンピックの会場となった「パナシナイコスタジアム」は、紀元前6世紀からパナテナイア祭（古代ギリシャ最大の祭事）の会場になっていた跡地を活用した。1896年開催時は開会式と男子マラソンのゴールとして使われ、2004年時も男女マラソンのゴールとアーチェリーの会場になった。

ギリシャの　観光地　エーゲ海の島々

イオニア海やエーゲ海の美しい景観、豊かな自然などをもち、多くの観光客が訪れる島々。絵ハガキでよく見る、海を背景に、崖に立つ青いドームの教会と白い建物が印象的な景色が眺められるのは「サントリーニ島」のイアという集落。ギリシャにおけるハネムーンの人気旅行先になっている。

世界で最も古い都市の一つ ギリシャの首都「アテネ」

かつてはアテナイと呼ばれていた「アテネ」は3000年以上の歴史をもち、世界で最も古い都市の一つとして知られる。古代ギリシャ時代から政治・文化の中心都市として栄え、市内には今もアクロポリス遺跡や政治、宗教の中心であった古代アゴラ、ギリシャ最古の劇場であるディオニソス劇場、紀元前2世紀に建てられたゼウス神殿など、歴史ある建造物や遺跡が今も多く残っている。

▶アクロポリス遺跡の中にある「パルテノン神殿」。15年の歳月をかけて、紀元前432年に完成した。1687年に戦争で大破したが、修復作業が行われている。

ラテン文字やキリル文字の基になっている「ギリシャ語」

ギリシャ語は3000年以上前から使われ、最も古くから記録されている言語の一つ。日常的に使われている地域はギリシャ国内およびキプロス、トルコの一部で、話者は約1200万人だが、過去の偉大な文明の言語でもあり、重要な言語として位置づけられている。

◀さまざまな言語がある中、「ギリシャ語」由来の単語は多く、英語では10%を超えるそう。使われるギリシャ文字は、ラテン文字（ローマ字）やキリル文字の基にもなっている。

Greg Montani on Pixabay

ギリシャの　食　ギリシャ料理

オリーブやオリーブオイルがたくさん使われ、国民1人当たりのオリーブオイル消費量は世界トップクラス。名物料理は、羊のひき肉、なす、チーズを重ねて焼いたムサカ、魚の卵とマッシュポテトを混ぜたタラモサラダなど。羊肉と野菜をパンで巻いたギロ・ピタはこの国のソウルフードで、タベルナと呼ぶ大衆食堂で気軽に味わえる。日本でも人気となったギリシャヨーグルトは、滑らかで濃厚な味わいが特徴。ザジキというヨーグルトソースにも使用される。

マドリード
フランス
大西洋
地中海
ポルトガル
アルジェリア
モロッコ
250km

芸術家も多数活躍する、闘牛、フラメンコなどの発祥地

スペイン王国 Kingdom of Spain

ヨーロッパ

南ヨーロッパ

面積	約50.6万km²
人口	約4740万人（2021年）
通貨	ユーロ（EUR）
言語	スペイン（カスティージャ）語（公用語）／カタルーニャ語・ガリシア語・バレンシア語・バスク語・アラン語（地方公用語）
宗教	カトリックなど
民族	スペイン人／カタルーニャ人など

国土 ヨーロッパ南西部、イベリア半島の大部分を有し、東は地中海、北はフランス、アンドラ、ビスケー湾、西はポルトガルに接する。南側にはジブラルタル海峡を挟み、モロッコがある。アフリカ大陸の北側にあるセウタとメリリャはスペインの飛び地。ピレネー、カンタブリカ、シエラネバダ、シエラモレナなどの山脈に囲まれ地形は山が多いが、イベリア半島の中央部には乾燥した高原メセタが広がる。国土の大半が地中海性気候。

◀スペインのほぼ中央に位置する首都「マドリード」。人口300万人を超えるヨーロッパ有数の巨大都市だ。

経済 小麦、米、オレンジ、ぶどうなど、古くから農業が盛ん。1960年以降は急速に工業が発達し、北部のカタルーニャ州やパイス・バスコ州を中心に、自動車、鉄鋼、化学、繊維などの工場が集まる。地下資源にも恵まれ、石炭、鉄鉱石、銅、亜鉛、水銀などが採掘されている。

歴史 8世紀、イスラム帝国によってイベリア半島の大部分が支配されるが、キリスト教徒による国土回復運動により、1479年にスペイン王国が成立。その後はアメリカ大陸に進出し、南北アメリカのほとんどを支配した。16世紀にはイギリスに、18世紀にはフランスやオランダにも敗れるなど弱体化し、植民地を失う。1936年、軍人フランコが内戦を起こし、勝利。独裁政治が続くが、フランス国王主導で民主化が進められ、1979年に民主化した。

文化 国内の各民族のほか、ヨーロッパ各国、イ

情熱の民俗芸能「フラメンコ」
世界的に有名なフラメンコは、アンダルシア地方発祥とされる。舞踏のバイレ・フラメンコと歌謡のカンテ・フラメンコがあり、伴奏にギター演奏（トケ）が用いられる。タブラオと呼ばれる劇場つきの飲食店で鑑賞可能だ。

スラームやアフリカの影響も受けている。「情熱の国」と表現されるように、感情表現豊かで奔放な国民性も特徴。

人物 スポーツでは、テニスのグランドスラムを22回制覇したラファエル・ナダル、F1ドライバーのフェルナンド・アロンソなどが有名。サッカー選手のアンドレス・イニエスタ、フェルナンド・トーレス、ダビド・ビジャは日本のJリーグでも活躍した。

日本との関係 1614年、支倉常長を大使とした慶長遣欧使節団の訪問をきっかけに、貿易、文化、スポーツなどの分野を中心に交流がある。近年の貿易では、医薬品、肉類を日本に輸出し、輸送用機器、一般機械などを日本から輸入。

スペインの 人 芸術家

たくさんの芸術家を輩出したスペイン。有名画家に絞ったとしても、ベラスケス、ムリーリョ、ゴヤ、ピカソ（下）、ジョアン・ミロ、ダリなど、錚々たる名前が並ぶ。建築家としてはガウディが有名。サグラダ・ファミリア、グエル公園、カサ・バトリョ、カサ・ミラなど、バルセロナ市内には見学できる施設もある。こうした芸術家は世界中さまざまなジャンルの文化に貢献した。

州ごとに異なる「言語・習慣」独立をめざす州もある!?

多民族国家スペインは、民族それぞれ独自の言語、文化、風習をもつ。公用語はスペイン語だが、地方公用語として、カタルーニャ語、ガリシア語、バレンシア語、バスク語、アラン語の5言語が認められている。各民族とも帰属意識が強いといわれ、特に北部のカタルーニャ人が住むカタルーニャ州、バスク人が住むバスク州には独立や、より強い自治権を求めている人が多い。

▲カタルーニャ州では、2010年頃からスペインからの独立を求める動きが高まった。2017年には独立宣言を行うも中央政府に認められず、スペイン高等裁判所で無効の判決が下った。

◀1959年から過激派組織「バスク祖国と自由（ETA）」によって、バスクの完全独立を求める武装闘争が起こった。2018年にETAは解散し、独立運動に終止符が打たれた。

各地でユニークな「祭り」を開催国技の闘牛は全国で行われている

スペイン各地では多彩な祭りが行われる。1年かけて作った人形の屋台を展示し、最終日に燃やす「バレンシアの火祭り」、男女が伝統的な衣装を着てパレードする「セビリアの春祭り」、追いかけてくる牛の前を約800m走る「パンプローナの牛追い祭り（サン・フェルミン祭）」の3つは特に有名で、3大祭りと呼ばれる。国技である闘牛は全国に500以上の常設闘牛場があり、3月中旬〜10月中旬がシーズン。

▶マタドールと呼ばれる「闘牛士」は、赤い布（ムレータ）を使い、牛の動きをコントロールしながら、最後は肩甲骨の急所に剣を刺して仕留める。牛も人間も命がけで戦い、観客を沸かせる。

オレンジ、オリーブ、レモン…「農業」のほか牧畜も盛ん

中部のメセタ、地中海沿岸部、南部のグアダルキビール川周辺では「農業」が盛ん。大麦、小麦、とうもろこしなどの穀類は主にメセタで栽培される。オレンジやレモンは世界有数の生産量を誇るほか、オリーブオイルは世界一（2022年）の生産量で約30%のシェアを占める。ワイン生産量もイタリア、フランスに次ぎ、例年3位を維持している。

ガウディの未完成作品。建築家ビリャールが設計し、1882年に着工したが途中で辞任したため、無名だったガウディが引き継いだ。その後、晩年まで設計、建築。スペイン内戦などで設計図や資料が消失したが、残された資料や職人の口述、推測をもとに建築が続く。完成まで300年以上かかるといわれていたが、建築分野の技術革新や資金調達により、工期が大幅に短縮。ガウディ没後100年である2026年の完成をめざしている。

Patrice Audet on Pixabay

▶日本はスペイン産オリーブオイルを多く輸入しており、輸入量の約5割を占めている。日本における同オリーブオイルの売上高は、2014年以降、トップを維持している。

たっぷりのドングリを食べて育った最高級のイベリコ豚

牧畜も盛んで、北部は主に牛、中部は羊や豚を放牧する。イベリコ豚の中でも最高級のイベリコ・ベジョータは、放牧期間や日数、餌などに厳しい決まりがある。

ヨーロッパ

南ヨーロッパ

「サッカー」と「ファティマ」と「ファド」を愛する人たちの国

ポルトガル共和国 Portuguese Republic

大西洋　スペイン
リスボン
モロッコ
├──┤100km

面積	約9.2万km²
人口	約1029万人（2021年）
通貨	ユーロ（EUR）
言語	ポルトガル語（公用語）／ミランダ（アストゥリア）語
宗教	カトリックなど
民族	ポルトガル人など

国土 ヨーロッパ大陸の南西部、イベリア半島の西端に位置する南北に長く伸びた国。面積は日本の4分の1程度で、スペインと国境を接している。大西洋上には、火山群島であるアゾレス諸島とマデイラ諸島がある。

経済 主な産業は、製造業（機械類、衣類、履き物、コルク製造）と観光業。輸出入の約7割をEU域内国が占めるなど、EU依存型の経済体制が続けられてきたが、近年は、グリーン（再生可能エネルギー）とデジタル分野の促進を経済政策の柱に据えている。

歴史 紀元前8世紀にギリシャ人がリスボンに入植。ローマ帝国の支配下に入るが、711年にムーア人に占領され、以降、400年近くにわたってイスラム王朝に支配される。その後、もともと住んでいたキリスト教徒たちがイベリア半島の再征服活動レコンキスタを展開。1143年、ポルトガ

ル王国の建国に至る。1580年にスペイン王フェリペ2世がポルトガル王となりスペインに併合されるが、1640年に再び独立。1910年、今度は反王政運動が高

▲首都「リスボン」は、ヨーロッパでも有数の観光都市。オレンジ色に統一された屋根が印象的だ。

まり、12世紀の建国から続くポルトガル王国は終焉、ポルトガル共和国が成立する。1932年、独裁体制が開始。1974年、カーネーション革命により独裁体制は終わりを迎え、以降、民主化が進むことになった。

文化 ポルトガル人が愛するものを紹介する際に、よく「3つのF」という言葉が使われる。「Futebol（サッカー）」「Fátima（キリスト教の聖地ファティマ）」、そして、大衆歌謡である「Fado（ファド）」なくしてポルトガルは語れない。

> **リスボンの下町で生まれた「ファド」**
> ポルトガル人たちの心の叫び「サウダーデ（嬉しさや悲しさの入り混じった郷愁）」を歌う大衆歌謡。ラテン語の「ファラム＝運命」が語源といわれている。ギターの伴奏で歌われ、鼻母音を活かした発声と哀愁に満ちた旋律が特徴だ。

ポルトガルの　場所　ファティマ大聖堂

リスボン北部に位置する小さな町ファティマの中心地にそびえ立つ大聖堂。1917年に聖母マリアが出現した地として知られ、のちにローマ・カトリック教会が公認したことから、今では世界中の巡礼者が訪れる聖地の一つになっている。

人物 15世紀の大航海時代の航海者に、南アフリカの喜望峰到達（1488年）を成し遂げたバルトロメウ・ディアス、インド航路開拓（1498年）のヴァスコ・ダ・ガマらがいる。ヴァスコ・ダ・ガマはポルトガルに大量の香辛料を持ち帰った。

▲リスボンにある「ベレンの塔」は、ヴァスコ・ダ・ガマのインド航路発見を記念して建造されたもの。

日本との関係 ポルトガルは日本と最初に直接交渉を行ったヨーロッパの国。1543年にポルトガル人を乗せた中国船が種子島に漂着し、鉄砲の技術が伝わった。その6年後には、ポルトガル国王の命でキリスト教の布教活動を行っていたフランシスコ・ザビエル（スペイン出身）が鹿児島に上陸し、日本にキリスト教を伝えた。

ヨーロッパ

南ヨーロッパ

「治安のよさ」と「気候のよさ+α」で ポルトガルに移住する人が急増中

もともと観光業が盛んな国だが、近年は欧米の人たちから「定年後に移住したい国」の一つに挙げられるようになっている。その要因の一つが、2012年に始まったゴールデンビザというプログラムだ。これはポルトガル国内の不動産に一定額以上投資することで、5年後に永住権と市民権の申請が可能になるというもの。2017年には米人気歌手マドンナがリスボンへの移住を公表し、大きな話題となった。

▲風情ある街並みも人気の理由の一つ。坂道の多いリスボンの市街地を走る「ケーブルカー」は観光客にも人気。

世界中を旅しながら仕事する 「リモートワーカー」の誘致も進行中

近年は国を挙げてデジタル分野の起業推進に

ポルトガルの 場所 　ベルトラン書店

リスボンの街中にある、1732年創業の世界最古の書店。店の外壁には「OLDEST OPERATING BOOK SHOP」の文字とともにギネス認定マークが掲げられている。美しい青の「アズレージョ(装飾タイル)」が目印になっているという。

ポルトガルの 人

クリスティアーノ・ロナウド(1985〜)

北大西洋に浮かぶポルトガル自治領マデイラ諸島出身のサッカー選手。リスボンに拠点を置くスポルティングCPでキャリアをスタートさせたあと、ヨーロッパ3大リーグ(イングランドプレミアリーグ／スペインプリメーラ・ディビシオン／イタリアセリエA)すべてで優勝を経験しているサッカー界のレジェンドだ。

も力を入れており、働く現役世代からの注目も高まっている。もともとアイルランドで開催されていた欧州最大級のスタートアップイベント「ウェブサミット」をリスボンに誘致したのを皮切りに、2018年には起業を予定する外国人に一時的な在留資格を認めるスタートアップビザも導入した。

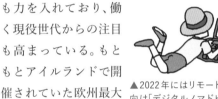

▲2022年にはリモートワーカー向け「デジタルノマドビザ」の導入も開始。最近では「欧州のシリコンバレー」と呼ばれることも。

大航海時代に生まれた ポルトガルの「ソウルフード」

ポルトガルの食を語るうえで欠かせない食材がある。それが「バカリャウ」だ。大航海時代に重宝された保存食で、塩漬けにした鱈の干物を水で戻したものを調理する。このバカリャウを使ったレシピは365種類以上もあるといわれている。

▶フライドポテトと合わせて卵でとじたバカリャウ料理の定番メニュー「バカリャウ・ア・ブラーシュ」。

◀リスボンの守護神である聖アントニオを祝う「聖アントニオ祭」は、イワシ漁が解禁される6月に行われ、街中にイワシを焼く屋台が出ることから通称「イワシ祭り」と呼ばれている。

有名な「ポートワイン」も 手頃な価格で楽しめる

ワインの消費量が、1人当たり51.9ℓ(2021年)と世界一を誇るポルトガル。世界遺産に登録されている銘醸地ドウロ産の「ポートワイン」は国外でも人気急上昇中だ。他のEU諸国に比べて物価が2〜3割と安いので、ワインもほかより安く手に入れることができる。

◀ロナウドの出身地で、かつてはリゾート地としても栄えたマデイラ島には現在、「デジタルノマドビレッジ」がオープン。世界中からノマドワーカーが集まる人気エリアになっている。

Photo by CCat82

ヨーロッパ　南ヨーロッパ

アドリア海などの自然や文化が魅力の国

クロアチア共和国 Republic of Croatia

面積	約5.7万km²
人口	約387.1万人(2021年)
通貨	ユーロ(EUR)
言語	クロアチア語(公用語)など
宗教	カトリックなど
民族	クロアチア人など

国土 バルカン半島の北西部に位置し、アドリア海に面する。九州の1.5倍ほどの国土だが、ひらがなの「く」のような形をしており、地中海性気候、温暖湿潤気候、西岸海洋性気候に分かれる。

経済 「アドリア海の真珠」とも呼ばれるドゥブロブニク旧市街をはじめ、8つの世界遺産があるなど、観光が大きな産業になっている。ほかに石油化学、食品加工、繊維などの工業も盛ん。

歴史 1918年、セルビア人・クロアチア人・スロベニア人王国(のちのユーゴスラビア王国)が成立。第二次世界大戦中にクロアチア独立国の樹立を宣言するが、実際はナチス・ドイツの傀儡国だった。終戦後、ユーゴスラビア連邦の構成共和国の一つとなるが、1991年に独立。

文化 食文化や慣習などは、旧ユーゴスラビア諸国、トルコ、オーストリア、ハンガリーなど、周辺国の影響を受けている。

今は治安がよい平和な国だが「支配」と「独立」を繰り返してきた

クロアチアがある地域は、中世からハンガリー、ベネチア共和国、オスマン帝国、ハプスブルク君主国など、さまざまな国に支配されてきた。そのため戦いも多く、建物には今もその爪痕が残る。1991年から1995年にかけて起きたクロアチア内紛でも、多数の犠牲者や難民が出た。一方で、さまざまな国の影響を受けたことにより、豊かな食文化や工芸品が生まれ、今では国の魅力の一つになっている。

◀クロアチアの首都ザグレブにある「聖マルコ教会」。市松模様の可愛らしい屋根には、大きな2つの紋章が描かれており、左がクロアチア王国、ダルマチア地方、スラヴォニア地方を表す紋章、右はザグレブの紋章になっている。

知る人ぞ知る、ネクタイ発祥の国
17世紀に起きた三十年戦争で、フランスの傭兵として戦争に参加したクロアチア兵士が首にスカーフを巻いていたのがパリで流行り、その後、イギリスで現在のネクタイの形になった。

2023年1月から通貨がユーロに独自デザインの「コイン」も発行

クロアチアは、2023年1月1日から他のユーロ加盟国同様、ユーロに切り替わり、クーナは使えなくなった(しばらくは両通貨を使用できるが、その後はユーロのみになる)。クロアチア発行のユーロ硬貨も誕生。1ユーロ硬貨はクロアチア人に親しまれている動物のテン、2ユーロは地図。50、20、10セント硬貨は科学者のニコラ・テスラ。5、2、1セント硬貨はキリル文字の原型とされるグラゴール文字がデザインされる。

◀「1ユーロ硬貨」のテンは国民的動物で、国旗にも描かれている。昔、テンの毛皮が通貨代わりだったこともある。

クロアチアの人

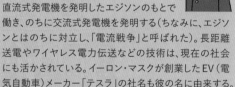

ニコラ・テスラ(1856〜1943年)
クロアチアのスミリャン村生まれの科学者。直流式発電機を発明したエジソンのもとで働き、のちに交流式発電機を発明する(ちなみに、エジソンとはのちに対立し、「電流戦争」と呼ばれた)。長距離送電やワイヤレス電力伝送などの技術は、現在の社会にも活かされている。イーロン・マスクが創業したEV(電気自動車)メーカー「テスラ」の社名も彼の名に由来する。

プリシュティナ
セルビア
モンテネグロ
ブルガリア
アドリア海
北マケドニア
アルバニア
100km

2008年にセルビアから独立を宣言して誕生した多民族国家

コソボ共和国 Republic of Kosovo

面積	約1.1万k㎡
人口	約179万人（2021年）
通貨	ユーロ（EUR）
言語	アルバニア語・セルビア語（公用語）など
宗教	イスラームなど
民族	アルバニア人など

国土 バルカン半島の中央部に位置する内陸国。北から東はセルビア、西はアルバニアとモンテネグロ、南は北マケドニアと国境を接している。

経済 主要産業は農業。ただし、小規模な家族経営がほとんど。褐炭、亜鉛などの鉱物資源も有しているが、経済基盤は脆弱。

歴史 13世紀頃から中世セルビア王国の中心地になるが、1389年にコソボの戦いでオスマン・トルコに敗退。セルビア人の多くがコソボを離れ、代わりにアルバニア人の入植が進んだ。1913年、バルカン戦争に勝利したセルビアがコソボを奪回。その後、アルバニア人による民族運動が拡大し、1998年にはコソボ紛争へと発展。旧ユーゴスラビア連邦解体のきっかけにもなった。2008年、セルビアからの独立を宣言。

文化 東京五輪の柔道種目で2つの金メダルを獲得するなど、柔道が盛んな国の一つ。

世界で最も親米の国!? 目抜き通りは「ビル・クリントン通り」

コソボの首都プリシュティナには、アメリカの大統領の名前が冠された目抜き通りが存在する。その名も「ビル・クリントン通り」。なぜそんな名前がつけられたかというと、1998 ～ 1999年のコソボ紛争で、アメリカを中心としたNATOが軍事介入し、セルビアからのコソボ独立を支援したから。

▶街では「ビル・クリントンの銅像」も見ることができる。独立をいち早く支持したジョージ・W・ブッシュ大統領の名を冠した通りもある。

◀通り沿いには「HILLARY」という名前のブティックも…。

コソボで唯一の交響楽団は日本人指揮者!?
コソボ紛争後の2009年、日本人指揮者の栁澤寿男氏がコソボフィルハーモニー交響楽団の首席指揮者に就任した。音楽を通じた民族間交流に尽力している。

多民族国家の象徴として 作られた「国旗・国歌」

EUの旗に色もデザインもそっくりなコソボの国旗が制定されたのは、2008年2月17日、コソボ議会がセルビアからの独立を宣言した日のこと。旗の上部に描かれた6つの白い星は、それぞれアルバニア、セルビア、ボシュニャク、トルコ、ゴーラ、ロマの6つの民族の象徴になっている。

▶同時期に制定された国歌のタイトルは「ヨーロッパ」。アルバニア語とセルビア語、どちらで歌うかという議論を避けるために歌詞がない。

コソボの 場所 コソボ国立図書館

1982年にクロアチアの建築家アンドリヤ・ムトニャコビッチによって建てられた、首都プリシュティナにある図書館。鳥の巣のような奇抜な外観が特徴的だが、実はセルビア人を象徴するビザンティン様式とアルバニア人を象徴するオスマン様式を取り入れてデザインされている。

▲この図書館は、残念なことに「世界で最も醜い建築物の一つ」といわれることも…。

スロベニア共和国 Republic of Slovenia

面積	約2万km²
人口	約210万人（2020年）
通貨	ユーロ（EUR）
言語	スロベニア語（公用語）など
宗教	カトリックなど
民族	スロベニア人など

国土 北のオーストリア、東と南のハンガリー、クロアチア、西のイタリアに囲まれており、南西の一部はアドリア海に接している。国土のほとんどが温暖な気候だが、内陸部では冬の月平均気温がマイナスになることもある。

経済 主要産業は自動車や機械類、ホップ（ビールの原料の一つ）など。主要貿易国は、輸出がドイツ、スイス、イタリア、クロアチアなど、輸入がドイツ、スイス、イタリアなど。

歴史 13世紀にハプスブルク家の領地となる。1918年に成立したセルビア人・クロアチア人・スロベニア人王国が、1929年にユーゴスラビア王国と改称。第二次世界大戦後の1945年にユーゴスラビアの構成国の一つに。1991年に独立した。

文化 教会や城といった歴史的建造物が数多く残る。隣接する国々の文化を取り入れつつ、自国独自の文化も形づくっている。

「アルプスの瞳」と呼ばれる別荘地「ブレッド湖」

スロベニアは国土の6割以上が森林で、美しい自然に恵まれている。中でもヨーロッパ有数の別荘地である「ブレッド湖」は、その美観から「アルプスの瞳」と称され、湖岸にはブレッド城の姿も。湖に浮かぶ小島には教会があり、そこで結婚式を挙げる人もいる。

▲スロベニア北部、オーストリアとイタリアの国境近くにある「ブレッド湖」。その幻想的な光景はさながら、おとぎ話の世界に迷い込んだかのよう。
Photo by Remedios

旧ユーゴスラビアの国では工業先進国
西側の国に近く、一部が海に面していることもあり、旧ユーゴスラビアの国の中では工業先進国で、自動車や医薬品などが主要産業。GDPも中欧や東欧の国々の中でトップクラス。首都リュブリャナには、赤くカラーリングされた美しい古くからの建造物が集まる地域がある。

スロベニア最古の街「プトゥイ」秋田のナマハゲに似た祭りが有名

スロベニア最古の都市の一つ「プトゥイ」の歴史は、石器時代までさかのぼる。2万人ほどの小さな街だが、毎年2月に開催されるのはスロベニア最大といわれる「クレント祭」だ。1960年に始まったこの祭りは、冬の悪霊を追い払う中央ヨーロッパで最も重要な祭りだといわれている。

▶悪霊と冬を追い払うベルを鳴らしながら、ナマハゲに似た「クレント」というマスクを被り、街を練り歩く。

スロベニアの 世界遺産

シュコツィアン洞窟群
スロベニア南部のカルスト地方には石灰岩などの水に溶けやすい岩石で構成された地域があり、数多くの鍾乳洞が形成されている（国全体で総計1万以上の鍾乳洞がある）。その中で世界遺産に登録された深さ200m・全長6kmの洞窟群。ほかにも、全長27kmにも及ぶポストイナ鍾乳洞も有名。学術的に「カルスト地形」と呼ぶ地形は、スロベニアのカルスト地方がその語源になっている。

ヨーロッパ 南ヨーロッパ

セルビア共和国 Republic of Serbia

面積	約7.7万㎢
人口	約693万人（2020年）
通貨	セルビア・ディナール（RSD）
言語	セルビア語（公用語）／ハンガリー語など
宗教	セルビア正教など
民族	セルビア人など

国土 バルカン半島の中央にある内陸国。ハンガリー、ルーマニア、ブルガリア、北マケドニア、コソボ（セルビアはコソボを国家として認めていない）などと国境を接し、北部にヴォイヴォディナ自治州が設けられている。

経済 主要産業は鉄鋼などの製造業と、果実、小麦などの農業、商業、運輸業。EU諸国が輸出入の半数を占める。近年は中国からの投資が急増中。

歴史 1992年、旧ユーゴスラビアの解体に伴って、モンテネグロとともにユーゴスラビア連邦共和国を建国。2003年にはセルビア・モンテネグロに国名を変更したが、2006年にモンテネグロが独立し、セルビア共和国となった。

文化 古代ギリシャ帝国、ローマ帝国、オスマン・トルコ帝国、オーストリア＝ハンガリー帝国などに支配されてきた歴史をもつため、東西の文化が複雑に混在している。

街を走る「黄色いバス」は日本とセルビアの友好の証

首都ベオグラードの街を走る「ヤパナッツ」と呼ばれる黄色いバス。ヤパナッツはセルビア語で「日本人」を意味する言葉だ。1990年代に起こったユーゴスラビア紛争と、その後の経済制裁で疲弊したセルビアに対し、日本政府の無償資金協力によってバスが寄贈されたことから、親しみを込めてそう呼ばれている。

◀親日度の高さはヨーロッパ随一といわれるセルビアだが、「ヤパナッツ」はその象徴。最近はアニメやマンガの影響で、日本文化に関心をもつ若者が増加中。

▶ヨーロッパでは、セルビアは質の高い医療を安く受けられる国としても有名。最近は「デンタルツーリズム」と呼ばれる歯科治療を目的とした観光が人気だという。

18人のローマ皇帝を輩出した国!?
40人いるローマ皇帝のうち、コンスタンティヌス帝やガレリウス帝など、18人もの皇帝が今日のセルビア領内の生まれだといわれている。

人口約700万人の小さな「スポーツ大国」

セルビアは、人口700万人程度の小さな国ながら、バスケットボール、バレーボール、水球などの代表チームが常に世界の上位にランクインする「球技大国」。2022年には、かつて日本のJリーグでも活躍したドラガン・ストイコビッチが監督を務めるサッカー代表チームがFIFAワールドカップの本戦に出場した。

◀長きにわたり男子テニス界「ビッグ4」の一角を担ってきた「ノバク・ジョコビッチ」もセルビア出身の選手だ。

セルビアの人　アナ・ブルナビッチ（1975〜）

セルビア初の女性首相。1975年にベオグラードで生まれ、アメリカのノースウッド大学で学士を、イギリスのハル大学で修士号をそれぞれ取得した。2017年に首相に就任。セルビア人の政治家として初めてレスビアンであることをカミングアウトし、話題になった。

イタリア　バチカン
地中海　ティレニア海
250m
250km

ローマ教皇が統治する世界最小国家
バチカン Vatican

面積	約0.4km²
人口	615人（2018年10月の国籍保有者）
通貨	ユーロ（EUR）
言語	ラテン語（公用語）／フランス語（外交用語）／イタリア語（業務用語）／ドイツ語（スイス衛兵隊）
宗教	カトリック
民族	イタリア人／スイス人など

国土 イタリアのローマ北西部にあり、国境はイタリアに接している。面積は世界最小で、東京ディズニーランドの総面積にも満たない。国土のほとんどが、カトリックの関連施設。気候は地中海性気候。

経済 国家予算としての歳入は、世界中のカトリック信徒や教会からの募金、切手の販売、バチカン美術館の入場料収入、出版物の販売などが主。独自通貨は発行せず、ユーロを使用。

歴史 349年、ペテロの墓と伝わる場所に教会が建ち、一帯が教皇領となる。1870年、イタリア軍がローマに侵入し、教皇領が消滅。1929年、ラテラノ条約によりバチカン主権国家となった。

文化 サン・ピエトロ大聖堂、バチカン宮殿などの建造物のほか、ミケランジェロ、ラファエロらが手がけた絵画、彫刻などを有する。バチカンの国土全域が世界文化遺産。

世界中から信者や観光客が集まる「カトリックの総本山」

4世紀に創建され、1506〜1526年に再建されたカトリックの総本山「サン・ピエトロ大聖堂」（左）をはじめ、国全体が世界文化遺産に認定されている。大聖堂の隣にあるバチカン宮殿は、ローマ教皇の住居にもなっている。宮殿内にあるバチカン美術館は、6つの美術館と歴史的建造物の総称で、ミケランジェロの天井画や最後の審判の壁画などが有名なシスティーナ礼拝堂もこの中に含まれる。

◀バチカンの国家元首は、カトリック教会の最高指導者である「ローマ教皇」が務めることになっている。現在の第266代教皇のフランシスコは、史上初のアメリカ大陸出身かつ、イエズス会出身の教皇である。

スイス傭兵を雇ったことが起源　バチカンの「スイス衛兵隊」

自国では兵士をもたない代わりに、「スイス人衛兵隊」が国を守る。スイス国籍を有する19〜30歳までの未婚者で、カトリック信者、身長は174cm以上、高校卒業あるいは専門職の免許があるなど、諸条件を満たさないと衛兵にはなれない。

バチカンの出入国審査はなくローマから「自由に出入り」

バチカンは査証制度がないため、入国にあたってパスポートをチェックされることはない（出入国のスタンプもない）。イタリアとの国境は城壁や簡単な柵で囲まれているだけなので、一般に公開されているエリアであれば、自由に何度でも出入国ができる。ただ、イタリアを経由しないとバチカンに入国できないため、イタリアに入国できるパスポートや査証が必要になる。ちなみにバチカン国籍は、聖職者やその家族などに限られており、在職期間後は無効になってしまうため、全国民がバチカン以外の国籍をもつ二重国籍者である。

バチカンの **通信** バチカンの郵便

バチカンにも郵便局はあり、国際郵便も扱っている。主に教皇や宗教画をモチーフにした切手は、お土産としても人気が高い。規定料金分の切手を貼って、バチカン市内にある黄色いポストに投函すれば、日本を含め、世界各地に送ることができる。ちなみに、ローマ市内にある赤いポストから投函するより、バチカンで投函したほうが早く着き、トラブルも少ないという噂があり、わざわざ郵便を投函するために入国するローマ市民もいるのだとか。

POSTE VATICANE

ヨーロッパ　南ヨーロッパ

ボスニア・ヘルツェゴビナ Bosnia and Herzegovina

面積	約5.1万k㎡
人口	約326.3万人（2021年）
通貨	兌換マルク（BAM）
言語	ボスニア語・クロアチア語・セルビア語（公用語）
宗教	イスラーム（スンナ派）／セルビア正教／カトリックなど
民族	ボシュニャク（ムスリム）人／セルビア人／クロアチア人

国土 バルカン半島の北西部に位置する国。国土の大部分は山地。歴史的な経緯からネウム周辺のおよそ20kmだけがアドリア海に面している。

経済 主要産業は、木材加工業、鉱業、繊維業。紛争によって打撃を受けた経済は、すでに1人当たりGDPが6,916ドルと中進国の水準にまで発展している（2021年）。

歴史 1945年、ユーゴスラビア社会主義連邦共和国の構成国となる。1992年の独立宣言を契機に民族紛争が勃発。1995年のデイトン合意により、ムスリム系（ボシュニャク人）とクロアチア系住民が中心の「ボスニア・ヘルツェゴビナ連邦」と、セルビア系住民が中心の「スルプスカ共和国」という2つの主体で構成される国家となった。

文化 オスマン・トルコ時代、オーストリア・ハンガリー帝国時代、ユーゴスラビア時代を経て、多様な文化や宗教の影響が見られる。

8か月ごとの「輪番制」で大統領が次々と変わる国

ボスニア・ヘルツェゴビナでは、ボシュニャク人、クロアチア人、セルビア人という主要民族から1人ずつ選ばれた代表者で構成される「大統領評議会」を合議体の国家元首と定めている。この評議会の議長が大統領となり、公平性を保つため8か月ごとの輪番制が採用されている。

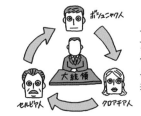

◀ボシュニャク人の代表とクロアチア人の代表は「ボスニア・ヘルツェゴビナ連邦」から、セルビア人の代表は「スルプスカ共和国」から選出される。

ボスニア・ヘルツェゴビナの人

エミール・クストリッツァ
（1954～）

世界3大映画祭すべてで受賞歴をもつ、サラエボ出身の映画監督。第二次世界大戦からユーゴスラビア内戦までの混乱を寓話的に描いた作品「アンダーグラウンド」（1995年公開）は、クストリッツァに二度めのカンヌ国際映画祭パルム・ドールをもたらした。セルビア人の父とムスリム人の母をもち、祖国をこよなく愛する彼は、今でも自身を「ユーゴスラビア人」と称している。

紛争の記憶が刻み込まれた美しい石造りの橋「スタリ・モスト」

「スタリ・モスト」は南部の都市モスタルを流れるネトレヴァ川に架けられた美しい石橋で、クロアチア人が多く暮らす西側とボシュニャク人が多く暮らす東側を結んでいる。ボスニア紛争の際に民兵によって破壊されたあと、2004年に再建され、和解と復興の象徴としてボスニア初の世界遺産にも登録された。住民の往来は今もあまり見られないが、橋の上はいつも大勢の観光客たちで賑わっている。

▶最初に橋が完成した約450年前から、「スタリ・モスト」は村の若者たちの間では恰好の度胸試しスポット。川面からの高さは27mで、現在も毎年、夏に高飛び込みの大会が開催されている。

サッカー日本代表監督を2人も輩出
日本にはあまり馴染みのない国と思われがちだが、ボスニア・ヘルツェゴビナは、元サッカー日本代表監督のヴァヒド・ハリルホジッチとイビチャ・オシムの生まれ故郷。現役時代は2人ともユーゴスラビア代表を務めている。

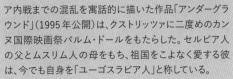

地中海に浮かぶ、留学先として人気の島国

マルタ共和国 Republic of Malta

地中海　イタリア　ギリシャ
チュニジア　バレッタ　リビア
250km　10km

面積	約316km²
人口	約52万人（2021年）
通貨	ユーロ（EUR）
言語	マルタ語・英語（公用語）／イタリア語
宗教	カトリックなど
民族	マルタ人など

国土 地中海の中央に位置し、マルタ島、ゴゾ島、コミノ島で構成される。年平均気温は19℃程度で、過ごしやすい地中海性気候。冬季は温暖で、夏季は高温で乾燥が激しい。

経済 製造業と観光業が柱。製造業は伝統的に造船・船舶修理が有名で、近年は半導体・繊維産業が伸長している。人口過剰で、主要物資を輸入に頼っている。海外投資の誘致、オフショア・ビジネスの活性化に取り組んでいる。

歴史 9～12世紀までイスラム帝国の支配下にあった。1530年、聖ヨハネ騎士団（のちのマルタ騎士団）の所領となる。1814年にイギリス領となる。1964年、イギリス連邦内の一国として独立（マルタ国）。1979年、イギリス軍が全面撤退。

文化 ヨーロッパ随一のリゾート地であり、国民性も温和と知られている。国民の約90％がカトリック教徒で、祭事も多い。欧州諸国と比較すると物価が安いため、英語留学先としても人気。

街そのものが世界遺産 要塞都市だった首都「バレッタ」

街全体が世界遺産の首都「バレッタ」は、歴史的には要塞都市として知られている。マルタは中東とヨーロッパの間に位置する島国であり、多くの民族による戦争の場となった。街の中央に位置する聖ヨハネ大聖堂の中には、中世の騎士「マルタ騎士団」の墓碑銘が並び、色鮮やかな家紋が施された約400枚の大理石が並んでいる。

◀約900年の歴史を誇り、現存する「マルタ騎士団」は、中世ヨーロッパ3大騎士団の一つ。現在は設立当初の活動に戻り、医療奉仕をはじめ、難民や自然災害に苦しむ人を助けるなど、さまざまな奉仕活動を行っている。

マルタの食　ウサギ料理

繁殖力が強く農作物を荒らすため、マルタでは歴史的にウサギが食べられてきた。現在でも、ウサギの肉と野菜を赤ワインで煮込む「ラビットシチュー」やウサギの肉で作るハンバーグなどは地元民の人気メニュー。ウサギ肉は豚肉と鶏肉を足して二で割ったような味がするらしい。

「短期語学留学地」として 人気があるマルタ

日本の大学生の「短期語学留学地」として人気が高いマルタ。多くの語学学校が存在し、日本以外からも、主にチェコやウクライナなど東欧の学生も英語習得の留学先として同国を選んでいる。物価が安く、治安もよいという理由から人気なのだとか。

▶「マルタ留学」の人気は、SNSの発展によるところが大きいとか。歴史的建造物や青い海は「インスタ映え」する。

◀食文化の多様性も人気の理由の一つ。アラブ、イギリス、イタリアなど多くの民族が行き来してきたマルタでは、新鮮な素材を使ったさまざまな創作料理が生まれている。その中の「タコ料理」も人気。

色鮮やかな漁船「ルッツ」

島国マルタは、伝統的な造船業で有名。特に「ルッツ」と呼ばれる漁船は、青・赤・黄色などのビビッドな色で塗られており、太陽に照らされた青い海と相まって、マルタ漁業の象徴的な存在になっている。

フランス大統領とスペインの司教が国家元首
ピレネー山脈の谷間にある美しい小国

アンドラ公国 Principality of Andorra

面積	約468㎢
人口	約8万人（2021年）
通貨	ユーロ（EUR）
言語	カタルーニャ語（公用語）／スペイン語／フランス語など
宗教	カトリックなど
民族	アンドラ人／スペイン人／ポルトガル人など

国土 内陸国で、フランス・スペイン国境のピレネー山脈の谷間にある。日本の金沢市とほぼ同じ大きさ。首都アンドララベリャは標高1,023mにあり、ヨーロッパで最も標高が高い首都。地中海性気候で、夏季は乾燥し、冬季は降雪が多く見られる。

経済 主要産業は歳入の大半を占める観光業のほか、サービス業、金融業。EU非加盟国ながら通貨はユーロを使用。主要経済パートナーはEU。財政収入の多くは輸入関税によるもの。

歴史 9世紀初めに生まれたスペイン領の一つであるウルヘル伯領を起源とする。10世紀頃、ウルヘル司教と、司教から封土としてアンドラを与えられていたフォア伯爵の間で統治権をめぐる争いが起こるも、1278年に共同領主権をもった。フォア伯爵がフランス王として即位して以後、権利は続く。1993年に新憲法がアンドラ国会で可決、住民投票で国家として独立。

文化 スペインのカタルーニャ州とフランスに影響を受けて文化を形成。2004年、世界文化遺産にマドリウ＝ペラフィタ＝クラロ渓谷が登録された。ピレネー山脈の中に集落や牧草地、山小屋などがある。世界トップクラスの観光産業をもつ。

▲スパの「カルデア」やスキーリゾートは、ヨーロッパ最大級で世界各国から観光客が訪れる。

ヨーロッパ最古の湖「オフリド湖」がある
近年に国名を変更した旧ユーゴスラビアの国

北マケドニア共和国 Republic of North Macedonia

面積	約2.6万㎢
人口	約207万人（2021年）
通貨	マケドニア・デナール（MKD）
言語	マケドニア語（公用語）／アルバニア語など
宗教	マケドニア正教／イスラームなど
民族	マケドニア人／アルバニア人など

国土 バルカン半島の南中央に位置し、ギリシャなど5つの国に囲まれた内陸国。国土面積は九州の3分の2ほどで、大部分が山地。全般に穏やかな大陸性気候で、四季がある。

経済 主要産業は農業で、とうもろこし、ワイン、たばこなどを栽培。主要貿易国はドイツ。1998～1999年のコソボ紛争時の多数の難民流入や、2001年の民族紛争により経済が悪化した。

歴史 6～7世紀、古代マケドニア王国に多数のスラブ人が侵入。第二次バルカン戦争後、南部はギリシャ、北部はセルビアに分割。1918年、のちのユーゴスラビア王国が成立し、その一領土となる。1991年にマケドニア共和国として独立を宣言するも、その名が古代ギリシャに由来するなどの理由でギリシャが反対。1993年、マケドニア旧ユーゴスラビア共和国として国連に加盟。2018年、北マケドニア共和国に改称することで合意した。

文化 多民族国家でマケドニア正教の信者が6割以上を占める。南西部の都市オフリドは、その地域一帯が世界複合遺産に登録されている。

▲マザー・テレサが生まれた首都スコピエには「マザー・テレサ記念館」がある。

世田谷区ほどの大きさの世界で5番めに小さな国
現存する唯一の都市国家であり、世界で最も古い共和国

サンマリノ共和国 Republic of San Marino

面積	約61㎢
人口	約3.4万人（2022年）
通貨	ユーロ（EUR）
言語	イタリア語（公用語）
宗教	カトリックなど
民族	サンマリノ人／イタリア人など

国土 四方をイタリアに囲まれた内陸国。ルネッサンス発祥の地として有名な、イタリアの中部の都市フィレンツェより、東へ約100kmの距離にある。面積は東京都大田区や世田谷区と同程度で、世界で5番めに小さな国。緯度は北海道網走市とほぼ同じだが、冬季も温暖な気候に恵まれている。

経済 イタリア経済との結びつきが強い。主要産業に観光・金融・繊維業などをもち、GDPの半分以上を観光業が占める。日本との貿易関係は輸出・輸入ともに少額。

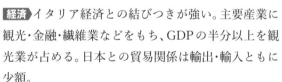

▲首都サンマリノのシンボルの一つ「グアイタの塔」は、かつての防衛隊の駐在地。別名「第一の塔」。山の頂に建てられた同塔からは旧市街地を望める。

歴史 世界で最も古い共和国であり、現存する唯一の都市国家。4世紀初頭、ローマ皇帝によるキリスト教徒迫害から逃れるために、キリスト教徒の石工が小さな共同体を創設したのが建国の起源とされている。1631年にローマ教皇より独立を認められた。1992年に国連加盟。1600年に制定された憲法は現在も使用されている。

文化 イタリアと同じ文化を共有している。2008年にサンマリノ歴史地区とティターノ山が世界文化遺産として登録された。同遺産には城壁や防御塁、14～16世紀の修道院、19世紀の聖堂や政庁などが含まれる。

黒い玄武岩のロブチェン山が代表的
イタリア語で「黒い山」を意味する南欧の小国

モンテネグロ Montenegro

面積	約1.4万㎢
人口	約62万人（2020年）
通貨	ユーロ（EUR）
言語	モンテネグロ語（公用語）／セルビア語など
宗教	セルビア正教／イスラームなど
民族	モンテネグロ人／セルビア人など

国土 アドリア海に面する、福島県ほどの面積の小国。北はボスニア・ヘルツェゴビナ、東はセルビア、南はアルバニア、コソボと国境を接する。海岸線が陸地に入り込み、複雑な入江となったコトル湾周辺の自然と湾の最奥部にある要塞都市コトルは世界遺産として知られる。

経済 主な輸出品目は、非鉄金属、電力、金属含有鉱石・金属スクラップなど。現在、2025年のEU加盟をめざし、主要産業である観光業の促進やエネルギー分野などでの海外直接投資の誘致、インフラ整備などに力を入れている。

▲コトル旧市街にある文化遺産「聖トリプン大聖堂」。

歴史 6～7世紀頃に、モンテネグロ人などのスラブ系民族がバルカン半島に定住。中世にはセルビア王国に属していたが、次第に独自の道を歩む。1877年にモンテネグロ王国となり、第二次世界大戦後は、ユーゴスラビア社会主義連邦共和国の一共和国に。1992年、旧ユーゴスラビア崩壊後はセルビアと歩みをともにし、セルビア・モンテネグロとして連邦国家を形成。2006年にモンテネグロとして独立。

文化 文化や宗教など、民族的にはセルビア人とほとんど同じだが、独立から15年以上が経ち、セルビア人とは別の民族としてのアイデンティティが高まっているといわれている。球技が非常に盛ん。

ヨーロッパ　南ヨーロッパ

地球で唯一国境のないエリア

南極 Antarctic

地球の最南に広がるエリア「南極」。人類が最後に到達したこの大陸は、一面が氷に覆われた地球で最も寒い場所だ。南極には人間が住んでいなかったため、手つかずの自然が残り、世界各国がその自然・地球環境を調査するために観測隊を派遣している。

一面氷に覆われた「大陸」

南極大陸の面積は約1400万km²。オーストラリア大陸のおよそ1.8倍で、大陸のほとんどが氷で覆われている。陸地にある氷を「氷床」と呼び、いちばん厚いところで約4,000mもある。広大な陸地に平均約2,500mの厚さの氷があるため、地球上の氷のほとんどが南極にあるといえる。徐々に南に移動した南極大陸は約5000万年前にオーストラリア大陸と分かれ、約3000万年前に氷床ができたと考えられている。

どこの国のものでもない領土!?
南極大陸が発見されたのは、1820年頃。大陸の全貌やさまざまな情報が明らかになるにつれ、積極的に探検した国や近隣の国（イギリス・フランス・アルゼンチン・ノルウェー・オーストラリア・ニュージーランド・チリの7か国）が領有権を主張したが、1959年に「南極条約」が制定され、南極はどこの国のものでもなく、平和利用目的の調査だけに使うことを定めた。

  南極の 祭 **ミッドウィンターフェスティバル（極夜祭）**
毎年、夏至（南半球では冬至）の時期に各国の基地で開催される祭。南極観測基地で越冬を行う人々のための祝祭であり、隊員たちでさまざまなイベントを開催し、盛り上がる。特に食事は普段よりも豪勢になるのだとか。

特殊な環境下で生きる「動物」

南極は分厚い氷が地表を覆っているため、植物が生えることはほとんどない。ただ、大陸には一年のある一定期間だけ、雪や氷のない露岩地域がわずかに出現する。その露岩地域で、ペンギンやカモメ、アホウドリといった鳥類、アザラシやオットセイといった海獣を観察できる。

▼「コオリウオ」は酸素濃度が高い南極の海でも皮膚から酸素を取り込むことができる、南極で生きるために独自の進化を遂げた魚。

▲ 南極に「ペンギン」は4種類生息しているが、南極大陸で繁殖するのは、コウテイペンギン（上）とアデリーペンギンの2種類だけ。

南極にも郵便局はある!?
昭和基地内の電離層棟に「昭和基地内郵便局」が設置されており、電離圏観測のために派遣されている隊員は郵便局長を兼務している。国内と同一の料金で南極から日本に郵便物を送ることができるが、集荷は年に一度だけで、船便によって届けられる。

sunny / PIXTA（ピクスタ）

南極のナゾを解明する「南極観測基地」

南極にはさまざまな国の基地があり、お互いに情報交換しながら、気象、大気、生物などの調査をしている。日本は「昭和基地」「みずほ基地」「あすか基地」「ドームふじ基地」の4つの基地をもつ。特に昭和基地では、天体、気象、地球科学、生物学の観測を行っており、53棟の建物、貯水タンク、アンテナ施設などが配備されている。

◀「昭和基地」の観測隊員たちは基地中心部で生活しており、個人の部屋のほか、食堂や風呂、図書室などの設備も整っている。また、人工光源でさまざまな野菜の栽培も行われている。

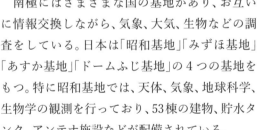

163

アメリカ

America

アメリカ大陸には先住民が生活し、それぞれの文明が栄えていたが、ヨーロッパ諸国からの移民によって植民地化。その後、独立に至るが、そうした歴史が現在の国の成り立ちに多くの影響を与えている。

[「アメリカ」の名を広めたのは地図製作で有名なあの人物]

コロンブスが到達し、のちに探検家アメリゴ・ヴェスプッチが探険するまでは「インディアス大陸」として知られていた。1507年、人文学者が著書の中で新大陸をアメリゴの名前から「アメリカ」としたことからその名が広がる。当初は南アメリカなどの限られた地域のみを指したが、メルカトル図法で知られる地図製作者メルカトルがこの名称を大陸全土に適用した。

●北アメリカ

ユーラシア、アフリカに次いで3番めに大きな北アメリカ大陸からなる地域。アメリカ合衆国とカナダの2国があり、陸地面積は地球全体の約16.5%を占める。

●中央アメリカ

南北アメリカ大陸の地峡部に位置し、南北を地続きにしている地域。1914年に完成したパナマ運河は、太平洋と大西洋をつなげるうえで非常に重要な役割を担っている。

カナダ
（→P.170）

ハドソン湾

太平洋

アメリカ
（→P.166）

大西洋

キューバ （→P.172）

バハマ （→P.185）

ハイチ （→P.183）

メキシコ
（→P.174）

メキシコ湾

ドミニカ共和国 （→P.180）

セントクリストファー・ネービス （→P.188）

ベリーズ （→P.190）

アンティグア・バーブーダ （→P.187）

カリブ海

ドミニカ国 （→P.189）

グアテマラ （→P.177）

ジャマイカ （→P.179）

セントルシア （→P.189）

エルサルバドル （→P.176）

ホンジュラス （→P.186）

バルバドス （→P.190）

ニカラグア （→P.182）

グレナダ （→P.187）

トリニダード・
トバゴ （→P.181）

コスタリカ （→P.178）

パナマ （→P.184）

セントビンセント及び
グレナディーン諸島 （→P.188）

※メルカトル図法による。

赤道

165

経済、軍事、文化、人材…、あらゆる分野で世界をリードする超大国

アメリカ合衆国 United States of America

アラスカ

—500km

大統領が居住する政治の中心地

アメリカの首都で、正式名称は「コロンビア特別区」。首都としての機能を果たすために造られた計画都市で、大統領官邸(ホワイトハウス)、連邦議会、連邦最高裁判所などが置かれている。

全米最大にして世界有数の大都市

「ビッグ・アップル」の愛称でも知られる全米最大の都市。マンハッタン、クイーンズ、ブロンクス、ブルックリン、スタテンアイランドという5つの区域からなり、世界の経済、文化、ファッションなどに多大な影響力をもつ発信地となっている。

観光地としても人気の港湾都市

カリフォルニア州北部に位置する港湾都市で、巨大な吊り橋ゴールデン・ゲート・ブリッジが有名。ベイエリアには、世界的なIT・ハイテク企業が集積するシリコンバレーがあり、市の主要産業となっている。

○ シアトル

とうもろこし、小麦、牛肉など、アメリカは農業・畜産大国でもある。

○ サンフランシスコ

ハワイ

—250km

アメリカ西部には開拓時代から続く「カウボーイ」文化が色濃く残る。

○ ロサンゼルス

● シカゴ

ワシントンD.C. 📍

● ボストン

○ ニューヨーク

○ アトランタ

ヒューストン ○

ニューヨーク・リバティ島に立つ自由の女神像の正式名称は「世界を照らす自由」。

面積	約983.4万km²
人口	約3億3200万人(2021年)
通貨	アメリカ・ドル(USD)
言語	英語など
宗教	キリスト教(プロテスタント/カトリックなど)など
民族	ヨーロッパ系/アフリカ系など

アメリカ西海岸を代表する大都市

カリフォルニア州最大の都市で、映画産業の中心地であるハリウッドがあることで知られる。高級住宅街のビバリーヒルズやビーチリゾートのサンタモニカなどもあり、観光地としても人気が高い。

ロスの街を見下ろす「ハリウッドサイン」。現行のものは1978年に改築されたもの。

フロリダ州にあるNASAの「ケネディ宇宙センター」は有人宇宙船の発射場として有名。

—500km N

国土 北アメリカ大陸の中央部に位置し、北はカナダ、南はメキシコ、東は大西洋、西は太平洋に面し、西部にはロッキー山脈やシエラネバダ山脈が、東部にはアパラチア山脈が走り、中央部には広大な平原地帯が広がる。北アメリカ北西部のアラスカのほか、ハワイやグアム、サイパン、プエルトリコ、米領サモアなども領土に含む。

経済 とうもろこしや小麦、大豆などを中心とする農業大国で、牛肉や鶏肉などの牧畜も盛ん。工業ではかつては自動車や鉄鋼などの重工業が盛んだったが、近年は航空宇宙産業や情報産業が成長している。

歴史 1492年にコロンブスが西インド諸島に到達して以降、ヨーロッパからの入植が開始。イギリスとの独立戦争を経て、1787年にアメリカ合衆国が誕生。19世紀後半から工業が急速に発展し、二度の世界大戦を経て国際的地位を確立。世界の政治、経済を主導する超大国となった。

国名の由来になった人物とは？
「アメリカ」という国名は大航海時代のイタリア人冒険家アメリゴ・ヴェスプッチに由来する。1492年に西インド諸島へ到達したコロンブスがそれを新大陸と認識しなかったのに対し、のちにアメリカ大陸に上陸したヴェスプッチはこれが新大陸だと認識し、ヨーロッパへと紹介した。

文化 映画や演劇、音楽、スポーツ、テーマパークなどのエンターテイメントが盛んで、多くのアーティストやクリエイターを輩出。移民の国らしくさまざまな文化が共存、影響し合い、独自の文化環境をつくり出している。

人物 政治家としては建国の父ワシントンや奴隷解放の父リンカーン、ニューディール政策のルーズベルトなどの大統領が有名。産業界では、発明王エジソンや自動車の父フォード、近年はIT革命に貢献したビル・ゲイツやスティーブ・ジョブズなどがいる。俳優、歌手、映画監督などエンターテイメント分野にも人材多数。

◀サウスダコタ州の「ラシュモア山」には、リンカーンほか4人の偉大な大統領が刻まれる。

日本との関係 1853年、鎖国政策を採っていた日本にペリーが来航して開国を要求。1854年の日米和親条約により国交が樹立された。太平洋戦争では敵国として対立するが、1960年の日米安保条約により同盟国となって以降は、政治、経済、軍事、文化などの面で深い関係を構築している。

アメリカの 場所 ハワイ

日本人にもなじみの深い、合衆国に最後に加盟した50番めの州。ハワイ、オアフ、マウイ、カウアイなど8つの主要な島と100以上の島からなる。海域としてはポリネシアの北端に位置し、ポリネシアの土着文化が今も色濃く残る。温暖な気候と豊かな自然によりリゾート地として発展し、日本からの観光客も多い。ご飯の上にハンバーグをのせた「ロコモコ」、魚の切り身を味つけした「ポキ（ポケ）」などのローカルフードも人気。

Photo by Kuz

さまざまな民族が共存する「人種のサラダボウル」

アメリカはヨーロッパからの移民が開拓し、その後もさまざまな地域からの移民を受け入れてきた多民族国家。さまざまなルーツをもつ人々が一つに混ざり合うのではなく、お互いを尊重し、多様性を認め合いながら共存する国家という意味で、「人種のサラダボウル」とも呼ばれている。しかしその一方で、近年は移民を排斥しようとする動きや、人種間の対立が激化するなどの問題も大きくなってきている。

◀「人種のるつぼ」は多民族が一つに溶け合うイメージを表すが、「サラダボウル」は互いを尊重し合い、共存するイメージ。

▶警察官によるアフリカ系アメリカ人への残虐行為をきっかけに激化した「Black Lives Matter（黒人の命も大切だ）」運動。

アメリカ人が熱狂する人気の「4大スポーツ」

　アメリカには国民的人気を誇る4つのプロスポーツリーグがある。すなわち、「アメリカンフットボール(NFL)」「野球(MLB)」「バスケットボール(NBA)」「アイスホッケー(NHL)」だ。このうち最も人気があるとされるのがNFLで、一年のチャンピオンを決める試合「スーパーボウル」は全米の視聴者が1億人を超え、およそ3人に1人のアメリカ人が見ている計算に。「試合中は街に人がいなくなる」「ハーフタイムには人々がトイレに殺到し、水道管が破裂する」などの都市伝説があるほど、国民が熱中するお祭りとなっている。近年はアメリカでもサッカーの人気が高まっているほか、テニス、ゴルフ、モータースポーツなども根強い人気を誇っている。

NFL

国内に本拠地を置く32のチームにより構成されるプロフットボールリーグ。2月第1週の日曜日に優勝決定戦「スーパーボウル」が開催される。

MLB

アメリカとカナダ所在の30チームにより編成。10月にワールドシリーズという優勝決定戦を行う。大谷翔平選手ら多くの日本人選手が活躍する。

NBA

アメリカとカナダを本拠地とする30チームからなる。6月に優勝決定戦「ファイナル」が行われる。八村塁選手ら日本人選手も所属する。

NHL

アメリカ25、カナダ7の計32チームで構成。5～6月に行われる「スタンレー・カップ・ファイナル」で優勝チームを決める。

アメリカの🍴食

ハンバーガー

アメリカ人の国民食ともいえるメニュー。モンゴル帝国のタタール人が食していた「タルタルステーキ」がヨーロッパからアメリカへと伝えられ、1904年のセントルイス万国博覧会では、挽肉のステーキをパンで挟んだものが「ハンバーガー」として売られていたという記録が残っている。その後、1940年代にはマクドナルド兄弟が作るハンバーガーが人気となり、実業家レイ・クロックがフランチャイズ化して、全米、そして世界各地へとチェーン展開を進めていくことになる。

実は世界一の「産油国」その秘密は新技術にあり！

　「産油国」といえば、サウジアラビアやアラブ首長国連邦などのアラブ諸国のイメージが強いが、近年、世界最大の産油国はアメリカ。2017年にサウジアラビアを抜いて以降、世界一の座を守り続けている(2022年)。これは「シェールオイル」という地下深くの硬い地層に含まれる原油を採掘する技術が発展したことによるもの。ただし、掘削にかかるコストが高いことや世界的な脱炭素の動きの中で、その先行きは不透明との見方もある。

▶アメリカにおける原油生産の中心はテキサス州。古くから油田の街として栄え、多くの石油会社が設立された。

大統領の紋章にも描かれる国鳥は?

ホワイトハウスで大統領が演説に用いる演台には大統領の紋章がデザインされているが、その中に描かれているのは、アメリカの国鳥である「ハクトウワシ」。古くからネイティブアメリカンの間で聖なる鳥として大切にされ、1782年にアメリカ合衆国の国鳥と定められた。白い頭に鋭いくちばしが特徴的で、「空の王者」とも呼ばれる。

5つの例で学ぶ！ 知っておきたい「州法の違い」

日本の都道府県とは違い、アメリカでは50の州ごとにそれぞれ独自の憲法をもつなど、高い独立性を保っている。そのため、生活に関わるさまざまなルールも、州によって異なることがある。そのいくつかを紹介する。

売上税
消費者がお店で商品を買うときにかかる売上税の税率も、州によってまちまち。例えば、ニューヨーク州4％で、カリフォルニア州は7.25％、アラスカ州は0％だ。

運転免許

アメリカでは多くの州で16歳から運転免許の取得が可能になるが、アイオワ州やモンタナ州、アラスカ州などでは14歳から仮免許が取得できる。ただし、その場合も免許をもつ大人が同乗するなどの制限はある。

銃規制
銃の所持は合衆国憲法で認められており、全50州で可能。ただし、銃を周囲に見える形で所持する「オープンキャリー」の可否は州によって異なる。

飲酒

アメリカのほとんどの州で、飲酒可能な年齢は日本よりも1年遅い21歳となっている。また、公共の場での飲酒も多くの州で禁じられている。

マリファナ

嗜好用の大麻（マリファナ）の使用を合法化する動きが全米各地で進んでおり、カリフォルニア州、ニューヨーク州、ワシントン州などで合法に。ただし、合法州でも日本人旅行者が所持したり、譲り受けたりした場合は罪に問われる可能性があるので、注意。

民間企業も続々参入し、「宇宙開発」がさらに加速！

月面着陸を成し遂げたアポロ計画以降、世界の「宇宙開発」をリードしてきたアメリカ。その研究は主にアメリカ航空宇宙局（NASA）が担ってきたが、近年は民間企業の参入が相次いでいる。テスラ社CEOのイーロン・マスクが率いる「スペースX」や、アマゾン創設者ジェフ・ベゾスが設立した「ブルー・オリジン」などがその代表例。

◀国際宇宙ステーション（ISS）への人員・物資の輸送に使われているスペースX社の宇宙船「ドラゴン」。
©NASA

アメリカの人
スティーブ・ジョブズ
（1955〜2011年）
近年のアメリカで、最も「アメリカン・ドリーム」を体現した人物の一人。盟友のスティーブ・ウォズニアックとともにAppleを創業。2007年には「iPhone」を開発し、全世界にスマートフォンが普及するきっかけをつくり、IT産業を代表するカリスマとなった。数々の名作アニメを生み出す「ピクサー」の創業や、音楽流通のあり方を変えた「iPod」「iTunes」の開発など多くの功績を残したが、すい臓がんを患い、2011年に56歳の若さで亡くなった。

アメリカの自然　国立公園

広大なアメリカにはスケールの大きな自然の景観も多い。アメリカ南西部のコロラド高原に位置する「グランドキャニオン」は全長約450kmにも及ぶ雄大な峡谷で、約20億年前からの地層の積み重なりを見ることができる。一帯は国立公園に指定されており、雄大な景色を眺めながらのトレイルを楽しむことが可能。そのほか、巨大な間欠泉や青色に輝く温泉が見られるイエローストーン国立公園（右）なども観光地として人気だ。

Hakt/PIXTA（ピクスタ）

多様性を受け入れる、自然豊かな大国

カナダ Canada

面積	約998.5万㎢
人口	約3699万人（2021年）
通貨	カナダ・ドル（CAD）
言語	英語・フランス語（公用語）など
宗教	キリスト教（カトリック／プロテスタントなど）など
民族	カナダ人／ヨーロッパ系／アジア系など

国土 北アメリカ大陸に位置し、北は北極海、東は大西洋、西は太平洋とアメリカのアラスカ州、南はアメリカ本土に接する。世界3大瀑布の一つであるナイアガラの滝や、カナディアン・ロッキーなどの大自然が広がる。日本の約26倍の国土（ロシアに次いで世界第2位の広さ）に、日本の約30％の人数が暮らす。国土の広大さゆえ、6つの時間帯に分かれており、国内で4時間30分の時差がある。気候も地域差があるが、大半が冷帯および寒帯。

経済 農業では、アメリカとの国境付近に60万㎢以上の農用地を有し、小麦、大麦、とうもろこしなどの穀物や菜種の生産が中心。原油、オイルサンド、天然ガスなどのエネルギー資源も豊富。サービス業、製造業も盛ん。主要貿易国はアメ

リカ、中国、ドイツ、日本など。G7構成国の一つ。

歴史 16世紀前半からヨーロッパ系の人々の進出が始まり、イギリス、フランスの植民地支配を受ける。1754年、両国の植民地間で7年戦争が勃発。1763年、パリ条約によりフランス植民地がイギリスに割譲され、以後イギリスの植民地となる。1867年、イギリス議会が北アメリカ法を制定し、イギリス連邦カナダ自治領となる。1926年、イギリスがカナダに外交権を付与。1931年のウェストミンスター憲章で、イギリスから実質的に独立。1982年に成立したカナダ憲法により完全に独立した。

文化 多文化主義政策のもと、200を超える民族

▲アメリカとの国境に程近い場所にある「オタワ」は、1857年、イギリスのビクトリア女王により首都に選ばれた。「世界で最も美しい首都」と呼ばれている。

Photo by Christophel_edent

が居住。公用語の英語とフランス語に加え、ドイツ語、イタリア語、中国語など、さまざまな言語が使われる。同性婚は2005年に認められた。

人物 カナダ出身の有名人としては、映画「タイタニック」「アバター」の監督ジェームズ・キャメロンや、「タイタニック」の主題歌を歌ったセリーヌ・ディオン、若い世代に人気のジャスティン・ビーバーなど。2015年に首相に就任したジャスティン・トルドーは内閣の男女を同数とし、多様な人種で構成したことで世界的に注目された。

日本との関係 1928年に外交関係樹立。政治・安全保障、経済、文化、青年交流など、多岐にわたり協力関係を維持している。両国間には25の友好協会、71組の姉妹都市がある。

カナダの**人** キアヌ・リーブス（1964〜）

映画俳優。レバノン共和国に生まれ、カナダのトロントで育つ。17歳で高校を中退し、舞台やテレビで活動。1986年、「栄光のエンブレム」で映画デビューし、ハリウッドに拠点を移す。1994年のアクション映画「スピード」で世界的にブレイクし、「マトリックス」でその人気を不動のものとする。クールなガンアクションが魅力の「ジョン・ウィック」のシリーズ第4作も公開予定。

そのスケールに圧倒される カナダの「大自然」

カナダの自然といえば、アメリカとの国境にある「ナイアガラの滝」が有名。3つの滝で構成されるが、中でもカナダ滝は馬蹄のような形から「ホースシュー・フォールズ」と呼ばれ、そのダイナミックさでいちばんの観光スポットとなっている。このほかにも、カナダでは雄大な自然の数々にふれることができる。

▶カナディアンロッキーは、4つの国立公園と3つの州立公園からなる世界自然遺産。バンフ国立公園内にある氷河湖「モレーン湖」は、その美しさから「ロッキーの宝石」と称えられている。

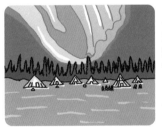

◀オーロラベルトのほぼ真下に位置し、晴天率が高いことから、世界屈指のオーロラ出現率を誇る「イエローナイフ」。夏には湖面に映る逆さオーロラが観られることも。

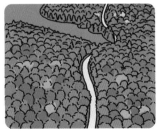

▶ケベック・シティとナイアガラを結ぶ全長約800kmの観光ルート、通称「メープル街道」。カナダの国旗にもあるメープル（カエデ）の木が多く群生する。

▲カナダ滝のそばにある展望台「テーブルロック」からの眺めが人気。滝壺まで接近するクルーズや、滝を裏側から見るアトラクションもある。

カナダ史に影響を与えた 国獣「ビーバー」

16世紀以降、ビーバーの生皮を求めるヨーロッパ系の人々のカナダ進出が盛んになり、各地に造られた交易所の多くが現在の街の礎となった。こうした歴史から、1975年にビーバーは国獣に指定され、5セント硬貨にデザインされ、国立公園を管理する政府機関パークス・カナダや、カナダを代表するアパレルブランド「Roots（ルーツ）」のロゴにも使われている。

◀大きく強力な歯をもつ「ビーバー」。ビーバーの群れが光ファイバー回線をかみ切り、数百世帯で一時インターネットが切断されるなど、カナダならではのハプニングも起きた。

子どもたちに大人気！「ビーバーテイル」

オタワで生まれた、その名のとおりビーバーの尾のような形が特徴のスイーツ。平たい揚げパンの上に、バナナやチョコレートなどをのせて食べる。

カナダの 場所 シタデル

ケベック・シティのディアマン岬の上に建つ、星形の壁をした要塞。19世紀前半にイギリス軍によって建造され、現在はカナダ第22連隊が駐屯している。現役の軍隊が駐屯する要塞としては、北アメリカで最大規模を誇る。夏期には、毎日10時から衛兵交代式を見ることができる。

カナダの国技の一つ 「アイスホッケー」

カナダで人気のスポーツといえば、「アイスホッケー」。プロリーグのNHLは、MLBなどとともに北米4大プロスポーツリーグの一つで、カナダに7つのチームがある。2010年にカナダのバンクーバーで開催された冬季五輪では、男子アイスホッケー代表が決勝でアメリカを下して優勝。カナダ国民の3分の2が、この試合をテレビで見たと報じられた。

▶1998年から女子アイスホッケーも五輪種目となった。2022年までの7大会の優勝はすべてカナダかアメリカで、2強状態となっている。

社会主義ながら、陽気なラテン国家

キューバ共和国 Republic of Cuba

面積	約11万km²
人口	約1131万人(2021年)
通貨	キューバ・ペソ(CUP)
言語	スペイン語(公用語)
宗教	カトリック／プロテスタント／サンテリア(カトリックとアフリカ系伝統信仰の融合)
民族	スペイン系／ムラートなど

国土 カリブ海に浮かぶ島国で、フロリダ半島の南145km、ユカタン半島の東210km、ジャマイカの北140kmに位置している。キューバ島、フベントゥド島をはじめ、1,600あまりの小島によって構成されていて、面積は日本の本州の約半分。

経済 計画経済のもと、需要と供給はマーケットではなく政府が決定。主な産業は観光業、農業(砂糖、たばこ)など。ベネズエラなどへの医師の派遣(サービス輸出)にも力を入れている。トランプ政権時に再開されたアメリカの経済制裁、ベネズエラの経済悪化などにより、近年、未曾有

◀キューバ島の北西に位置する首都「ハバナ」は、カリブ海地域最大の都市。その街並みには今も昔からの美しさが保たれている。

の経済危機に直面している。

歴史 1492年にコロンブスが到達。以来、約400年間にわたってスペインの植民地となる。1898年に勃発した米西戦争の結果、スペインがキューバを放棄すると、1902年、共和国として独立。独立を援助したアメリカの支配がその後も強く及んだ。1952年、親米政権であるバティスタ独裁政権が発足。この独裁政権を打倒するために、カストロによるキューバ革命が起こり、1961年にアメリカと断交。中南米初の社会主義国となる。2015年、オバマ政権時に約50年ぶりにアメリカとの外交関係が再開され、相互に大使館が設置された。

文化 先住民のほとんどがスペイン統治時代に持ち込まれた疫病によって絶滅。現在はスペイン系と、当時、代替労働力として連れてこられたアフリカ系の子孫(およびムラート)が人口の大半を占めるため、食なども含めて、先住民の文化的影響は大きくなく、スペインとアフリカが混合した文化が根づいている。

人物 チェ・ゲバラ(1928 ～ 1967年)、本名エルネスト・ゲバラはアルゼンチン生まれの政治家で、1959年にフィデル・カストロとともにキューバ革命を成功に導いた革命家。新政府樹立後はキューバの市民権が与えられ、国立銀行総裁に就任したが、再び革命に身を投じ、ボリビアで39年の生涯を閉じた。

日本との関係 1614年、慶長遣欧使節が太平洋経由でスペインに向かう途中にハバナに立ち寄ったのが、日本とキューバの最初の交流とされている。2013年にキューバ政府は新たな外貨獲得の手段として、国技の野球を中心に世界の主要リーグに有力選手を派遣する「選手派遣制度」を導入。日本にも政府公認ルートでスター選手が続々と渡った。

▲「チェ・ゲバラ」の写真は、世界で最も有名な肖像写真といわれる。

キューバの 音楽

マンボ／チャチャチャ／ボレロ／ラテンジャズ／ルンバ／ソン

これらは、すべてキューバが発祥の音楽。スペイン系とアフリカ系の音楽が融合して生まれたものだ。その要素は、20世紀前半に世界中へ広がり、ジャズやサルサをはじめ、フラメンコやロック、日本の演歌に至るまで、さまざまな音楽に影響を与えている。

Photo by Amane

働く人の大半が「公務員」 月収は3,000円程度

　医師も弁護士もTVキャスターも、社会主義国なので皆、公務員。一律の給料を得て暮らしている。しかし現在では、給料より稼ぎの多い副業をもっている国民も多く、政府認可のもと、民宿やレストランを営む人たちが増えている。ちなみに、キューバの民宿は「カサ・パティクラル」と呼ばれ、そこに泊まればキューバ人の日常生活を垣間見ることができる。

◀代表的な家庭料理といえば、黒豆のシチュー「フリホーレス・ネグロス」。ほかにも輪切りのバナナを揚げた「プラタノス・フリートス」などが食卓に並ぶ。

Photo by Amane

▶アメリカと国交断絶した1961年以前に造られた、アメリカ産「クラシックカー」が今も現役で街を走っている。

Photo by Amane

◀ハバナの市街地を走る「ココタクシー」は、ココナッツがモチーフ。機動力を重視するならクラシックカーのタクシーより、断然こちらがおすすめ。

Photo by Amane

社会主義国キューバでは 医療も教育もすべて「無料」

　国がすべての国民の生活を保障するという理想を掲げた社会主義国キューバでは、労働者のほとんどが公務員で、医療や教育は子どもから大人まで「無料」。食糧、生活物資については配給制度があり、家賃も基本的にはかからない。一方、街にはいつも音楽が溢れ、人々は陽気に笑い合っていて、社会主義国特有の"暗さ"を少なくとも観光客が感じる機会はほとんどない。

◀キューバは医療水準が高いことで有名。海外への医師の派遣(サービス輸出)も国の外貨収入を支えている。

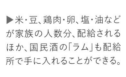

▶米・豆・鶏肉・卵・塩・油などが家族の人数分、配給されるほか、国民酒の「ラム」も配給所で手に入れることができる。

◀識字率が99％近くあり、隅々まで教育が行き届いているため、治安がよい国としても知られている。

キューバの名産といえば 「高級シガー（葉巻）」

　世界で人気のキューバ産「シガー（葉巻）」。原料となる葉巻用のたばこ葉が生産されているのは、西部のピナール・デル・リオ州。このあたりは黒みがかった赤土が特徴で、適度な油分を含む葉が育つことから、地上で最も葉たばこ栽培に適した場所といわれている。ただし、国内で生産されるシガーのほとんどは輸出用、もしくは観光客向けの高級商材であるため、キューバの一般庶民が嗜む機会はほとんどない。

◀熟練者になると、1日に120 ～ 140本の葉巻を巻くことができるのだとか。

Photo by Amane

アメリカ

南アメリカ

古代文明が起こり、ピラミッドも点在する国

メキシコ合衆国 United Mexican States

面積	約196万km²
人口	約1億2601万人(2020年)
通貨	メキシコ・ペソ(MXN)
言語	スペイン語(公用語)など
宗教	カトリックなど
民族	メスティーソ/先住民など

国土 北アメリカ大陸の南部にあり、東はメキシコ湾とカリブ海、西は太平洋に接する。国土の多くを山岳地帯と高原が占め、国内最高峰のオリサバ山(5,675m)をはじめ、標高5,000mを超える山も多い。北部は砂漠気候やステップ気候、中部の高原や山岳地帯は温暖湿潤気候、南部ではサバナ気候や熱帯雨林気候に属する。

経済 近年は税制面での優遇もあり、自動車や自動車部品、電気・電子機器などの生産が盛ん。銀、銅、鉛、亜鉛、金などは世界有数の埋蔵量と産出量を誇る。1938年に世界で初めて国有化した石油は大きな収入源であり、国際価格が国の経済を左右する。農業はとうもろこし、トマト、かぼちゃ、唐辛子など。

歴史 紀元前1200年頃にオルメカ文明が誕生。その後、マヤ文明、テオティワカン文明などが生まれた。15〜16世紀にはアステカ王国が栄えたが、1521年にスペインに征服され、同国の植民地になる。1821年に独立するが、1846年にアメリカ・メキシコ戦争が開戦。1910年、農民によりメキシコ革命が勃発。1917年に憲法が制定された。

文化 50以上の先住民族の文化に加え、ヨーロッパの文化が混ざり、隣接するアメリカの影響も大きく、独特の文化を形成している。

人物 メキシコ独立運動の初期指導者ミゲル・イダルゴは「メキシコ独立の父」として評価されている。1861〜1863年と1867〜1872年に大統領を務めたベニート・フアレスはフランスに抵抗し、勝利。先住民族から選出された初のメキシコ大統領として、「建国の父」と呼ばれる。

日本との関係 1609年、スペイン領メキシコに向かう貿易船が難破し、千葉県沖に漂着。徳川家康が帰国のために船を造らせたのが最初の交流といわれる。1888年に結ばれた日墨修好通商条約は日本初の平等条約。

国民の大半は「メスティーソ」 先住民族の数は50以上

最も多い人種はメスティーソと呼ばれる先住民とスペイン系の混血で、約60%を占める。その次に多いのが先住民で約30%、残りの約10%がスペイン系など。先住民の部族は50以上といわれ、それぞれ伝統的な文化や習慣を守りながら生活している。最大人数を誇るナワ人、ユカタン半島に住むマヤ人、オアハカ州に住むサポテカ人やミシュテカ人などが広く知られている。

メキシコの 音楽 マリアッチ

ギター、ギタロン(ギターに似た楽器で、ギターより低音)、バイオリン、トランペットなどで構成される7〜12名ほどの小規模楽団。同一の伝統衣装を着て、バー、レストラン、市街地などで、客のリクエストに応じて演奏を行う。祭り、宴会、記念日、卒業記念などの際は特に利用されている。無形文化遺産にも登録されており、代表的な中南米音楽の一つ。

▶メキシコ南西部にあるチアパス州の「サン・クリストバル・デ・ラス・カサス」。バロック様式のカテドラル周辺には趣きのある教会や住宅が並ぶ。周辺にはマヤ系の先住民族の集落が点在し、伝統衣装を着た人々も行き交う。

紀元前12世紀にさかのぼる メキシコを舞台にした「古代文明」

現在まで続くメキシコの地は古くから人が住み、文明が栄えた。紀元前1200～400年まで続いたオルメカ文明では、大神殿や巨石人頭像などの巨大な石造建造物が造られ、絵文字や暦も使っていたとされる。続くテオティワカン文明で

は、メキシコ盆地に「太陽のピラミッド」と「月のピラミッド」と呼ばれるピラミッドを建造。ユカタン半島ではマヤ文明が起こり、神殿やピラミッドの建築、4万種ともいわれるマヤ文字が誕生。天文台が存在し、天体観測も行われていた。

◀世界遺産「チチェン・イッツァ」のピラミッドもマヤ文明の時代に造られた。マヤ語で「聖なる泉のほとりの水の魔法使い」を意味する。

年に2回、チチェン・イッツァに蛇が姿を現す!?
「チチェン・イッツァ」のピラミッドは毎年、春分と秋分の日に、羽をもつ蛇の姿をした農耕の神ククルカンの影が階段側面の斜面に現れる。当時、設計に携わった人が天文について相当な知識があったことがわかる。

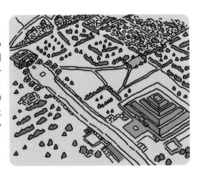

▶遺跡中央を通る「死者の大通り」がメインストリートとなっており、右下が「太陽のピラミッド」、左上が「月のピラミッド」。

湖を埋め立てて造られた 最大都市「メキシコシティ」

首都「メキシコシティ」は標高2,240mの高原盆地にあり、政治、文化、経済の中心。人口は約2150万人（2016年）で、人口密度は非常に高い。テスココ湖を埋め立てて造られた。「ソカロ」と呼ばれる憲法広場を囲むように、ラテンアメリカ最大級のキリスト教建造物「メトロポリタン大聖堂」、モクテスマ2世が居住したとされる「国立宮殿」などの歴史的建造物が立ち並んでいる。アステカ時代の中央神殿跡「テンプロ・マヨール」でもある。

10万もの人が 広場に集まることも!
世界最大の広場「ソカロ」では、大統領の演説、集会、コンサートなどさまざまなイベントが行われる。ソカロ中心に掲げられているメキシコ国旗の大きさは14.3×25m！毎朝・毎晩にフラッグセレモニーが行われる。

メキシコの 料理 メキシコ料理

先住民の料理にスペイン料理の影響が加わり発展した。メキシコ原産のとうもろこし、いんげん豆、アボカドなどを使い、唐辛子（チレ）を加えたスパイシーなものが多い。サボテンも食材として用いられる。主食のトルティーヤは、とうもろこしの粉を薄く延ばして焼いたもの。肉や野菜を巻き、サルサと呼ばれる辛いトマトソースをかけて食べるタコスは有名。スープや煮込み系の料理もある。

▼「メキシコシティ」は、メキシコのみならず、ラテンアメリカの経済の中心地でもある。かつて水郷だった名残で、ソチミルコという地区では小舟に乗って水路を移動することができる。

Photo by Ulrike Stein

エルサルバドル共和国 Republic of El Salvador

面積	約2.1万㎢
人口	約649万人（2020年）
通貨	アメリカ・ドル／ビットコイン
言語	スペイン語（公用語）
宗教	カトリック／プロテスタント
民族	メスティーソ／ヨーロッパ系など

国土 中米の中央に位置し、太平洋に面する。中米の国で唯一、カリブ海に接していない。熱帯気候で年間を通じて気温が高いが、内陸部は気温が低め。晩秋から春に乾季で、そのほかの季節は降雨がある。海岸線の地域は雨が多い。

経済 主要産業は、衣類や繊維業、農業（コーヒー、砂糖）など。主要貿易国は、輸出がアメリカ、グアテマラ、ホンジュラス、ニカラグアなど、輸入がアメリカ、中国、グアテマラなど。

歴史 1525年にスペインが征服。19世紀にグアテマラの一部として独立し、1841年に分離独立。20世紀に入ると、クーデターによる軍事独裁制や反政府ゲリラ組織との内戦などが相次ぎ、政治的に安定しない状態が続いている。

文化 征服を受けていたスペインの文化が色濃く残る。首都サンサルバドルは、中米諸国の中でも近代的な大都市として知られている。

反政府ゲリラ組織が和平ののちに政党となり、「大統領」を輩出

1970年代は大統領選挙で不正が横行。テロなども激化し、政治・経済的に苦しい状況が続いた。これに対し、社会正義と政権の打倒をめざし、ゲリラ組織「ファラブンド・マルティ民族解放戦線（FMLN）」が蜂起、1980年代には政府軍と本格的な内戦に入る。FMLNは国連の仲介などにより、1992年に国との和平協定に応じて武装解除すると政党として認定され、2009年と2014年の選挙で「大統領」を輩出した。

▶FMLNにその名を冠する「ファラブンド・マルティ」は、1932年に農民の武装蜂起を指導した革命家。

◀2006年に公開された映画「イノセント・ボイス」は、エルサルバドル内戦を、12歳で強制的に政府軍兵士にされようとしている少年の目から描いた作品。

アメリカに出稼ぎに行く国民も多い!?
アメリカとの関係性を強化していて出稼ぎに行く国民も多く、移民からの送金はGDPの4分の1ほどを占める。

世界遺産「ホヤ・デ・セレン」古代マヤ文明の遺跡が今に残る

6～7世紀頃にあった火山の噴火による火山灰で埋没した、古代マヤ文明の村の遺跡が「ホヤ・デ・セレン」。スペイン語で「セレンの宝石」を意味し、国内初の世界遺産。農村の遺跡はほとんど残っていないため、とても貴重だという。

▶住居跡や集会所、寺院、農耕具、家具、食べかけの食べ物などが、ほぼ完璧な状態で発掘された「ホヤ・デ・セレン」。ププーサ（下）を調理していた痕跡が残っていたとも。

エルサルバドルの 食 ププーサ

とうもろこしの粉を練って作った生地に、豆や肉、チーズなどの具を包んでパンケーキ状に丸く広げて焼いた料理。古代マヤ文明の時代から日常的に食べられていたという。周辺の中米諸国でも食されているが、エルサルバドルの議会はププーサが「エルサルバドルの国民食」であると宣言し、「ププーサの日」も制定している。

アメリカ

中央アメリカ

グアテマラ共和国 Republic of Guatemala

面積	約10.9万㎢
人口	約1711万人 (2021年)
通貨	ケツァル (GTQ)
言語	スペイン語 (公用語) ／マヤ系言語など
宗教	カトリック／プロテスタントなど
民族	メスティーソ／マヤ系先住民など

国土 中央アメリカ北部に位置し、北東はカリブ海に、南は太平洋に面している。国土の3分の2は高原で、火山活動や地震活動が多い。

経済 主にコーヒー、砂糖、バナナなどの農産品を輸出している農業国。衣類などの繊維産業や観光業も好調。しかし、国民の半数以上は1日5ドル以下で生活する貧困層と推定されている。

歴史 マヤ文明の中心地だったが、1500年代にスペインに征服される。その後、300年間の植民地時代、中米諸州連合結成などを経て、1839年に独立。20世紀に入ると、大地主やアメリカ資本による寡頭的支配、左翼ゲリラによる武装闘争など、不安定な状況が1990年代半ばまで続いた。

文化 人口の多くをマヤ系先住民(22のマヤ系言語の部族に分かれている)が占めているが、ほかにもガリフナやシンカといった非マヤ系の先住民もいて、言語や文化の多様性が際立つ。

村ごとに色や文様が異なる 美しいマヤの「民族衣装」

グアテマラの田舎町を歩いていると目に止まるのが、女性たちが着ているマヤの民族衣装「ウィピル」だ。「グアテマラ・レインボー」と呼ばれる色鮮やかで精緻な織り物が一際目を引く。村ごとに色やデザインが異なり、グアテマラだけで150種以上のウィピルがあるといわれている。

◀グアテマラの「ウィピル」は、肩から胸や背にかけて細やかな刺繍が施されたものが多い。

グアテマラの 世界遺産　ティカル遺跡

数多くあるマヤ遺跡の中でも最大規模を誇る遺跡。紀元4〜9世紀頃に繁栄を極めたと考えられている。グアテマラの北部ペテン地方のジャングルの中にそびえ立つ巨大な神殿は壮観で、周辺には無数の住居跡が散在している。1979年に世界遺産の複合遺産に登録された。

ボートでしか辿り着けない 「陸の孤島」で暮らす人々

グアテマラ東部の街リビングストンは、ボートでしか辿り着けない「陸の孤島」として知られている。ここに暮らすのは、西アフリカなどから労働力として連れてこられた人々と、アラワク族との混血者を祖先にもつガリフナの人々。彼らが継承してきた独自の言語や舞踏、音楽は2001年、世界無形文化遺産に登録された。

◀「ガリフナ」の人たちは陽気で、歌と踊りが大好きだという。

グアテマラの 鳥

ケツァール

メキシコ南部からパナマにかけて生息するエメラルドグリーンの美しい鳥。国鳥に指定されているほか、通貨の単位名「ケツァル」にもなっている。手塚治虫の漫画『火の鳥』に登場する不死鳥もこの鳥がモデルだといわれている。

▲体長は35cm程度だが、長い飾り羽をもつオスの全長は1mを超えることも。

コスタリカ共和国 Republic of Costa Rica

面積	約5.1万k㎡
人口	約515万人(2021年)
通貨	コスタリカ・コロン(CRC)
言語	スペイン語(公用語)
宗教	カトリック(国教)／プロテスタント(福音派など)など
民族	ヨーロッパ系／メスティーソなど

国土太平洋とカリブ海に囲まれ、北はニカラグア、東はパナマと接する。火山活動や地震活動が多い。豊かな生態系が形成されている。

経済従来はコーヒーやバナナ、パイナップルなどの農業が経済の中心だったが、近年はソフトウェア開発やコールセンターなど、サービス業が成長している。GDPの1割ほどを占める観光業は低迷が続いている。

歴史1502年、コロンブスがアメリカ大陸に到達し、スペイン領となる。1821年、グアテマラ総督府がスペインからの独立を宣言。1823年には中米諸州連合へ加入するも、1848年にコスタリカ共和国として分離・独立。1949年には、軍隊の保有を禁止する現行憲法が制定された。

文化軍事予算をゼロにして、国家予算の大部分を教育や医療、福祉に充てている。義務教育が充実していて、識字率はほぼ100%と高い。

世界中から自然愛好家が集う「エコツーリズム」の聖地

コスタリカは近年、環境意識の高まりとともに注目されている「エコツーリズム」の発祥地として知られている。エコツーリズムとは、環境保全や体験を通した学びを大切にするサスティナブルな旅のスタイルのこと。国土の4分の1を国立公園や自然保護区に指定するなど、国を挙げて動植物を守る活動に力を入れている。

◀コスタリカには、日本の7分の1ほどの面積に地球上の動植物の約5%が生息しているといわれている。

▶世界遺産に登録されている「ココ島国立公園」は、映画「ジュラシック・パーク」のロケ地としても知られる。

中米のカーボンニュートラル先進国！
早くから、再生可能エネルギーの活用を進めてきたコスタリカ。2015年以来、継続して、国内電力の98%を再生可能エネルギー(水力、地熱、風力など)で賄っている。

中米で最も進んだ「民主主義の国」

コスタリカは中南米で政治的に最も安定している国の一つといわれている。その理由としては、軍隊をもっていないことや義務教育が充実していることに加え、貧富の差が少ないこと、気候が温暖なことなどが挙げられている。1949年に現行憲法が制定されて以降は、14回連続で大統領が民主的な選挙によって選ばれている。

◀2010年には、初の女性大統領「ラウラ・チンチージャ・ミランダ」が誕生。国会議員に占める女性の割合も高い。

義肢やカテーテルなどの開発が盛ん！
主産業の一つである観光業が低調なコスタリカだが、近年は生命科学産業の成長が著しく、特に、義肢、カテーテルなどといった医療器具の開発や生産が盛んに行われている。2022年には、日本の大手医療機器メーカーであるテルモが、心臓外科手術製品の工場を新たに開業した。

美しい自然に独自の文化が息づくカリブ海の島国

ジャマイカ Jamaica

面積	約1.1万km²
人口	約296.1万人(2020年)
通貨	ジャマイカ・ドル(JMD)
言語	英語(公用語)／英語系クレオール語
宗教	キリスト教(プロテスタントなど)
民族	アフリカ系など

国土 キューバから南へ約145km、カリブ海に浮かぶ島国。国土の東から西へ山脈が走り、最高峰のブルーマウンテン(2,256m)などの高地から多くの川がカリブ海へと流れ込む。全島が熱帯気候で、5～6月および10～11月に雨が多く降る。

経済 主要産業は、観光を柱としたサービス業、ボーキサイトなどの鉱業、砂糖、コーヒーなどの農業。主要貿易国は、輸出がアメリカ、オランダ、カナダ、輸入がアメリカ、中国、コロンビアなど。

歴史 タイノ族が住むジャマイカへ1494年にコロンブスが到達し、スペイン領となる。1670年以降はイギリス領となるが、1962年、イギリス連邦構成国の一つとして独立した。

文化 アフリカ、ヨーロッパ、インド、中国系などが混ざり合った独自の文化がある。ボブ・マーリーに代表されるレゲエ音楽の発祥の地であり、クリケット、サッカー、陸上など、スポーツも盛ん。

ジャマイカ文化を特徴づける「ラスタ」の精神とは?

レゲエ音楽、ドレッド・ヘア、緑・黄・赤の色使い…。ジャマイカ文化を特徴づけるこれらのイメージは、1930年代に起きたアフリカ回帰思想「ラスタファリ運動」特有のもの。エチオピアの皇帝ハイレ・セラシエ1世(本名ラス・タファリ)を神のように信仰するこの運動は、ボブ・マーリーらの音楽によって活発化し、そのラスタ文化とともに世界中へと広がった。

◀36歳の若さで亡くなったボブ・マーリーだが、その音楽と生き方は世界のポピュラー音楽とカウンターカルチャーに影響を与えた。

▶緑、黄、赤の3色と、ユダ族のライオンがラスタファリ運動の象徴。

カリブ海有数のビーチリゾートも!
秋田県ほどの面積の島国であるジャマイカは、美しいビーチリゾートの国としても人気。中でも、ある医師の寄付により整備された「ドクターズケーブビーチ」はカリブ随一の美しさと評判なのだとか。

日本で人気のコーヒー「ブルーマウンテン」の故郷

良質なコーヒーの産地として知られるジャマイカ。特に標高800～1,200mの高地で生産される「ブルーマウンテン」ブランドの豆は、厳しい基準をクリアした高級銘柄として知られる。なお、その80%以上が日本に輸出されている。

▶高級品種として知られる「ブルーマウンテンコーヒー」だが、実はその人気は日本特有のもの。

ジャマイカの人

ウサイン・ボルト(1986～)

ジャマイカの元陸上選手。北京、ロンドン、リオデジャネイロの3大会連続でオリンピックに出場し、100m、200m、4×100mリレーの3種目で通算8個の金メダルを獲得した。100mの「9秒58(2009)」、200mの「19秒19(2009)」は、今も破られていない世界記録である(2023年5月)。レース前後に見せる弓矢を射るようなポーズも有名。

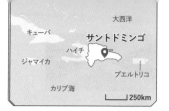

野球大国で自然豊かな「カリブの楽園」

ドミニカ共和国 Dominican Republic

大西洋
キューバ
サントドミンゴ
ジャマイカ
ハイチ
プエルトリコ
カリブ海
250km

面積	約4.8万km²
人口	約1095万人（2021年）
通貨	ドミニカ・ペソ（DOP）
言語	スペイン語（公用語）など
宗教	カトリックなど
民族	ムラート／ヨーロッパ系／アフリカ系

国土 カリブ海のイスパニョーラ島の東約3分の2を占める。中央に最高峰ドゥアルテ山（3,175m）をはじめ、3つの山脈がある。海洋性の熱帯気候で、夏季は平均気温27.5℃と過ごしやすい。

経済 主な外貨獲得源は、海外に居住する約200万人のドミニカ共和国人からの送金と観光収入。従来は砂糖やコーヒー、カカオなどの輸出国だったが、近年は繊維など軽工業品の輸出が増加。

歴史 1492年にコロンブスが到達し、イスパニョーラ島と命名。1496年に初のスペイン植民地となった。その後、フランス、スペイン、イギリスと領有者が変遷。1916年にアメリカが占領。1930年からはトルヒーヨ将軍が独裁を敷く。1965年以降はアメリカ、国連の介入で内戦が収拾した。

文化 人気スポーツは野球。アメリカ海兵により伝えられ、1907年には国内プロ野球球団リセイが誕生した。

コロンブスが到達！世界遺産の首都「サントドミンゴ」

首都「サントドミンゴ」はアメリカ大陸で最も古い植民地として、世界遺産にも登録されている。南北アメリカのいわゆる「新大陸」の植民地都市は、サントドミンゴの都市設計を参考に造られている。15世紀、サントドミンゴにはアメリカ大陸初となる病院や大聖堂、大学などが建てられ、それらの建造物は今でも残されている。

▶「コロンブス公園」には、コロンブスの銅像が建立されている。

自然豊かな大地が広がる「カリブの楽園」
標高3,000mを超える山脈、肥沃な平野、コロンブスが「最も綺麗な風景」と絶賛したエンリキージョ湖など、自然豊かな大地が広がるドミニカ共和国は「カリブの楽園」とも呼ばれている。

Photo by nantonov

WBCでも強豪ぶりを発揮！「野球の超大国」

「野球大国」として知られるドミニカ共和国。2013年のワールド・ベースボール・クラシック（WBC）で優勝するなど、その実力を遺憾なく発揮。アメリカ・メジャーリーグ（MLB）でも、国別外国人選手数において1位に輝いている。

▶国内のプロ野球ドミニカンサマーリーグに加え、日本プロ野球（NPB）やMLBの選手がオフシーズンに参加する「ウインターリーグ」が開催されるなど、同国の人々は一年中、野球に熱狂する。

◀MLB「サンディエゴ・パドレス」で活躍するフェルナンド・タティスJr選手もドミニカ共和国出身。

ドミニカ共和国の 🍴食　バンデラ

ドミニカ共和国の2大主食は、アロース（米）とプラタノ（バナナ）。米料理はバラエティー豊富で、豆の炊き込みご飯や雑炊、チキン炊き込みご飯などがある。バナナは緑色の固い状態で、イモ感覚で煮込んで食べる。一日のうち、いちばん大事にしているのが昼食。4種類の料理を一皿に盛り合わせるワンプレートスタイル「バンデラ」で食べる。

アメリカ

中央アメリカ

カーニバルが世界的に有名なラテンの島国

トリニダード・トバゴ共和国 Republic of Trinidad and Tobago

ポート・オブ・スペイン／トバゴ島／トリニダード島／50km／ベネズエラ／ガイアナ／スリナム／250km

面積	約0.5万k㎡
人口	約140.3万人(2021年)
通貨	トリニダード・トバゴ・ドル(TTD)
言語	英語(公用語)／ヒンディー語／フランス語／スペイン語など
宗教	カトリック／プロテスタント／ヒンドゥー教など
民族	インド系／アフリカ系／混血など

国土 トリニダード島とトバゴ島の2つからなる。カリブ海の小アンティル諸島南部に位置し、海を隔てて南にベネズエラが存在する。熱帯気候のため、年間を通して高温が続く。

経済 カリブ海諸国最大の産油国であるため、主要産業は石油や天然ガスなどのエネルギー産業のほか、鉄鋼製品、食料品。主要貿易国は輸出・輸入ともにアメリカ、EU、コロンビアなど。

歴史 1498年、コロンブスの到達によりスペイン領となる。1889年、トリニダード島、トバゴ島は統合されイギリス植民地となるが、1962年にイギリス連邦の一員として独立した。

文化 この国のカーニバルは世界的に有名で、毎年2月に大規模なパレードとして開催される。音楽と深く関わりがあり、ポピュラー音楽の「ソカ」や、ドラム缶からできた楽器「スティールパン」はこの国発祥。

世界3大カーニバルの一つ「トリニダード・カーニバル」

豪華な衣装を着て、激しいビートとともに踊ってパレードする「トリニダード・カーニバル」は、首都ポート・オブ・スペインで毎年開催される。キリスト教の宗教行事であり、世界3大カーニバルの一つでもある。「地球で最もすごいショー」といわれるほど地元で愛され、パレード時には「マスバンド」と呼ばれるグループがそれぞれ衣装やテーマを決める。

▶カーニバルでは欠かせない踊り子のカーニバル衣装「マス」。毎年テーマに沿ってコスチュームが作られる。

◀カーニバルのためにつくられたこの国発祥のポピュラー音楽は、ソウルとカリプソが合わさって「ソカ」と称されるようになった。

ドラム缶から生まれた国民楽器「スティールパン」の故郷

カーニバルの場において欠かせない楽器が「スティールパン」。独特の響きがあり、「20世紀最後にして最大のアコースティック楽器の発明」といわれている。毎年盛大にスティールパンのコンテスト「パノラマ」が開催される。

▶ハンマーを使い、ドラム缶を凹ませて音階をつくる。ディズニー映画「リトル・マーメイド」の「アンダー・ザ・シー」でおなじみ。

トリニダード・トバゴの 動物 オサガメ

トリニダード・トバゴが産卵地として世界的に有名な絶滅危惧種の亀。世界最大種の亀で、大きいと体長は2m、体重1t近くに達する。アフリカ、カナダ、イギリスなどを旅して3〜6月に島に上陸し、1日約300〜700頭が産卵にやってくる。国を挙げて産卵地の清掃や亀の保護など、プロジェクトとして支援も行っている。

360度の絶景が広がる浅瀬や美しいビーチ

トリニダード・トバゴは、たくさんの青く透き通ったビーチがあり、中でも360度海を見渡せる浅瀬「ナイロンプール」や、この国で最も美しいといわれる「ピジョン・ポイント・ビーチ」は観光客からとても人気がある。

アメリカへの複雑な感情を抱く、知られざる野球大国

ニカラグア共和国 Republic of Nicaragua

面積	約13万km²
人口	約662万人（2020年）
通貨	ニカラグア・コルドバ（NIO）
言語	スペイン語（公用語）など
宗教	カトリック／プロテスタント（福音派など）
民族	メスティーソ／ヨーロッパ系など

国土 中央アメリカの中央にある小国。カリブ海に位置するコーン諸島もニカラグアの領土。

経済 コーヒーをはじめ、牛肉、豆、さとうきびなどを産出している農業国。2021年の大統領選が非民主的だったとして欧米諸国がオルテガ政権に対して経済制裁を強化したことで、今後の経済成長への不透明感が高まっている。

歴史 1821年のスペインからの独立後も、アメリカによる実質的な支配が長く続いた。クーデターを成功させたソモサ家による独裁時代を経て、1979年にサンディニスタ革命政権が誕生。一時は識字率向上キャンペーンなどが成果を上げ、独立国として自立の道を歩み始めたが、再び内戦が活発化。現在も経済の混迷が続いている。

文化 国民の約7割がメスティーソで、中米の中では比較的先住民の比率が低いことから西洋文化の影響が強い。

立ち消えになった「巨大運河」の建設計画

中米の運河といえば、パナマ運河が有名だが、ニカラグアにもかつて同様の「巨大運河」を建設する計画が存在した。中米最大の淡水湖ニカラグア湖を経由して太平洋とカリブ海をつなぐという構想で、2014年には着工式典も開かれ、2019年の完成をめざしていたという。しかし、工事を請け負う中国系（香港）企業の資金不足などにより頓挫。国は現在も計画の継続を示唆しているが、今のところ進む気配はない。

▶「ニカラグア湖」の広さは琵琶湖の約12倍。オオメジロザメが生息する湖としても知られている。

ニカラグアの 食　ガジョピント

ニカラグアで昔から食べられている伝統的な朝ご飯。米とインゲン豆を油で炒め、水を入れて炊き込むだけのシンプルな料理で、見た目は赤飯に似ている。コスタリカでも食べられるが、ニカラグアのそれは素朴な味が特徴。

ニカラグアの 人

アウグスト・セサル・サンディーノ（1895～1934年）

アメリカの軍事介入に抵抗し、闘い続けたニカラグアの革命家。1927年からアメリカ軍が撤退する1933年まで、ゲリラ戦による抵抗運動を続けた。アメリカ政府からは盗賊と見なされたが、その功績は彼を国の英雄にした。

中南米でも特に「野球人気」が高い国

ラテンアメリカではどこの国でもサッカーが盛んだが、ニカラグアで人気のスポーツといえば、間違いなく「野球」だ。これは1912～1933年の約20年間にわたって、アメリカの海兵隊がニカラグアに駐屯していたことによる。首都マナグアには、ニカラグア出身のメジャーリーガー、デニス・マルティネス投手の名前を冠した「エスタディオ・デニス・マルティネス」というスタジアムがある。

▲デニス・マルティネスは「El Presidente（The President＝大統領）」のニックネームで親しまれた。

ハイチ共和国 Republic of Haiti

面積	約2.8万km²
人口	約1140万人（2020年）
通貨	グルド
言語	フランス語・フランス語系クレオール語（公用語）
宗教	キリスト教（カトリック／プロテスタントなど）など
民族	アフリカ系など

国土 カリブ海のイスパニョーラ島の西側3分の1が国土で、東はドミニカ共和国と接している。平地は国土の17%程度しかなく、北部と南部には、それぞれ東西にかけて山脈が連なる。

経済 西半球の最貧国の一つ。政情不安や自然災害により、厳しい経済状況が続く。主要貿易相手国はアメリカ。基幹産業は農業だが、生産性は低く、食糧は輸入に依存している。

歴史 1492年、コロンブスがイスパニョーラ島に到達してスペイン領となり、1697年に西側がフランスへ割譲される。18世紀に砂糖やコーヒーのプランテーションとして発展。フランス革命の影響を受けて、1804年に中南米最初の独立国となる。1915～1934年、アメリカによる軍事占領を受け、その後は不安定な政治情勢が続く。

文化 植民地時代の影響で、宗主国フランスとアフリカに由来する文化が入り混じる。

二度の地震やハリケーン…カリブ海の「災害大国」

ハイチは日本にも劣らない「災害大国」で、2000年代だけでも二度の大きな地震に見舞われている。一度めは2010年のマグニチュード7.0の大地震。死者は30万人以上にものぼった。二度めは2021年で、死者は2,200人以上、マグニチュードは7.2だった。また、6～11月は毎年、ハリケーン・シーズンとなっている。特に2016年に上陸した大型ハリケーン・マシューは、2010年の大地震からの復興の最中に大きな被害をもたらした。

観光地として人気の美しいリゾート地！世界最長のジップラインも

観光地として人気のリゾート地「ラバディ」は、アメリカ船会社ロイヤルカリビアン・インターナショナルが所有する半島。中でも長さ800mと世界最長のジップラインは人気のアトラクションで、上空から見る美しい海や半島の景色は絶景。

自然や人々の暮らしを描いた華やかな「ヘイシャン・アート」

フランス植民地時代に芸術に親しむ文化が定着し、南国らしい独特なハイチの芸術「ヘイシャン・アート」が生まれた。ヘイシャン・アートは世界的に認められており、日本でもたびたび展示会が開催されている。

◀アフリカの宗教とキリスト教のカトリックが交じり合ったハイチの民間信仰、ブードゥー教をモチーフにした作品も多い。

ハイチの **世界遺産**

サン・スーシ城

ハイチ北部の高原に建つ城。建国者デサリーヌの死後、独立を認めないフランスをはねのけて、ハイチ北部に王国を建設したアンリ・クリストフが築く。ベルサイユ宮殿を参考に、大理石などの石材を用いてバロック様式で建てられている。「国立歴史公園 – シタデル、サン・スーシ、ラミエ」として、ハイチで唯一の世界遺産に登録されている。

odeco/ PIXTA（ピクスタ）

アメリカ　中央アメリカ

太平洋と大西洋を結ぶ運河をもつ、南米随一の裕福な国

パナマ共和国 Republic of Panama

面積	約7.6万km²
人口	約438万人 (2021年)
通貨	バルボア (PAB・硬貨のみ) ／アメリカ・ドル (USD)
言語	スペイン語 (公用語) など
宗教	カトリック／プロテスタントなど
民族	メスティーソ／アフリカ系／ムラートなど

国土 南北アメリカ大陸をつなぐ地域にあり、総面積は北海道よりやや小さい。中央には長さ80kmのパナマ運河が通る。大半が山岳地帯。気候は赤道に近く、高温多湿。雨量が多く、年間3,000mmを超えることもある。

経済 主要産業はパナマ運河運営、国際金融センター、観光業など。第3次産業がGDPの約7割を占める。近年は第2次産業も拡大中。生活水準は高く、中米地域でも屈指の豊かさ。

歴史 1501年、スペイン人のバスティーダがパナマ地峡に到達。1821年にスペインから独立し、1903年にはコロンビアより分離独立。1914年、パナマ運河が完成する。運河完成当初はアメリカが独占運営していたものの、1999年に返還。

文化 先住民、ヨーロッパ、アフリカ系が融合した多様性の文化。全人口の7％程度を先住民が占め、クナ族はカリブ海沿岸で伝統的な生活を営む。

パナマ運河建設に携わった「一人の日本人」がいた

パナマ運河建設には日本人技師の青山士氏も携わった。青山氏は最初はポール持ちだったが、最終的には副技師長にまで昇進した。第二次世界大戦時には、旧日本軍がパナマ運河の爆破計画を立てており、青山氏は旧日本軍から破壊方法を聞かれたが、「運河を造る方法は知っているが、破壊する方法は知らない」と語ったというエピソードがある。

▶パナマ運河の入口にある首都二「パナマシティー」。金融都市として栄え、高層ビル群がそびえ立つ。

◀人類最大の偉業ともいわれる、太平洋と大西洋をつなぐ「パナマ運河」は全長約80km。年間通航隻数は1万3,000隻を超える。日本はパナマ運河主要利用国の一つ。

コーヒーの産地として知られる「ボケテ」
パナマで最も高い山であるバルー火山の東側、コスタリカ国境付近に位置する「ボケテ」はコーヒーの名産地として有名。幻のコーヒー「ゲイシャ種」も生産している。

消費量は日本の1.5倍！「お米」好きなパナマ人

パナマの人々の主食は、「アロース」や「アロースブランコ」と呼ばれる「お米」。パナマ料理はスペイン料理の影響を受けつつ、コロンビア料理の要素も含まれる。「お米がなければ食事ではない」という人もいるほど、パナマ人はお米が好き。そのほか、とうもろこしもよく食されている。

◀パナマの国民的スープ「サンコチョ」。ニャメと呼ばれる芋やハーブなどが入っており、ご飯と一緒に食べる。地域によっては、とうもろこしを入れるところも。

パナマの 世界遺産

パナマのカリブ海沿岸の要塞群 ポルトベロとサン・ロレンソ

パナマ運河近くにある、パナマ初の世界遺産。スペイン植民地時代に、海賊からスペイン本国へ送る物資を守るため、スペイン国王の命によって造られた。

アメリカ 中央アメリカ

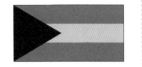

バハマ国 Commonwealth of The Bahamas

面積	約1.4万㎢
人口	約39.3万人(2020年)
通貨	バハマ・ドル(BSD)
言語	英語(公用語)など
宗教	キリスト教(プロテスタント/カトリックなど)
民族	アフリカ系/ヨーロッパ系など

国土 アメリカ・フロリダ半島の南東約80kmに散らばる700あまりの小島からなる島国。総面積は日本の福島県ぐらい。熱帯気候で、夏は平均気温が30℃近くになる。初夏と秋に二度の雨季があり、年間降水量は1,000mm前後。

経済 主要産業は観光業。ほかに金融業や食料品、石油製品など。主要貿易国は、輸出がアメリカ、EU、カナダ、南アフリカなど、輸入がアメリカ、EU、ドミニカ国、日本など。

歴史 1492年にコロンブスが到達。先住民はヨーロッパ人による強制労働や疫病で絶滅、アフリカ大陸から連れてこられた奴隷が国民の多数を占める結果に。スペイン領を経て、イギリス領になる。1964年にイギリス自治領となり、1973年にイギリス連邦の構成国として独立。

文化 イギリスの伝統や文化が根づいているが、食文化などではアメリカ南部の影響も。

美しいサンゴ礁とビーチが広がる 世界有数の「観光リゾート地」

世界有数の「観光リゾート地」として知られる国で、年間180万人の観光客が訪れる(その8割以上がアメリカ人)。GDPの約50%が観光収入で、カリブ海諸国の中で最も豊かで経済的に安定している国の一つだが、政府は観光以外の産業の確立を推進している。

◀ビーチ近辺に生息する野生の豚と一緒に泳げるビーチ「ビッグ・メジャー・ケイ」は、観光の目玉の一つ。

▶世界中から巨大クルーズ船が集まることでも有名。船籍(船の国籍)がバハマであるクルーズ船も多い。

「バハマ文書」の公開で世界に衝撃が走る!
外国の企業や金融機関を誘致するため、所得税・法人税などを免除する租税回避地(タックス・ヘイブン)となっているバハマ。2016年に「バハマ文書」が公開されると世界に衝撃が走った。バハマ文書は、バハマで設立されたペーパーカンパニーなどの法人に関する電子ファイル。バハマに実態のない会社を設立し、税について不正を働いた疑いのある企業が世界中に存在することが明るみに出た。

イギリス王室を国家元首とする 「イギリス連邦」の構成国

バハマはイギリス王室を国家元首とする「イギリス連邦」の構成国。イギリスとの関係は深く、2大政党制による安定した民主主義が続く立憲君主制の国家でもある。イギリスのほか、アメリカや近隣諸国との関係も重視。

◀アメリカ独立戦争時は、首都ナッソーの周囲でアメリカ軍とイギリス軍が戦闘状態になった(ナッソーの戦い)。アメリカ海軍の強襲揚陸艦「ナッソー」はその由来による。

バハマの 場所 パイレーツ・オブ・ナッソー

ナッソーにある海賊博物館。バハマといえば、17～18世紀にかけて海賊たちの拠点となっていたことでも知られる。同博物館には、海賊たちの集まる酒場や、海賊船の内部などの様子がリアルに再現されている。実在した海賊たちのプロフィールの展示なども人気のあるコーナーなのだとか。

アメリカ

中央アメリカ

185

アメリカと貧困問題に翻弄されるカリブの小国

ホンジュラス共和国 Republic of Honduras

面積	約11.2万km²
人口	約975万人(2019年)
通貨	レンピラ(HNL)
言語	スペイン語(公用語)など
宗教	カトリック/プロテスタントなど
民族	メスティーソなど

国土 中央アメリカ中部に位置し、北から東はカリブ海、南はフォンセカ湾を経て太平洋に面している。国土の65%が山地。

経済 主要産業は、コーヒー、バナナ、パーム油、養殖エビなどの農林水産業。近年は、それら伝統産業への依存度を下げることを目的に、縫製産業や観光業にも力を入れている。

歴史 5世紀頃から、マヤ文明の王朝の一つであるコパンが約400年間にわたって繁栄した。1502年にコロンブスが到達。16世紀前半にスペイン領となる。1821年にグアテマラとともに独立。その後、メキシコに併合されるが、1823年に中米諸州連合に加盟。1838年、単一国家として独立。

文化 メスティーソが人口の大半を占めているが、先住民の子孫やアフリカ系の子孫であるガリフナなど多くの民族が暮らしていて、文化のあらゆる面に影響を与えている。

アメリカの巨大資本が「バナナ」を通じて政治家と癒着

19世紀に独立後、アメリカ資本のバナナ産業が大成功したホンジュラス。しかし、それが次第に政治にも経済にも大きな影響力をもつようになり、かつては「バナナ共和国」と揶揄された。近年は、そうした状況からの脱却をめざし、縫製産業や観光業に力を入れているが、バナナやコーヒーといった伝統産業への依存度は依然として高い。

◀アメリカの大手フルーツ会社が、プランテーションに加え、鉄道や港湾施設を自己資金で建設。経済は潤ったが、癒着が横行するなど政治腐敗を招き、一時は大統領選にまで影響が及んだ。

国内最大の観光資源「コパンのマヤ遺跡」

現在、観光産業の発展に力を入れているホンジュラスにとって、最も重要な観光資源の一つが、グアテマラとの国境近くにある「コパンのマヤ遺跡」だ。マヤ文字で埋め尽くされた神聖文字の階段や、球技場跡など、マヤ文明の生活を垣間見ることのできる遺構が3,000以上も見つかり、世界遺産にも登録。その遺跡は、1レンピラ紙幣の裏面にも描かれている。

サッカーの試合が引き金となり、「戦争」に発展

1969年、かねてより貧困を背景にした移民問題などで緊張状態にあった隣国エルサルバドルと、翌年のFIFAワールドカップの出場権をかけて対戦したホンジュラスだったが、試合後のファン同士の衝突をきっかけに両国間の対立が激化。本物の「戦争」へと突入し、多くの死傷者を出す事態となった。

▶のちに「サッカー戦争」と名づけられたこの戦い。戦闘自体は約1週間で終結したが、両国の国交が正常化するまでには10年の年月を要した。

ホンジュラスの **場所** ロアタン島

カリブ海に位置する珊瑚礁の島。欧米の著名人たちの別荘も立ち並ぶ、ホンジュラス一の高級リゾート地だ。しかし、海外移民からの郷里送金がGDPの約3割を占めているなど、その利益はまだ国内に還元されているとはいえず、こうしたリゾート開発の陰で貧困階層の人たちの国外脱出は今も変わらず続いている。

カリブ海に浮かぶ
3つの島からなるリゾート地

アンティグア・バーブーダ Antigua and Barbuda

面積	約440㎢
人口	約9.7万人（2020年）
通貨	東カリブ・ドル（XCD）
言語	英語（公用語）など
宗教	キリスト教（プロテスタント／カトリック）
民族	アフリカ系など

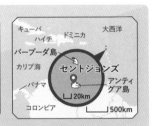

国土 カリブ海東部の諸島のうち、アンティグア島とバーブーダ島、レドンド島の3島を主とした島国。バーブーダ島は珊瑚礁の島。首都セントジョンズはアンティグア島にある。熱帯気候のリゾート地だが、ハリケーンなどの自然災害による被害を受けやすい。

▲「アンティグア島」だけでも300以上のビーチがある。

経済 産業別人口の8割以上を第3次産業が占め、観光やサービス産業が経済の基幹。特にアメリカ、カナダ、ヨーロッパからの観光客が多い。日本との貿易では、日本からの輸入の5割以上が乗用車、日本への輸出のうち、1割弱が名産品のラム酒。産業は観光・サービス業のほかに、農業や漁業、衣料、家電などの軽工業がある。

歴史 1493年にコロンブスがアンティグア島に到達。1632年にアンティグア、1666年にバーブーダがイギリスの植民地となり、翌年にはアンティグアがイギリス領となる。1860年にアンティグアとバーブーダが統合され、イギリスが併合。1958年に西インド諸島連邦に加盟するが1962年に同連邦が解体、1967年からのイギリス自治領の期間を経て、1981年に独立。

文化 アンティグア・クレオール語は先住民の言語。17世紀からさとうきび栽培が盛んになると、アフリカ系の人々が多く流入した。

植民地時代のイギリス風建築物が数多く残る
香辛料で有名なカリブ海の島国

グレナダ Grenada

面積	約340㎢
人口	約11.3万人（2021年）
通貨	東カリブ・ドル（XCD）
言語	英語（公用語）／フランス語系クレオール語
宗教	カトリック／プロテスタントなど
民族	アフリカ系／ムラートなど

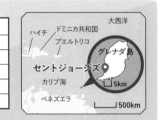

国土 カリブ海小アンティル諸島に位置し、北東にバルバドス、南東にトリニダード・トバゴが隣接。グレナディーン諸島の一部（カリアク島、プティト・マルティニーク島）を所有。熱帯気候で雨季と乾季がある。雨量は沿岸部が1,500mm、山岳部は3,800～5,000mmと多量に降る。

経済 主要産業はナツメグ、バナナ、カカオを中心とした農業とGDPの約半分を占める観光業。特に国旗にも描かれているナツメグの生産量は世界8位（2018年）で、「スパイス・アイランド」とも呼ばれている。主要貿易国は、輸出入ともアメリカ、トリニダード・トバゴ、EU。

歴史 1498年にコロンブスが到達。1783年にイギリス植民地となった。1974年、イギリス連邦構成国の一つとして独立。1979年、無血クーデターにより人民革命政府が樹立。1983年、アメリカによるグレナダ侵攻によりクーデター政権が倒され、同年11月、暫定政権が成立した。

文化 国民の大多数はアフリカ系の子孫。18世紀、アフリカからプランテーションに労働者が移送されたことに起因する。植民地支配をしていたイギリスとフランスの影響を受け、文化や建築などに多く痕跡が残る。

▲観光が盛んで、人型珊瑚礁の彫刻が海に沈む「海底美術館」が有名。

あの海賊映画のロケ地としても有名な
日本と漁業でつながるカリブ海の島嶼国

セントビンセント 及びグレナディーン諸島 Saint Vincent and the Grenadines

面積	約390km²
人口	約11.2万人(2021年)
通貨	東カリブ・ドル(XCD)
言語	英語(公用語)/フランス語系クレオール語
宗教	キリスト教(プロテスタントなど)など
民族	アフリカ系/ムラートなど

国土 カリブ海の東方に位置し、火山島のセントビンセント島と、その南側にある約600の島々からなる。海洋性の熱帯気候で、年間を通して気温の変化は少ない。雨季はハリケーンが発生しやすい。映画「パイレーツ・オブ・カリビアン」のロケ地としても知られる。

経済 主要産業は、観光業と伝統産品のバナナを中心とする農業。自然災害に経済打撃を受けやすい。

歴史 1498年、コロンブスが到達。1762年、イギリスの植民地となる。1958年、イギリス領西インド諸島連邦に加盟、1962年に同連邦が解体。1969年、イギリス自治領となる。1979年にイギリス連邦内の自治国として独立。国名は、コロンブスが来航した日が「聖ビンセンチオの日」だったこと、また、諸島で多く見られるパッションフルーツがザクロ(スペイン語で「granada」)に似ていたことから名づけられた。

▲日本が資金援助し建設された、首都キングスタウンの魚市場。「リトル・トーキョー」の名で親しまれている。

文化 公用語は英語だが、グレナディーン諸島の一部では、パトワという言語(セントビンセント・クレオール語)が話される。多くの人々が毎日海鮮を食べ、飲み物はイギリスの影響から紅茶が好まれている。

イギリス統治時代の史跡が数多く残る
2つの火山島からなる国

セントクリストファー・ネービス Saint Christopher and Nevis

面積	約260km²
人口	約4.8万人(2021年)
通貨	東カリブ・ドル(XCD)
言語	英語(公用語)
宗教	プロテスタント(聖公会/メソジストなど)/カトリック
民族	アフリカ系など

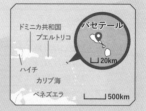

国土 カリブ海の東に浮かぶ、セントクリストファー島とネービス島の2つの火山島で構成される国。島は緑豊かな熱帯雨林に覆われ、海岸はサンゴ礁に囲まれている。面積は南北アメリカで最も小さく、西表島と同程度。

経済 海外からの観光需要や自然災害などによる経済的な影響を受けやすい、小島嶼国特有の課題をもつ。かつては砂糖産業が中心だったが、1970年代頃より徐々に観光業が発展。1990年代初めには製造業や農業も成長した。現在は観光業を含むサービス業がGDPの約75%を占める。一方、従来から赤字の続いていた砂糖産業は2005年に閉鎖した。

歴史 1493年にコロンブスが到達し、1623年よりイギリスの植民地になる。1624年に植民を始めたフランスとの領地争いが続くも、1783年のベルサイユ条約によりイギリス領になる。その後、イギリス自治領を経て、1983年に独立。

▲「西インド諸島のジブラルタル」と呼ばれるほど重要な拠点だった要塞跡の世界遺産「ブリムストーン・ヒル要塞国立公園」。海からの攻撃を防ぐために、17～18世紀に建設された。

文化 ほかのカリブ諸国と比べ、イギリス植民地時代の遺跡が数多く残っている。スポーツはクリケットとサッカーが特に人気。

アメリカ

中央アメリカ

女性の聖人「聖ルチア」が国名の由来
カリブ海に浮かぶ小さな火山島

セントルシア Saint Lucia

面積	約620㎢
人口	約18.0万人(2021年)
通貨	東カリブ・ドル(XCD)
言語	英語(公用語)／フランス語系クレオール語
宗教	キリスト教(カトリック／プロテスタントなど)
民族	アフリカ系／混血など

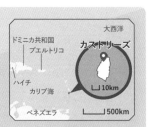

大西洋
ドミニカ共和国
プエルトリコ
カストリーズ
ハイチ
カリブ海
ベネズエラ
10km
500km

国土 東カリブ海に位置する小さな火山島。面積は日本の淡路島と同程度。熱帯気候で、平均気温は25℃。島の北部にフランスの海外県であるマルティニーク島があり、島の南部にセントビンセント島がある。

経済 カリブ共同体・共同市場に加盟。主要産業は観光と農業。主産品はバナナ、ココナッツ。伝統的にバナナを中心とする農業を経済の中心としていたが、国際市場の価格変動や自然災害、EUによるカリブ産バナナへの関税特恵の廃止などにより、バナナの生産量や輸出量が激減し、観光業が主な産業となった。

▲「ピトン管理地域」として2004年に世界遺産に登録された、海から隆起する双子の山、グロ・ピトン山(798m)とプチ・ピトン山(743m)。

歴史 1500年頃にヨーロッパ人が到達。17〜18世紀にかけて、イギリスとフランスが島を巡って争い、領有権が14回変更される。1814年のパリ条約においてイギリス領となる。1958年、イギリス領西インド諸島連邦に加盟。1962年に連邦が解散し、1967年にイギリス自治領となり、1979年に独立。

文化 火山島であるため温泉が湧いており、プチ・ピトン山の麓にサルファー・スプリングスなどの温泉地がある。ノーベル経済学賞を受賞したウィリアム・アーサー・ルイス、『オデッセイ』などの作者で、ノーベル文学賞を受賞したデレック・オールトン・ウォルコットの出身国。

手つかずの熱帯雨林に
珍しい生き物たちが生息する国

ドミニカ国 Commonwealth of Dominica

面積	約750㎢
人口	約7.1万人(2018年)
通貨	東カリブ・ドル(XCD)
言語	英語(公用語)／フランス語系クレオール語
宗教	カトリック／プロテスタントなど
民族	アフリカ系など

ドミニカ共和国
プエルトリコ
ロゾー
ハイチ
カリブ海
大西洋
ベネズエラ
10km
500km

国土 カリブ海の小アンティル諸島南部、ウィンドワード諸島最北端にある島国。島全体が熱帯気候の火山島で、国土の60%以上が熱帯原生林。

経済 GDPの5割以上を占める主要な産業は、バナナ、ココナッツなどの農業と、熱帯雨林を資源にした観光業。ハリケーンや地震などの被害に遭い、その復興コストが経済的な負担になっている。

歴史 もともとアラワク人が住んでいたが、南アメリカのカリブ人が進出してきたことで土地を追われた。1493年にコロンブスが到達。イギリスとフランスが領有権をめぐって17世紀から争い、1805年にイギリスの植民地となる。1958年にイギリス領西インド諸島連邦に加盟するが、1962年に連邦は解散。1967年にイギリス自治領になったのち、1978年にイギリス連邦加盟の独立国家となった。

文化 世界自然遺産「モルヌ・トロワ・ピトン国立公園」には約70㎢の広さの中に、火山が5つ、淡水湖が3つ、50の噴気孔などがある。同公園には世界最大のカブトムシであるヘラクレスオオカブトや固有種のオウム、絶滅が危惧されている種のカエルなどが生息している。

▲沸騰する温泉湖「ボイリング・レイク」は、「カリブ海の地獄谷」と呼ばれている。

あの世界的歌手の故郷である
カリブ海有数の観光資源が豊かな島国

バルバドス Barbados

面積	約430㎢
人口	約28.1万人(2021年)
通貨	バルバドス・ドル(BBD)
言語	英語(公用語)／英語系クレオール語
宗教	キリスト教(プロテスタント／カトリック)
民族	アフリカ系など

国土 カリブ海の小アンティル諸島最東端に位置し、日本の種子島ほどの大きさ。島全体が珊瑚礁で構成され、西にカリブ海、東に大西洋が広がる。熱帯気候で夏季は高温に見舞われる。雨季は概ね6〜11月。降水量は750〜1,500mmほど。

経済 観光産業が経済の中心。1970年代までさとうきび栽培が経済を支え、現在も農業は盛ん。国民1人当たりのGDPは世界の上位3分の1に位置し、カリブ海域の中では高所得国。主要貿易国は、輸出入ともアメリカ、トリニダード・トバゴなど。

歴史 1627年にイギリス植民地、1652年にイギリス直轄領になる。1958年、ジャマイカなどとともに西インド諸島連邦に加盟。1961年にイギリス自治領となるも翌年、西インド諸島連邦は解散した。1966年にイギリス連邦加盟国として独立。

文化 イギリスの植民地であったことからイギリス文化が一般的で、教育制度も同様。リゾートなどの観光資源が豊かで、観光地として人気がある。国を挙げて治安維持に力を入れており、周辺地域と比べて安全な国となっている。ラム酒が名産で、グレープフルーツの発祥の地。

▲世界的歌手「リアーナ」の出身地で、2021年に国から「バルバドスの国民的英雄」の勲章が与えられた。

世界屈指のダイビングスポット「ブルーホール」を擁する
「カリブ海の宝石」と称される美しい珊瑚礁の国

ベリーズ Belize

面積	約2.3万㎢
人口	約40.5万人(2021年)
通貨	ベリーズ・ドル
言語	英語(公用語)／スペイン語／英語系クレオール語など
宗教	キリスト教(カトリック／プロテスタント)
民族	メスティーソ／クレオール／マヤ人など

国土 中米地峡の北東に位置し、北はメキシコ、南西はグアテマラに接し、東はカリブ海に面する。国土の大半が熱帯雨林。北西部には丘陵が広がる。沿岸部に連なる珊瑚礁バリア・リーフは世界第2位の規模を誇り、世界遺産にも登録されている。大半が熱帯気候で年中高温。8〜10月はしばしばハリケーンに襲われる。

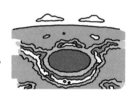

▲珊瑚礁保護区内にある陥没孔「ブルーホール」は水深約125mで、イルカやジンベエザメなどが生息している。

経済 主要産業は農業で、砂糖、バナナ、柑橘類、米などを生産。2005年に発見された石油も主要な輸出品。近年は観光業が発展。主要貿易国は、輸出がイギリス、アメリカ、EUなど、輸入がアメリカ、中国、メキシコなど。カリブ共同体・共同市場に加盟。

歴史 紀元前、マヤ先住民による文明が栄えた。1502年、コロンブスが到達。スペインの植民地となる。1798年、イギリス軍がスペインに勝利。1821年、グアテマラが領有権を主張。1862年、イギリス領ホンジュラスを宣言。1964年、自治権を獲得。1973年、ベリーズと改称。1981年にイギリス連邦の一員として独立。1991年、グアテマラがベリーズの独立を承認、国交樹立。

文化 イギリス領であった影響から、英語を公用語とする。スペイン語を話すグアテマラなどからの移民も多い。

アメリカ
America

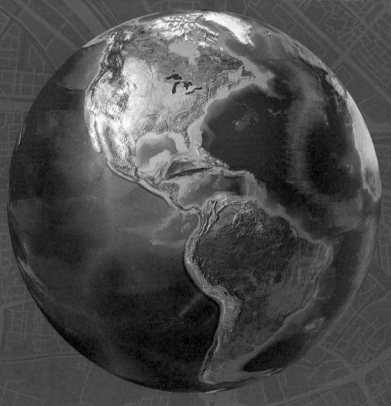

カリブ海

ベネズエラ (→P.207)

ガイアナ (→P.209)

スリナム (→P.209)

コロンビア (→P.198)

赤道

エクアドル (→P.205)

ペルー (→P.202)

ブラジル (→P.192)

ボリビア (→P.208)

太平洋

パラグアイ (→P.206)

チリ (→P.200)

ウルグアイ (→P.204)

アルゼンチン (→P.196)

大西洋

●南アメリカ

西側の太平洋岸にアンデス山脈が長く走り、ギアナ高地とブラジル高原との間をアマゾン川が流れる。南アメリカの北部を赤道が通り、熱帯が広く分布している。

▶ ▶ ▶

※メルカトル図法による。

人口、面積、産業とも南アメリカ最大の国

ブラジル連邦共和国 Federative Republic of Brazil

面積	約851.2万km²
人口	約2億1400万人（2021年）
通貨	レアル（BRL）
言語	ポルトガル語（公用語）など
宗教	カトリック／プロテスタントなど
民族	ヨーロッパ系／ムラートなど

マナウス

ベレン

レシフェ

ブラジリア

リオ・デ・ジャネイロ

サンパウロ

イグアスの滝

クリチバ

ポルト・アレグレ

アマゾンのほぼ中央にある大都市

ブラジル北部、アマゾン熱帯雨林のほぼ中央にある200万人都市。19世紀末にアマゾン上流で天然ゴムが発見され、一攫千金を夢見てヨーロッパから多数の人が訪れた。ゴムブームは去ったが、現在もアマゾン川を使った貿易が行われ、日系企業も40社ほど進出している。

計画的に造られた未来都市

ブラジル人建築家オスカー・ニーマイヤーやルシオ・コスタの設計により造られた計画都市。ジェット機の形がモチーフになっている。国立美術館、国立劇場、カテドラル・メトロポリターナなど、斬新なデザインの建物も多い。1960年からリオ・デ・ジャネイロに代わって、首都になった。

ブラジル第2の都市で、カーニバルの本場

サンパウロに次ぐブラジル第2の都市で、文化の中心。1763〜1960年は首都であった。例年2月に行われるカーニバル、イパネマ（左）やコパカバーナなどのビーチは世界的に有名。陽気な性格の人が多く、当地に住む人は「カリオカ」と呼ばれている。

アルゼンチンとの国境にある世界3大瀑布の一つ「イグアスの滝」。イグアスとは先住民の言葉で「大いなる水」という意味。

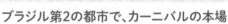
500km N

南米最大のメガシティ

高層ビルが立ち並ぶ南米の最大都市で、都市圏人口は2000万人を超える。もとは、1554年にイエズス会の宣教師ジョゼ・デ・アンシエタが造った小さな宣教村であったが、近郊のサントス港を使った貿易などで発展した。当地に住む人を「パウリスタ」と呼ぶ。

国土 南アメリカ最大の国で、大陸のほぼ東半分を占める。面積は日本の約23倍。国土の大部分は、北部のアマゾン盆地と、中部から南部にかけて広がるブラジル高原に大別できる。標高200m以下の低地が広がるアマゾン盆地は豊かな自然が残り、希少な生物が多数生息している。一方、ブラジル高原には人口の大部分が住み、都市も高原に集中している。気候は、北部は熱帯雨林気候、中部のブラジル高原はサバナ気候、南部は温暖湿潤気候の3つに分けられる。

経済 IMFのデータでは世界第13位(2021年)かつ南米最大の経済規模をもつ。コーヒー豆、砂糖、大豆などを多数生産する農業大国であり、工業でも南米最大。資源国でもあり、鉄鉱石、ボーキサイトなども世界有数の産出量を誇る。

経済発展が著しい「BRICs」!

1990年代からは航空機産業などの先端技術産業も発展を遂げたブラジル。ロシア、インド、中国、南アフリカとともに経済発展が著しい5か国を頭文字にした「BRICs」のうちの一国。BRICsは2003年にゴールドマン・サックス社のレポートで用いられてから一般的に使用されるようになった。広い国土や多い人口、豊かな天然資源からさらなる成長が期待されている国々のこと。

BRICS XIAMEN SUMMIT

歴史 1500年にポルトガル人カブラルが上陸し、ポルトガルの植民地になると、ブラジルボク(染料の原料)やさとうきびの産地として開発が進んだ。1808年、ナポレオン1世の侵攻から逃げてきたポルトガル王室がリオ・デ・ジャネイロをポルトガルの首都とした。王室は1821年にポルトガルに戻ったが、残留した王子が1822年にブラジル帝国として独立を宣言。1891年には憲法が制定され、大統領を元首とする連邦共和国となった。この頃からヨーロッパやアジアからの移民を受け入れるようになり、その数は40年で延べ400万人にのぼった。その後、世界恐慌をきっかけに独裁政治や軍事政権による不安定な時代が続くが、1988年に民主的な政権が復活。1993年の国民投票で大統領制が再確認された。

文化 先住民に加え、アフリカ、ヨーロッパ、アジアなどからの移民が入ることで、さまざまな文化が融合し、サンバ、ボサノバなどの音楽、多彩な食文化などを生み出した。カトリックとプロテスタントを合わせると約9割がキリスト教を信仰しており、宗教の影響も強い。

人物 ペレ、ジーコ、ロナウド、ネイマールなど、サッカーで活躍した選手は多数。F1レーサーのアイルトン・セナ(右)、格闘技のアンデウソン・シウバも世界1位に輝いたスポーツ選手だ。ヒクソン・グレイシーなどの柔術家も多数。

日本との関係 1895年の日伯修好通商航海条約の締結以降、極めて友好な関係が続いている。1908年から始まった集団移民政策では約25万人の日本人がブラジルに渡り、今でもその子孫たちが残る。スポーツではサッカー選手が来日し、日本サッカーのレベル向上に寄与している。

ヨーロッパ、アフリカ、アジア… 多くの民族が暮らす「多民族国家」

ポルトガル人による植民地支配が始まると、農場では先住民たちが労働力として使われたが、伝染病や過酷な労働のために人口は減少、代わりにアフリカ西部からの労働力が入ってくるようになった。19世紀後期に奴隷制が廃止されると、イタリア、ドイツ、スペインからの移民がコーヒー農園などで働き始めた。20世紀には日本を含め、アジアからの移民も加わり、ブラジルはさまざまな人種、文化が融合する「多民族国家」になった。それぞれの割合は、ヨーロッパ系が約50%、「ムラート」と呼ばれるヨーロッパ系とアフリカ系の混血が40%、アフリカ系10%弱、アジア系1%。北東部ではアフリカ系、南部ではヨーロッパ系の人々が多いが、これは移住後に初めて住んだ地域を反映しているといわれている。

日系人は意外と多い!?

日本人の移民は1908年から始まった。労働者としてコーヒー農園で働く人が多かったが、独立して野菜や果物などの農園を経営する人も増えた。現在も200万人ほどの日系人が住んでいるといわれている。

仕事を休んで「サッカー観戦」勝てばサンバ、負ければ沈黙

言わずと知れた「サッカー王国」で、過去のFIFAワールドカップ優勝回数は5回（1958・1962・1970・1994・2002年）で世界最多。国民の大多数がブラジル代表チームを愛し、重要な試合がある日は休日になり、休日にならない場合でも会社や商店は自主的に休業して、国中が試合に釘づけになる。勝てばサンバを踊りながら大騒ぎし、負ければ葬式のように静まり返る。

◀2002 〜 2006年までサッカー日本代表の監督を務めた「ジーコ」。2016年、日本サッカー殿堂入りとなった。

ブラジルの 人

ペレ（1940 〜 2022年）
南東部のミナスジェライス州トレス・コラソンエス生まれのサッカー選手。1956年にサントスFCに入団。翌年には16歳9か月ながらブラジル代表に選ばれた。1958年のFIFAワールドカップでは6ゴールを挙げて優勝に貢献。以降、1962・1966・1970年大会にも出場し、計3回優勝した。所属クラブのサントスFCでも11回得点王になり、南米一や世界一に導いた。1974年に引退したが、翌年に現役復帰し、アメリカのニューヨーク・コスモスで3年間プレーした。

世界中が注目する「ブラジル3大カーニバル」

New Yorker / PIXTA（ピクスタ）

例年2月頃に行われるカーニバルは、もともと「謝肉祭」と呼ばれるカトリックの宗教行事。17世紀にポルトガル人によって伝えられ、ブラジル全土に広まった。最も有名な「リオのカーニバル」（上）は規模が大きく、派手な衣装とパフォーマンスから開放的で自由なイメージがあるが、コンテスト形式になっており、真剣勝負の場となっている。リオ・デ・ジャネイロ以外にも、この時期は全国各地で大小さまざまなカーニバルが行われる。

リオ
世界各国および日本からも多くの観光客が訪れる。「サンボードロモ」という専用の会場を使って4日間サンバや歌、演奏を披露し、各チームで競い合う。派手な衣装を身につけて踊る「エスコーラ（サンバチーム）」は1年かけて練習し、本番に臨んでいる。

サルバドール
各地で開催されるカーニバルのうち1、2位を争う人気の路上カーニバル。「アフォシェ」と呼ばれるリズムや、「トリオ・エレトリコ」と呼ばれるステージが設置されたトラックで行うのが特徴となっている。

レシフェ
「フレヴォ」と呼ばれるヨーロッパとアフリカの影響を受けたリズムが特徴。小さな傘を持ち、アクロバットダンスをするのがレシフェのカーニバルの醍醐味。

ブラジルの　世界遺産　コルコバードの丘

リオ・デ・ジャネイロにある標高709mの丘。高さが30m（台座を含めると38m）、両手の幅28mのキリスト像は、ブラジルのシンボルになっている。リオの街並みはもちろん、奇岩ポン・ジ・アスーカルやコパカバーナ海岸などを見渡すことができる。世界文化遺産「山と海との間のカリオカの景観群」の構成物の一つ。

世界最大の流域面積をもつ「アマゾン川」

世界一の流域面積705万km²を誇り、長さにおいてもナイル川より長いと指摘する専門家もいる「アマゾン川」。下流域では対岸が見えないほどの規模で、橋もない。流域には数十万km²の広大な熱帯雨林が広がり、未発見の個体も含め、約200万種の動植物が生息しているといわれている。

◀アマゾン川に生息し、大きいものは体長3mを超えるという世界最大の淡水魚「ピラルク」。1億年近く姿が変わっていないとされ、「生きた化石」とも呼ばれる。

▶2011年にアマゾン川の支流であるネグロ川にかけられた3.6kmの斜張橋「リオネグロ橋」。この橋ができるまでアマゾン川には橋がなかった。

豆や肉を使った料理が中心　肉好きには堪らない「シュハスコ」も

ブラジルの家庭で日常的に食べられているのは「フェイジョン」。たくさんの豆を塩、胡椒で味つけをして煮込んだもので、ご飯と一緒に食べる。アフリカの肉料理をルーツとする「フェイジョアーダ」も人気だ。豚の尻尾や耳、あばら肉などと豆を煮込んで作る。「シュハスコ」は肉の塊を焼き、岩塩で食べるバーベキュー。街中には食べ放題形式の「シュハスカリア」という専門店があるほか、自宅で行う場合もある。ほかにも各地の郷土料理があり、食文化は豊かだ。

◀「シュハスカリア」では、串刺しにした肉を持った店員が店内を歩いている。希望の部位を持った店員が自分のテーブルの近くを通ったら、呼び止めて切り分けてもらう。

ブラジルの　食

アサイー

アマゾン原産のヤシ科のフルーツ。種があり、可食部は少ないが、栄養価は非常に高く、ポリフェノール、鉄分、食物繊維、カルシウムなどが豊富に含まれている。味はほとんどないため、ヨーグルトや他の果物と一緒に摂取する人が多い。2000年代前半に日本でもブームになった。

世界有数の生産量を誇る！「4つの特産品」

古くから広大な台地を利用して大規模な農業が行われ、コーヒー豆、さとうきび、大豆、オレンジなどは世界有数の生産量を誇る。特に大豆は土壌改良や新品種開発などに日本のODAも貢献し、アメリカと並ぶ世界屈指の生産国になった。

コーヒー豆

ブラジル産コーヒーの中でも、サントス港から輸出されたものを「サントス」と呼び、生産量が多く、安価なことからブレンドコーヒーによく使用される。

さとうきび

生産量は年々増加しており、2005～2014年の10年間で1.7倍に増加している。2023年にはバイオエタノール向けのさとうきびの割合が全体の63%を占めると予測されている。

大豆

水資源が豊富なことから、農畜産業が盛ん。大豆の生産量は年々増加傾向にある。日本の大豆輸入量はアメリカに次いで、ブラジルが第2位（2019年）。

オレンジ

世界で生産されているジュース用オレンジのうち、ブラジル産が半分以上を占める。青果用オレンジやジュースのほか、副産物としてオレンジオイルも生産している。

自然、食、音楽…、多彩な魅力をもつ南米の大国

アルゼンチン共和国 Argentine Republic

面積	約278万km²
人口	約4538万人（2020年）
通貨	アルゼンチン・ペソ（ARS）
言語	スペイン語（公用語）など
宗教	カトリックなど
民族	ヨーロッパ系（スペイン系／イタリア系）など

国土 南アメリカ大陸の南東部にあり、東は大西洋に接する。国土面積は世界第8位。北部は平原グランチャコ、中部には草原パンパが広がり、南端部にはパタゴニア氷原がある。チリとの国境付近はアンデス山脈が連なり、南米最高峰アコンカグア山（6,959m・下）をはじめとする山々が鎮座。北部は温暖湿潤気候、中部は温暖な湿潤パンパと乾燥パンパに分かれる。

経済 20世紀初頭から急拡大した農業は現在も産業の中心。小麦、とうもろこし、大豆などは世界有数規模。牧畜も盛んで、東部では牛、西部や南部パタゴニアでは羊が放牧される。工業は鉄鋼、自動車、石油化学などの重化学工業が発展。

世界トップクラスの牛肉大国！
ウルグアイとともに1人当たりの牛肉消費量世界一を争うアルゼンチン。その消費量は年間50kg以上と日本の約10倍。国民は炭を使い、弱火でじっくり焼くアサードという調理法を好み、庭に専用の炉を持つ家も多い。パンパで放牧された牛は脂肪分が少なく、味つけも塩、胡椒のみで、肉本来の味が口に広がる。

歴史 1516年にスペインが進出し、そのまま植民地下に置かれる。1806年頃から独立の機運が高まり、1810年の五月革命では当時在任していた副王を追放し、自治政府を樹立。サン・マルティンらによってスペインを破り、1816年に独立。その後、内戦や住民による暴動など不安定な状態が続いたが、2003年以降は落ち着く。

文化 言語、宗教、風習などはヨーロッパの影響が大きい。音楽や食文化は、近隣諸国のものをお互いに取り入れ合っている。

人物 1810年の五月革命や1816年の独立宣言で活躍したサン・マルティンは、チリやペルーの独立も実現した。1946年に大統領になったフアン・ペロンは労働者向けの優遇措置や女性参政権の実現などを行い、「ペロニスタ」と呼ばれる熱烈な支持者も現れた。

日本との関係 20世紀前半、日本からアルゼンチンに移住し、農業を行う人が多くいた。第二次世界大戦で一時国交が断絶するも、1952年に回復。貿易では、日本に食料品や原材料が輸出され、日本からは機械や完成品を主に輸入している。

▲大統領に三度当選したフアン・ペロンの妻で女優のエバ・ペロンは「エビータ」の愛称で今も慕われている。

アルゼンチンの 人
ディエゴ・マラドーナ
（1960～2020年）

ブエノス・アイレス州ラヌース出身のプロサッカー選手。1976年、15歳11か月でプロデビュー。ボカ・ジュニアーズへのレンタル移籍を経て、FCバルセロナやイタリアのSSCナポリで活躍。FIFAワールドカップでは、1982年から4大会連続で出場。1986年大会では「神の手ゴール（本来は反則である手を使った得点）」をはじめとする活躍で、チームを優勝に導いた。1997年の引退後は代表チーム含め、国内外の監督を務めた。

Nori/PIXTA（ピクスタ）

イグアスの滝、氷河など「豊かな自然」が広がる

南北に長いアルゼンチンは地形も変化に富んでおり、豊かな自然が多く広がる。ブラジルとアルゼンチンにまたがり、幅約4km、最大落差80mで、世界最大級の滝といわれている「イグアスの滝」、南部パタゴニアにあり、約250km²を覆う広大な「ペリト・モレノ氷河」、ペンギンやアザラシなどの楽園になっている「ビーグル水道」など、地球の神秘やエネルギーを感じる場所が点在。国もこうした資源を利用し、観光客増加をめざしている。

▶「イグアスの滝」は、北アメリカのナイアガラ、アフリカのヴィクトリアとともに3大瀑布の一つ。ブラジル、アルゼンチン双方から眺められる。

◀「ペリト・モレノ氷河」は1日に約2mという速さで移動するため、「生きている氷河」と呼ばれる。その氷は透明度が高く、青い光だけを反射し、神秘的なブルーの輝きを放つ。

「南米のパリ」と呼ばれる首都「ブエノスアイレス」

16世紀、スペインによる植民地時代に建設された港町「ブエノスアイレス」。18世紀末にはリオ・デ・ラプラタ副王領の首都になり、以後、南米の政治・経済の中心都市として発展。48の行政区に分けられており、そこに約1497万人が住む（2018年）。ラプラタ川に沿って、碁盤目状に設計された街の各所にはヨーロッパ風の建築や公園があり、「南米のパリ」とも呼ばれ、数々の映画の舞台ともなった。

▲ブエノスアイレス中心地域の共和国広場にある街のシンボル「オベリスコ」。67mの高さがあるこの白い石柱は、ブエノスアイレス400年周年を記念して1936年に建てられた。同広場には「ポルテーニョ」と呼ばれる市民が何かと集まってくる。

労働者の人々に根づく「アルゼンチンタンゴ」

「アルゼンチンタンゴ」は1880年頃、ブエノスアイレス近郊のボカ地区で生まれたとされる。大衆音楽のミロンガ、キューバの舞曲ハバネラ、ウルグアイのカンドンベなどが混じり合い、発

アルゼンチンの 場所 メンドーサ

アルゼンチンの西部、アンデス山脈の麓に広がる南米ワインの一大生産地。アルゼンチンのワイン生産量の70%を占め、約3,000ものボルテガ（ワイナリー）がある。南米大陸最高のアコンカグア峰（6,960m）を臨むぶどう畑が一面に広がる。

展した。リズムは4分の2拍子で、蛇腹楽器のバンドネオンを中心に演奏する。労働者の間で好まれ、歌詞は人生の愛、悲しみ、あるいは社会への反発や抗議をテーマにしたものが多い。

▶「アルゼンチンタンゴ」は当初、男性のソロだったが、やがて2人になり、男女カップルに変化していった。男性が積極的にリードするのが特徴。

タンゴのほかオペラも人気！世界3大劇場の一つが観客を魅了
富裕層の間ではオペラが好まれた。1908年に造られたコロン劇場は、オペラ劇場としてはミラノのスカラ座に次ぐ世界第2位の規模。5月～11月のシーズンはオペラやバレエなどが多く上演される。

カリブ海 / カルタヘナ
パナマ / ベネズエラ
太平洋 / ボゴタ
エクアドル / ブラジル
ペルー / 500km

紛争を乗り越え、新たな発展に向けて歩み始めた国

コロンビア共和国 Republic of Colombia

面積	約114万㎢
人口	約5127万人（2021年）
通貨	コロンビア・ペソ（COP）
言語	スペイン語（公用語）など
宗教	カトリック／プロテスタントなど
民族	メスティーソ／ヨーロッパ系／ムラートなど

国土 南アメリカ大陸の北西に位置。東はベネズエラとブラジル、南はペルーとエクアドル、北西部はパナマと国境を接しており、北はカリブ海、西は太平洋に面している。面積は日本の約3倍。国土の40％をアンデスの山地が占めている。

◀首都「ボゴタ」は、同じ南アメリカのラパス（ボリビア）、キト（エクアドル）に次いで、世界で3番めに高い標高（平均2,640ｍ）に位置する。

経済 主要輸出品目は、コーヒー、切り花（カーネーションほか）など。天然資源も豊富で、石油、石炭、フェロニッケル、金、世界屈指の産出量を誇るエメラルドなどが採掘されている。中南米の国で唯一、1980年代の債務危機と無縁の経済成長を続けたことでも知られる。

歴史 16世紀まではムイスカ（またはチブチャ）などの先住民が暮らしていたが、16世紀の初めにスペインの植民地になる。その後、1810年に独立を宣言。1819年、ボヤカの戦いでスペイン帝国軍を倒し、ベネズエラ、エクアドル、パナマとともにグラン・コロンビア共和国を樹立。その後、1830年代にベネズエラとエクアドルは分離独立、1886年にコロンビア共和国が成立した（パナマは1903年に分離独立）。独立以降は、自由党と保守党という2大政党の対立を背景に19世紀から内戦が繰り返されてきたが、2017年当時のフアン・マヌエル・サントス大統領により内戦終結が宣言され、以降、和平の道を歩み始めている。コロンビアの名称は、大航海時代の航海者コロンブスの名前に由来。

文化 先住民の文化をはじめ、ヨーロッパ、アフリカなど多様な文化が複雑に入り混じっている。主食は、アロース（米）、ユカ（キャッサバ）、パパ（ジャガいも）、マイス（とうもろこし）など。サッカーが人気だが、自転車競技も盛ん。2019年はツール・ド・フランスで、コロンビア人のエガン・ベルナル選手が総合優勝を果たし、話題になった。

人物 ガブリエル・ガルシア＝マルケス（1927〜2014年）はマジックリアリズムという芸術表現技法で、ラテンアメリカ文学の世界的ブームを起こしたコロンビア出身のノーベル賞作家。代表作である『百年の孤独』がNetflixによって映像化される予定。

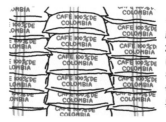

▶2016年から新5万ペソ札の顔になった「ガブリエル・ガルシア＝マルケス」。

日本との関係 日本への切り花カーネーションの最大輸出国。地球の裏側から、日本の母の日を支えている。

世界有数の生産量を誇る高品質な「コーヒー産地」

コーヒーは1700年代初頭にイエズス会の宣教師によってコロンビアへ持ち込まれ、地元の換金作物として家族経営の農場などで全国的に採用されたが、当時は輸出産業に発展することはなかった。1972年にコロンビアコーヒー生産者連合会という組織が設立され、品種改良や小規

◀「コロンビアのコーヒー産地の文化的景観」は、2011年に「地理的に非常に難しい場所に人的努力をもってコーヒー栽培地を切り開いてきた」として、世界遺産に登録された。

アメリカ

南アメリカ

模農園への技術支援などを積極的に行った結果、現在では世界に名だたるコーヒー産地として知られるようになった。

「バランキージャのカーニバル」の合言葉は「武器ではなく花を」

南米で最もカラフルなカーニバルと称される「バランキージャのカーニバル」。その起源ははっきりとわかっていないが、スペイン人が持ち込んだカトリックの祭典に、先住民の儀式やアフリカの人たちの祭りがミックスされてできたものだといわれている。メインイベントの一つ「花の戦い」は、19世紀後半に起こった内戦に思いを馳せ、「武器ではなく花を」のスローガンのもとに始められた。

▶「バランキージャのカーニバル」は、2003年に無形文化遺産に登録された。

コロンビアの 人　フアネス(1972～)

ラテン・グラミー賞を20回以上獲得し、「世界で最も影響力のある100人」(米タイム誌)に選出されたこともあるコロンビア出身のスーパースター。代表曲は「La Camisa Negra」。生まれ故郷メデジンで、麻薬組織と政府の抗争を身近に感じながら育ったフアネスは、ポップスターでありながら、今も祖国における平和への苦闘を歌い続けている。

コロンビアの 人　フェルナンド・ボテロ(1932～)

メデリン出身のコロンビアを代表するアーティスト。彫刻も絵画も、すべてのモチーフがボリュームたっぷりに表現され、その独特のスタイルは「ボテリズム」として世界的に認知されている。メデジンのボテロ公園ではボテロの彫刻を一度にたくさん鑑賞できる。

渋滞都市がめざす「自転車ファースト」な街づくり

平日には160万台の車がごった返し、排気ガスによる汚染が深刻な首都ボゴタ。近年は自身も熱心なサイクリストだというボゴタ市長クラウディア・ロペスのリーダーシップにより、600km以上の自転車専用道や公共シェア自転車システ

◀ボゴタでは毎週日曜日に「シクロビア」と呼ばれる、車道を自転車天国化するイベントも実施。ロペス市長曰く、「自転車はコロンビア人のアイデンティティー、コロンビア文化の一部」とのこと。

宅配アプリ「Rappi」が南米中で人気に!

日本ではUberが有名だが、「Rappi」は食べ物のデリバリーだけでなく、買い物やATMの引き出しまでさまざまな代行サービスを展開。ボゴタなどの都市部では人々の生活になくてはならない存在になっている。2015年創業の新しい企業だが、すでに南米中でサービスを拡大中という。

ムなどを次々と整備。オスロ(ノルウェー)やハイデルベルグ(ドイツ)に並ぶ「自転車ファースト」な街として注目されつつある。

煮込み料理からスムージーまでバラエティーに富んだ「ご当地料理」

日本の約3倍という広い国土をもち、アンデス高地、カリブ海沿岸、太平洋沿岸、オリノコ平原、アマゾン流域と、気候も地形も多様なコロンビアでは、生産される食材も実にバラエティーに富んでいる。3種類のジャガいもを煮込んで、とうもろこしと鶏肉を加えたシチューのような食べ物「アヒアコ」のように国中で食べられる料理もあるが、その場所に行かなければ食べられないご当地料理も少なくない。

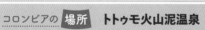
▶カリブ海に面したカルタヘナは、「南国フルーツ」も豊富。

コロンビアの 場所　トトゥモ火山泥温泉

近年、バックパッカーたちの間で人気になっている観光地。カルタヘナから車で1時間ほど北に行ったところにある。火口の部分に溜まった泥に浸かることができ、ガイドの説明によると、深さは2,800mもあるというが(真偽のほどは不明)、沈むことはない。

チリ共和国 Republic of Chile

地図：ボリビア／ブラジル／パラグアイ／太平洋／サンティアゴ／ウルグアイ／イースター島／アルゼンチン／太西洋／プンタ・アレーナス／1250km

面積	約75.6万㎢
人口	約1949万人（2021年）
通貨	チリー・ペソ（CLP）
言語	スペイン語（公用語）／マプドゥング語／ドイツ語／英語など
宗教	カトリック／プロテスタントなど
民族	メスチーソ／ヨーロッパ系など

アメリカ 南アメリカ

国土 南アメリカ大陸の南西部に位置し、アンデス山脈と太平洋に挟まれた国。東はアルゼンチン、北はペルーやボリビアと国境を接している。南北4,300kmの細長い国土が特徴。北部には乾燥した砂漠地帯が広がり、南部には氷河が点在。最南の都市プンタ・アレーナスは南極クルーズの出発地としても知られている。太平洋上に位置し、モアイ像で有名なイースター島もチリの領土。

経済 鉱業が最大の産業で、銅、リチウムなどの産出量は世界有数。果実やワイン、サーモン、マスなどの水産物、ウッドチップなどの輸出増加にも力を注いでいる。近年は国の発展に伴い、顕在化してきた大気汚染、水質汚濁などの問題への対応も課題に。

「星」を探す人たちと「星になった人」を探す人たち
チリ北部にあるアタカマ砂漠は世界で最も乾燥した土地。霧や雲がほとんど発生しないため、世界一美しい星空が観賞できるといわれていて、各国の天文台や天体観測施設が集まっている。また、ピノチェト政権下で政治犯として捕らえられた人たちの遺体が埋まる場所としても知られている。

ギネス認定! 世界最大の屋外プール
首都サンティアゴから約100km離れたところにあるホテル「サン・アルフォンソ・デル・マル」には、長さ約1km、面積約8万㎡、2億5000万ℓの貯水量（海水を含む）を誇る世界最大の屋外プールがあり、ギネスにも認定されている。

歴史 スペイン人がこの地を訪れる以前、チリの中央部や南部には先住民マプチェ族などが居住していた（北部はインカ帝国の一部）。16世紀半ばにスペインが侵攻。中部にサンティアゴを建設して植民地化を進めるが、南部ではその後も300年にわたりマプチェ族の抵抗が続いた。1818年に事実上の独立。1970年、民主的な選挙による世界初の社会主義政権が成立し、アジェンデ大統領が就任する。その3年後、クーデターが起こり、ピノチェト軍事政権が誕生。以降、17年にわたって独裁体制が続いた。1990年、エイルウィン政権が成立し、民政移管となった。

文化 詩作が盛んで、ガブリエラ・ミストラル、パブロ・ネルーダという2人のノーベル文学賞受賞者を輩出。「戒厳令下チリ潜入記」のミゲル・リティン、「チリの闘い」3部作のパトリシオ・グスマン、「エル・トポ」のアレハンドロ・ホドロフスキーなど、世界的人気を誇る映像作家も数多く生み出している。

▼首都「サンティアゴ」は、アンデス山脈に囲まれた標高約520mの盆地に位置する都市。ヨーロッパ風の美しい街並みが特徴で、南米で最も重要な経済都市の一つでもある。1年のうち300日以上は晴れていて、「青空の街」と呼ばれることも。

Photo by progat

人物 アウグスト・ピノチェト（1915〜2006年・下）はチリの第30代大統領。1973年のクーデターで政権を奪取し、その後、軍事政権を率いて強権政治を行い「独裁者」と呼ばれた。この間、左派系の人々をねこそぎ投獄した。犠牲者は3,000人を超え、拷問を受けた人の数は4万人以上といわれている。

日本との関係 地震大国として知られる両国。1960年のチリ地震では宮城県南三陸町まで津波が到達した。その30年後、友好のシンボルとしてモアイ像のレプリカが贈られたが、2011年の東日本大震災で流失。それを知ったチリの関係者たちがイースター島の長老に働きかけたことで、今度は通常、国外に持ち出すことが許されていないイースター島の石で造られた"本物"のモアイ像が贈呈された。

◀現在は世界遺産にも登録されている「イースター島」だが、1937年頃に軍艦の建造費を捻出したいチリ政府によって、日本に売却されそうになったことがある。

チリの 人

アレハンドロ・ホドロフスキー（1929〜）

世界中でカルト的な人気を誇る、チリ出身の映画監督・詩人。1970年に自ら主演も務めた「エル・トポ」を発表。単館での上映だったが、ジョン・レノンやアンディ・ウォーホルなどの著名人たちから絶賛された。ほかに「ホーリー・マウンテン」「リアリティのダンス」などの作品がある。

人気スポーツはサッカーだが国技となった「ロデオ」

チリの「ロデオ」は（北アメリカが起源のロデオとは異なり）2頭の馬に乗ったウアッソ（チリのカウボーイ）が、三日月型に仕切られた競技場の中を牛を挟みながら走り、倒していく競技。中部や南部の農村地域で400年以上にわたり行われてきた伝統スポーツで、1962年に国技に認定された。近年、多くの人々がサッカーの試合に行くよりロデオのイベントを観戦するほうを選んでいるという。

◀オイギンス州の州都ランカグアでは毎年、「ロデオ」のナショナル・チャンピオンシップが開催されている。

日本で大人気の安くて美味しい「チリ産ワイン」

かつて日本でワインといえばフランスやイタリア産が定番だったが、2007年に日本とチリの間で結ばれた経済連携協定（EPA）による関税率の低減をきっかけに「チリ産ワイン」の輸入量が増加。2015年以降の国別ワイン輸入量は、チリが6年連続で第1位を獲得した（2021年はフランスが7年ぶりに第1位に返り咲いた）。

◀雨がほとんど降らず、日照時間が長いうえ、昼夜の寒暖差が大きいというチリの気候がぶどうを病害から守り、安定した品質のワインを生産可能にしているといわれている。

チリの 食

カスエラ

野菜と肉がたっぷり入った具だくさんスープで、チリの人たちにとっての「おふくろの味」。肉は鶏でも豚でも牛でもOK。オレガノとクミンを加えて煮込み、美味しい出汁が出たところでぶつ切り野菜を入れる。肉も野菜も細かくしないのがポイントだそう。スープをライスにかけ、コリアンダーで香りを添えて食べるのも美味しい。

アンデス文明の謎が残る美食の国

ペルー共和国 Republic of Peru

面積	約129万㎢
人口	約3297万人(2020年)
通貨	ヌエボ・ソル(PEN)
言語	スペイン語・ケチュア語・アイマラ語(公用語)
宗教	カトリック／プロテスタント
民族	先住民(ケチュア／アイマラなど)／メスティーソ／ヨーロッパ系など

国土 南アメリカ中部の西岸に位置する国。海岸線と並行して、国土のほぼ中央をアンデス山脈が走る。これにより、西の海岸砂漠地帯(コスタ)、中央のアンデス山岳地帯(シエラ)、東のアマゾン熱帯雨林地帯(セルバ)の3つの地帯に分かれ、気候も大きく異なることが特徴。

経済 主要産業は銅、金、亜鉛、鉄、天然ガスなどの鉱業。漁業も盛んで、アンチョビなどの漁獲量が高く、魚粉も多く輸出している。高い経済成長率は南アメリカでトップクラスだが、国内の貧富の差は大きい。

歴史 紀元前のチャビン文化や紀元前後のナスカ文化など、古くから多くの文化が栄えた。1200年頃にインカ帝国の前身であるクスコ王国、1438年にはインカ帝国が成立。ところがピサロ率いるスペインの一団に征服され、1533年に滅亡する。1542年にスペイン支配下のペルー副王領となる。1821年に独立を宣言、1824年に完全独立。

文化 先住民とヨーロッパ系の混血であるメスティーソと先住民が人口の大部分を占める。宗教はカトリック教徒が8割以上。義務教育は幼稚園の5歳から中学5年生までの期間で12年間。学校は2学期制で、クリスマス前から3月頃までは長期休みになる。

人物 日系人アルベルト・フジモリは1990年の選挙で勝利し、大統領に就任後、3選した人物。その後、罷免され、軍を指揮して市民を殺害した殺人の罪などで禁錮25年が言いわたされた。

日本との関係 中南米の中で日本が初めて国交を結んだ国であり、南米で最初の日本人移民先。マチュピチュの麓にある観光拠点「マチュピチュ村」は、ペルーに渡った日本人の野内与吉が昭和初期に拓いた。

◀どこか日本の温泉街のような風情も感じる「マチュピチュ村」。

▲スペインの征服者ピサロが建都した首都「リマ」。旧市街は「リマ歴史地区」という名称で世界遺産に登録されている。
Photo by Christian Vinces

ペルーでの新年は全身黄色で迎える⁉
ペルーでは黄色は幸運を象徴する色で、新年に黄色のものを身につける風習がある。そのため、大晦日には多くの売店で黄色い服や下着、黄色の花や首飾りなどが売られ、街中が黄色一色になるのだとか。そのほか、テーブルの下でぶどうを12粒食べ、12か月分のお願いごとをするなどのユニークな風習もある。

ペルーの 🍴食

セビーチェ
生の魚介類を玉ねぎや唐辛子で和え、レモン果汁でしめたペルー風魚介マリネ。
歴史は古く、インカ帝国時代以前から作られてきたといわれる。国内には多くのセビチェリア(セビーチェ専門店)があり、毎年6月28日は「セビーチェの日」に制定されるなど、ペルーの国民的料理となっている。

アメリカ
南アメリカ

古代インカ帝国の空中都市 未だ謎に包まれた「マチュピチュ」

アンデス山脈の標高約2,400mの尾根に位置する要塞都市「マチュピチュ」。インカ帝国時代の15世紀に築かれたにもかかわらず、1911年にアメリカの博士に発見されるまで、その存在を知られていなかった。なぜこのような高地の断崖絶壁に建設されたのか。スペインの侵略から財宝を守るためという説、皇帝の別荘だったという説などがあるが、アンデス文明は文字をもたず記録が残っていないため、未だはっきりとしたことはわかっていない。

▶アニメ映画「天空の城ラピュタ」のモデルとしても有名。世界遺産への登録はもちろん、その謎の多さから、2007年には新・世界七不思議に認定された。

▲「ナスカの地上絵」も、目的や描画方法がわかっていない謎の世界遺産。2022年には山形大学の研究グループが、人型を含む168点の地上絵を新たに発見した。

美食の国ペルー 「スーパーフード」に世界が熱視線

世界遺産はもちろん有名だが、「食」なしにペルーは語れない。アメリカの経済紙による2021年の「ワールド・トラベル・アワード／世界で最も美食を楽しめる国」部門で11年連続最優秀賞に選ばれた世界的な美食の国だ。日本の3倍以上の土地に熱帯雨林やアンデスの山岳地帯などの大自然が広がっており、豊かな食材がとれることがその背景にある。3つの自然環境地帯に分かれたペルーならではの、多種多様な植物や作物も育まれてきた。近年、特に注目されているのが「スーパーフード」。その多くはペルー古来の植物であり、ダイエットや美容によいと世界のセレブたちが愛用している。

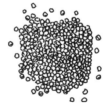

◀ペルー国内のスーパーでは、「キヌア」などのスーパーフードを安く買うことができる。

反政府デモの影響で観光客が立ち往生

ペルーの文化省は、2023年1月から2月にかけてマチュピチュを封鎖。一時、観光客数百人が立ち往生を余儀なくされた。ペルー全土で前大統領の罷免と現政府に対する抗議デモが起こっており、その影響とみられる。

ペルーの 場所

チチカカ湖

大型船が運航できる湖としては、世界で最も高い場所にある湖であり、数少ない古代湖。その高度は富士山より高く、海抜約3,800mに位置する。面積は琵琶湖の約12倍もあり、まるで海のように広大だ。湖の中央に国境があり、東側はボリビア領である。現地の人々は、トトラと呼ばれる水草で作られた浮島の上で生活している。

アンデス原産の動物「アルパカ」 その毛は防寒に優れた高級品

日本の動物園でも見ることができる「アルパカ」だが、もともとはアンデス山脈の高原地帯にのみ生息していた。その毛はしっとりしており、独特のぬめり感があることが特徴。その毛は一度に採取できる量が少なく貴重なため、ウールよりも高値がつくことが多い。

◀過酷な環境で育ってきた「アルパカ」は、極めて密度が高く、防寒に優れた毛をもつ。その毛で作られるニットは、高地で農業をするペルーの人々の必需品だ。

家族と牛肉を愛する南米の小国

ウルグアイ東方共和国 Oriental Republic of Uruguay

面積	約17.6万km²
人口	約349万人(2021年)
通貨	ウルグアイ・ペソ(UYU)
言語	スペイン語(公用語)
宗教	カトリックなど
民族	ヨーロッパ系など

アメリカ

南アメリカ

国土 北部をブラジル、西部をアルゼンチンと国境を接する。面積は日本の半分ほど。なだらかな丘陵地帯が広がり、最も高い山でも標高513mと低め。気候は温暖で、南半球の冬期である6〜9月でも、日中の平均気温が10℃を下回ることは少ない。

経済 国土の大半が肥沃な平原であり、主要産業は農牧業や製造業。生活水準は比較的高く、「南米のスイス」とも呼ばれる。第一次・第二次世界大戦後には食糧供給国として栄えた。

歴史 1516年、スペイン人のソリスが到達。1680年にポルトガル人によりウルグアイ最初の都市が建設された。1825年にスペインより独立。憲法が制定され、国名がウルグアイ東方共和国に。

文化 文化的にはヨーロッパ、特に南欧(ラテン系)の要素が強い。アルゼンチンと同様に「タンゴ」が盛ん。

「家族」を大事にする ウルグアイ人

ウルグアイ人は、休日に自宅で「アサード」と呼ばれる炭火バーベキューを楽しむことが多い。1〜2月には、1か月程度の長期休暇を取るのが一般的。この長期休暇時に公共機関の運営に支障が出ることもあるが、「家族」の時間を優先するウルグアイ人は特に問題にはしないとか。

◀「世界一貧しい大統領」として知られるホセ・ムヒカ元大統領。2010〜2015年にウルグアイの大統領を務めた。2012年にリオで開かれた「国連持続可能な開発会議」における名スピーチはあまりにも有名。2020年に映画「ムヒカ 世界でいちばん貧しい大統領から日本人へ」が公開された。

▶「コロニア・デル・サクラメントの歴史的街並み」は、植民地時代の名残が残るこの国唯一の世界遺産。

ウルグアイの国民的スポーツ「サッカー」

ウルグアイは、スポーツではサッカーが人気。1930年のワールドカップ第1回開催国であり、優勝国でもある。

日本人の約7倍の 「牛肉」を食べる食文化

ウルグアイにおける「牛肉」の1人当たり年間消費量は、日本人が約6.7kgに対し、ウルグアイ人は日本人の約7倍の約46.4kgに及ぶ(2015年)。ウルグアイの穏やかな気候と平坦で肥沃な土地は牛を育むのに適しており、牛の数が人の3倍以上という、まさに「牛肉大国」といえる。

◀ウルグアイ名物といえば、「チビート」。牛ステーキやチーズ、卵などをパンで挟んだサンドイッチで、具材たっぷりでボリューム満点な、ウルグアイの国民食だ。

ウルグアイの 人 ディエゴ・フォルラン (1979〜)

ウルグアイ出身のサッカー選手。マンチェスター・ユナイテッドやビジャレアルなど、名クラブで活躍。2010年南アフリカワールドカップでは、得点王と最優秀選手(MVP)に輝いた。2014年にセレッソ大阪に入団し、日本中のサッカーファンを熱狂させる。2019年に引退したが、2022年に現役復帰を果たす。

エクアドル共和国 Republic of Ecuador

太平洋 / パナマ / コロンビア / キト / ガラパゴス諸島 / ペルー / 500km

面積	約25.6万㎢
人口	約1776万人(2021年)
通貨	アメリカ・ドル(USD)
言語	スペイン語(公用語)など
宗教	カトリック/プロテスタントなど
民族	メスティーソ/ヨーロッパ系など

国土 南米大陸の北西部に位置し、コロンビア、とペルーに接し、西は太平洋に臨む。国の南北にアンデス山脈が連なる。気候は熱帯気候や高山気候で、赤道直下だが、夏(1月)の平均気温は約27℃にとどまる。

経済 主要産業は原油、農業(バナナ、コーヒー、カカオ)、漁業など。主要貿易国は、輸出がアメリカ、中国、パナマ、チリなど、輸入がアメリカ、中国、コロンビア、パナマなど。

歴史 15世紀後半にインカ帝国が一帯を征服。1533年、スペイン領に。1822年にグラン・コロンビア共和国の一部として独立後、1830年にグラン・コロンビアからも分離独立。2008年に新憲法を発効した。

文化 基本的にはカトリックの文化・習慣が根づいている。街並みや建造物などは、宗主国スペインの影響が色濃く残る。

世界遺産第1号の「キト」の街並み 歴史的建造物なども多い

首都「キト」は、1978年に登録された世界遺産第1号の一つ。スペインによる南米支配とキリスト教布教の一大拠点となり、大航海時代以降に造られた歴史的建造物も数多く残る。

▶キトの郊外にある「赤道記念碑」。標高2,800mにあるため、赤道直下の夏でも過酷な暑さにならない。国名のエクアドルはスペイン語で「赤道」の意。

◀キトにある「イエズス会教会(ラ・コンパニーア・デ・ヘスス教会)」は、その美しさで南米一と評され、内部の祭壇や装飾にはふんだんに金が使われている。

意外にも原油の輸出国でもある!?
エクアドルは原油の輸出国で、政府も貴重な財源と捉えている。OPECには1973年に加盟するも、1993年に脱退、2007年に復帰、2020年に再び脱退。原油の協調減産などをめぐり、方針が折り合わない。

かつては日本も「バナナ」といえば エクアドル産を輸入

今日の日本では、距離が近く、輸送に時間がかからないフィリピン産のバナナが店頭に並んでいるが、1970年代以前はエクアドル産のものが一般的だった。現在でもエクアドルのバナナ輸出量は、世界第1位(2022年)となっている。

◀エクアドルの「バナナ」は、食感がジャガいもに似ている甘くないバナナなど、その品種もバリエーションに富んでいる。バナナのフライは、エクアドルでは日常的な料理。

エクアドルの 世界遺産
ガラパゴス諸島

独自の生態系を維持している大小30の島々。ガラパゴスウミガメやガラパゴスウミイグアナなど、野生の生物を見ることができる世界遺産。ここを訪れたダーウィンが「進化論」を発想するヒントを得たことでも知られる。「ガラパゴス化」は、独自の進化を遂げることの比喩表現。

アメリカ 南アメリカ

パラグアイ共和国 Republic of Paraguay

面積	約40.7万km²
人口	約713万人（2020年）
通貨	グアラニー（PYG）
言語	スペイン語・グアラニー語（公用語）
宗教	カトリックなど
民族	メスティーソなど

国土 南米大陸のほぼ中央にある内陸国。国土の中央を、北から南にかけパラグアイ川が貫流する。北部は熱帯気候だが、南部に進むにつれ気温が下がり、しのぎやすい温帯になる。

経済 農牧畜業が主体で、大豆、牛肉などを輸出している。近年は低税率や安価な労働力を背景に、自動車部品や造船などの分野に外国企業が進出している。

歴史 先住民はグアラニー人。1537年、スペイン領になる。1811年、パラグアイ州は共和国として南アメリカ初の独立を宣言。1954年、ストロエスネル将軍が政権掌握。1993年、ワスモシ氏が当選し、39年ぶりの文民大統領が誕生した。

文化 先住民グアラニーと征服者スペインの文化が融合した国。国民の80%がスペイン語とグアラニー語が交ざった言葉を話す。祭事もイースター休日などキリスト教の色合いが強いものもあれば、グアラニー人の伝統的祭りもある。

「飲むサラダ」として知られるビタミン豊富な「マテ茶」

ビタミンやミネラル豊富な「飲むサラダ」として知られるハーブティー「マテ茶」発祥の地はパラグアイ。マテ茶はもともと、先住民グアラニー人が飲んでいて、その後、布教のために訪れたイエズス会の宣教師にも愛飲されるようになった。

▶野菜をあまり食べないといわれるパラグアイ人にとって、マテ茶は必須の健康食品なのだとか。

◀マテの葉に冷たい水を注いで飲むことを「テレレ」という。パラグアイ人は大きなボトルにマテ茶（テレレ）を入れ、移動先でも飲む。

世界最大級の湿地帯「パンタナル湿原」

パラグアイ、ボリビア、ブラジルにまたがる「パンタナル湿原」は世界最大級の面積を誇る湿地帯で、観光客にも人気のエリア。ジャガーやワニ、カピバラ（右）などの野生動物を見ることができる。

宣教師と先住民によって築かれた「イエズス会伝道所群」

カトリック教徒が主のパラグアイ。17～18世紀にかけて、イエズス会の宣教師たちがグアラニーに対してキリスト教を布教するため、数々の伝道所を開いた。そのほとんどが何もない土地に建てられたため、先住民と宣教師は協力して、聖像や衣類などを作ったという。

◀伝道所の中でも、保存状態がいいといわれる「トリニダー遺跡」。1993年、世界遺産に登録された。

パラグアイの 食

アサード

南米各地で食される料理で、パラグアイの国民食。スペイン語で焼いた肉を意味する「アサード」は、日本における焼肉やBBQとイメージが近く、牛肉や豚肉、鶏肉、ソーセージなどを炭火を使い、塩・胡椒でシンプルに焼いたもの。親戚づき合いが多く、行事ごとも大好きなパラグアイ人は、それらの集まりでアサードを食べるという。

アメリカ
南アメリカ

ベネズエラ・ボリバル共和国 Bolivarian Republic of Venezuela

カラカス
カリブ海　太西洋
ガイアナ
スリナム
コロンビア
ブラジル
500km

面積	約91.2万㎢
人口	約2795万人 (2021年)
通貨	ボリバル・ソベラノ (VES)
言語	スペイン語・31の先住民言語 (公用語)
宗教	カトリックなど
民族	メスティーソ／ヨーロッパ系／アフリカ系など

国土 アメリカ大陸北部、カリブ海に面している。中央部を西から東へ流れるオリノコ川は南米で3番めの大河。熱帯気候が広がり、雨季と乾季に分かれ、カリブ海に面した海岸部は乾燥気候。

経済 主要産業は、南米一の産油国であることから石油が産業の中心で、天然ガス産業、鉄鉱石などの鉱業も。主要貿易国は、輸出がアラブ首長国連邦、トルコなど、輸入がアメリカ、中国など。

歴史 1498年にコロンブスが到達し、スペインの植民地となる。1819年、グラン・コロンビア共和国が樹立。その後、1830年に分離し、ベネズエラ共和国として独立した。1999年、ラテンアメリカの解放者シモン・ボリバルの名を冠した現在の国名に。

文化 植民地時代の影響から、ヨーロッパやアフリカなどの文化が混ざり発達。モデルや作曲家が活躍するほか、野球、サッカーなど幅広くスポーツも盛ん。

国を挙げた計画で世界的「美人大国」に!

「美人大国」として知られるベネズエラは、ミス・ユニバースをはじめ、国際的な美人コンテストで中南米で最も優勝者を輩出している。1950年代から自国の繁栄と観光客を増やすため、国家政策として「美人育成計画」を打ち出し、国主導でモデル学校やミスコン専門学校をつくっていった。ベネズエラ開催の美人コンテストは、視聴率が70%を超えるそう。

▶「ミス・ユニバース」では、アメリカに次いで2番めの優勝者数を誇り、2年連続優勝者を出した国としてギネス記録ももつ。

世界一高い場所から空中散歩で絶景を楽しむ!
メリダ州にある「ムクンバリロープウェイ」は世界一の高所にあり、ベネズエラ有数の観光スポット。長さは世界第2位で、終着点の標高は4,765m。ピコ・エスペホ峰山頂の近くから広大な絶景や湖を見渡すことができるのだとか。

世界最後の秘境ギアナ高地から流れ落ちる絶景「エンジェルフォール」

1937年、アメリカのパイロット、ジェームズ・エンジェルにより発見された世界最大級の落差979mを誇る滝「エンジェルフォール」。あまりの高さから落ちるため水は霧になり、滝壺が存在しない。名称の由来はパイロットの名前であり、「天使の滝」という意味ではない。

▶コナン・ドイルの小説『ロスト・ワールド』の舞台になったことでも有名。

ベネズエラの 🍴食

カカオ豆

世界一の品質と称されるほど、スペイン征服時代から評判のある高品質のチョコレートやココアの原料。
ベネズエラの気候と土質はカカオにとって理想的な栽培環境。フォラステロ種、クリオロ種、トリニタリオ種の3つに分類され、そのカカオを用いた高級チョコレートが世界で販売されている。

ボリビア多民族国 Plurinational State of Bolivia

（憲法上の首都はスクレ） 500km

面積	約110万㎢
人口	約1151万人（2019年）
通貨	ボリビアーノ（BOB）
言語	スペイン語・36の先住民言語（公用語）
宗教	カトリック／プロテスタントなど
民族	先住民／メスティーソ／ヨーロッパ系

国土 南アメリカ大陸の中西部に位置し、ペルー、ブラジル、パラグアイなどに囲まれた内陸国。面積は日本の約3倍。標高3,000mを超えるアンデス高地、温暖な渓谷地帯、アマゾン源流部の熱帯地域など、多様な自然環境が特徴。

経済 農業（大豆、さとうきびなど）、天然資源（亜鉛、銀、天然ガスなど）を中心とする1次産品への依存度が高く、国際価格の影響を受けやすい。日本にとっては、亜鉛、鉛の重要な輸入相手国。

歴史 12世紀頃、チチカカ湖周辺にアイマラの諸王国が栄える。15世紀に入ると、ケチュアが築いたインカ帝国の領土に。1825年、スペインより独立。解放を指揮した革命家シモン・ボリバルにちなんでボリビアと名づけられ、2009年、ボリビア共和国からボリビア多民族国に変更した。

文化 全人口における先住民の比率が高く、ケチュア、アイマラなどの文化が今も色濃く残る。

リチウム資源の産業化で「ウユニ塩湖」がなくなる!?

世界有数の観光地として知られる「ウユニ塩湖」だが、ここに世界のリチウム埋蔵量の約50%が存在するといわれ、近年、大きな注目を集めている。リチウムは、モバイル製品や電気自動車に欠かせない電池の材料。今後も需要の拡大が予想される。リチウムの抽出には高度な技術と大量の資金が必要なため、ボリビア政府は各国に協力を要請。日本企業も名乗りを挙げている。

▼「ウユニ塩湖」の奇跡の絶景が見られなくなる日も近いかもしれない。

▲「ウユニ塩湖」で行われるリチウム開発。自動車販売台数の1%が電気自動車に置き換わると、リチウムの需要が年間7万t増えるといわれている。

内陸国なのに海軍が存在している!?

チリとの太平洋戦争（1879〜1884年）で海岸線を失い、内陸国となったボリビアだが、今でも海軍が存在する。海への出口を回復しようという運動を啓発する目的で、3/23は海の日に制定されている。

1時間の道のりを10分に短縮！ロープウェイ活用の首都「ラパス」

標高約3,600mにある世界一標高が高い首都ラパスでは、ロープウェイが市民の足として活躍している。高低差がある地形のため、地下鉄建設が困難で、長らく交通渋滞に悩まされてきた。2014年に最初の路線が開通して以降、その効果はてきめんで、今では10路線にまで拡大した。

▶ラパスのロープウェイは、「ミ・テレフェリコ（私のロープウェイ）」の愛称で親しまれている。

Photo by juan Cristhian valenzuela

アメリカ　南アメリカ

国旗の「黄金の矢尻」は国の輝かしい未来を象徴する
インド文化の影響を受けた南米の国

ガイアナ共和国 Republic of Guyana

面積	約21.5万k㎡
人口	約79万人(2021年)
通貨	ガイアナ・ドル(GYD)
言語	英語(公用語)／英語系クレオール語など
宗教	キリスト教(プロテスタントなど)／ヒンドゥー教など
民族	インド系／アフリカ系／混血など

国土 南アメリカ大陸北東のギアナ地方に位置し、ベネズエラ、ブラジル、スリナムと国境を接し、北東は大西洋に面する。国土の5分の4を森林が覆う。ほとんどが高温多雨の熱帯気候。

経済 主要産業は農業で、砂糖、米、ラム酒、とうもろこしなどを生産。ボーキサイト、金、ダイヤモンドなどの鉱物資源も産出。近年はエビ漁が成長。主要貿易国はアメリカ。

歴史 1621年、オランダ西インド会社設立とともに同社の支配下に入る。1814年にイギリスの植民地統治が始まり、1831年、イギリス領ガイアナとなる。1834年に奴隷制度を廃止、同じくイギリスの植民地であったインドから多数の労働者が流入。1966年、イギリス連邦内の立憲君主国として独立。1970年、共和制に移行した。

文化 インド系労働者が多数流入した歴史から、人口の4割以上がインド系。食文化もインドの影響を受け、薄く焼いた平たいパンに魚や肉のカレーをはさむ「ロティ」が定番料理。植民地時代の子孫が現在のアフリカ系ガイアナ人で、人口の約3割を占める。南アメリカで唯一英語を公用語とする。

▲「カイエチュール滝」は、滝つぼのある一段滝としては世界一の高さ(226m)で、ナイヤガラの約5倍を誇る。

旧宗主国オランダの残り香が漂う
林野面積が約99%を占める自然豊かな国

スリナム共和国 Republic of Suriname

面積	約16.4万k㎡
人口	約59.2万人(2021年)
通貨	スリナム・ドル(SRD)
言語	オランダ語(公用語)／英語／オランダ語系クレオール語など
宗教	キリスト教／ヒンドゥー教／イスラームなど
民族	インド系／クレオール／マルーン人／ジャワ人／混血など

国土 南アメリカ大陸北部に位置する。面積は日本の半分ほどと南米最小で、林野面積が占める割合は約99%と世界一を誇る。国土の1割を占める中央スリナム自然保護区には約6,000種の植物、400種類以上の鳥類が生息する。気候は熱帯気候で温度差は小さく、平均気温は30℃ほど。雨季と乾季に分かれ、平均湿度は約80%と植物の生育に適した環境。

経済 主要産業は鉱業と石油関連産業で、輸出総額の半分以上が金を中心とする鉱産物。そのほかの輸出品は、米、バナナ、エビを含む魚介類(冷凍エビは日本にも輸出)、木材など。一方、資本・消費財の大半を輸入に頼っている。

歴史 15世紀末にスペイン人が到達。1650年にイギリス植民地となり、農園の発展と併せてアフリカ系の移入が進む。1667年にはイギリスと領有権争いをしていたオランダの植民地となる。オランダ自治領を経て、1975年に共和国として独立。

文化 年末年始には験担ぎに、爆竹や打ち上げ花火を上げる習慣がある。イースター時にはお揃いの民族衣装やTシャツを着て、小太鼓やトランペットを鳴らしながら首都パラマリボの街を練り歩く「夕方行進」が行われる。

▲パラマリボの中心部は「パラマリボ市街歴史地区」として世界遺産に登録。同地区にはオランダ植民地時代の名残を強く残す木造建築物が並んでいる。主な建築物に「ゼーランディア要塞」がある。

アフリカ

Africa

人類始まりの地。エジプト文明が栄えるもヨーロッパに侵攻され、ほとんどの国が植民地支配を受けた。17か国が独立した1960年は、「アフリカの年」と呼ばれる。

●北アフリカ

サハラ砂漠以北の地域。地中海北岸諸国の植民都市の遺跡が各地に残る。アラブ人とともに伝来したイスラームを国教とする国が多い。アフリカの中では比較的経済が発展している。

●西アフリカ

大部分をサハラ砂漠が占め、その南縁部のサヘル地域の国々は干ばつによる食糧難や水不足の危機に瀕している。

●中部アフリカ

赤道付近の熱帯雨林が広がる地域で、全体的に酷暑。巨大なコンゴ盆地があり、野生動物や地下資源が多い。

●東アフリカ

大陸東側諸国とインド洋の島嶼諸国からなり、標高5,000m級の活火山や湖が多く存在する。住民の大半が先住民だが、イスラーム圏との交易の歴史からその文化的影響も受けている。

●南部アフリカ

南アフリカ共和国が経済の中心であり、その影響が強い地域。大部分がステップ気候だが、南海岸付近は地中海性気候が見られる。金やダイヤモンドなどの鉱山資源が豊富。

時計の針が右回りなのは、エジプトが北半球にあったから!?

そのヒントは「日時計」にある。紀元前4000年頃にエジプトで製作されたといわれている日時計は、屋外の地面にグノモン（投影棒）を垂直に立て、その影の角度や長さで時刻を計るというもの。当時文明が発達していたエジプトなど北半球の地域では、日時計の影は右回りに移動する（南半球だと左回りになる）。そのため、機械式時計が発明されたときもそれに倣ったと考えられている。

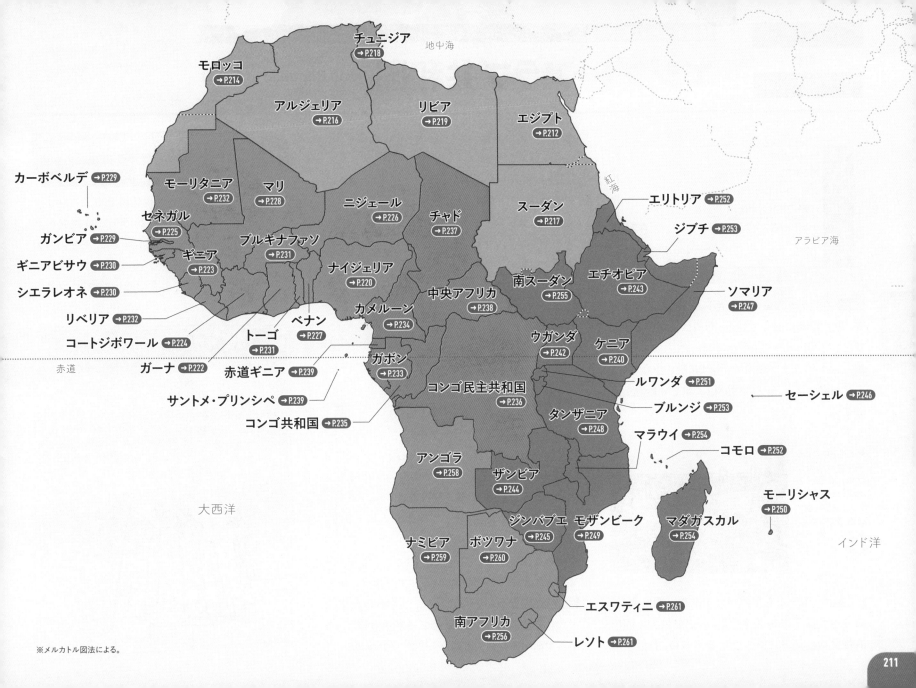

チュニジア →P.218
地中海

モロッコ →P.214

アルジェリア →P.216

リビア →P.219

エジプト →P.212

カーボベルデ →P.229

モーリタニア →P.232

マリ →P.228

ニジェール →P.226

チャド →P.237

スーダン →P.217

紅海

エリトリア →P.252

ジブチ →P.253

アラビア海

セネガル →P.225

ガンビア →P.229

ブルキナファソ →P.231

ナイジェリア →P.220

南スーダン →P.255

エチオピア →P.243

ソマリア →P.247

ギニアビサウ →P.230

ギニア →P.223

シエラレオネ →P.230

リベリア →P.232

コートジボワール →P.224

ベナン →P.227

カメルーン →P.234

中央アフリカ →P.238

トーゴ →P.231

ガーナ →P.222

赤道ギニア →P.239

ウガンダ →P.242

ケニア →P.240

ルワンダ →P.251

セーシェル →P.246

赤道

サントメ・プリンシペ →P.239

ガボン →P.233

コンゴ民主共和国 →P.236

ブルンジ →P.253

コンゴ共和国 →P.235

タンザニア →P.248

マラウイ →P.254

コモロ →P.252

アンゴラ →P.258

ザンビア →P.244

モーリシャス →P.250

大西洋

ジンバブエ →P.245

モザンビーク →P.249

マダガスカル →P.254

インド洋

ナミビア →P.259

ボツワナ →P.260

エスワティニ →P.261

南アフリカ →P.256

レソト →P.261

※メルカトル図法による。

211

紀元前からの歴史をもち、ナイル川とともにある国

エジプト・アラブ共和国 Arab Republic of Egypt

面積	約100万km²
人口	約1億233万人（2020年）
通貨	エジプト・ポンド（EGP）
言語	アラビア語（公用語）／英語など
宗教	イスラーム（スンナ派など）／キリスト教（コプト教など）
民族	エジプト人など

国土 アフリカ大陸の北東部に位置し、北は地中海、東は紅海に面している。面積は日本の3倍弱ほど。東部にはナイル川が流れ、地中海に注ぐ。国土の90%以上が砂漠で、雨は非常に少ない。3〜7月のハムシーン（季節風）は激しい砂嵐を起こす。

▶ナイル川によるデルタ地帯のつけ根に位置する首都「カイロ」は、アフリカ大陸最大の都市であり、アラブ文化圏の中心都市。

経済 中東の中でも早くから工業化が開始され、繊維や食品工業が基幹産業。産出量減少と国内消費量増加で量は減っているものの、石油や関連製品の輸出も続いている。そのほか、観光業も大きな収入源の一つ。

歴史 紀元前6000年頃から人が住み始め、紀元前3000年頃、ファラオが統一。この頃からピラミッドや象形文字などで知られるエジプト文明が花開く。紀元前30年に女王クレオパトラがローマ帝国との戦いに敗れ、同国に支配される。1882年からイギリスの支配下に置かれ、第一次世界大戦後の1922年に独立した。

観光でにぎわう裏側ではテロの危険性も…
1952年、クーデターにより王政が廃止され、共和制となったが、2013年にもクーデターによって旧政権のトップ、モルシー大統領が解任された。隣国イスラエルとの戦争や、国内でもテロやデモなどがたびたび起こるなど、混迷した状況は続いている。

文化 古代は、ナイル川上流を中心としたヌビア（現在のスーダン周辺）、メソポタミアやギリシア・ローマの文化の影響を受けた。

人物 「アラブの歌姫」として絶大な人気を誇り、今もなお存在感があるウンム・クルスームや、「中東でいちばん売れたアーティスト」としてギネスブックに登録されたアムル・ディアブなどが有名。

日本との関係 貿易面では、トラックや自動車などの輸送機械や建設用機器を日本から輸入。日本への輸出は石油や衣類などだが減少傾向。

「ピラミッド」「神殿」「遺跡」…世界中から観光客が集まる

数多くの世界遺産や古代遺跡をもつエジプトは、世界有数の観光大国。2019年には観光客が1300万人にものぼった。カイロでは「ギザの3大ピラミッド」や「スフィンクス」を目にすることができるほか、エジプト考古学博物館では「ツタンカーメンの黄金のマスク」などの古代文明が残し

エジプトの 世界遺産　カルナック神殿

新王国時代（紀元前1550〜1069年頃）に建てられた神殿。カイロから600km南下した観光都市ルクソールに位置している。トトメス1世や娘のハトシェプスト女王のオベリスク、ラムセス2世が建てた大列柱室（下）などがある。その柱の上部は花が開いたような石柱が中央に12本あり、古代エジプト時代、ナイル川河畔に茂っていたパピルスの花のモチーフから「開花パピルス柱」と呼ばれる。その周りを122本の未開花パピルス柱が囲んでいる。

た財宝などを見て楽しめる。遺跡以外にも紅海のリゾート地ハルガダやダハブでバカンスやダイビングを満喫することができ、こちらも人気の観光地だ。

▲カイロ近郊にあるギザの「3大ピラミッド」と「スフィンクス」はあまりに有名。最も大きいクフ王のピラミッドは、1辺230ｍ、紀元前2550年頃に造られた。

ツタンカーメンのマスクも！「大エジプト博物館」
エジプト考古学博物館の老朽化や展示スペース不足に伴い、ピラミッドのそばのギザに「大エジプト博物館」が建設中（2023年開館予定）。ツタンカーメンの黄金のマスクなど、考古学博物館の収蔵品のうち、約10万点が引き継がれる。

▲紀元前13世紀頃に建造された「アブ・シンベル神殿」。正面の4体の像は、ラムセス2世とその家族。アスワンハイダム建設に伴う水没の危機にあったが、ユニセフ主導で現在の位置に移設した。

人々の暮らしを支えるナイル川「巨大ダム」完成後は水量が安定

　人々は古くからナイル川の水を利用して農業を行ってきた。しかし、水量は毎年変化するため、少ない年は干ばつになり、多い年は村中が水没してしまうなど苦労してきた。1970年に完成したアスワンハイダムは、こうした悩みを解決し、さらに水力発電で電力を起こすことができ、大きな利益をもたらした。

▶一方で、「アスワンハイダム」が原因で、上流からの栄養豊富な土をせき止めることで土地がやせたり、河岸や海岸の侵食が起きたりする問題も起きている。

物流の流れを大きく変えた人工水路「スエズ運河」

　シナイ半島の西側にある「スエズ運河」は、北の地中海と南の紅海を結ぶ全長193.3km、幅205ｍ、深さ24ｍの人工水路。ヨーロッパ＝アジア間を船で移動するには、アフリカ大陸南端の喜望峰を通る必要があったが、1869年に運河が開通したことにより大幅に時間や燃料の圧縮が可能になった。開通当初、ヨーロッパの会社が運営していたが、1956年にエジプトが国有化した。

▲船の大型化や通行量の増加に合わせて拡張・拡幅工事が行われ、今は年間で約2万隻の船が航行する。通行料はエジプトの大きな収入源となっている。

エジプトの🍴食

コシャリ

米、マカロニなどのショートパスタ、ひよこ豆、レンズ豆を混ぜ、トマトソースとタアレーヤ（揚げた玉ねぎ）をかけたエジプトの国民食。「混ぜる」という意味のコシャリは、カルと呼ばれる酢と、シャッタと呼ばれる辛味ソースをかけて食べる。店によって具材の割合や茹で加減が異なる。

モロッコ王国 Kingdom of Morocco

面積	約44.6万㎢
人口	約3603万人（2018年）
通貨	モロッコ・ディルハム（MAD）
言語	アラビア語・ベルベル語（公用語）／フランス語／スペイン語
宗教	イスラーム（国教・スンナ派など）など
民族	ベルベル人／アラブ人／モール人など

◀「ラバト：近代都市と歴史都市が共存する首都」として世界遺産に登録されている首都「ラバト」。

国土 アフリカ大陸の北西部に位置し、北は地中海、西は大西洋に面している。南には標高3,000mを超えるアトラス山脈がある。山脈の北側と西部は地中海性気候で、気温は夏が20℃前後、冬が10℃前後と過ごしやすい。山脈の南側は砂漠気候。

経済 外国人旅行者を相手にしたサービス業がGDPの4割を占める。製造業では、衣類や皮革製品、自動車などが作られている。

歴史 紀元前からアマジグ人（ベルベル人）が住んでいたが、7世紀以降はイスラームの王朝などが支配。1631年、アラブ系のアラウィー朝が支配し、現代まで続く。第二次世界大戦後、独立運動が激しくなり、1956年に独立。

文化 古くから砂漠で生活していたアマジグ人と、あとから移り住んできたアラブ人、近隣のアフリカ諸国の文化に加え、フランスをはじめとしたヨーロッパの影響も受けている。

人物 1325年から30年間、北アフリカ、中東、中央アジア、インドなどを旅し、旅行記を記したイブン・バットゥータは偉大な旅行家として有名。

日本との関係 1956年の独立前から、タコ、イカの魚介類や電子部品、りん鉱石関連を日本に輸出し、自動車や機械類などを日本から輸入している。

将来はトンネル経由でスペインに行ける!?

モロッコとスペインの間を隔てるジブラルタル海峡は、最も狭い場所で水深900m、幅14km。現在、海峡の下に鉄道用のトンネルを通し、直通列車を走らせる構想が計画されている。実現すれば、モロッコがより身近になるだろう。

モロッコの 街

フェズ旧市街

9世紀初頭に造られた「フェズ・エル・バリ」とも呼ばれる旧市街。城壁に囲まれており、歴史的・文化的な価値から世界遺産にも登録されている。城壁内には、小さな商店、革製品など、さまざまな工房、住宅などがびっしり入っている。道は細かく入り組み、人がすれ違うのもやっと。壁も高く、少し歩いただけで居る場所を見失ってしまうという。

Yolanda Coervers on Pixabay

アフリカ

北アフリカ

主要産業は「観光業」
欧州からの旅行者が多く訪れる

モロッコはフランスをはじめ、ヨーロッパからの旅行者を中心に、年間1000万人近い観光客が訪れる。何度か首都にもなり、政治文化の中心であるマラケシュ、世界一複雑な迷路の街として知られるフェズの旧市街、紀元前に建てられた古代ローマ時代のヴォルビリス遺跡など、魅力的な土地が多い。北部の美しいビーチや広大なサハラ砂漠などの自然もあり、幅広い楽しみ方ができる。

◀モロッコ中部にある「ワルザザート」は、砂漠観光の玄関都市。近隣は映画ロケ地としても知られ、「アラビアのロレンス」や「スター・ウォーズ」などが撮影された。

幻想的な青の街
「シャウエン」

マラケシュ、フェズなどの旧市街のほかにも、街が青に染まり、幻想的ともいえる「シャウエン」も人気を集める。美しい街を撮影して楽しめるほか、人が集うハマム広場にはレストランやショップ、ホテルなどが多く立ち並ぶ。

Photo by Olena_Z

タンジェ＝カサブランカ間に
アフリカ初の「高速鉄道」が開通

2018年、ジブラルタル海峡に面したタンジェ（タンジェ・ヴィル）から首都ラバト（ラバト・アグダル）を経由し、モロッコ最大の都市カサブランカ（カサ・ヴォヤジャー）まで、「高速鉄道LGV（愛称：アルボラク）」が開通した。旧宗主国であるフランスの支援のもと、同国の高速鉄道TGVと同じ方式を採用。車両は全車2階建ての8両編成（両端は機関車）で、1等と2等の2クラス制。

◀現在は1時間おきに運行（2022年）。5時間弱かかっていたタンジェ＝カサブランカ間が半分以下の2時間10分になった。

モロッコの 料理　モロッコ料理

世界最小のパスタとして知られるクスクスや、帽子の格好をした鍋で調理するタジン料理などが知られる。クミン、シナモン、ターメリックなどのスパイスを使用したものが多いものの、アジア料理と違って辛さは控えめ。モロッコ人がほぼ毎日食べるタジンは、鶏、羊、牛、魚をメインに数種類の野菜と煮込む料理で、非常にヘルシー。クスクスは金曜日や結婚式などの行事でよく食される。

モロッコが大半を実効支配するが
「西サハラ」の領有問題は未解決

モロッコの南西部、1976年までスペイン領サハラとして統治されていた「西サハラ」。モロッコと亡命政権として建国されたサハラ・アラブ民主共和国が領有権を巡って争っている。面積26.6㎢のうち、モロッコが海沿いの75%ほどを、残りをサハラ・アラブ民主共和国が実効支配している。

◀全長約2,700kmの「砂の壁」は、機能している防御壁としては世界最古。モロッコは、西サハラ領有と同地の独立を主張する武装組織「ポリサリオ戦線」と支配地域を隔てるために壁を建設した。

アルジェリア民主人民共和国 People's Democratic Republic of Algeria

面積	約238万km²
人口	約4460万人（2022年）
通貨	アルジェリア・ディナール（DZD）
言語	アラビア語・ベルベル語（国語・公用語）／フランス語
宗教	イスラーム（スンナ派など）など
民族	アルジェリア人／ベルベル人／ベドウィン人など

国土 アフリカ北西部のマグレブと呼ばれる地域の一部。北は地中海に面し、内陸部にはサハラ砂漠が広がる。地中海沿岸は年平均気温が15〜18℃程度の地中海性気候。内陸に行くにつれ、乾燥が強まり、ステップ気候や砂漠気候になる。

経済 主要産業は原油、天然ガスで、輸出の約96％を占める。主要貿易国は、輸出がイタリア、フランス、トルコ、スペインなど、輸入が中国、フランス、ドイツ、イタリア、スペインなど。

歴史 8世紀頃までにアラブ人が定住し、イスラームの国に。16世紀にオスマン帝国の属領、1830年にフランスの植民地となり、1962年に独立。1997年に初めて複数の政党で構成される議会が開会した。

文化 19世紀初頭からこの地を支配してきたフランスと、8世紀頃から長年にわたって続いたイスラームの文化が融合している。

アルジェリアにゆかりのある「世界的な著名人」

アルジェリアにゆかりのある「世界的な有名人」を挙げてみる。『異邦人』や『ペスト』といった代表作で知られる小説家アルベール・カミュは、フランス領アルジェリア生まれ。世界的ファッション・ブランドの創業者イヴ・サン＝ローランもフランス領アルジェリア出身だ。

▶新型コロナウイルスの流行でにわかに注目を浴びた『ペスト』は、カミュの作品。彼は史上2番めの若さでノーベル文学賞を受賞した。

国土の大部分を占める「サハラ砂漠」

アルジェリア国土の大部分を占める「サハラ砂漠」は石油や天然ガスなどの資源が豊富で、同国の経済を支える。

旧宗主国フランスの影響が今も色濃く根づく「お国柄」

首都アルジェは、キリスト教のノートルダム大聖堂など、旧宗主国フランスの匂いを感じさせる街並みが特徴。一方で、モスクが立ち並ぶ地域もあるなど、フランスとイスラームの文化が融合している。城塞に囲まれた居住地区「カスバ」は世界遺産にも登録されている。

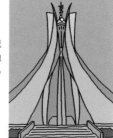

▶20世紀半ばのアルジェリア独立戦争で犠牲になった人を慰霊する「独立記念塔」が、アルジェ市街を見下ろす丘に立つ。

アルジェリアの 場所

タッシリ・ナジェール

サハラ砂漠にある台地状の山脈。その規模は約500kmに及ぶ。「タッシリ・ナジェール」とは「水の多い台地」の意。かつて水が流れていた証拠に河川や滝の跡なども残る。岩に1万年以上昔から描き続けられてきた壁画が2万点以上残っており、壁画には人々の暮らしの様子や動物が描かれている。

Photo by HomoCosmicos

アフリカ
北アフリカ

古代クシュ王国のピラミッドが残されている北アフリカの砂漠国

スーダン共和国 The Republic of the Sudan

面積	約188万km²
人口	約4281万人（2019年）
通貨	スーダン・ポンド（SDG）
言語	アラビア語・英語（公用語）など
宗教	イスラーム（スンナ派）／伝統信仰など
民族	アフリカ系／アラブ人など

国土 北アフリカに位置し、南スーダン独立前はアフリカ最大の国土面積だった。国土の大部分は広大な平原で、北部にはヌビア砂漠が広がる。北部は砂漠気候、南部は雨が多いサバナ気候。

経済 綿花を主とする農業国だったが、1999年に石油の輸出を開始。南スーダン独立後は石油製品の輸出に苦しんでいる。

歴史 紀元前6世紀からクシュ王国が繁栄する。16世紀にフンジスルタン国が興り、イスラーム勢力圏に入った。1889年、イギリス・エジプト両国の共同統治下に置かれる。1954年、北部のムスリム主導で自治政府が発足し、1956年に独立。1983年のイスラーム法導入以降、南部のスーダン人民解放軍がゲリラ活動を展開し、内戦に。2011年、南部が南スーダン共和国として独立。

文化 国民の多くはムスリムだが、キリスト教信者も多い。鉄道が有名で、総延長は約5,300kmにのぼり、移動は主に鉄道を使う。

ピラミッドや神殿が残されている 古代クシュ王国が栄えた「メロエ島」

紀元前9〜4世紀にかけて、ナイル川とアトバラ川の間に位置する「メロエ島」では、古代クシュ王国が栄えた。最盛期にはアフリカ大陸の約4分の1にも及ぶ強大な王国を築いたという。現在でもメロエ島には、ピラミッドや神殿、大規模な水利施設跡が残っている。

◀ピラミッドといえばエジプトが有名だが、スーダンにも多くの「ピラミッド」が残されている。

▶クシュ王国の繁栄を意味する「壁画」。クシュ王国は高度な製鉄技術や交易によって成長した。

スーダン人の買い物場所、旧市街の市場「スーク」
首都ハルツームのオムドゥルマン（旧市街）には、地元民たちが日々の買い物を行う市場「スーク」がある。モスクを目印に、バナナなどの果物から自転車などの雑貨品まで何でも売っている。

スーダン人の貴重な水源 「白ナイル川」

世界最長の河川として知られるナイル川には、透き通った「青ナイル川」と、白く濁った「白ナイル川」がある。スーダンの南北を貫流しているのは後者の「白ナイル川」で、長さはなんと約3,700km。スーダン人にとって、白ナイル川は貴重な水源となっている。青・白それぞれのナイルが交わるスポットは観光客に人気。

◀「青ナイル」と「白ナイル」は川の名前であって、実際に川が青かったり白かったりするわけではない。

スーダン共和国の🍴食

小麦

古代クシュ王国が人類史上初めて発見し、食したとされる穀物。現在でもスーダンでは小麦料理がよく食されるが、課題は気候変動による高温により、収穫量が安定しないこと。そこで、同国政府と鳥取大学は、暑さに耐えられる小麦品種の開発に取り組んでいる。

波乱万丈の歴史が残した遺産と美しい街並みが魅力の国

チュニジア共和国 Republic of Tunisia

チュニス
ジェリード湖　地中海
アルジェリア　リビア
250km

面積	約16.4万km²
人口	約1194万人（2021年）
通貨	チュニジア・ディナール（TND）
言語	アラビア語（公用語）／フランス語
宗教	イスラーム（スンナ派など）など
民族	チュニジア人／ベドウィン人など

国土 日本の5分の2の国土で、北部は地中海沿岸、南部はサハラ砂漠。南西部にジェリード湖がある。北部は地中海性気候で、雨量は南に行くにつれ減少。中央部はステップ気候となる。

経済 主要産業は観光を中心としたサービス業、原油やリン鉱石などの鉱業、小麦、柑橘系、オリーブなどの農業。主要貿易国は輸出・輸入どちらもフランス、イタリア、ドイツなど。

歴史 紀元前9世紀に都市国家カルタゴとして栄えた。7世紀よりアラブ人が侵入、イスラム化が始まった。1956年に王国として独立。2010年の「ジャスミン革命」を発端とし、反政府デモ「アラブの春」が広がった。

文化 3000年以上の歴史と多様な民族の伝統が混ざり合い、イスラームとフランスの影響を受けている。人口の約99%がイスラーム（スンナ派）。アフリカを代表するハンドボール強豪国。

チュニジアンブルーが際立つ美しさ 地中海沿岸の街「シディ・ブ・サイド」

首都チュニス近郊にある白い壁とチュニジアンブルーのドアや窓とのコントラストが美しい「シディ・ブ・サイド」は、「チュニジアでいちばん美しい街」とされ、観光地や高級別荘地として憧れの街となっている。

▶この街にあるチュニジア最古のカフェ「カフェ・ド・ナット」は、ミントティーが有名。「ナット」は「ござ」という意味で、お店にはござが敷かれている。

◀メインストリートでは、ドーナツ状の揚げパン「バンバローニ」が売られている。

チュニジア最大のリゾートアイランド！
美しい青い海が広がるジェルバ島は、チュニジアきっての地中海リゾートとして有名。フーム・スークと呼ばれる中心都市には魚市場や港、国際空港があり、多くの観光客で賑わう。

チュニジア最大のローマ遺跡 世界遺産「ドゥッガ」

「ドゥッガ」は紀元前にヌミディア王国の重要都市として建設され、のちにカルタゴ、ローマに征服され、2〜4世紀に繁栄したとされる都市。中心部にはドゥッガのシンボルである大神殿「キャピトル」が立っており、その周りには「フォルム」と呼ばれる公共広場や、「マルシェ」と呼ばれる市場跡が残り、今では巨大遺跡として多くの観光客を集めている。

▶この神殿はジュピター、ヘラ、アテネの三神に捧げられたもので、砂岩でできた6本の柱は8mの高さがある。

チュニジアの 食

オリーブオイル

チュニジアが世界有数の生産国となっている植物油。各家庭にも常備され、毎日使われているのだとか。ヨーロッパ産のものと比べてクオリティが高く、ポリフェノール含有量は10倍以上あるそう。その理由はチュニジアの変化に富む気候の影響や、国を挙げて有機農法で栽培していることなどで、栄養価のほか、味わいや香りもよいとされている。

2011年の内戦後、今なお混乱が続く砂漠の国

リビア　Libya

面積	約176万km²
人口	約687万人（2020年）
通貨	リビア・ディナール（LYD）
言語	アラビア語（公用語）など
宗教	イスラーム（スンナ派など）など
民族	リビア人／ベドウィン人など

国土 アフリカ大陸北部に位置する地中海に面した国。国土の90％は砂漠だが、海岸地域は地中海性気候で、豊かな水産資源にも恵まれている。

経済 アフリカ最大の原油埋蔵量を誇る資源大国だが、2022年4月にリビア国営石油会社が港や油田の操業停止に係る不可抗力を宣言し、石油生産量が減少。深刻なダメージが懸念されている。

歴史 カルタゴの勢力圏であったトリポリと、ギリシャ人の植民市として建設されたキレナイカを併せた地域を、1923年にイタリアが併合。1951年、リビア連合王国として独立。1969年からカダフィ大佐の独裁政治が始まる。2011年にアラブの春の一環でカダフィ政権が崩壊。国名をリビアに改称した。

文化 ベルベル、アラブ、トルコなどの文化に根ざしている。旧宗主国であるイタリアの影響も大きい。

地中海と対岸の影響を受けるリビアの「食文化」

リビアの「食文化」は、7世紀頃に一帯を支配していたアラブの料理をベースに、旧宗主国であるイタリアや地中海料理のエッセンスが加わり、発展したといわれている。主食は、パンやクスクス、パスタなど。それにシチューやスープを合わせて食べるのが一般的だ。アラブ圏では珍しく、フランスパンのようなハード系のパンもよく食されている。

◀紛争や迫害、貧困から逃れるために、ヨーロッパをめざす人々がアフリカ各地から集まってくるリビア。小さなボートでイタリアをめざす航路は、世界で最も過酷な移民ルートと呼ばれている。

世界で最も人気のあるペット「猫」のルーツ!?

アメリカの遺伝学者たちが2007年に遺伝子解析を行い、13万1000年前から北アフリカやアラビア半島の砂漠地帯に生息していた「リビアヤマネコ」が、家猫（飼い猫）の祖先である可能性が高いと結論づけた。ちなみに、日本で猫が家畜化されたのは平安時代の初期だといわれている。

カダフィ政権が崩壊し「国名」がコンパクトに

「アル＝ジャマーヒーリーヤ・アル＝アラビーヤ・アッ＝リービーヤ・アッ＝シャアビーヤ・アル＝イシュティラーキーヤ・アル＝ウズマー」。これは、カダフィ政権下の2004～2011年に用いられていたリビアの正式名称だ。2011年に隣国チュニジアで起こった民主化運動「ジャスミン革命」がリビアにも飛び火してカダフィ政権が崩壊すると、国名も現在の「リビア」に改称された。

◀国際社会では独裁者とされた「カダフィ大佐」だが、オイルマネーを国民に還元したため、当時の国民の生活レベルはサウジアラビアなどよりも高かったといわれている。

リビアの **世界遺産** レプティス・マグナ

紀元前1100年頃にフェニキア人の入植者が建造したとされる古代ローマ時代の都市遺跡。アフリカ初のローマ皇帝セプティミウス・セウェルスを輩出した都市としても知られている。7世紀にアラブ人の侵攻によって都市は廃れ、長らく砂漠に埋もれていたが、20世紀に入って発掘され、1982年、世界遺産にも登録された。

「アフリカの巨人」と呼ばれる屈指の経済大国

ナイジェリア連邦共和国 Federal Republic of Nigeria

面積	約92.4万km²
人口	約2億614万人（2020年）
通貨	ナイラ（NGN）
言語	英語（公用語）／ハウサ語／ヨルバ語／イボ語など
宗教	イスラーム（スンナ派など）／キリスト教（プロテスタント／カトリックなど）など
民族	ヨルバ人／ハウサ人／イボ人／フラ人など

国土 西アフリカのギニア湾北東部に面し、北はニジェール、東はカメルーンに接する。中央部のジョス高地は緩やかな丘陵地帯、沿岸部にはニジェール川から形成された広大なデルタ地帯が存在する。国土の大半は熱帯気候で、雨季と乾季に分かれる。北部はステップ気候で気温の差が大きいのが特徴。

◀首都アブジャにある巨岩「アソロック」。地面から突き出て山になっているこの巨大な岩は、神聖な岩として崇められている。

経済 南アフリカに次ぐ経済大国であり、世界で10位以内に入るアフリカトップの産油国。天然ガスの埋蔵量も2020年では世界第10位を誇る。カカオや落花生などの農業も盛ん。主要貿易国は輸出入ともインド、オランダなど。ナイジェリア最大の経済拠点は、現在の首都アブジャではなく旧首都ラゴスだが、インフラの整備が追いついていないことが課題だ。

ナイジェリア新首都のマスタープランをつくった日本人

1970年代、当時の首都ラゴスの人口一極集中で生活環境が悪化したことから、新首都に国土の中心アブジャが選ばれた。その都市計画は、東京都庁や代々木第一体育館などの設計をした日本の建築家・丹下健三氏によるもの。同氏はほかにサウジアラビアやシンガポールの建築にも携わった。

歴史 12世紀頃からヨーロッパ、北アフリカ地域とのサハラ交易が現在のナイジェリア北部で盛んとなった。その頃にイスラームが伝わる。1900年、イギリスにより北部と南部にナイジェリア保護領が設立される。1960年、イギリスから独立。1963年に共和制に移行した。

文化 ヨルバ、ハウサ、イボの主な民族のほか、250以上の民族が住む多民族国家。公用語は英語

卵は希少な食材！ 子どもが食べると泥棒になる!?

日本ではほぼ毎日のように食べられる卵だが、ナイジェリアでは卵は希少な食材とされている。その理由として、食料不足のため卵を産むニワトリさえも食用にされていることが挙げられる。「子どもに卵を食べさせると泥棒になる」というナイジェリアの言い伝えもそうした背景があるためだろう。そのため、子どもは一切卵を食べることができない。

ナイジェリアの🍴食 ナマズ

ナイジェリアのほとんどの地域や民族で食されている、国民食の食材となる魚。その肉は風味があり、やわらかく、燻製やスープなどさまざまな料理に使われる。サッカーの試合会場、レストラン、市場などで売られ、どの場所でも人気だ。50ナイラ紙幣には、ナマズを捕獲している様子が描かれ、いかに身近な存在かが窺える。

だが、約500の言語が存在する。いちばん人気のスポーツはサッカー。

人物 世界レベルのサッカー選手を数多く輩出、バスケットボールではNBAで活躍したアキーム・オラジュワンが有名。音楽の分野では、アフロビートの創始者といわれるフェラ・クティや歌手のシャーデーなど。

日本との関係 1960年、日本は独立したナイジェリアを国家承認した。経済的な交流では、ナイジェリアは原油、石油製品、ココアなどを日本へ輸出。日本からは機械や車両を輸入している。約50社の日系企業がナイジェリアに進出しており、2020年には日本とナイジェリアは外交関係樹立60周年を迎えた。

発展を続ける 巨大都市「ラゴス」

南西部のベニン湾岸に位置するナイジェリア最大の都市「ラゴス」は、かつてのナイジェリアの首都。人口は約1000万人で、現在も経済の中心地となっている。貧富の格差がある同国では、富裕層の約6割がラゴスで暮らす。ラゴスでは中間層も増えてきているが、その要因としては、金

◀ナイジェリアの食材、工芸品、アクセサリーなど幅広い品物を購入することができ、観光スポットとしても人気がある「レッキ・マーケット」。

▲ナイジェリアの経済を担う「ラゴス」のセントラルビジネス地区。
Photo by mtcurado

融やサービスなど産業部門の成長があるとされている。1991年、首都を民族的にも中立なアブジャに移した。

▶ラゴス中心部から車で2時間ほどの距離にある「レッキ自然保護センター」には、クジャク、ヘビ、ワニなどさまざまな動物と自然が保護されている。

映画産業にIT産業… 産油国から「さらなる発展」

ナイジェリアでは映画産業も盛んで、年間2,000本もの映画が製作されている。そのため、世界の映画産業の中心地「ハリウッド（Hollywood）」にちなみ、ナイジェリアの頭文字「N」を取って「ノリウッド（Nollywood）」と呼ばれている。ネット動画大手Netflixでも10本以上ものノリウッド作品が世界に配信されている。IT産業ではナイジェリアのヤバ地区に起業家が集まり、2018年、グーグルやメタが進出した。

▶最も美しいノリウッド女優として数々の映画に出演し、活躍している「ジュヌビエーブ・ヌナジ」。2005年、アフリカ映画アカデミー賞主演女優賞を獲得した。

古代信仰の聖なる森林 「オスン・オソボ聖林」

ナイジェリア南西部の「オスン・オソボ聖林」は、オスン州の州都オショクボにある原生林。ヨルバ人の聖地であり、森には豊穣の女神オスンがいるとされている。宗教的な意味合いが強く、原生林には数々の社と野生動物が存在している。女神オスンへの信仰は一度衰退したが、20世紀半ばから再興された。2005年、世界遺産に登録された。

◀女神オスンを祀った社は現在40基存在し、「オスン・オソボ聖林」では毎日、宗教的儀式が執り行われている。

ナイジェリアの 音楽

アフロビート

アメリカで発展したファンクやジャズの流れから誕生したナイジェリア発祥のアフリカ音楽。アフリカのパーカッションを使用し、テンポのよい明るさが特徴。演奏はギター、ベース、キーボードなどバンドスタイルのものが多い。第65回グラミー賞では「バーナ・ボーイ」（右）というナイジェリア出身のアーティストがノミネートされ、2022年公開の映画「ブラックパンサー／ワカンダ・フォーエバー」では、彼の曲が劇中歌として採用された。

アフリカ

西アフリカ

ブルキナファソ
ボルタ川
コートジボワール
ベナン
ナイジェリア
トーゴ
ケープコースト
アクラ
250km

多様な文化が根づくカカオの名産国

ガーナ共和国 Republic of Ghana

面積	約23.9万㎢
人口	約3283万人(2021年)
通貨	セディ(GHS)
言語	英語(公用語)／11の政府公認語
宗教	キリスト教／イスラーム／伝統信仰
民族	アカン人／モレダバニ人／エウェ人など

国土 西アフリカに位置し、中央部にボルタ川が流れ、南部はギニア湾に面している。内陸部には乾燥した草原地帯が広がっているが、海岸地帯には熱帯雨林地帯も分布する。

経済 主産業は農林業と鉱業で、主要輸出品は金、石油、カカオなど。農業が雇用の約半数を占める。2010年に石油の商業生産が開始され、2019年、世界銀行の分類で中所得国となる。

歴史 13～16世紀にサハラ交易で栄え、1471年にポルトガル人が上陸、奴隷貿易が始まる。17世紀にアシャンティ王国が成立、1901年、イギリス領ゴールド・コーストに併合、1957年に独立。1960年に共和制に移行するもクーデターが繰り返され、1990年代から民主化が進んだ。

文化 話し言葉は75以上、教育や放送に使われる公認の主要言語だけで8つある。北部と南部で文化・政治面に差が生じている。

おいしいチョコレートの裏で…カカオ農家の「児童労働問題」

チョコレートの原料であるカカオの産地として知られるガーナ。日本が輸入するカカオのうち、70%以上がガーナ産である。その裏で問題となっているのが「長時間の児童労働」。大人を十分に雇えないカカオ農家では、子どもたちの労働力が生産を支えている。2001年、劣悪な児童労働の廃止をめざす「ハーキン・エンゲル議定書」が採択された。現在も、世界のチョコレートメーカーやNGOがカカオ農家の労働環境改善に取り組んでいる。

▶「カカオ」の出荷までには、収穫、豆の取り出し、発酵、乾燥、選別、袋詰めなど、さまざまな工程があり、多くの子どもたちが長時間働いている。

野口英世の遺志を継ぐ研究所
ガーナで黄熱病の研究中に自らが感染し、その生涯を閉じた野口英世。その縁がきっかけとなり、「野口記念医学研究所」がガーナ大学内に設立され、感染症研究・対策の拠点として重要な役割を担っている。

スポーツは「サッカー」が人気アフリカの強豪国

ガーナの人気のスポーツは「サッカー」。代表チームは国旗中央の黒い星にちなみ、「ブラック・スターズ」の愛称で親しまれている。アフリカネイションズカップでは4回優勝、南アフリカ共和国で開催された2010 FIFAワールドカップではベスト8に輝いた。

▶ 2022 FIFAワールドカップに出場したガーナ代表。そのユニフォームの胸元には黒い星が描かれている。ちなみに、黒い星は同国の初代大統領クワメ・エンクルマを表している。

ガーナの 世界遺産
ケープコースト城

ガーナ南部の港湾都市ケープコーストにある城塞。17世紀半ばにヨーロッパ諸国により材木や金の交易拠点として建造されたが、その後、現地人を奴隷として輸出する目的でも使われた。ボルタ州、グレーターアクラ州、セントラル州、ウェスタン州の城塞群の一つとして、世界遺産(文化遺産)に登録されている。

アフリカ
西アフリカ

ギニア共和国 Republic of Guinea

面積	約24.6万km²
人口	約1350万人(2021年)
通貨	ギニア・フラン(GNF)
言語	フランス語(公用語)/各民族語
宗教	イスラーム(スンナ派など)など
民族	フラ人/マリンケ人/スースー人など

国土 西アフリカ西端付近に位置し、セネガルやコートジボワールなど、6か国と国境を接する。面積は日本の本州とほぼ同じ。気候は高温多湿で、平均最高気温は30～34℃に達する。

経済 アルミニウムの原料ボーキサイトや鉄鉱石、ダイヤモンドなどの鉱物資源や、漁業資源も豊富。インフラ整備の遅れや政情不安が、開発の遅れと経済成長の停滞をもたらしている。

歴史 16世紀初めにヨーロッパ人が入植。20世紀初頭にフランスの植民地となるも、1958年にギニア共和国としてフランスから独立。独立後はトゥーレ大統領による独裁政治が続いた。1984年、コンテ政権により自由主義体制へと移行。

文化 バラフォン(木琴)やジャンベ(太鼓)などが織りなす豊かな音楽文化をもつ。主食は米やとうもろこしなどだが、民族により異なる。スポーツはサッカーが人気で、空手や柔道も普及。

「西アフリカの給水塔」と呼ばれるギニア

ギニアは西アフリカの代表的な複数の大河の水源を有し、「西アフリカの給水塔」や「アフリカの水がめ」と称されるほど、水資源が豊富。肥沃な土地が広がっており、農業の潜在能力は非常に高いといわれている。西アフリカで最も高いニンバ山(1,752m)はコートジボワールとリベリアにまたがる山で、1981年、世界遺産に登録されている。

▶首都コナクリから150kmほど東に位置する「ブライダルベールの滝」。名前の由来は、滝の落下する美しい様子が花嫁の衣装を彷彿させるため。

ギニアの 人 オスマン・サンコン(1949～)

日本で活躍するギニア出身のタレント、元外交官。駐日親善大使として来日。バラエティー番組やラジオ番組に出演し、お茶の間に笑いを届ける。2017年に日本とギニアの友好親善と相互理解の促進に貢献したとして、旭日双光章を受勲した。

伝統打楽器「ジャンベ」がつなぐギニアと鹿児島県三島村

ギニアは、人気の伝統打楽器「ジャンベ」発祥の地。ジャンベを習得するためにギニアを訪れる日本人も少なくない。「ジャンベの神様」と呼ばれるママディ・ケイタ氏は、1994年より毎年、主に3つの島からなる鹿児島県三島村でコンサートやワークショップを開催し、交流を深めた。こうした縁もあり、三島村ではジャンベの振興を推進。三島村の子どもはジャンベを習っている。

▶「ジャンベ」は、ギニアやセネガルなどの西アフリカにおいて、結婚式や祭りなどで演奏される片面の太鼓。叩き方によって異なる音色を奏でることができる、奥の深い打楽器だ。

◀世界的ヒットソング「イェケ・イェケ」で有名な「モリ・カンテ」は、ギニア出身の世界的なミュージシャン。日本でも公演したことがある。

「赤道ギニア」と名前は似ているが…
同じ「ギニア」の単語が入る「赤道ギニア共和国」は、名前は似ているものの、まったく別の国である。ギニアはベンガル語で「黒人たちの土地」という意味。ちなみに、赤道ギニアには赤道は通っていない。

ギニア　マリ　ブルキナファソ

ヤムスクロ

リベリア　アビジャン　ガーナ

（実質的な首都機能はアビジャン）　250km

カカオ生産量が世界一で、近代化も西アフリカ随一の国

コートジボワール共和国 Republic of Cote d'Ivoire

面積	約32.2万km²
人口	約2747万人（2021年）
通貨	CFAフラン（XOF）
言語	フランス語（公用語）／各民族語
宗教	イスラーム／キリスト教／伝統信仰
民族	アカン人／マンデ人／ボルタ人など

アフリカ

西アフリカ

国土 南はギニア湾に面し、北はマリとブルキナファソ、東はガーナ、山岳地帯の西はギニアとリベリアに囲まれている。熱帯気候で雨季があり、年間の平均気温は冬でも25℃近く、年平均気温は27℃前後。降水量も比較的多い。

経済 主要産業は、カカオ、コーヒーなどの農業、石油、天然ガス。主要貿易国は、輸出がオランダ、アメリカ、スイスなど、輸入が中国、ナイジェリア、フランス、インドなど。

歴史 14世紀以前は各種王国が林立。15世紀にポルトガル人やオランダ人が奴隷と象牙の交易に乗り出す。1893年、フランス領に。1958年、フランス共同体に加盟後、1960年に独立。

文化 60以上の民族が独自の伝統文化を有する。食文化などでは、植民地時代のフランスの影響も受けている。ムスリムとキリスト教徒が共存、街には教会とモスクが立ち並ぶ。

首都機能を備えた「アビジャン」は「西アフリカのニューヨーク」

首都はヤムスクロだが、実質的な首都機能を備えているのはギニア湾沿岸の「アビジャン」。近代的な高層ビルが立ち並ぶ西アフリカ一とされる大都市で、ついた呼び名は「西アフリカのニューヨーク」。アフリカ諸国の中では近代化・工業化も進んでおり、工業製品をアフリカ諸国にも輸出している。

▶「アビジャン」の近代化は、高度経済成長が進んだ1960〜1970年代にはほぼ完成していたという。

◀フランスが植民地の拠点として築いた都市が、アビジャンの東50kmの「グランバッサム」。歴史的な街並みが残っていることから世界遺産に登録された。近くに美しいビーチがあるリゾート地でもある。

国名は「象牙海岸」という意味!?

国名はフランス語で「象牙の（d'Ivoire）海岸（Côte）」を意味する。15世紀末にオランダやポルトガルが象牙の交易を行ったことから、そう呼ばれるようになった。のちにフランスが植民地とすると、その通称となり、独立後の国名になった。

「カカオ」の生産量は世界一一方で児童労働などの問題も

「カカオ」の生産量は世界一（2019年）で、世界シェアのおよそ50％を占めている。一方で、カカオ農園で学校にも行かずに、低賃金・長時間労働を強いられる子どもの問題なども発生。カカオ産業全体で、児童労働を予防するプロジェクトを進めている。

▶「カカオ」は、かつて通貨として使われていたという歴史も。コートジボワールの国民の約3割がカカオかコーヒーの栽培に従事しているという。

コートジボワールの人

ディディエ・ドログバ（1978〜）

イングランドのビッグクラブに所属し、ストライカーとして活躍した世界的なサッカー選手。コートジボワールは2002年から内戦状態だったが、2005年、FIFAワールドカップの予選突破を決めた試合の直後、テレビの生中継でドログバが戦いの停止と国民の団結を呼びかけると、2006年の本大会が行われた1年後に内戦が終わり、ドログバは「戦いを終わらせた男」として語り継がれた。

古代の歴史が残る西アフリカのサッカー大国

セネガル共和国 Republic of Senegal

面積	約19.7万km²
人口	約1674万人（2020年）
通貨	CFAフラン（XOF）
言語	フランス語（公用語）／ウォロフ語など
宗教	イスラームなど
民族	ウォロフ人／フラ人／セレール人など

国土 アフリカ大陸の西側、サハラ砂漠の南端に位置する。高温で乾燥した気候。南部の高原を除けば、国土は低地。大西洋沿岸のヴェルデ岬に首都ダカールが位置する。

経済 主要産業は農業（落花生、あわなど）と漁業（マグロ、タコなど）。近年は、金やチタン、リン鉱石、モーリタニア沖の石油・ガス油田の開発分野も期待されている。

歴史 13〜16世紀にはウォロフ人のジョロフ王国があった。15世紀にポルトガル人が来航。1783年、フランスに帰属。1895年にフランス領西アフリカの一部となり、首都ダカールは西アフリカ統治の中心地となる。1960年に独立し、セネガル共和国となった。

文化 公用語はフランス語だが、ウォロフ語を話す国民も多い。多くの部族が居住し、それぞれの言語を話す。宗教はイスラームが約9割を占めている。

約350kmにまたがる「ストーン・サークル群」

セネガルとガンビアの両国にまたがる地域「セネガンビア」には、3世紀頃〜16世紀に建てられた世界遺産「ストーン・サークル群」がある。これは墓標として築かれたもので、古代から高度な石工技術をもっていたことがわかるという。この遺跡群は、なんと約350kmにわたって続いている。

▶石はほぼ完全な円柱形や多角形に削られており、平均2mほどの高さの石柱8〜14個で直径4〜6mのサークルが形成されている。まだ不明な点も多い。

セネガルの食 マフェ

鶏肉とピーナツソースを煮込んだシチューをご飯にかけたセネガルの家庭料理。肉と野菜をトマトソースで煮たシチューをご飯にかけた「チュー」など、日本でいえば、カレーやハヤシライスのような「ルー＋白米」という食事スタイルがセネガル流だ。

アフリカ屈指の実績を誇る「サッカー大国」

セネガルは、アフリカ諸国の中でも屈指の「サッカー大国」として知られている。ドイツのバイエルン・ミュンヘンでプレーするサディオ・マネ選手は2022年、世界で最も優れたサッカー選手の称号「バロンドール」の2位を受賞。セネガル代表チームは2021年のアフリカネイションズカップでも優勝するなど、アフリカの強豪として確固たる地位を築いている。

◀セネガル代表の「サディオ・マネ選手」。2019年、イングランド・プレミアリーグの得点王になり、2021-2022シーズンではアフリカ最優秀選手に選ばれた。2022年にバイエルン・ミュンヘンに移籍。

セネガルは「テランガ（もてなし）」の国

セネガル人は観光客にとても親切なことで知られている。「今から食事に行かないか」「何か困っていることはないか」と旅人に声をかける「テランガ（もてなし）」の精神が国民性を表している。

世界有数のウラン鉱山をもつ、サハラ砂漠に覆われた国

ニジェール共和国 Republic of Niger

面積	約126.7万㎢
人口	約2513万人(2021年)
通貨	CFAフラン(XOF)
言語	フランス語(公用語)／ハウサ語など
宗教	イスラーム(スンナ派)など
民族	ハウサ人／ジェルマ人など

国土 西アフリカのサハラ砂漠サヘル地域に位置する内陸国。北部は砂漠地帯、南部はサバナ地帯で、南西部にニジェール川が流れる。国土の75%がサハラ砂漠で、全体が乾燥気候。

経済 主要産業は伝統的な農牧業と、世界有数のウランを生産する鉱業が中心。北部では牧畜、ニジェール川流域では落花生、穀物を自給的に生産。主要貿易国は、輸出がフランス、ナイジェリア、マリなど、輸入が中国、フランス、タイなど。

歴史 7～12世紀はソンガイ、ガオ、マリ、ボルヌー諸王国による抗争が続き、1922年、フランス領西アフリカの一部となる。1958年、フランス共同体に加盟し、1960年に共和国として独立。

文化 イスラームの文化だが、植民地時代のフランスの影響を受け、各民族グループで独自の文化を形成。南部のクレでは数百頭だけ生息する希少種のキリンと人間が共生している。

不毛の大地から生えるアカシアの木「テネレの木」とは?

「テネレ」とはトゥアレグ族の言葉で「何もないところ」を意味する。テネレ砂漠にはほとんど雨が降らず、植物が生育していなかった。そこに唯一生えていたのが「テネレの木」と呼ばれる木。かつてはキャラバンの目印として役割を果たしていたものの、1973年にリビア人ドライバーによって木は倒されてしまった。生えていた場所には現在、金属製の木が建てられている。

◀現在、この木はニジェール国立博物館に展示されている。

ニジェールの 動物
ジラフ・カメロパルダリス・ペラルタ

首都ニアメから60km東にあるクレに生息している、希少種のキリン。1960年代に激減したが、現在は保護プロジェクトを実施。昔からキリンが生息していたため、アイール山地の岩にはキリンの線刻画が多く描かれている。

世界遺産「アガデス歴史地区」にある街を一望できる「グランドモスク」

ニジェール有数の都市アガデス。この地には土でできた歴史的建造物が多くあり、古くからの文化や伝統が受け継がれている。代表的な建造物が「グランドモスク」で、高さ27mのミナレットから街や砂漠を一望できる。

▶日干しレンガで建てられ、壁にはヤシの棒が打ちつけられている「グランドモスク」。デザインでもあるヤシの棒は、年に一度のモスク修理の足場に利用される。

Photo by HomeCosmicos

◀サハラ交易で塩を運ぶキャラバン「アザライ」の終着地点でもある。

男性が着飾り、メイクする年に一度のコンテスト
遊牧民ウォダベの男性は、朝起きて最初に手鏡を見つめ、自分の顔をチェックするほど美を重視する。美男子コンテスト「ゲレウォール」では、素敵な女性と出会うためメイクをしてダンスを踊り、競い合う。

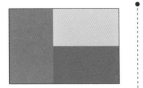

46の民族が共存するブードゥー教発祥の国

ベナン共和国 Republic of Benin

面積	約11.3万㎢
人口	約1299万人 (2021年)
通貨	CFAフラン (XOF)
言語	フランス語 (公用語) など
宗教	カトリック／イスラーム／ブードゥー教など
民族	フォン人／アジャ人／ヨルバ人など

国土 南北に細長く、ギニア湾に面する沿岸の潟地帯、その北方にある肥沃な粘土質の台地、中北部のベナン高地、北東部の低地帯、北西部の降水量の多いアタコラ山地からなる。

経済 主産業は農業と港湾サービス業で、主要輸出品は綿花、燃料、パーム油製品。主要貿易国は、輸出がアメリカ、ポルトガル、中国など、輸入がフランス、オランダ、アメリカなど。

歴史 17世紀初め頃、奴隷貿易によりダホメ王国が繁栄、1960年にダホメ王国共和国として独立。5回のクーデターを経て、1972年、マルクス主義に基づく国家建設に向かうことを宣言。1975年、ベナン人民共和国と改称。1990年にマルクス主義を放棄し、現国名となった。

文化 46の民族が住み、それぞれ独自の言語がある。ブードゥー教の発祥国で、毎年1月10日は国を挙げてのブードゥー教祝日である。

「ブードゥー教」の祝日に行われる エキサイティングで色鮮やかな祭り

ブードゥー教発祥の地とされるベナンのウィダーでは、毎年1月10日に先祖の魂を迎えるための祭りが行われる。太鼓のリズムに合わせ、人々がそれぞれの集落に伝わる踊りを披露。色鮮やかなスパンコールを散りばめた衣装をまとった「エグングン」は、先祖の魂を宿すと考えられている。隣国のナイジェリア、トーゴをはじめ、世界中から観光客が押し寄せ、熱狂的な盛り上がりを見せる。

▶「エグングン」の衣装。観客に目を見られるとその人によくないことが起こるといわれているため、貝がらで作られたベールで顔を覆う。

西アフリカを代表するICT産業国をめざして
近年著しい経済成長を続けているベナン。特に力を入れているのがICT産業の育成だ。コンピュータサイエンスなどを学べる施設「セメシティ」は、2030年までに敷地面積2㎢まで拡大する予定なのだとか。

「アフリカのベネチア」と呼ばれる 「ガンビエ水上集落」

ノクエ湖にある「ガンビエ水上集落」は、その景観から「アフリカのベネチア」と呼ばれている。集落内の交通手段は手こぎのボート。多くの人が漁業で生計を立てており、男性が獲った魚を女性が市場に売りに行く役割分担がある。

▶「ガンビエ水上集落」では、家はもちろん、学校、警察、銀行、病院、礼拝堂など、生活に必要なすべての施設が水上にある。

ベナンの 世界遺産

アボメイ王宮群

17世紀に繁栄したダホメ王国の王宮群の遺構。首都ポルトノボの北西アボメイにあり、街の入口には王の1人、ベンハンゼンの銅像がある。王宮は日干しレンガを積んで造られ、王が交代するごとに増築が繰り返された。歴代の王の墓、奴隷貿易にて得た大砲などが残る。一部の宮殿は歴史博物館として利用されている。ベナン唯一の世界遺産。

バンディアガラの断崖で有名な、多様な文化をもつ多民族国家

マリ共和国 Republic of Mali

面積	約124万㎢
人口	約2086万人(2021年)
通貨	CFAフラン(XOF)
言語	フランス語(公用語)/バンバラ語など
宗教	イスラーム(スンナ派など)など
民族	バンバラ人/セヌフォ人など

国土 西アフリカに位置する、日本の約3倍の広さをもつ内陸国。北部はサハラ砂漠が広がり、南部にはサバナがある。国のほぼ東西を全長4,000km超の大河ニジェール川が流れる。国土の6割以上が砂漠か半砂漠。気候は雨季(6〜10月)と乾季(11〜5月)に分かれ、全国的に8月は雨が多い。

経済 産業は農業・鉱業が中心。農業は綿花、あわ、落花生などを生産。金や鉄鉱石、ウランなどの豊富な資源ももつ。

歴史 3〜17世紀にガーナ王国やマリ、ソンガイ帝国として繁栄。1920年よりフランスの植民地となるも、1960年に独立。

文化 4つの世界遺産をもち、多様な民族が住む豊かな民族文化が特徴。大河ニジェール川が独自の文化を育む舞台となった。「タムタム」と呼ばれる打楽器が有名。

700年もの間、ドゴン族が暮らす世界遺産「バンディアガラの断崖」

ドゴン族の居住地域となっている世界遺産「バンディアガラの断崖(ドゴン人の地)」。標高差500mの断崖周辺には、1300年頃から住み始めたドゴン族の集落が点在している。断崖にくっつくように建てられ、とんがり帽子のような屋根をもつ建物が目をひく景観が魅力だ。

▶外敵から守るのに適した断崖に、民家や穀物倉庫などが並ぶ「バンディアガラの断崖」。約25万人のドゴン人が住んでいる。

◀独自の宗教観を発達させてきた「ドゴン人」。現世と死後の世界をつなげる仮面をかぶって踊る「仮面舞踊」を行うことで有名。

95%のマリの人々は毎日お茶を飲む!?
マリでは水の次にお茶が最も飲まれているほど、お茶が生活に根づいている。おもてなしとして、お茶を振る舞う習慣がある。一方、アルコールはほとんど飲まない。

アフリカ諸国やフランスの影響を受けた「多様な食生活」

マリの食文化は、近隣諸国や旧宗主国フランスなど、多様な国から影響を受けている。例えば、コートジボワールのおやつで、バナナを揚げた「アロコ」はマリでも食べられている。米とキビ(イネ科の穀物)が主食で、おかずは肉や魚と、香辛料で作られるソース。国土の多くが野菜や果物の生産に適さない環境であるため、これらはあまり食べられていない。

▶南部ではキビやとうもろこしの粉を練った、練り粥「ト」が主食。オクラやバオバブの葉でつくったソースと一緒に食べる。

マリの人　ウスビ・サコ(1966〜)

マリ出身の京都精華大学教員。専門は「空間人類学」。中国留学後、1991年に来日し、1999年に京都大学大学院工学研究科建築学専攻博士課程を修了する。バンバラ語のほか、英語やフランス語、日本語(関西弁)など、5言語を話せるマルチリンガル。2018年、京都精華大学学長に就任した(2022年3月退任)。日本の大学において、アフリカ人で学長になったのは氏が初めて。

アフリカ

西アフリカ

「裸足の歌姫」セザリア・エヴォラの出身地
いくつもの島々からなる火山群島

カーボベルデ共和国 Republic of Cabo Verde

面積	約0.4万㎢
人口	約56.2万人(2021年)
通貨	カーボベルデ・エスクード(CVE)
言語	ポルトガル語(公用語)／ポルトガル語系クレオール語
宗教	キリスト教(カトリックなど)など
民族	ムラート／フラ人／バランタ人など

西サハラ
プライア
150km
モーリタニア
大西洋 セネガル
500km

国土 首都プライアの位置するサンティアゴ島など、バルラヴェント諸島とソタヴェント諸島の15の島々からなる火山群島。年間を通じて降水量が少なく、乾燥が厳しい。一年を通して気候はあまり変わらず、平均気温は22 〜 26℃。

経済 農業と漁業が主産業。主産品は、バナナ、さとうきび、とうもろこし。衣類や、マグロ、ロブスターといった水産物を主要輸出品とする。主な貿易相手国は、スペイン、ポルトガル、イタリア、中国など。2007年に後発開発途上国から脱却し、2008年7月にWTOに加盟したが、国民の35％が1日2ドル以下で生活するなど、依然として貧困率は高い。

▲フォゴ島に位置する「フォゴ山(2,829m)」は活発な成層火山で、2014年にも噴火している。

歴史 15世紀頃にポルトガル人が上陸し、植民地となる。16 〜 17世紀に大西洋貿易の中継地として栄える。1956年にギニア＝ガーボベルデ独立アフリカ党(PAIGC)が結成され、独立運動が広がる。1974年にポルトガルとPAIGCからなる暫定政府が成立し、1975年に独立。

文化 ポルトガルやアフリカ、ブラジルなどの文化が融合したクレオール文化をもつ。モルナ(Morna)という独自ジャンルの国民音楽があり、主にクレオール語で歌われる。哀愁あるゆったりとした曲調が特徴。

国土のほとんどが隣国セネガルに囲まれた
アフリカ大陸西端の川とともに暮らす人々の国

ガンビア共和国 Republic of The Gambia

面積	約1.1万㎢
人口	約264万人(2021年)
通貨	ダラシ(GMD)
言語	英語(公用語)／マンディンゴ語／フラ語／ウォロフ語など
宗教	イスラームなど
民族	マンディンゴ人／フラ人／ウォロフ人／ジョラ人など

セネガル
バンジュール
大西洋
ギニアビサウ ギニア
100km

国土 アフリカ大陸のほぼ西端にある東西に細長い国で、国土の広さはアフリカ大陸本土では最小。ガンビア川沿岸と河口に浮かぶセントマリー島からなる。大西洋に面した西側以外の三方はセネガルと国境を接している。乾期(11 〜 5月)と雨期(7 〜 10月)が明確に分かれている。

経済 労働人口の大半が農業に従事。耕地面積が国土の約44％で、米、ピーナツなどの生産が盛ん。ガンビア川沿岸の自然を活かした観光業にも力を入れている。

歴史 15世紀にポルトガル人、16世紀にイギリス人が到達。両国が争ったのち、1783年にイギリス植民地となる。1965年にイギリス連邦王国として独立後、1970年にイギリス連邦内の共和国となる。1981年のクーデターは、貿易協定を結んでいたセネガル軍が鎮圧し、未遂に終わる。それを機にセネガンビア国家連合を結成するが、1989年に解体、1991年に改めて友好協定を結ぶ。1994年のクーデターで軍事政権が成立するが、1996年の大統領選挙以降に民主化が進む。

▲1994年7月22日のクーデターを記念して建てられた「アーチ22」は、首都バンジュールのシンボル的存在。

文化 セネガルとの国境をまたいで広がる世界遺産「セネガンビアのストーン・サークル群」の出土品を博物館で展示している。

カシューナッツ経済に依存する最貧国だが
陽気さに溢れる農業国

ギニアビサウ共和国 Republic of Guinea-Bissau

面積	約3.6万km²
人口	約202万人(2021年)
通貨	CFAフラン(XOF)
言語	ポルトガル語(公用語)など
宗教	伝統信仰／イスラームなど
民族	バランタ人／フラ人／マンジャカ人／マンディンゴ人など

ガンビア
セネガル
大西洋
ビサウ
ギニア
100km

国土 九州ほどの大きさで、ギニアとセネガルに挟まれた大陸部と沖合のビシャゴ諸島からなる。沿岸地方の多くは入江で、国土の半分は海抜0mほどの低湿地。熱帯気候で雨季は6〜11月と長く、高温多湿が続く。12〜5月はハルマッタンという東風により激しく乾燥する。

経済 国民の約8割が農民のため、自給農業が中心の農業国。主産物は、落花生、米、カシューナッツなど。エビやイカなどの漁業も急速に増加している。内戦でのインフラ破壊により経済は停滞。国民の約半分は絶対的貧困にあり、世界最貧国の一つ。

歴史 1446年、ポルトガルの植民地となる。17〜18世紀に貿易の拠点として栄えた。第二次世界大戦後、独立を求める運動が活発化し、1956年、ギニア＝カーボベルデ独立アフリカ党(PAIGC)結成から武装闘争に発展。1973年、独立を宣言。翌年、ポルトガルにより承認された。

文化 公用語はポルトガル語だが、話す割合は高くない。ポルトガル語をベースにしたギニアビサウ・クレオール語が使われている。情勢が不安定なため、観光客は少ない。人気のスポーツはサッカー。

▲首都ビサウから約60km離れた「ブバケ島」は生物圏保護区に指定され、ウミガメやマナティーが生息している。

経済回復をめざす
「紛争ダイヤモンド」の産地

シエラレオネ共和国 Republic of Sierra Leone

面積	約7.2万km²
人口	約814万人(2021年)
通貨	レオン(SLL)
言語	英語(公用語)／テムネ語／メンデ語など
宗教	イスラーム(スンナ派など)／キリスト教／伝統新仰など
民族	テムネ人／メンデ人など

マリ
ギニア
フリータウン
大西洋
コートジボワール
リベリア
250km

国土 北側でギニア、南側でリベリアと接する。大西洋沿岸部にはマングローブ湿地帯やサバナ平原が広がり、航行可能な多くの河川がある。北西部にはコビトカバやイノシシが生息する国立公園がある。熱帯気候で雨季と乾季に分かれ、4〜11月の雨季は極めて多量の雨が降る。

▲西アフリカに多く生息する「コビトカバ」は、世界三大珍獣の一種。

経済 主要輸出収入源は、ダイヤモンド、ルチル、ボーキサイトなどの鉱物資源。農業も盛んで、自給作物は米、とうもろこしなど、輸出作物はカカオ、コーヒー、コーラナッツなど。約12年にわたる内戦の影響で経済が停滞したが、2002年の内戦終結以降、国際社会の支援により回復傾向にある。

歴史 15世紀にポルトガルの探検家が上陸、以後ヨーロッパ人による奴隷貿易が行われる。1808年、イギリスの植民地となる。1961年に独立、1971年に共和国となる。1991年、反政府軍の革命統一戦線(RUF)が武装蜂起、ダイヤモンド鉱山の利権をめぐる内戦が勃発。武器調達の財源となるダイヤモンドは「紛争ダイヤモンド」と呼ばれる。2002年に終結。

文化 北部のテムネ人と南部のメンデ人をはじめ、多くの民族が居住する。西アフリカ最古の高等教育機関フォーラー・ベイ・カレッジがフリータウンにあり、シエラレオネ大学の一部となっている。

フランス、ドイツの影響が色濃く残る
西アフリカ中部の南北に長い国

トーゴ共和国 Republic of Togo

面積	約5.4万㎢
人口	約864万人（2021年）
通貨	CFAフラン（XOF）
言語	フランス語（公用語）／エヴェ語／カビエ語など
宗教	伝統宗仰／カトリック／イスラームなど
民族	エヴェ人／カビエ人／ワッチ人など

国土 西アフリカ中央部にあるギニア湾岸の小国。面積は日本の7分の1程度で、国土は南北に細長い。北はブルキナファソ、東はベナン、西はガーナと国境を接している。

経済 農業がGDPの約40%、労働人口の約70%を占めている。綿、コーヒー、カカオなどの作物と、リン鉱石や鉄鉱石などの鉱物資源が主要な外貨獲得源。首都ロメにある商港は水深が深いこともあって、ギニア湾において最も能率的な港といわれる。

歴史 1884年、ベルリン会議によりドイツ領トーゴランドとなる。第一次世界大戦後にイギリスとフランスにより分割統治されることになり、フランス領は東トーゴランドに、イギリス領はゴールド・コーストの一部となった。1957年にイギリス領がガーナの一部として独立し、1960年にはフランス領もトーゴ共和国として独立。その後の政治的混乱期にエヤデマ陸軍参謀長がクーデターで大統領に就任。彼が死去する2005年まで軍事政権が続いた。

▲首都ロメの中心部にある議事堂前に建つ「トーゴ独立記念碑」。

文化 住民構成が南北ではっきり二分されているのが特徴。文化も言語も南北で大きく異なる。南部にはキリスト教を信仰するエヴェ人たちが多く暮らしており、北部にはムスリムのカビエ人が多く暮らす。

アフリカ最大の映画祭が開催される
「高潔なる人々の国」という意味をもつ国

ブルキナファソ Burkina Faso

面積	約27.4万㎢
人口	約2150万人（2021年）
通貨	CFAフラン（XOF）
言語	フランス語（公用語）／モシ語／フラ語など
宗教	イスラーム／キリスト教／伝統宗教
民族	モシ人／フラ人など

国土 西アフリカに位置する内陸国。北西はマリ、東はニジェール、南はコートジボワール、ガーナ、トーゴ、ベナンと国境を接している。面積は日本の4分の3程度。

経済 主要産業は農業（あわ、とうもろこし、タロいも、綿と牧畜）。主な輸出品目は金、綿花など。日本ではハンドクリームで有名なシアバターの実も生産・輸出している。

歴史 11世紀頃にモシ人による連合王国が成立し、19世紀まで存在していたが、1898年にフランス保護領となり、1904年にはフランス領西アフリカ連邦の一部となる。1960年、オートボルタ共和国として独立。1966年以降、軍事クーデターが頻発。1984年、前年のクーデターで第5代オートボルタ共和国大統領に就任したトーマス・サンカラ（「アフリカのチェ・ゲバラ」と称される同国の英雄）によって、国名が「高潔なる人々の国」という意味をもつブルキナファソに変更された。

文化 伝統的な文化が今も色濃く残っており、儀式で用いられる仮面などの製作も盛んに行われている。1969年から続く、アフリカ最大の国際映画祭「ワガドゥグ全アフリカ映画祭（FESPACO）」の開催国。

▲西アフリカの仮面が集結する、2年に一度の祭り「フェスティマ」。

日本の技術協力により経済の柱を創り上げた
国土の大部分をサハラ砂漠が占める国

モーリタニア・イスラム共和国　Islamic Republic of Mauritania

面積	約103万km²
人口	約465万人（2020年）
通貨	ウギア（MRO）
言語	アラビア語（国語・公用語）／フラ語・ソニンケ語・ウォロフ語（国語）／フランス語
宗教	イスラーム（国教・スンナ派）など
民族	モール人／アフリカ系

アルジェリア
（西サハラ）
大西洋
マリ
ヌアクショット
セネガル
500km

国土 アフリカ大陸の北西部、サハラ砂漠の南西部に位置し、セネガルやアルジェリアなど4か国と国境を接する。面積は日本の約2.7倍だが、国土の約85%を砂漠が占める。首都ヌアクショットの降雨日数は年間で10日前後と、雨はほとんど降らない。

経済 農業や漁業、牧畜が中心。主要輸出品は、魚介類や鉄鉱石の輸出など。タコ輸出のうち約4割が日本向けであり、日本が輸入しているタコの約3分の1がモーリタニア産のもの。2006年2月よりシンゲッティ油田で石油の生産を開始するも技術的な問題により、石油生産量は当初予想より低迷している。

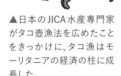

▲日本のJICA水産専門家がタコ壺漁法を広めたことをきっかけに、タコ漁はモーリタニアの経済の柱に成長した。

歴史 紀元前10世紀頃までは草原地帯であり、野生生物も生息していたが、砂漠化が進行。8世紀頃よりガーナ王国が栄え、11世紀よりベルベル人のムラービト朝が支配する。15世紀よりアラブ系民族、1902年からはフランスによる支配を経て、1960年に独立した。

文化 アラブとアフリカ、ヨーロッパの文明の交差点として機能してきた4つの古代都市「ウワダン」「シンゲッティ」「ティシット」「ウワラタ」は、世界文化遺産に登録されている。なつめやしが名産品で、7〜8月には収穫祭が開催される。

アメリカから解放された奴隷グループにより
建国された「リバティー」の国

リベリア共和国　Republic of Liberia

面積	約11.1万km²
人口	約518万人（2021年）
通貨	リベリア・ドル（LRD）
言語	英語（公用語）／各部族語
宗教	キリスト教／イスラームなど
民族	クペレ人／バサ人／グレボ人など

ギニア
シエラレオネ
コートジボワール
モンロビア
大西洋
250km

国土 大西洋に面した西アフリカの南西端に位置。シエラレオネ、コートジボワール、ギニアに接する。熱帯気候で、一年中高温が続く。降水量も多く、モンスーンの影響で6〜12月は特に雨量が多い。

経済 アフリカ屈指の鉄鉱石、天然ゴムの輸出国だったが、内戦で多数の死者や難民・避難民が出て、経済が疲弊。復興支援や農業の復興、天然ゴムの価格上昇、ダイヤモンド輸出の制裁解除などにより経済が回復した。2014年以降、エボラ出血熱が流行し、再び経済が疲弊。2018年就任のウェア大統領は、インフラ、教育、保健などの分野を優先し、貧困の減少に取り組んでいる。

歴史 15世紀頃よりヨーロッパとの交易が開始され、沿岸地域は胡椒海岸と呼ばれた。1847年に共和国として独立。1989年以降、断続的に内戦が続いていたが、2003年8月に政府と反政府勢力の間で包括和平合意が締結され、内戦が終結。2006年には、エレン・ジョンソン・サーリーフが大統領に就任。アフリカ初の女性大統領となる。

▲首都モンロビアに位置する「センテニアル・パビリオン」。リベリア共和国建国100周年を記念し、1947年に建設された。

文化 広大な敷地に熱帯雨林が広がる「サポ国立公園」は、リベリア唯一の国立公園。コビトカバなど、絶滅危惧種も数多く生息している。

ガボン共和国 Gabonese Republic

面積	約26.8万km²
人口	約228万人 (2021年)
通貨	CFAフラン (XAF)
言語	フランス語 (公用語) など
宗教	カトリック／イスラーム／伝統信仰など
民族	ファン人／プヌ人など

国土 中部アフリカに位置し、大西洋に面した赤道直下の国。海岸部はマングローブ沼地。国土の大半はジャングルに覆われている。気候は年中高温の熱帯気候。

経済 アフリカ有数の産油国で、GDPの約3割を占める。マンガン、木材の輸出も盛ん。外貨収入のほとんどを資源に頼っているため、経済構造が不安定という課題を抱える。近年、ガボン政府は経済の多様化を進めている。

歴史 先住民のバンツー民族が暮らしていた。15世紀にポルトガル人が渡来し、ついでオランダ、イギリス、フランスが進出し、奴隷貿易を行った。1842年にフランスの保護領となり、1910年にフランス領赤道アフリカに編入。1960年に独立。

文化 人口密度が低いため、手つかずの自然が多く残されている。森林地帯には、ゾウ、ゴリラ、チンパンジーなどが生息。国民性は音楽が大好きで、お祭りごとが多いという。

野生動物たちにとってアフリカ「最後のエデン」

手つかずのジャングルが残されているガボンは、野生動物たちの「最後のエデン」とも形容されている。近年、急速に発展し近代化したアフリカ諸国では見られない、ローランドゴリラやゾウなどを見ることができる。ロアンゴ国立公園には、ゾウやペリカンなどが生息している。

◀国土の11％以上が国立公園に指定されているガボン。個性的な顔が特徴の「マンドリル」も見ることができる。

ガボンの 人

ピエール゠エメリク・オーバメヤン (1989〜)

イギリス・サッカープレミアリーグ「チェルシー FC」でプレーするフォワードの選手。フランス出身の彼は、父親がガボン人で、サッカーの元代表選手。その背中を追い、自身もガボン代表としてプレーすることを選択。ガボン代表歴代最多の30ゴールを記録し、2022年5月に代表引退を発表した。

ノーベル賞受賞のヒューマニストが「尽力した場所」

ノーベル平和賞を受賞したドイツ人医師アルベルト・シュバイツァー博士は「ガボン」を拠点にエイズなどの難病の治療にあたった。現在でも、ガボンでは同氏が1913年に建設した診療所が同国最大の医療機関となっている。

▶「アルベルト・シュバイツァー博士 (1875〜1965年)」は、晩年までガボンで診療を続けた。

◀シュバイツァー博士は音楽家としても有名で、ガボンでも老若男女を問わず、ピアノを教えていた。

ガボン人のソウルフード「マニョック」

キャッサバをつぶし、発酵させた「マニョック」は、ガボン人にとって「おにぎり」のように普段からよく食べるもの。食感はもちもちしていて、和菓子の「ゆべし」のようなイメージなのだとか。

アフリカ大陸の自然環境と生態系が集う「アフリカの縮図」のような国

カメルーン共和国 Republic of Cameroon

面積	約47.5万km²
人口	約2720万人（2021年）
通貨	CFAフラン（XAF）
言語	フランス語・英語（公用語）／各民族語
宗教	カトリック／プロテスタント／伝統信仰／イスラームなど
民族	バミレケ人など

国土 アフリカ中西部のギニア湾に位置し、海岸近くには標高4,095mの活火山、カメルーン山が見られる。国土の大半が熱帯気候で、南部ほど湿潤に。南西モンスーンの吹く3〜10月が雨季。

経済 主要産業はカカオ、コーヒー、綿花などの農業、石油やアルミニウムなどの鉱工業。主要貿易国は、輸出が中国、オランダ、インドなど、輸入が中国、フランス、ナイジェリアなど。

歴史 1884年にドイツ保護領となる。1960年にフランス領カメルーンは独立し、1961年にイギリス領カメルーンの南部を併合、連邦共和国となる。1984年に国名をカメルーン共和国に変更。

文化 政教分離の国で、西部高地系や南部熱帯林系など約250の民族が存在する。それぞれ独自の文化をもち、宗教や言語も異なるが、平和を維持している。多数のプロサッカー選手を輩出しているほど、サッカーの人気が高い。

野生動物は大事な食物源!? 狩猟による「ブッシュミート」

野生動物から得る食肉を「ブッシュミート」といい、カメルーンではすべての食肉のうち約80％がサルの肉。しかし、近年では絶滅が危惧されるゴリラやチンパンジーなどの違法捕獲と、ブッシュミートの違法取引が急増し、野生動物が生存の危機に直面している。政府はこれら違法行為の取り締まりのため、法的枠組みづくりに着手している。「ブッシュ」とは、未開拓の森林地帯のこと。

▶「ブッシュミート」として食用にされるサル。日々の栄養源や大事な収入源として、この国の生活に根づいている。

カメルーンの人 サミュエル・エトー（1981〜）

カメルーンの元サッカー選手。元カメルーン代表でポジションはフォワード。カメルーン代表の最多得点記録保持者で、アフリカ年間最優秀選手に史上最多の四度選出される。FCバルセロナやインテル、チェルシーなどの名門クラブで活躍したエトーは、UEFAチャンピオンズリーグを三度制覇。2019年に現役引退し、2021年よりカメルーンサッカー連盟会長を務める。

古くより暮らす 狩猟採集民族「バカ人」

約250の民族のうち、平均身長1.5m以下の集団を指す「ピグミー」。その中でも「バカ人」はカメルーンで最初に定住したといわれ、例外として彼らだけが世界遺産「ジャー動物保護区」での狩猟生活を認められている。

◀「バカ人」は何世紀にもわたってこの地で暮らし、自然の中にあるものだけで生活している。

▶5,260km²に及ぶ巨大な「ジャー動物保護区」。自然のままの植物や絶滅の危機にある霊長類をはじめ、100種類を超える哺乳類が生息しており、世界遺産に登録されている。

独特の風味が魅力! 肥沃な大地が生んだコーヒー豆

豊かな水源と土地があるためコーヒーの栽培に適しており、その中でアラビカ種を生産。その歴史は1884年から始まったとされる。カメルーンコーヒーの味わいの特徴は、少しの酸味とほのかな甘みで、ほかのアフリカコーヒーとは風味が異なる。

手つかずの大自然に絶滅危惧の希少動物たちが暮らす国

コンゴ共和国 Republic of Congo

面積	約34.2万km²
人口	約583.5万人（2021年）
通貨	CFAフラン（XAF）
言語	フランス語（公用語）など
宗教	キリスト教（カトリック／プロテスタントなど）など
民族	コンゴ人／サンガ人／テケ人／ンボチ人など

国土 東部国境にコンゴ川とウバンギ川が流れる赤道直下の熱帯国。南西部の海岸地域は乾燥気候で、北部に行くほど雨量が多くなる。熱帯雨林が国土の半分以上を占める。

経済 主要産業は原油産業と林業。主要貿易国は、輸出が中国、コートジボワール、トーゴなど、輸入が中国、フランス、ベルギーなど。2014年、原油価格下落の影響で経済成長が停滞する。2021年、経済・財政立て直しのためIMFの拡大クレジット＝ファシリティに合意。

歴史 15世紀頃にコンゴ族が王国を建設。1882年、フランス領コンゴとなる。1910年、フランス領赤道アフリカに編入。1958年、フランス共同体内の自治共和国となり、1960年に独立。

文化 国民の多くがバンツー系諸族で、15の民族に分かれる。隣国ガボンからの移民や、伝統的狩猟文化が残るネグリロ系先住民も住む。

手つかずの熱帯雨林が残る「希少動物たちの楽園」

コンゴ共和国の北西にある「ヌアバレ・ンドキ国立公園」には、未開発の熱帯雨林に、ニシローランドゴリラ、マルミミゾウ、ボンゴ、シタツンガなど、絶滅が危惧される多くの希少動物が生息する。カメルーンの「ロベケ国立公園」、中央アフリカの「ザンガ＝ンドキ国立公園」を含む「サンガ川流域の3か国保護地域」は、2012年に世界遺産に登録された。

▶ゾウが森林内に開いた「バイ」と呼ばれる湿地帯にはゴリラや鳥たちが集まる。観光客がゴリラに接触することは禁止されている。

コンゴ共和国の 場所

ディオッソ峡谷
コンゴ共和国のポワントノワールの北にあるピンク色の渓谷。その壮大さから「コンゴのグランドキャニオン」といわれている。

色鮮やかなスーツに身を包むおしゃれ紳士「サプール」

「サプール」とは、コンゴ特有のファッションスタイル「サップ」を楽しむ人々のこと。サップはフランス語の略語で、「おしゃれで優雅な紳士協会」という意味。着こなしはもちろん、教養や礼儀、倫理観などの人間性が大切だとされる。彼らは海外の高級ブランド服で身を固め、街中を闊歩する。収入の大部分を服代に充てるサプールもいるのだとか。1960年の独立後も内戦に苦しんだ同国において、自由に着飾るサプールは平和の象徴にもなっている。

▶着こなしのルールは「色は3色まで」。週末になると、とっておきのコーディネートで礼拝堂などに出かける。

コンゴの音楽が無形文化遺産に！
2021年、コンゴ共和国とコンゴ民主共和国の都市部で親しまれる「ルンバ」という音楽とダンスが無形文化遺産に登録された。軽快なドラムと高音を強調した歌の音楽スタイルは、「ンクンバ」と呼ばれる伝統的なダンスから派生したコンゴ人のアイデンティティの一つだ。

コンゴ民主共和国 Democratic Republic of the Congo

面積	約234.5万km²
人口	約9589万人（2021年）
通貨	コンゴ・フラン（CDF）
言語	フランス語（公用語）／スワヒリ語／リンガラ語など
宗教	キリスト教（カトリック／プロテスタントなど）イスラーム／伝統信仰
民族	ルバ人／コンゴ人／モンゴ人など

国土 アフリカ大陸のほぼ中央に位置し、アフリカ大陸第2位の国土をもつ国。半円形を描きながら流れるコンゴ川は、流域面積がアマゾン川に次ぐ世界第2位を誇る大河。

経済 生産量世界第1位（2022年）のコバルトやタンタルなど鉱物資源が豊富。GDPの約4分の1を石油・鉱物資源が占める。

歴史 1960年にコンゴ共和国としてベルギーから独立するも、コンゴ動乱が勃発。モブツ政権が成立し、1971年に国名をザイール共和国とする。1997年に第一次コンゴ内戦が始まり、コンゴ・ザイール解放民主勢力同盟（ADFL）が政権を奪取。国名をコンゴ民主共和国に変更した。しかし、1998年に第二次コンゴ内戦が勃発。2003年に暫定政権が成立し、内戦は終結した。

文化 「アフリカの音楽の都」と呼ばれる豊かな音楽文化が特徴。ヴィルンガ国立公園やオカピ野生生物保護区など、5つの世界自然遺産がある。

コンゴ民主共和国発 世界を席巻する「音楽」

キューバ音楽とコンゴの伝統音楽とが融合した、アフリカで最も人気のある大衆音楽「リンガラポップス」。賑やかなダンスも特徴で、首都キンシャサが発祥の地。

▶リンガラポップスの代表的なアーティスト「パパ・ウェンバ」。1980年代のワールドミュージックブームで有名になり、以降ヨーロッパとアフリカを中心に活躍。2016年4月、音楽祭出演中に倒れ、亡くなる。

コンゴ民主共和国の人

ムウェテ・ムルアカ
（1961 ～）

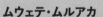

コンゴ民主共和国出身の日本の大学教員、国際政治評論家。1985年に来日し、1992年には鈴木宗男参議院議員の私設秘書になった。2005年に帰化し、日本国籍を取得。2009年に千葉科学大学の特担教授に就任する。2013年からは吉本興業の所属となり、「日本とアフリカの架け橋になる」という思いをもち、アフリカ関連の講演活動やアフリカ視察などを行っている。

珍獣が住むコンゴ民主共和国の 世界遺産「サロンガ国立公園」

「サロンガ国立公園」は国の中央部、コンゴ盆地に位置するアフリカ大陸最大の熱帯雨林保護区。同公園には固有種「ボノボ」や生きた化石といわれる「オカピ」、オカピと並んで世界4大珍獣に挙げられる「ボンゴ」など、多様な固有種・絶滅危惧種が生息している。

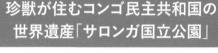

▶20世紀初めにイギリスの探検家によって確認された「オカピ」。姿はシマウマに似ているがキリンの仲間。1000万年前から姿を変えていないことから「生きた化石」とも呼ばれる。

◀「ボノボ」はヒトに最も近いサルといわれている。姿が似ているチンパンジーとは異なり、平和的な性格が特徴。野生ではコンゴ民主共和国にのみ生息する。

実は柔道が人気スポーツ!?

コンゴ民主共和国では、サッカーに次ぎ、柔道が人気のあるスポーツの一つ。キンシャサには柔道クラブが約200あり、競技人口は全国で7,000人と推定されている（2017年）。2018年、日本は「柔道スポーツ施設建設計画」として、屋内スポーツ施設の建設と機材の整備の支援を実施した。

消えゆくチャド湖がシンボルの、アフリカの内陸国

チャド共和国 Republic of Chad

面積	約128.4万㎢
人口	約1718万人(2021年)
通貨	CFAフラン(XAF)
言語	フランス語・アラビア語(公用語)／各民族語
宗教	イスラーム／伝統宗教／プロテスタントなど
民族	サラ人／チャド・アラブ人／マヨ・ケビ人など

国土 北半分がサハラ砂漠というアフリカの内陸国。北部の国境付近は高原地帯で、サハラ砂漠で最も高いエミクシ山(3,415ｍ)がある。熱帯気候で5～10月が雨季。平均気温は冬でも22～23℃程度で、年平均は28℃と暑い。

経済 主要産業は原油、農業(綿花)、金など。主要貿易国は、輸出がドイツ、台湾、フランス、中国、オランダなど、輸入が中国、フランス、インド、トルコ、アメリカなど。

歴史 9世紀にカネム王国が、16世紀にボルヌー王国が興る。1910年にフランス領赤道アフリカに編入された。1960年に独立するが、1965年からは内戦が続く。今も反政府武装勢力が存在し、2021年には政府軍と交戦状態になった。

文化 北部の砂漠の民族と、南部の農耕民族で異なる文化を有する。牧畜も盛んで、多くの国民にとって家畜は欠かせない存在。

国のシンボルである「チャド湖」21世紀中に消滅!?

国土の西に広がる「チャド湖」は国名の由来にもなっている象徴的な存在で、チャドは現地の言葉で「広大な水のある地域」を意味する。しかし、干ばつや灌漑農業、牧畜などにより消失の危機に。水深が浅く、何度も干上がったことがあるという。

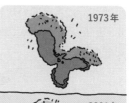
1973年

2001年

▶1970年代前半と2000年代初頭の「チャド湖」。保存のための対策がとられているが、面積がこんなにも縮小した。現在も拡大と縮小を繰り返している。

|____| 100km

チャドの 世界遺産

ウニアンガ湖沼群

チャドで初めて登録された世界遺産。エメラルド色に輝く18の湖が連なっている。砂漠の真ん中に突然現れるオアシスだが、長年蓄えられた地下水が湧き出して湖となったという。人間だけでなく、魚や両生類、ワニ、ラクダといった動物にとっても貴重な場所となっている。

選挙で6選を果たした「デビー・イトゥノ大統領」

北部のイスラーム勢力と南部のキリスト教系の政府の間で内戦が続いたが、1990年に元政府軍司令官「デビー・イトゥノ」が首都を制圧、翌年には大統領に就任した。そののち、2016年に大統領選挙で6選を果たすことになる。同年には日本を訪れ、安倍晋三元首相と首脳会談を行った。

◀憲法に定められた大統領再選回数の制限を撤廃するなど、「独裁的」と批判されることもある「デビー・イトゥノ大統領」だが、フランスをはじめ、西側諸国や近隣諸国とは友好関係を築いている。

アフリカで納豆が食べられる!?

伝統料理の「ムヌ」は、ゆでた豆を発酵させたもので、味は納豆に近いものの糸は引かない。塩や油、玉ねぎなどを混ぜて味つけするのが一般的。おにぎりのような、米やとうもろこしの粉をまるめて食べる「アシ」もある。

中央アフリカ共和国 Central African Republic

ゴリラなどの希少動物が数多く生息するアフリカの内陸国

面積	約62.3万k㎡
人口	約546万人（2021年）
通貨	CFAフラン（XAF）
言語	サンゴ語（国語・公用語）／フランス語（公用語）など
宗教	キリスト教／イスラーム／伝統信仰
民族	バヤ人／バンダ人／マンジャ人／サラ人など

国土 アフリカ大陸の中央に位置する内陸国。標高600m以上の高原地帯が大部分で、北部・中部はサバナ、南部は熱帯雨林に覆われている。国土全体が熱帯気候で、年中高温。

経済 ダイヤモンドや金、木材や綿花を産出。政情不安が続いているため、経済は困難な状況にある。鉱山開発の収益や関税収入が国庫に入らず、財政状況は劣悪。公務員、軍人への給料遅配が続いている。

歴史 19世紀半ばまで小国が割拠。1894年にフランスはこの地をウバンギ＝シャリと呼び、植民地化した。1910年、ガボン＝コンゴなどとともにフランス領赤道アフリカを構成、1960年に独立。

文化 バヤ人やバンダ人など、6つの民族で構成される。現在、治安は非常に不安定であり、周辺国から注意喚起の放送が発信されている。国民の8割以上はキリスト教、またはアニミズムを信仰している。

ゴリラに会える「ザンガ＝ンドキ国立公園」

世界最大級のゴリラの楽園「ザンガ＝ンドキ国立公園」。北のザンガ地区と南のンドキ地区に分かれ、特にザンガ地区は1k㎡あたり約1.6頭と多くのゴリラが生息することで有名だ。人間の手がほとんど入っていない熱帯雨林が残されており、ナイルワニや大型肉食淡水魚ムベンガなども生息している。

▶ザンガ＝ンドキ国立公園に生息する草食性の霊長類「ゴリラ」。

農民の大半は自給自足で暮らしている!?
熱帯雨林が残されている中央アフリカでは、キャッサバ、タロいもなどのいも類をはじめ、プランテンバナナ、たばこなどを育て、自給自足で暮らしている農民が大部分を占めているという。

中央アフリカの 食 イモムシ
中央アフリカの人たちが焼いたり、煮たりして食べる国民食。バッタや蛾の幼虫などの虫も食すが、たんぱく質が豊富なのがその理由。保存も利き、味も美味しいという。

市民や商人の交通路「ウバンギ川」

首都バンギを通り、周辺国のコンゴ共和国、コンゴ民主共和国に流れる「ウバンギ川」は、道路環境が整っていない中央アフリカに住む人たちの貴重な交通網。2〜4月の乾季には水量が激減するため、輸送量が制限される。

▶中央アフリカの輸出入の大半は、この「ウバンギ川」での運輸に依存している。コンゴ川との合流点では大型船の航行も可能。
Photo by mtcurado

アフリカ 中部アフリカ

固有種の野鳥も多数生息する
赤道直下にある2つの主要な島からなる小国

サントメ・プリンシペ民主共和国 Democratic Republic of Sao Tome and Principe

面積	約0.1万㎢
人口	約22.3万人(2021年)
通貨	ドブラ(STN)
言語	ポルトガル語(公用語)など
宗教	カトリック／プロテスタントなど
民族	ムラート／ファン人など

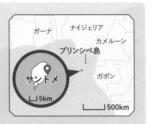

国土 ギニア湾東部に浮かぶ火山島のサントメ島とプリンシペ島、その周辺4つの小島からなる。国土は東京都の約半分の大きさ。赤道直下にあり、年中高温で湿度も高い熱帯気候。季節は、1～6月の大雨季、7～9月の乾季、9～12月の小雨季の3つに分かれる。

経済 19世紀からカカオのプランテーションが開始され、現在もカカオが主要産業。ナイジェリアとの共同鉱区の開発が進み、カカオ輸出依存からの脱却が期待されている。外国からの援助に依存しており、ポルトガル、フランス、ポルトガル語圏のアンゴラが支援。観光業に力を入れ始め、今後はインフラ整備が課題。

歴史 1469年にポルトガル人が上陸し、入植を開始。16世紀にさとうきび栽培で砂糖の生産が確立された。1960年、サントメ・プリンシペ委員会が設立し、独立運動が本格化。1974年、リスボンでのクーデターを受け、ポルトガル新政権は植民地撤退を決定。翌年、ポルトガルから独立した。

文化 国民の9割は首都サントメで暮らしている。パンやケーキ、オムレツなどの食文化にポルトガルの影響が見られる。

▲この国のシンボルであり、観光名所でもある最高峰「サントメ山(2,024m)」や、オボ国立公園など美しい自然が残る。

石油資源で経済成長を遂げるも
貧困対策が課題の国

赤道ギニア共和国 Republic of Equatorial Guinea

面積	約2.8万㎢
人口	約163万人(2021年)
通貨	CFAフラン(XAF)
言語	スペイン語・フランス語・ポルトガル語(公用語)／ファン語／ブビ語
宗教	カトリックなど
民族	ファン人／ブビ人など

国土 北はカメルーン、南と東はガボンに国境を接する大陸部のムビニと、ギニア湾上のビオコ島、アンノボン島、コリスコ島などからなる。首都マラボはビオコ島にある。高温多湿の熱帯気候で、雨季と乾季が交互に現れ、12～2月が雨季となる。海岸部は熱帯雨林に覆われている。

経済 木材、カカオ、コーヒーが主要産業であったが、1992年に石油資源が開発され、石油が主要輸出品に。主要貿易国は、輸出が中国、インドなど、輸入がスペイン、ナイジェリアなど。急速な経済成長を遂げているが、貧困率は7割にのぼるといわれ、経済的・社会的にバランスの取れた発展が課題。

歴史 15世紀後半にポルトガル領となる。その後スペインに割譲され、スペイン領ギニアが成立。1963年に自治政府を樹立し、1968年、赤道ギニア共和国として独立。オビアン・ンゲマ大統領による長期政権が40年以上も続いており、君主を除くと世界最長の政権となっている(2023年3月)。

文化 アフリカで唯一スペイン語を公用語とする。国花は国旗にも描かれているパンヤの木で、家具や丸木の材料として用いられる。

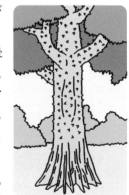

▲「パンヤ」の白い幹は柔らかく、加工しやすい。

ケニア共和国 Republic of Kenya

面積	約58.3万km²
人口	約5300万人（2021年）
通貨	ケニア・シリング（KES）
言語	スワヒリ語・英語（公用語）など
宗教	キリスト教（プロテスタント／カトリックなど）／イスラームなど
民族	キクユ人／ルヒヤ人／ルオ人／カレンジン人／カンバ人など

国土 アフリカ東部にある赤道直下の高原の国。北はエチオピア、南はタンザニア、西はウガンダに接し、東はインド洋に面する。海岸地域は熱帯気候で年間平均気温が26～27℃と暑いが、中央の平原地域は乾燥が激しく、北部は砂漠である。一方、内陸部は年間を通して平均気温が15～20℃と快適な環境である。

アフリカで2番めに高い山「ケニア山」

国土のほぼ中央にあるケニア山は、標高5,199mとケニア国内ではいちばん高い山。火山の集合体であり、ほぼ赤道直下に位置するが、赤道直下付近では珍しい氷河を山頂で観察できる。もともとは、この地に住むキクユ人に「キリニャガ（神の山）」と呼ばれていた。

経済 主な産業は農業で、主要農産物はコーヒー豆や紅茶、園芸作物、サイザル麻、綿花など。主にウガンダやアメリカ、オランダなどに輸出している。唯一の国際貿易港であるモンバサ港は東アフリカ地域で最も規模が大きく、周辺諸国の玄関口としての機能も担っている。

歴史 19世紀後半にドイツとイギリスが支配権を争い、1895年にイギリス領東アフリカが成立。その後、1920年にイギリスの植民地となったが、1963年に独立。1964年には共和制に移行した。

文化 多くの民族が独自の音楽文化をもっている。特にルオ人の「ニャティティ」は、「ガラ」と呼ばれる鉄の鈴と「オドゥオンゴ」と呼ばれる鉄の輪をつけた8本の弦をもつ楽器で、弦楽器と打楽器の2つの音を奏でることができる。

▶「ニャティティ」の8本の弦には、「男性の生まれるときの4日間」と「亡くなってからの4日間」という意味がある。そのため、ルオ人では男性のみが弾く楽器とされてきた。

人物 ワンガリ・マータイ（1940～2011年）は元環境・天然資源省副大臣で生物学博士。2004年にアフリカ人女性として初めてノーベル平和賞を受

ケニアの ファッション

カンガ

東アフリカで衣類や風呂敷などに使われる一枚布の民族衣装。スワヒリ語でホロホロ鳥を意味し、カンガを身にまとった女性たちが、まるでホロホロ鳥を連想させることから名づけられた。1枚1枚中央に「ジナ」と呼ばれるスワヒリ語のメッセージ（格言や流行語、ことわざなど）が刺繍されている。男性は寝間着や部屋着として、女性はオシャレとして腰に巻いたり、2枚1組で腰巻布やショールとして使ったりする。

賞した。2005年の初来日時、「もったいない」という言葉に感銘を受け、「MOTTAINAIキャンペーン」を提唱。2009年には旭日大綬章を受章した。

日本との関係 2016年にナイロビで開催された第6回アフリカ開発会議の際、安倍元総理が「自由で開かれたインド太平洋」を提唱した。

広大な「大自然」と大迫力の「野生動物」

国内には59か所の国立公園、国立保護区、動物保護区がある。中でも、ケニア東部のサザン地区にある「ツァボイースト国立公園」と「ツァボウエスト国立公園」の2つは、ケニア最大の動物保

アフリカ

東アフリカ

護区を形成している。その面積は2つ合わせて約3万㎢もあり、雄大な自然が手つかずのまま残っている。また、タンザニアとの国境沿いに位置する「マサイマラ国立保護区」は生息する動物の種類・個体数が一帯の保護区の中でいちばん多い。キリンやゾウ、シマウマやガゼルなどの草食動物が群れ

をつくり、それを捕食するライオンやチーター、ハイエナなどの肉食動物が集まる。ほかにも、猿や鳥類、保護区内を流れるマラ川にはカバやワニといったさまざまな動物を観察できる。

▼マサイマラ国立保護区では「バルーンサファリ」も体験でき、動物の群れや大移動を上空から観察できる。

Photo by Henk Bogaard

42もの言語数！多民族ゆえの「トリリンガル」

キクユ人、ルヒヤ人、ルオ人、カレンジン人、カンバ人が国内の代表的な5民族で、人口の約7割を占める。その他の多くの少数民族と合わせると、42もの民族が存在する。それぞれの民族が固有の言語をもっているため、民族の数と同じだけ言語も存在している。しかし、互いの民族同士、共通の言語が必要であるため、スワヒリ語が共通語として多くの国民に話されている。かつてイギリスの植民地だった歴史から英語も広く普及し、日常的に話されている。都市部の学校教育においては、教育言語としてすべての授業を英語で行う学校もある。

相手に唾をかける!?　キクユ人独自の挨拶
キクユ人は相手の手に唾をかけることを挨拶とする。唾は「魔除け」のようなものとされ、唾をかけることによって、相手を悪いものから守り、「よいことがありますように」という願いを意味する。

東アフリカの「シリコン・サバンナ」

近年、ケニアは東アフリカのシリコンバレーならぬ「シリコン・サバンナ」と呼ばれている。アフリカの中でもビジネスを新たに始める環境が整っており、スタートアップ企業が数多く誕生。その背景には、インターネット環境の普及率の

高さがある。特に携帯電話やモバイルマネーの普及率が高いことから、携帯電話を活用したビジネスが新たに生まれるなどイノベーションの創出が活発化しており、政府も積極的にスタートアップ企業を支援する取り組みを行っている。国内にはインキュベーション施設が27拠点ほどあり、ワークスペースの提供や海外投資家の招待などの万全なサポート体制によって、スタートアップ企業の増加、成長を促進している。

いつか現金が消える!? キャッシュレス先進国
国内ではキャッシュレス化が急速に進んでいる。特に、国内通信大手のSafaricomが提供する「M-PESA」の普及率は高く、その取引額は国内のGDPの約5割にものぼる。M-PESAは携帯電話一つで支払いや送金、出金などが可能なモバイルマネーサービスであり、銀行口座をもてない多くの人々に利用されている。普段の買い物だけでなく、給与の受け取りや教育費、公共料金の支払いまでM-PESAを介して行われている。

ケニアの 食

ギゼリ

ケニアの代表的な豆料理。もともとはキクユ人やカンバ人の伝統料理であったが、今ではケニア全土で日常的に食されている。とうもろこしと豆を煮合わせたシンプルな料理で、ご飯やチャパティのお供としてよく食べられ、牛肉やジャガいも、にんじんを加えたり、トマトで煮込んだりとバリエーションが豊富。手頃なおかずとして多くの国民から愛されている。

「アフリカの真珠」と謳われる、豊かな水と緑が広がる国

ウガンダ共和国 Republic of Uganda

面積	約24.1万㎢
人口	約4427万人（2019年）
通貨	ウガンダ・シリング（UGX）
言語	英語・スワヒリ語（公用語）／ルガンダ語
宗教	キリスト教（カトリック／聖公会など）／イスラームなど
民族	バガンダ人など

国土 アフリカ大陸東部に位置する、赤道直下の内陸国。面積は日本の本州とほぼ同じ。国土の大半は緑豊かな丘陵地帯。イギリスのチャーチル首相がその景色の美しさから「アフリカの真珠」と表現した。ナイル川の源流となるアフリカ最大の湖「ビクトリア湖」が国土の約18％を占める。

経済 主要産業は農林水産業、製造・建設業など。農業ではコーヒーや茶、綿花などを生産する。1962年の独立以来、内乱が続き、1980年代後半まで経済は低迷。1987年以降は世界銀行やIMFの支援も得て、経済は安定した。

歴史 19世紀にブガンダ王国などが栄えるも、1894年にイギリスの植民地となる。1962年に独立し、その翌年には共和制に移行。その後、クーデターなどが繰り返されるも、1986年にムセベニ大統領が就任して以降、内政は安定している。

文化 多民族国家で、気候も地域によって大きく異なるため、多様な食文化をもつ。

豊かな自然が広がる「アフリカの真珠」

ウガンダ西部に位置する国立公園「クイーン・エリザベス国立公園」。同公園は、1954年にイギリスのエリザベス女王2世により開設された。湖やサバナの草原、森林、湿地などを有し、国内最大の大型哺乳類の生息地でもある。一方、「ブウィンディ原生国立公園」は、ウガンダ南西部に位置する320㎢に及ぶ国立公園。草原と森林を有し、人は簡単には立ち入ることができないため、豊かな生物多様性が保たれている。

◀クイーン・エリザベス国立公園は、「チンパンジー」の生息地であることでも有名。同じヒト科に属し、ヒトとDNAレベルでは98.8％が同じであるチンパンジーは「進化の隣人」とも呼ばれている。

▶ブウィンディ原生国立公園は、絶滅の危機に瀕している「マウンテンゴリラ」が生息していることで知られる。

躍進するウガンダ企業

JICAはアフリカ地域19か国で、「ビジネスプランコンテスト」を開催。同コンテストにおいて、ウガンダ企業の応募数は参加国中2番めで、ウガンダ企業が最優秀企業に輝いた。

ウガンダ人はお酒大好き「バナナのお酒」も!

ウガンダ人はお酒が大好きな国民として知られ、CNNの「世界の飲酒国トップ10（World's 10 best drinking nations）」では第8位（2013年）に位置する。そんなウガンダのお酒といえば、「ワラギ」。バナナを原料とする蒸留酒で、アルコール度数は40度ほど。地元スーパーでも売られており、多くのウガンダ人に親しまれている。

◀バナナはウガンダにおいて重要な食料で、特に南部では主食として食べられている。主食の一つ「マトケ」は、甘くない調理用バナナ「プランテン」をゆでてマッシュした料理。食感はマッシュポテトに似ている。

ウガンダの人 ジョシュア・チェプテゲイ（1996～）

ウガンダの陸上競技選手。男子5,000m、男子10,000mの世界記録保持者。2020年10月にスペイン・バレンシアで開催された大会では、15年ぶりに男子10,000mの世界記録を塗り替えた。2021年の東京オリンピックでは、男子5,000mで金メダル、男子10,000mでは銀メダルに輝く。

エチオピア連邦民主共和国 Federal Democratic Republic of Ethiopia

面積	約109.7万km²
人口	約1億1787万人（2021年）
通貨	ブル（ETB）
言語	アムハラ語（公用語）／英語／オロモ語など
宗教	エチオピア正教／プロテスタント／イスラームなど
民族	オロモ人／アムハラ人など

国土 アフリカ大陸の中央東部に位置する内陸国。エリトリア、ジブチ、スーダン、南スーダン、ケニア、ソマリアと国境を接している。

経済 コーヒー、豆類、綿、チャット（精神刺激作用をもたらす植物）などが主要産物。頻発する干ばつや周辺国からの難民の流入により、慢性的な食料不足が続く。2004年以降の経済成長率はアフリカの非産油国としては最高水準だが、いまだ貧困から抜け出せていない。

歴史 1270年にエチオピア帝国が成立。1962年、エリトリア地方を併合。1993年、エリトリアが分離・独立。1995年、国名をエチオピア連邦民主共和国に改称した。

文化 3000年以上にわたり独立を維持しているアフリカ唯一の国。1年が13か月あるエチオピア暦や、サハラ砂漠以南で唯一の独自文字「ゲエズ文字」など独特の文化がある。

日本の茶道に似たエチオピアの「おもてなし」

コーヒー発祥の地として知られるエチオピアには、「カリオモン」と呼ばれる伝統的なコーヒーセレモニーが存在する。乳香をたき、生豆を煎るところから始めて、客人一人ひとりに淹れたてのコーヒーを振る舞っていくというもの。冠婚葬祭や大切な客を迎える際などに行われ、ポットやカップは女性が先祖代々受け継いできたものが使用される。

▶セレモニーの時間は約2時間。1杯めは砂糖を、2杯めは塩を、3杯めはカルダモンやクローブといった香辛料、バターなどを加えて飲むことが多い。

エチオピアの **こと** ティムカット

エチオピア正教最大の行事で、キリストがヨルダン川で洗礼を受けた日を祝う祭り。年に一度、各地の教会に奉納されている「タボット（エチオピアにあると信じられているモーセの十戒が刻まれた石版を納めた契約の箱・アークのレプリカ）」が教会の外に出され、川まで運ばれていく。

エチオピアの国民食「インジェラ」

エチオピア人にとって、なくてはならない食べ物といえば、エチオピア版クレープともいわれる「インジェラ」。これは、イネ科の植物であるテフの粉を発酵させて蒸し焼きにした酸味のある薄焼きパンで、「ワット」と呼ばれるシチューなどと一緒に食べるのが一般的だ。

▶アフリカの中でも「インジェラ」を主食にしているのはエチオピアだけ。

エチオピアの **場所**

ダロール火山周辺に広がる極彩色の絶景

エチオピア北東部にあるダナキル砂漠およびその周辺エリアに広がる絶景スポット。中でもひときわ人気なのが、ダロール火山周辺に広がる極彩色の絶景だ。塩分や硫黄などを含む温泉が地表に噴出し、まるで異世界に迷い込んだかのような感覚を味わわせてくれる。

「ビクトリアの滝」で知られる平和な国

ザンビア共和国 Republic of Zambia

面積	約75.3万㎢
人口	約1892万人（2021年）
通貨	ザンビア・クワチャ（ZMW）
言語	英語（公用語）／ベンバ語／トンガ語／ニャンジャ語など
宗教	キリスト教（カトリック／プロテスタントなど）／伝統信仰など
民族	ベンバ人／トンガ人など

国土 アフリカ中南部の内陸にある、標高が1,000～1,500mという高原の国。タンザニアやモザンビークなど8か国と隣接。大部分が温帯気候で、季節が3つある。南部には乾燥気候やサバナ気候の地域も存在する。

経済 主要産業は鉱業で、輸出総額の約7割を占める銅への依存から脱却するため、農業や観光業にも力を入れ始めた。主要貿易国は、輸出がスイス、中国、コンゴ民主共和国など、輸入が南アフリカ、中国、UAEなど。

歴史 19世紀にイギリスとポルトガルの領土争いの場に。1924年、イギリス領北ローデシアとなる。1964年に独立した。

文化 73ある民族独自の伝統文化があり、イギリス領だった影響でキリスト教文化が根づいている。アニメやゲームなど、日本のポップカルチャーも人気。主食はとうもろこし。

アフリカ大陸の「平和で安全な国」

政情不安の国が多いアフリカ大陸において、内戦やテロがほとんどない平和な国として有名なザンビア。独立以降は三度、選挙での民主的な政権交代が行われた。2021年に就任したヒチレマ大統領は、欧米西側諸国や周辺国との関係強化に努めている。

▶国土は野生動物の宝庫で、キリンやサイ、ゾウ、チーター、ヒョウ、ライオンなど60種類以上が生息。動物を直に見られる国立公園の整備など、観光資源としての活用を推進している。

▲国名の由来でもある「ザンベジ川」。下流には、動植物が豊富な国立公園や、国内の電力需要のほとんどを発電しているカリバダムなどがある。
Photo by Nikada

「銅」は世界有数の生産量！宝石や貴金属の埋蔵量も豊富

「銅」の生産量は世界有数で、輸出額の約6割を占める。また、エメラルドの品質は世界一といわれており、ルビー以外ほぼ全種類の宝石を産出する。近年は金の採掘も有力視されてきた。

▶ザンビアの銅は、日本の「10円玉（銅の含有率95%）」の材料になっている。ザンビアからコンゴ民主共和国にかけて銅山が集中する「カッパーベルト」という地域から、多くの銅が産出されている。

東京オリンピック開催中に独立!?

1964年、ザンビアは東京オリンピックの開催中に独立した。開会式ではイギリス領北ローデシアとして参加、閉会式ではザンビアとして行進し、開会式と閉会式で掲げる国旗が変更されたという逸話も残っている。

ザンビアの 世界遺産 ビクトリアの滝

ジンバブエとの国境にある、幅が約1,700m、落差が約100mと大きさ、水量ともに世界最大級の滝。1855年、ヨーロッパ人として初めて到達したイギリスの探検家リヴィングストンが、母国の女王の名にちなんで命名。1989年、世界遺産に登録された。

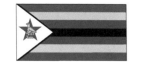

イギリス統治時代の面影を色濃く残す、「ビクトリアの滝」で有名な国

ジンバブエ共和国 Republic of Zimbabwe

面積	約38.6万km²
人口	約1509万人（2021年）
通貨	ジンバブエ・ドル（ZWL）
言語	英語（公用語）／ショナ語／ンデベレ語
宗教	キリスト教（独立派キリスト教／プロテスタントなど）／伝統信仰など
民族	ショナ人／ンデベレ人など

国土 アフリカ南部にある内陸国。面積は日本とほぼ同じ。ザンビア、モザンビーク、南アフリカ、ボツワナと国境を接している。

経済 主要産業は、たばこ、綿花、園芸などの農業と、プラチナ、クローム、ニッケルなどの鉱業。世界3大瀑布「ビクトリアの滝」などを巡る観光業にも力を入れている。かつては「アフリカの穀物庫」と呼ばれるほどの豊かな農業国だった。

歴史 13～15世紀にかけて、グレート・ジンバブエと呼ばれる石造建築を生み出した王国が繁栄。1889年、セシル・ローズ率いるイギリス南アフリカ会社の占領下に置かれる。1980年の独立以降はムガベ大統領（当時は首相）が独裁政権を築いたが、2017年のクーデターで退陣した。

文化 サッカーが群を抜いて盛んだが、かつてイギリスの植民地だった影響でクリケット人気も高く、学校の部活にも導入されている。

首都ハラレはまるで「アフリカのロンドン」のよう

首都ハラレは、高層ビルやショッピングモールが立ち並ぶアフリカ屈指の大都市だ。その他の都市との違いは街が清潔で、治安も比較的安定しているところ。植民地時代に整備されたイギリス風の街並みには、パブやロンドンスタイルのパイ＆マッシュが食べられる店が自然に溶け込んでいる。

▶「ハラレ」の人口は約150万人（2012年）。ハラレとはショナ語で「眠らない街」の意味。

ジンバブエの挨拶は手をポンポン叩く!?

挨拶をするときに手をポンポン叩くのがジンバブエ流。男性は手を合掌の形にして拍手をし、女性はカップ状にした手を上下に合わせて叩きながら、膝を曲げて挨拶する。

「ンデベレ語」で、しりとりをすると…

ジンバブエにある16の公用語のうち、「ンデベレ語」には言語名と同じく、「ん」から始まる単語がたくさん存在する。しりとりを始めてしまうと、いつまで経っても終わらない!?

2億%のハイパーインフレで廃止になった「旧ジンバブエ・ドル」

ジンバブエでは、2008年に大統領選挙を巡る混乱と過度の紙幣発行を原因とするハイパーインフレが発生。卵1つの価格が1日で何百倍にもなる異常事態に陥った。そのとき実際に使われていて、世界中で注目を集めたのが「100兆ジンバブエドル札」だ。この紙幣は価値を失って廃止されてしまい、2019年6月に「新ジンバブエ・ドル」が導入された。

◀最後は日本円で0.3円ほどの価値しか残っていなかったという「100兆ジンバブエドル札」。

ジンバブエの 人

ロバート・ムガベ
（1924～2019年）

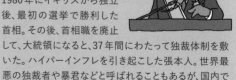

1980年にイギリスから独立後、最初の選挙で勝利した首相。その後、首相職を廃止して、大統領になると、37年間にわたって独裁体制を敷いた。ハイパーインフレを引き起こした張本人。世界最悪の独裁者や暴君などと呼ばれることもあるが、国内では肯定的に評価する声も少なくない。

セーシェル共和国 Republic of Seychelles

面積	約460㎢
人口	約9.8万人（2019年）
通貨	セーシェル・ルピー（SCR）
言語	英語・フランス語・フランス語系クレオール語（公用語）
宗教	キリスト教（カトリックなど）など
民族	クレオールなど

アフリカ

東アフリカ

国土 インド洋西部の115の小島からなる。首都ビクトリアのあるマヘ島など、インナー諸島（42の島）に98％の人口が集中。マヘ島から230〜1,150km離れたアウター諸島は、サンゴ礁からなる5つの島嶼郡に分かれる。気候は熱帯気候に属し、年中高温。

経済 観光が最大の産業。漁業やマグロの缶詰などの水産加工業が成長。ココナッツやシナモンの農業も盛ん。主食の米は輸入に頼っている。

歴史 7〜8世紀にアラブ人が来航。1756年にフランスが領有を宣言し、その後フランスとイギリスの間で支配権の争いが続く。1814年、フランスがイギリスに割譲。1976年独立、1977年に無血クーデターでルネ社会主義政権が誕生する。

文化 世界銀行が調べる「人間の豊かさ」を表す人間開発指数（HDI）では、アフリカ諸国第1位（2018年）。穏やかな気候・人間性も相まって、「癒しの国」として知られる。

世界有数のリゾート地「インド洋の真珠」

「インド洋の真珠」とも形容される、世界有数のリゾート地として知られているセーシェル。特にイギリスのウィリアム皇太子など、セレブが訪れる場所としても有名。透き通った真っ青な海辺から見る夕日は絶景だとか。

セーシェルには多くの固有種が存在⁉

セーシェルは6800〜6500万年前に孤島となったため外来種が入ってこず、「アルダブラゾウガメ」など固有種が存在する。2018年には約21万㎢の水域を海洋保護区に指定するなど、自然保護に努めている。

▼ラディーグ島にある「アンス・スルス・ダルジャン・ビーチ」は、世界のビーチランキングでも毎年上位に入る。

首都のあるマヘ島の「セーシェル国立植物園」

首都ビクトリアがあるマヘ島は野鳥の楽園であり、サンゴ礁の島として有名。中でも人気の「セーシェル国立植物園」は、広大な敷地内に双子ヤシなどセーシェル固有の木や花が植生。ゾウガメ、フルーツコウモリなどの珍しい動物も見ることができる。

▶ビクトリア市街地の南に位置する「セーシェル国立植物園」は、1901年に設立されたセーシェルで最も古い国立公園の一つ。

セーシェル共和国の コト

音楽

歴史的に、イギリスやフランスなどの統治国や、ポリネシア、インドなど、地理的に近い他民族の文化が入り混じり、独特の発展を遂げたセーシェルの民族音楽。ヨーロッパのフォークとポップス、アフリカ各地の伝統音楽が融合した民族音楽などがある。

Photo by SimonDannhauer

ソマリア連邦共和国 Federal Republic of Somalia

面積	約63.8万k㎡
人口	約1706万人（2021年）
通貨	ソマリア・シリング（SOS）
言語	ソマリ語・アラビア語（公用語）／英語／イタリア語
宗教	イスラーム（スンナ派など）
民族	ソマリ人など

国土 アフリカ大陸の東、インド洋に突き出た「アフリカの角」と呼ばれる地域に位置する。

経済 主要産業は、畜産業（ラクダ、羊、山羊など）と農業（もろこし、とうもろこし、米など）。内戦や度重なる干ばつの影響で、経済は壊滅状態に陥り、いまだ回復できずにいる。

歴史 1960年、ソマリア共和国が成立する。1991年、当時のバレ政権が崩壊して内戦状態になり、20年以上にわたって無政府状態が続いた。2005年に周辺諸国の仲介によって暫定連邦政府がつくられ、無政府状態は解消したが、2012年の新政府樹立後もテロが頻発するなど、不安定な状況は続いている。

文化 約90％がソマリ人で、アフリカでは珍しく、言語・文化に関する民族的均一性が高い。ただし、民族意識よりも氏族への帰属意識が強く、このことが内戦の下地にもなっていた。

民族意識よりも「氏族への帰属意識」が高い国

現在のソマリアは、連邦政府が支配する「南部ソマリア」、1998年に自治政府の樹立を宣言した北東部の「プントランド」、1991年に独立宣言した旧イギリス領の「ソマリランド」に大きく3分割されている。言語（ソマリ語）・文化面（イスラーム）ともに民族的同質性が高いにもかかわらず、これほど複雑な対立の構図が生まれてしまった理由としては、ソマリア社会が「クラン」と呼ばれる氏族（父系制を基礎にした血縁集団）で構成される社会であり、鎌倉時代や室町時代の日本のように、民族意識よりも「氏族への帰属意識」が極めて高いことが挙げられる。

◀「ソマリランド」は、国際社会では国家として承認されていない。しかし実態は、ヨーロッパから観光客も訪れるなど、他の2つの地域に比べて治安がよく、政治体制も安定している。

ソマリアを世界に知らしめた「ソマリア海賊」
1990年代初期に内戦が始まった頃から、ソマリア沖アデン湾で、スエズ運河を通過する船が襲撃される事件が多発。国際海運の大きな脅威になっていた。2007年頃、NATOが本腰を入れて対策を始めてからは、海賊の数は減少したといわれている。

世界で最も多い「1人当たりのラクダ保有数」

もともとは10〜14世紀にアラビア半島南部から遊牧民のソマリ人が移住してきたのが、この国の始まり。今も国民の多くが遊牧民として暮らしていて、牧草を求め、ラクダで移動する生活を送っている。

▶ソマリアでは、富の大きさも「所有するラクダの数」で測られるといわれている。

◀ソマリアの中で唯一、治安がよい地域といわれているソマリランドの観光名所「ラース・ゲール洞窟の壁画」。ラース・ゲールはソマリア語で「ラクダの水飲み場」のこと。

米とは別に、パスタもよく食されている!?
ソマリアはムスリムが90％を超えるイスラームの国なので、もちろんすべてハラルフード。主食は、とうもろこし粉で作ったパン（ラホー）や、お粥、米が中心だ。それに、塩とバターを揉み込み保存しておいた山羊、羊、牛、ラクダなどの肉と野菜を煮込んだものをかけて食べるのが一般的だ。

人口増加を続ける、東アフリカの優等生

タンザニア連合共和国 United Republic of Tanzania

面積	約94.5万km²
人口	約6100万人（2021年）
通貨	タンザニア・シリング（TZS）
言語	スワヒリ語（国語・公用語）／英語（公用語）など
宗教	イスラーム／キリスト教／伝統信仰
民族	バンツー系など

国土 アフリカ本土（タンガニーカ）とインド洋沖の島嶼部（ザンジバル）で構成される。北東部にはキリマンジャロ山（5,895m）がそびえる。

経済 コーヒー豆、綿花、とうもろこし、キャッサバが主産品。

歴史 16世紀にポルトガル人が東アフリカ沿岸部を支配。17世紀にはオマーン人が取って代わり、奴隷貿易を開始する。19世紀に入ると、大陸側はドイツの、インド洋上のザンジバル諸島はイギリスの支配下に。1920年には大陸側もイギリスの委任統治領になる。1961年にタンガニーカ共和国が、1963年にザンジバルが独立。1964年に合邦し、タンザニア連合共和国が誕生した。

文化 南部に居住しているマコンデの人たちが作る黒檀の彫刻「マコンデ彫刻」は、ピカソがキュビズムへと移行するきっかけになったといわれている。

社会主義経済から「市場経済」へ転換

1964年以降、タンザニアではニエレレ初代大統領のもと、アフリカ型社会主義を追求してきた。1980年代に入り、経済が危機的状態に陥ったことから、政権交代後は「経済自由化」を推進。2000年頃から、鉱業、情報通信、運輸、建設などの産業が順調に伸び、現在では東アフリカの中で特に急成長を遂げている国の一つといわれている。

▶人口増加率も高く、現在約6100万人の人口が、2050年には1億人を超えるといわれている。ちなみに年齢の中央値は18歳（日本は48.4歳）。

◀若者が多いタンザニアではエンターテインメント産業も急成長中。有名レコードレーベルのオーナーでもある人気アーティスト「ダイヤモンド・プラチナムズ」の曲は、YouTube総再生回数が10億回を超えている。

タンザニアは大自然と野生動物の宝庫
アフリカ最高峰のキリマンジャロや、世界で3番目に大きいヴィクトリア湖、世界で2番目に深いタンガニーカ湖、そして、世界一大きいカルデラがあるンゴロンゴロ自然保護区など、これでもかというほど大自然を満喫できる。

歴史が生んだ大統領の「選出規定」

1964年にタンガニーカとザンジバルが合邦して誕生したタンザニアでは、両国の対等な関係を示すため、大統領と第一副大統領の出身地は必ず別々にするという決まりがある。現在のサミア・スルフ・ハッサン大統領はザンジバル出身。そのため、第一副大統領にはタンガニーカ出身のフィリップ・ムパンゴ氏が選出された。

◀「サミア・スルフ・ハッサン大統領」は、タンザニア初の女性大統領。

タンザニアの人

フレディ・マーキュリー
（1946～1991年）

イギリスのロックバンド・クイーンのボーカリスト。当時イギリスの保護国だったザンジバルのストーンタウンで、インド人の両親のもとに生まれた。2018年に公開された映画のタイトル曲「ボヘミアン・ラプソディ」をはじめ、「ウィ・アー・ザ・チャンピオンズ」「ウィ・ウィル・ロック・ユー」など、数々のヒット曲を残した伝説のロックスターだ。

大航海時代からさまざまな文化が融合するインド洋に面した沿岸国

モザンビーク共和国 Republic of Mozambique

面積	約79.9万㎢
人口	約3036万人（2019年）
通貨	メティカル（MZN）
言語	ポルトガル語（公用語）など
宗教	カトリック／プロテスタント／イスラームなど
民族	マクア・ロムウェ人／ソンガ・ロンガ人ヤンジャ・セナ人など

国土 アフリカ大陸南東部に位置し、中央部をザンベジ川が流れ、モザンビーク海峡へ注ぐ。国土の大半が熱帯気候で、雨季は10〜5月。降水量は北部が多い。ジンバブエ付近は乾燥地帯。

経済 アルミニウムを基幹産業とし、そのほか、天然ガス、石炭などで安定した経済成長が期待される。たばこや重砂も輸出。主な貿易国は南アフリカ、中国、インド、UAEなど。

歴史 1498年、ヴァスコ・ダ・ガマがモザンビーク島に到達。以後、ポルトガルの植民地となり奴隷貿易が本格化。1964年、モザンビーク解放戦線が武力闘争を開始。1975年、人民共和国として独立。

文化 アフリカの伝統文化に加え、アラブ、インド、キリスト教などの影響を受け、独自の文化を確立。首都マプトの自然史博物館には、モザンビークで操業していた日本漁船が捕獲したシーラカンスの剥製が展示されている。

アフリカの地に降り立った「最初の日本人」とは？

1586年、天正遣欧使節団はローマ派遣の帰路、乗り継ぎ船を待つためモザンビーク島に寄港。季節風の風向きが変わるのを待つため、6か月を現地で過ごした。彼らがアフリカの地に降り立った「最初の日本人」といわれている。宣教師ヴァリニャーノが織田信長に謁見した際、信長の希望で召し抱えたアフリカ系の従者は現在のモザンビーク出身であったといわれている。

▶天正年間にイエズス会の発案によってローマに派遣された九州のキリシタン大名ら4人の少年使節。ローマではローマ教皇掲見を実現。使節団によってヨーロッパの人々に日本が知られるようになった。

◀織田信長に仕えたアフリカ系武士。信長は「弥助」と名づけ、武士の身分を与えて家臣にしたと伝えられている。

島全体が世界遺産の「モザンビーク島」

1498年、ヴァスコ・ダ・ガマが上陸してからインド洋貿易の拠点として栄えた。さまざまな文化が共存する場所として知られる。「サン・セバスティアン要塞」や礼拝堂の「ノサ・セニョラ・デ・バルアルテ」などがあり、「サン・パオロ宮殿」は博物館になっている。

この国唯一のゴルフ場と野生動物に出会える「サファリ」

観光スポットとしては美しいビーチが人気だが、そのほか、マプトにはモザンビーク唯一の「ゴルフ場」や「ゴロンゴーザ国立公園」が存在する。同公園は野生動物の楽園で、草原ではゾウやバッファロー、ライオンなどの姿を確認することができる。

▶マプトにある「ゴルフ場」は、近くに道路が隣接しているため、ゴルフ場内を住民や家畜が歩いているのだとか。

モザンビークの **楽器**

ティンビラ

南部ショピ人の伝統楽器。天然の素材でできた木琴で、音板はムウェンジェと呼ばれる硬い木、その下の共鳴箱はマサラという果物の殻で作られる。祭りのほか、結婚式などの社交イベントの最中に大合奏の形態で演奏され、踊り手がティンビラ奏者の前で舞う。2005年には無形文化遺産に登録された。

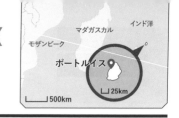

「天国のモデル」と評された、インド洋に浮かぶリゾート島

モーリシャス共和国 Republic of Mauritius

面積	約0.2万k㎡
人口	約126.5万人（2018年）
通貨	モーリシャス・ルピー（MUR）
言語	英語（公用語）／フランス語／フランス語系クレオール語など
宗教	ヒンドゥー教／キリスト教／イスラームなど
民族	インド・パキスタン系／クレオールなど

国土 マダガスカル島から東に約900m、東インド洋に浮かぶ島嶼国。モーリシャス本島はサンゴ礁に囲まれた古い火山島である。熱帯気候。しばしばサイクロンが襲来する。

経済 基幹産業は砂糖、繊維、観光業。近年はインド資本などのIT企業誘致を進め、事業のしやすさを評価するDoing Businessでアフリカ第1位となる（2019年）。世界銀行の分類では高所得国となった（2020年）。

歴史 16世紀初めにポルトガル人が上陸。1598年、オランダが植民を開始。1715年にフランス領、1814年にイギリス領となり、さとうきび栽培のため、インド人労働者約45万人が送り込まれる。1968年、イギリス連邦内で独立。

文化 インド・パキスタン系をはじめ、植民史を反映した多様な人種が居住する。多くが英語、フランス語、クレオール語の3か国語を話す。

「神が天国のモデルにした」美しい自然の数々

白い砂浜、島を囲むサンゴ礁、エメラルドグリーンの透き通った海…。その美しさは、『トム・ソーヤーの冒険』の著者マーク・トゥエインが「神はモーリシャスを最初に創り、そして、モーリシャスを真似て天国を創った」と評したほど。海外セレブが訪れる高級リゾート地でもある。

イル・オ・セルフ
モーリシャス島の東海岸にある無人島。ビーチの水面は浅く、陽の光が差すと白浜と合わさり、クリスタルブルーに輝く。干潮時は隣のイル・ド・レスト島まで歩いて行くことができる。

七色の大地
南方シャマレルにある溶岩が造り出した大地。火山から出る鉱物と大気が接触することにより、七色のグラデーションに染まる。

重油流出で脅かされる生態系と暮らし
2020年7月、日本の海運会社が所有する貨物船がモーリシャス南東部沿岸で座礁した。この事故により約1,000tの重油が流出し、周囲のサンゴやマングローブを汚染。海洋生態系と人々の生活への影響は数十年続くともいわれている。

Photo by Enrico ottonello

海の滝
モーリシャス南西部の海を上空から見下ろすと、海の中に巨大な滝が出現する。実はこれは錯視で、波によって浸食されたサンゴ礁と砂状の沈殿物の流れにより滝に見えるというわけだ。海の透明度が高いモーリシャスならではの絶景である。

モーリシャスの 場所

カゼラネイチャーパーク
モーリシャスの西海岸にある自然公園。人に慣れたライオンと散歩し、触れ合うことができる。セグウェイに乗って放し飼いの動物を観察することができるサファリエリアや、ジップラインなどのアトラクションもある。

アフリカ

東アフリカ

国会議員の6割以上が女性、経済発展著しい「アフリカの奇跡」と呼ばれる国

ルワンダ共和国 Republic of Rwanda

面積	約2.6万km²
人口	約1263万人（2019年）
通貨	ルワンダ・フラン（RWF）
言語	ルワンダ語・英語・フランス語（公用語）／スワヒリ語
宗教	カトリック／プロテスタントなど
民族	フツ人／ツチ人など

国土 アフリカ大陸の中央部に位置する内陸国。面積は北海道の約3分の1。「千の丘の国」と呼ばれ、なだらかな丘と谷が広がる。熱帯気候に属するが標高が高いため、過ごしやすい気候。

経済 農業、林業、漁業といった第1次産業がGDPの約25%を占める。主要産品はコーヒーや茶などで、高品質化による国際競争力強化を図る政策を推進している。世界銀行の「投資環境ランキング2020」ではアフリカ第2位。高い経済成長を誇り、「アフリカの奇跡」と呼ばれる。

歴史 19世紀後半から20世紀前半にかけてドイツ保護領やベルギーの信託統治領となるも、1962年に独立。独立後はフツ人とツチ人の抗争が激化し、内戦が勃発する。1994年にはツチ人のカガメ副大統領による新政権が成立。

文化 ルワンダは、国会議員に占める女性の割合が6割以上と世界一。さらに、女性閣僚の割合は5割以上と、女性の社会進出が進んでいる。

ルワンダの再生・発展の象徴「キガリ・コンベンションセンター」

2016年に完成した地域最大規模のイベント会場「キガリ・コンベンションセンター」は、ルワンダを形容する「アフリカの奇跡」の象徴。世界有数のアフリカ農業に関するフォーラム「アフリカ緑の革命サミット」や、アフリカ最大級のICTイベント「トランスフォーム・アフリカ・サミット」など、大規模な会議、イベントを多数開催している。

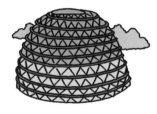

◀「キガリ・コンベンションセンター」の丸いドーム型の屋根は、ルワンダの国旗や来賓国の国旗のカラーにライトアップされる。

ルワンダには、毎月の奉仕活動が義務づけられている!?

ルワンダでは毎月、最終土曜日の午前中は「ウムガンダ」と呼ばれる、社会奉仕活動の時間となっている。ルワンダ人のうち18歳以上65歳未満の健常者は参加が義務づけられており、地域の清掃や植林、草刈り、住宅建設などを行う。ウムガンダには経済効果のほか、地域住民の結束を強める効果もある。

ルワンダの 食　バナナ・ビール

醸造用バナナと水、ソルガムを原料とする伝統的なビール。お酒としてはルワンダで最も親しまれており、原料のバナナは国内の広い地域で栽培されている。

マウンテンゴリラの「トラッキングツアー」

「ヴォルカン国立公園」の山麓には、絶滅の危機に瀕しているマウンテンゴリラが生息。「トラッキングツアー」では専属ガイドと一緒に山へ入り、ゴリラの群れを間近で観察できる。

◀野生のマウンテンゴリラは、ルワンダ、ウガンダ、コンゴ民主共和国の3か国にまたがるヴォルカン山地でのみ生息しているという。

▶熱帯雨林と5つの火山を領域している「火山国立公園」でも、マウンテンゴリラを観察できる。

Photo by DennisStogsdill

ロードレースの世界大会で活躍する選手も輩出
紅海に面する「アフリカの角」に位置する国

エリトリア国 State of Eritrea

面積	約11.8万k㎡
人口	約550万人（2017年）
通貨	ナクファ（ERN）
言語	ティグリニャ語・アラビア語・英語（公用語）など
宗教	イスラーム（スンナ派など）／エリトリア正教など
民族	ティグリニャ人／ティグレ人など

サウジアラビア
紅海
スーダン
アスマラ
エチオピア
ジブチ
250km

国土 アフリカ北東部にあり、紅海に沿って1,350km以上の長い海岸線をもつ。国土の標高は海抜0m以下から3,018mに及び、「2時間で3つの季節」といわれるように、狭い範囲の中でさまざまな気候が見られる。高原地帯や内陸においては、冬には気温が氷点下近くまで下がる。

経済 地理的に好条件のアッサブ港やマッサワ港をもつが、30年間の独立闘争により国土が荒廃し、飢饉も発生。近年は老朽化した給水、電力などのライフライン整備や、深刻な干ばつ被害による食料安全保障が課題。

歴史 1557年にオスマン帝国領となり、以降、エジプト領やエチオピア領の一部となる。1890年にイタリアの植民地となり、エリトリアという名称が正式付与。1942年にイギリス保護領となる。1952年にエチオピアと連邦を結成するも、1962年にエチオピアに併合。1972年、エリトリア人民解放戦線（EPLF）が結成され、1991年、EPLFがエリトリア臨時政府樹立を宣言。1993年にエチオピアより独立し、国連に加盟した。

文化 首都アスマラが「アフリカのモダニズム都市」として、2017年に世界文化遺産に登録されている。自転車競技が国技といえるほど盛んで、「ツール・ド・エリトリア」などの国際大会も開催される。

▲イタリア植民地時代に建てられたカトリックの「アスマラ大聖堂」。ロマネスク様式の建物は街のランドマーク的存在。

イランイラン精油の世界的な生産地で
生きた化石が住む海に囲まれた火山島の国

コモロ連合 Union of Comoros

面積	約0.2万k㎡
人口	約89万人（2021年）
通貨	コモロ・フラン（KMF）
言語	コモロ語・アラビア語・フランス語（公用語）
宗教	イスラーム（スンナ派など）など
民族	コモロ人など

モロニ
40km
ジンバブエ
モザンビーク
マダガスカル
500km

国土 アコモロ諸島のうちの3島グランドコモロ（ヌジャジジャ）、アンジュアン（ヌズワニ）、モヘリ（ムワリ）からなる。フランス領マヨット島の領有権を主張している。

経済 バニラビーンズ、クローブ、イランイラン精油などの原料を輸出しているが、天然資源が乏しく、世界最貧国の一つといわれている。在外コモロ人からの送金が国内の経済を支えている。

▲「生きた化石」と呼ばれるシーラカンスが周辺の海に生息。古くから、現地では「食えない魚」を意味する「ゴンベッサ」と呼ばれていた。

歴史 17世紀にイスラームの小国家が興る。1841年にマヨット島、1886年にグランドコモロ、アンジュアン、モヘリがフランスの保護領となる。1974年の住民投票でムスリムが多かったグランドコモロ、アンジュアン、モヘリ3島が独立に賛成、キリスト教徒が多かったマヨット島は独立に反対するが、1975年にアブダラ大統領がコモロ共和国として4島まとめての独立を宣言。翌年の住民投票でマヨット島はフランス領に残ることが決まったが、その後クーデターが繰り返される。1978年にコモロ・イスラム連邦共和国、2001年にコモロ連合に国名を変更した。

文化 火山島でサンゴ礁が見える澄んだ海に囲まれているが、観光開発はされておらず、インターネット利用率も低い。

「アッサル湖」の塩は日本でも輸入販売される
重要な貿易中継地点であり、世界一暑い国

ジブチ共和国 Republic of Djibouti

面積	約2.3万km²
人口	約100.2万人（2021年）
通貨	ジブチ・フラン（DJF）
言語	アラビア語・フランス語（公用語）など
宗教	イスラーム（スンナ派など）など
民族	ソマリア系イッサ人／エチオピア系アファール人など

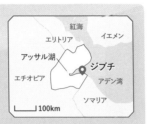

国土 西部、南部はエチオピア、南東部はソマリア各国に接している。沿岸部は紅海とアデン湾に沿って370kmある。砂漠状の平野からなり、東部国境近くには山並みが広がる。ステップ気候で、最高気温は50℃近くなる。

経済 運輸、物流が主要産業となっており、アデン湾とインド洋へのアクセスをもつジブチ港はヨーロッパ、アジア、アラブの重要な中継貿易地点。住民の半数は遊牧民で、土地の生産性が低いことから農業は未発達。中国の支援から港湾や鉄道の大型インフラ事業に着手し、地域内の貿易・商業ハブになることを国家目標に掲げている。

歴史 フランスが1862年にオボック地方をアファール人から、1885年にジブチ市周辺をイッサ人から譲り受け、フランス領ソマリランドとして植民地化。1967年、フランス領アファール・イッサに改名され、アフリカ人民独立連合（LPAI）ののち、1977年にジブチ共和国として独立。イッサ人のグレドが初代大統領に就任した。

文化 植民地支配していたフランスの影響を受けており、フランスパンが売られている。観光業は盛んではない。

▲世界一の塩分濃度の「アッサル湖」は、透き通るほど美しい。お土産として「アッサル湖の塩」が売られている。

2大民族の抗争により
社会・経済状況が悪化している国

ブルンジ共和国 Republic of Burundi

面積	約2.8万km²
人口	約1153万人（2019年）
通貨	ブルンジ・フラン（BIF）
言語	ルンディ語・フランス語（公用語）など
宗教	カトリック／プロテスタントなど
民族	フツ人／ツチ人など

国土 中央アフリカの内陸国。コンゴ民主共和国との国境にはルジジ川が流れ、タンガニーカ湖に注ぐ。同湖に面する首都ブジュンブラには野生のカバが生息する。緯度としては熱帯だが、高山気候で比較的涼しい。雨季は3〜5月と9〜12月の2回。

経済 輸出品は高品質アラビカ種のコーヒー、茶、金など。人口過剰のため食物自給率が低く、内戦勃発後は諸外国の食糧援助に頼っている。2006年に貧困削減戦略文書完全版、2012年に第2次貧困削減戦略を策定。

歴史 1962年、ベルギーよりブルンジ王国として独立以来、多数派のフツ族と少数派のツチ族との間で権力抗争が繰り広げられてきた。数万規模の虐殺や大統領暗殺事件が発生し、1993年から13年あまり続いた内戦では30万人以上が死亡したとされる。近隣諸国の仲介もあり、2009年に和平プロセスが完了するも、人権・治安状況の悪化が続いている。

文化 大小の太鼓を打ち鳴らしながら踊る伝統的な儀式「カリエンダ」は、2014年に世界無形文化遺産に登録された。音楽にのせて、土地の歴史や、創造神イマナの旅などの民話や寓話が語られる。

▲ブルンジの人々にとって、太鼓は重要なアイテムで、王立太鼓隊もある。

『星の王子さま』に登場する巨木「バオバブ」がある
断絶された環境が独自の生態系を育む島国

マダガスカル共和国 Republic of Madagascar

面積	約58.7万㎢
人口	約2843万人（2021年）
通貨	マダガスカル・アリアリ（MGA）
言語	マダガスカル語・フランス語（公用語）
宗教	伝統信仰／キリスト教など
民族	マレー・ポリネシア系マダガスカル人など

国土 アフリカ大陸の南東海岸より約400km沖合に浮かぶ島国。島としては世界で4番めに大きく、面積は日本の約1.6倍に上る。地域によって気候は異なり、首都アンタナナリボのある中央部は標高1,400mほどの高原に位置し、年間を通じて涼しく快適な気候。マダガスカルはジュラ紀後期にアフリカ大陸から分離し、外部環境から隔絶されたため、動植物の約7〜8割が固有種という独自の生態系が保存されている。

▲別名「さかさまの木」と呼ばれる巨木「バオバブ」。バオバブが林立する「バオバブ街道」は観光スポットとして有名。

経済 主要産業は農林水産業や観光業など。労働人口の約8割が農業に従事し、そのうちの8割以上が米を生産している。バニラの生産量は世界一（2020年）で、日本が輸入するバニラの約9割がマダガスカル産。

歴史 約2000年前に東南アジアの島から移住してきた人々が先住民だといわれている。18世紀末から19世紀初頭にメリナ王国が支配。1896年にフランスの植民地となるも、1960年に共和国として独立。

文化 古くから東南アジアを含む多様な地域より、文化的な影響を受けてきた。食文化については、1人あたり米消費量が日本人の約2倍と、米食文化が根づいている。日本では童謡でおなじみの「アイアイ」というサルが生息するが、現地では不吉の象徴として見られることが多い。

「Warm Heart of Africa（アフリカのあたたかい心）」という愛称で呼ばれる国

マラウイ共和国 Republic of Malawi

面積	約11.8万㎢
人口	約1965万人（2021年）
通貨	マラウイ・クワチャ（MWK）
言語	チェワ語・英語（公用語）／各民族語
宗教	キリスト教／イスラームなど
民族	バンツー系（チェワ／ロムウェ／ヤオ／ンゴニなど）

国土 マラウイ湖の西岸から南岸にかけて位置する内陸国で、北部はタンザニアとルワンダ、南東部はモザンビークに接している。国土の5分の1を占め、生息する魚類の種数が世界一を誇るマラウイ湖は、その南端部が国立公園に指定され、世界遺産にも登録されている。

経済 労働人口の約80％が農業に従事している。主要輸出品は葉たばこ、紅茶、砂糖など。古くからコーヒー栽培が盛んなことでも知られている。

歴史 16〜19世紀にかけて、この地域はバンツー系民族により建てられたマラビ帝国の一部だった。1891年にイギリス保護領となり、1953年には南ローデシア（現ジンバブエ）、北ローデシア（現ザンビア）とともにローデシア＝ニャサランド連邦を結成。1964年、マラウイとして独立した。独立後は一度も内戦を経験しておらず、「Warm Heart of Africa（アフリカのあたたかい心）」と称されている。

▲メイズ（とうもろこし）の粉をお湯で溶いて練った「シマ」と、マラウイ湖の固有種である白身魚「チャンボ」の唐揚げが定番料理。

文化 マラウイでは伝統舞踊が盛んで、チェワ人の「グレワムクル」という仮面舞踊と、ロムウェ人の聖なる舞踊「チョパ」は、ともに無形文化遺産に登録されている。国内で最も人気のあるスポーツはサッカー。

2023年現在、国連が加盟承認した中で
いちばん新しい多数の民族からなる国

南スーダン共和国 The Republic of South Sudan

面積	約64万㎢
人口	約1106万人（2019年）
通貨	南スーダン・ポンド（SSP）
言語	英語（公用語）／アラビア語など
宗教	キリスト教など
民族	ディンカ人／ヌエル人／シルク人／ザンデ人／バリ人など

国土 旧スーダンの南部10州からなる、アフリカ大陸の中央部にある内陸国。1～3月が乾季、5～10月が雨季となる。平均年間降水量は1,000mm程度。12～1月は20℃以下になることもある。

経済 経済は石油に依存しており、スーダンの紅海沿岸の積出港から輸出されている。原油価格の低迷と不安定な治安により、財政状況は深刻。外貨準備はほとんど枯渇し、インフレが常態化している。

歴史 1877年にイギリスが南部スーダンを占領し、1899年よりイギリスとエジプトによる共同統治に。1955年に南部スーダンの独立や自治を求めて反乱が発生し、第一次スーダン内戦が勃発。1956年に南部を含むスーダンがイギリスから独立。1983年に南部でディンカ人の主導するスーダン人民解放軍のゲリラ活動が活発化し、第二次スーダン内戦が起こる。2011年1月に南部独立のための住民投票が実施され、同7月、南スーダン共和国として独立。

文化 数十の民族が暮らす多民族国家。それぞれが異なる文化をもち、独自の言語を話す。一夫多妻制や遊牧の文化をもつ民族も多い。

▲アフリカで最も身長の高い民族といわれる「ディンカ人」。男性であれば、2mを超えることは珍しくないという。

陸地はなく、氷に覆われた極寒の海
気候変動の影響も懸念される北の極地

北極 The North Pole

地球の地軸と地表が交わる極点のうち北側にある「北極点」。この周囲には陸地は存在せず、氷に覆われた北極海が広がっている。北緯66度33分以北に位置し、白夜・極夜が見られる地域を「北極圏」と呼ぶ。

北極はどこの国のもの？

北極には土地がないため、ここを領有する国も存在しない。北緯66度33分以北の北極圏にはアメリカ、カナダ、ロシア、デンマーク、アイスランド、ノルウェー、スウェーデン、フィンランドの領土があるため、海岸から12海里（約22km）の範囲はそれぞれの国の領海として認められてはいるが、それ以外の北極海中央部分は、国際法上どの国のものでもない「公海」に位置づけられている。ただし近年は、この北極海に眠る地下資源や航路の権利などをめぐって、各国の思惑と主張がぶつかり合っている状態である。

北極と南極、氷はどちらが多い？

北極と南極はともに厚い氷で覆われていることで共通しているが、南極が平均約2,500mもの分厚い氷に覆われているのに対して、北極の氷は最大でも10メートルと薄く、氷の量で比べると南極9に対して北極1ほどと、北極が圧倒的に少ない。また、気候変動の影響で北極海の氷は年々減少しており、2050年には夏場に北極の氷が消失するとの警告も出ている。

▼北極圏の環境に適応したホッキョクグマ。流氷の間を長距離泳いで移動することもある。

Photo by Sepp Friedhuber

アフリカ

東アフリカ

七色の国民が共存する、南アフリカ大陸南端の国

南アフリカ共和国 Republic of South Africa

面積	約122万km²
人口	約5778万人(2018年)
通貨	ランド(ZAR)
言語	英語・アフリカーンス語・バンツー諸語など(11言語が公用語)
宗教	独立派キリスト教／プロテスタントなど
民族	アフリカ系など

国土 アフリカ大陸の最南端に位置する、インド洋と大西洋が交差する要衝。面積は日本の3倍以上あり、高原や砂漠、サバンナ、標高3,000mを超える山脈、平野など多彩な地形をもつ。気候は「太陽の国」と呼ばれるほど晴天が多く、温暖で過ごしやすい。

◀南アフリカ共和国の「政府公認サファリガイド」として日本人女性が活動している。

経済 サハラ以南のアフリカ地域諸国のGDPの約2割を占め、同地域ではナイジェリアに次ぐ経済大国。金やダイヤモンド、レアメタルなどの天然資源が豊富で、鉱業が経済の柱の一つ。一方、

近年はGDPにおける鉱業の割合は減少し、金融・保険業が拡大している。

歴史 17世紀半ばよりオランダ領、19世紀前半からはイギリス領となる。1910年に南アフリカ連邦として独立。その後、白人政権が黒人の自由を奪う政策「アパルトヘイト(人種隔離政策)」を実施。1961年にはイギリス連邦から脱退し、共和制に移行する。アパルトヘイト導入より80年が経った1991年、当時のデ・クラーク大統領によりアパルトヘイト関連法の廃止が宣言された。

文化 スポーツではラグビーが盛んで、競技人口は世界最多を誇る。サッカーも人気で、2010年にはアフリカ大陸で初めてFIFAワールドカップが開催された。

南アフリカへの訪問客を増やしたドキュメンタリー

南アフリカの海に生息するタコと映像作家との交流を描く「オクトパスの神秘: 海の賢者は語る」は、2021年アカデミー賞長編ドキュメンタリー映画賞を受賞。同作品の公開をきっかけに、南アフリカへの訪問客が増加したとも。

人物 イーロン・マスクは南アフリカ出身の実業家。電気自動車などの開発・販売を行うテスラ社や宇宙輸送サービスなどを展開するスペースX社、脳に埋め込むデバイスを開発するニューラリンク社など、いくつもの先進的かつ世界的な企業で事業を展開している。スペースX社は

南アフリカの人

シャーリーズ・セロン(1975〜)
南アフリカ出身の女優。2003年公開の映画「モンスター」で主演を務め、アカデミー賞主演女優賞を受賞した。多彩な役柄を演じられることから、カメレオン女優と形容されることもある。2008年には国連大使に任命され、HIVの予防および女性に対する暴力撤廃に注力した活動を行っている。

2021年9月、世界で初めて民間人だけの有人宇宙飛行を成功させたことでも有名。2022年10月には、ソーシャルメディア大手のツイッター社を買収した。

日本との関係 日本との公的な交流は、1910年に日本政府がジュリアス・オットー・ジェッペを日本国名誉領事に任命したことに始まる。経済面では268社の日系企業が進出しており、トヨタ、日産、いすゞの日系自動車メーカー3社の生産拠点がある(2020年)。

▶南半球の春にあたる10月には、首都「プレトリア」では街路樹に植えられた約7万本のジャカランダが紫色の花を咲かせる。そのため、プレトリアは「ジャカランダシティ」という愛称でも呼ばれている。

アパルトヘイトを終結させた 南アフリカの英雄「ネルソン・マンデラ」

若くから反アパルトヘイト闘争に身を投じ、1964年に終身刑の判決を受けた「ネルソン・マンデラ」。マンデラはその後、27年間の獄中生活を経て釈放され、1994年に南アフリカ初の黒人の大統領に就任する。就任前年の1993年には当時のデ・クラーク大統領とともにアパルトヘイトを平和的に終結させた功績により、ノーベル平和賞を受賞した。南アフリカの紙幣にはマンデラの肖像が描かれている。

▲「ネルソン・マンデラ」は1990年、釈放された8か月後に日本政府の招待で来日。歓迎集会コンサートに出席し、スピーチを行った。

「七色の国民」が楽しむ 多様性に満ちた料理たち

アパルトヘイトを乗り越え、アフリカ系、ヨーロッパ系、カラード(混血)、アジア系が共存する南アフリカの人々は、敬意をもって「七色の国民」と呼ばれている。そんな南アフリカは食文化も多様性に富む。国民食の「ボボティ」はヨーロッパのミートパイと東南アジアの香辛料が組み合わされて作られた、多民族国家・南アフリカを象徴する料理。南アフリカ名物の香辛料が効いた渦巻き状のソーセージ「ブルボス」はオランダ系移民が持ち込んだもの。

▲「ボボティ」は、マレー系の労働者によって作られたといわれる代表的なケープマレー料理の一つ。

▶南アフリカでは、休日に南アフリカ版バーベキュー「ブライ」を楽しむ。基本的にブライでは、野菜は焼かずに肉だけを食べる。

南アフリカの公用語の数は11と世界最多。国民同士のコミュニケーションには、基本的に英語が使われている。

人類の歩みを学べる 「人類化石遺跡群」

ヨハネスブルグ郊外のスタークフォンテーン周辺に点在する世界遺産の一つ「人類化石遺跡群」。スタークフォンテーン洞窟を含む同遺跡群では、350万年以上前の人類の起源や歴史、生活様式などを探る手がかりとなる化石が多数発見された。人類初期の祖先の一種「アウストラロピテクス・アフリカヌス」の頭蓋骨が発見されたことでも有名。その頭蓋骨は「ミセスプレス」という愛称で知られている。

◀スタークフォンテーン洞窟の近くにある「マロペン・ビジターセンター」では、人骨や化石など、人類の歴史を学べるさまざまな展示がなされている。

南アフリカの 場所

喜望峰

南アフリカ第2の都市ケープタウン南西部に位置する、アフリカ大陸南端の岬。500年以上前、インドとの貿易ルートを探っていたポルトガルの航海者バルトロメウ・ディアスが到達。その後、ディアスの功績もあり、ヴァスコ・ダ・ガマがポルトガル〜インド間の航海ルートを開拓する。ちなみに、アフリカ大陸の最南端は喜望峰ではなく、喜望峰の約150km南東に位置するアガラス岬。

Photo by kavram

CAPE OF GOOD HOPE
THE MOST SOUTH-WESTERN POINT OF THE AFRICAN CONTINENT
18° 28′ 26″ EAST
34° 21′ 25″ SOUTH
KAAP DIE GOEIE HOOP
DIE MEES SUIDWESTELIKE PUNT VAN DIE VASTELAND VAN AFRIKA

アフリカ

南部アフリカ

天然資源をバックに近代化を進めるアフリカ南西部の国

アンゴラ共和国 Republic of Angola

面積	約124.7万㎢
人口	約3080万人 (2019年)
通貨	クワンザ (AOA)
言語	ポルトガル語 (公用語) など
宗教	カトリック／独立派キリスト教／プロテスタントなど
民族	オヴィンブンドゥ人／キンブンドゥ人／コンゴ人など

国土 国土の大部分は海抜1,000m以上の高地。北部は熱帯気候で、南部は温帯気候。沿岸部の気温はベンゲラ海流の影響で比較的穏やか。海岸部や南部のナミビアとの国境付近は乾燥気候。

経済 アフリカ第2位の産油国で、原油は基幹産業。現在は石油依存経済からの脱却をめざし、農林水産業、製造業の振興を進めている。

歴史 6世紀、バンツー人がアンゴラに住み着き、13世紀まで集落を営む。1483年にポルトガル人が到達。16世紀中頃、ポルトガルが海岸地方を支配し、1951年にポルトガル海外州となる。1975年に独立。

文化 約400年間にわたってポルトガルの支配を受けた影響で、国民の大半がカトリック教徒。19世紀半ばにアンゴラ文学が登場し、1935年にはアンゴラ人作家による小説『死したる女の秘密』が刊行され、人気となった。

落差約100m、幅約400m！アフリカ第2位の「カンドゥーラの滝」

首都ルアンダの北東に位置する「カンドゥーラの滝」は、観光地化されておらず、柵も何もないところから105mという落差で水が落ちる様子を見ることができる。「ビクトリアの滝」に次ぐアフリカ第2位の滝。

◀「カンドゥーラの滝」はアンゴラの雨季である1～4月が水量も多く、迫力満点だとか。

アンゴラの コト　バスケットボール

アンゴラはアフリカバスケの「雄」であり、バスケットボール大国。男子バスケットボールアフリカ選手権では優勝11回に輝いている。恵まれた体格と身体能力が活きるバスケットボールという競技は、アンゴラ人に向いているという。

▶国際試合で頭突き事件を起こし有名になったアンゴラ代表の「レオネル・パウロ選手」。

アフリカ南部でも特に古い街発展を続ける首都「ルアンダ」

アンゴラは長年、ポルトガルの植民地支配を受け、1975年に独立するが、その後も内戦が続き、平和が訪れたのは2002年のこと。貧しい国だったが、近年はダイヤモンドと石油、鉱石類の輸出で急速に経済発展を遂げている。首都「ルアンダ」には多くの観光客が訪れる。

◀約400万人もの人々が暮らす「ルアンダ」。近代的な建物が立ち並ぶが、低層街もまだまだ残る。

▶植民地時代のルアンダは奴隷の輸出港として重要視され、その供給ルートを巡って各国の争いが起こった。ルアンダ郊外に建つ「国立奴隷博物館」にはその歴史が詰まっている。

緑豊かな植生に恵まれている
砂漠地帯が多いアフリカ諸国の中でも、アンゴラは豊かな植生地域に恵まれている。そのため、オウムやゴリラ、チンパンジー、ゾウなど、多くの野生動物を見ることができる。

アンゴラ　ザンビア
ナミブ砂漠　ジンバブエ
●ウィントフック
大西洋　ボツワナ
南アフリカ共和国
500km

「何もない」という意味をもつナミブ砂漠を国名の由来とする、世界で最も人口密度が低い国

ナミビア共和国 Republic of Namibia

面積	約82.4万㎢
人口	約254万人（2020年）
通貨	ナミビア・ドル（NAD）
言語	英語（公用語）／アフリカーンス語／ドイツ語など
宗教	プロテスタント／カトリックなど
民族	オバンボ人／混血など

国土 アフリカ南西部に位置する国。西側は大西洋に面している。亜熱帯気候に属しており、面積は日本の約2倍。

経済 ダイヤモンド、銅、金、亜鉛、ウランなどの鉱物資源に恵まれ、鉱業が漁業や牧畜と並ぶ主要産業となっている。近年は貿易・投資の拡大（資源開発・エネルギー分野）も見込まれている。

歴史 14世紀頃、バンツー系の民族集団が支配。16〜17世紀にヘレロ人、ダマラ人などが定住を始める。1884年に南西アフリカとしてドイツの保護領になるが、1914年、南アフリカ軍が侵攻し、ドイツ軍は降伏。その後、南アフリカによる国際連盟の委任統治領などを経て、1990年に独立。

文化 ドイツの保護領だったことからソーセージ類が充実しているほか、ビールの消費量が多い国としても知られている。ちなみにビールは水より安く手に入れられる。

生きた化石と呼ばれる「ナミビアの国花」

「ウェルウィッチア」はナミブ砂漠に分布する裸子植物で、日本名を「奇想天外」という。その名前のとおり、生涯たった2枚しか葉をつけず、それを延々と伸ばし続けるという生態の特徴をもつ（葉の先が徐々に枯れ、縦に裂けていく）。成長はゆっくりだが、1000年以上生きるとされている。生存・不屈の精神を表すとして、ナミビアの国花に定められているほか、国章（右）にも使われている。

ナミビアの漁場が日本の「おせち料理」を支えている!?
ナミビア沖は世界有数の漁場としても有名で、中でもロックロブスター（ナミビア産伊勢エビ）はそのほとんどが日本に輸入され、おせち料理や祝い膳に使用されている。

ナミビアの 人　ヒンバ

ナミビア北部に暮らす「世界で最も美しい民族」として知られる人々。牛や山羊を放牧して生活している。水が貴重なため、体を洗う習慣がなく、代わりにオカという牛脂と赤土からできたクリームを塗って身体を清潔に保っている。

地図を見てビックリ！ナミビアの「不思議な国境線」

地図でナミビアを注意深く見ると、北東部に細長く飛び出した領土があることに気づく。これは「カプリビ回廊」と呼ばれ、かつてナミビアを領有していたドイツがこの領土内を流れるザンベジ川を獲得し、インド洋までの大陸横断路を確保するためにイギリスと領土交換（ドイツはザンジバルの権益を放棄）して手に入れたもの。軍事的重要性が高く、1990年代後半には独立戦争も発生している。

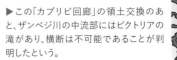

▶この「カプリビ回廊」の領土交換のあと、ザンベジ川の中流部にはビクトリアの滝があり、横断は不可能であることが判明したという。

▶ナミビアの国名の由来にもなっている「ナミブ砂漠」。中でも最奥部のソーサスフレイは、アプリコット色の赤い砂が有名だ。日本ではNHK「紅白歌合戦」でMISIAが熱唱した砂漠として記憶に新しい。

ひろつも/PIXTA（ピクスタ）

アフリカ

南部アフリカ

現代人の祖先が誕生した人類のゆりかご

ボツワナ共和国 Republic of Botswana

面積	約56.7万㎢
人口	約240万人(2021年)
通貨	プラ(BWP)
言語	ツワナ語(国語)／英語(公用語)など
宗教	キリスト教／伝統信仰など
民族	ツワナ人／カランガ人など

国土 アフリカ南部の内陸国。南アフリカ、ジンバブエ、ナミビアに隣接。国土の大部分がカラハリ砂漠。北部には湿地が存在する。大半は乾燥気候だが、南部や西部の一部は砂漠気候。

経済 ダイヤモンド産出量は世界第2位(2021年)で、GDPの約2割を誇る。そのほか、銅やニッケルなどの鉱産物、牛肉などを輸出。長期経済開発で製造業や観光など産業の多角化をめざす。

歴史 17世紀頃、ツワナ人が移住。先住民族のサン人はカラハリ砂漠へ移動した。1885年にイギリス保護領となる。1891年、駐南アフリカ英高等弁務官の管轄となり、1966年、共和国として独立。

文化 先住民から受け継ぐ豊かな文化があるが、イギリス植民地時代の影響も残る。人口の80%を占めるツワナ人のほか、ヨーロッパ系やインド系の子孫も住む。サッカーが人気で、1966年にプロサッカーリーグが創設された。

世界最古の民族「ブッシュマン」といわれたサン人

アフリカ南部で獲物を求めてカラハリ砂漠を移動しながら、定住しない生活を続けてきたのが、世界最古の民族といわれる「サン人」。総人口は6万人ほどといわれ、ボツワナに多く住み、ナミビア、南アフリカ共和国にも住んでいる。「ブッシュマン」とはオランダ人が名つけた蔑称で、「藪の民」という意味。

◀2019年、現生人類の祖先が誕生した地がボツワナ北部と、研究論文で発表された。人類の祖先をたどる研究は現在も続いている。

Aino Tuominen on Pixabay

ボツワナの 食 セスワ

牛肉と塩だけで作られる、ボツワナを代表する肉料理。基本的に男性が準備し、大鍋に入れた牛肉を木製の大きい棒で叩きながら長時間煮込む。とうもろこしの粉を炊いた「パパ」という主食と一緒に食べるのが一般的。冠婚葬祭ではいつでも出てくるそうで、屋台でも売られている。

「砂漠のルーブル」と呼ばれる世界遺産「ツォディロ・ヒルズ」

北西部に位置する岩山「ツォディロ・ヒルズ」には、サン人が描いたとされる岩壁絵が4,500点以上あり、世界遺産に登録されている。描かれる岩壁絵は「砂漠のルーブル」と呼ばれるほど美しく、観光名所として世界中から注目されている。

◀「ツォディロ・ヒルズ」には、メイル・ヒル(男山)、フィーメイル・ヒル(女山)、チャイルド・ヒル(子供山)、ノース・ヒル(北山)と名づけられた4つの丘陵がある。

▶紀元前4000年頃に描かれたという「ツォディロ・ヒルズ」の岩壁絵。岩一つひとつに密集して描かれているのが特徴。

Peter Holmes on Pixabay

見るだけで終わらないトレイルツアーも!

「ツォディロ・ヒルズ」では岩絵を見て楽しめるほか、山に登るトレイルツアーも用意されている。最も人気があるのは「ライノ・トレイル」。途中、サン族が住んでいたとされる2階構造の洞窟に入ることができる。

国王が独断で国名を変更した
圧倒的な権力の絶対君主国家

エスワティニ王国 Kingdom of Eswatini

面積	約1.7万㎢
人口	約117万人(2021年)
通貨	リランゲニ(SZL)
言語	英語・スワティ語(公用語)
宗教	プロテスタント／伝統信仰／カトリックなど
民族	スワティ人など

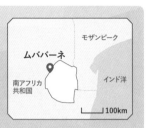

モザンビーク
ムババーネ
南アフリカ共和国
インド洋
100km

国土 国土の三方を南アフリカ共和国、東をモザンビークに接する内陸国。北西部は森林に覆われ、東部には山野、内陸部には渓谷と高原が広がる。国土の大部分は温帯気候だが、6・7月はところにより霜が降りる。

経済 農林業が盛んであったが、1990年代後半より断続的に発生した干ばつの影響で、農産物の生産量が低下。近年は飲料産業が進展している。アメリカのアフリカ成長機会法の恩恵を受けアパレル産業が成長したが、2015年1月に適用外となった。主要貿易国は輸出・輸入ともに南アフリカ。

歴史 1902年にイギリスの保護領となる。1968年に独立。当時の国名はスワジランド王国。1973年に国王ソブーザ2世が憲法を停止し、司法・立法・行政の全権を握る。1982年に国王が死去し、1986年、実子のマホセテイベ王子が国王ムスワティ3世として即位。2018年の独立50周年記念祭典にて、国名をエスワティニ王国という現地語に変更することを宣言。

▲「アフリカ最後の絶対君主」ともいわれている「ムスワティ3世」。

文化 一夫多妻が認められている。「リード・ダンス」という祭典では、国王が未婚女性の中から妻を選ぶ。成人のHIV感染者・エイズ患者の割合は約27％と世界で最も高い(2018年)。主食はとうもろこし由来の練り物「パップ」や大豆。ヨーロッパから伝わった前菜風サラダ「スラーイ」も好まれる。

通貨単位「ロチ」はソト語で「山」の意味
「天空の王国」と呼ばれる内陸国

レソト王国 Kingdom of Lesotho

面積	約3.0万㎢
人口	約216万人(2021年)
通貨	ロチ(LSL)
言語	ソト語・英語(公用語)
宗教	カトリック／プロテスタントなど
民族	ソト人／ズールー人など

南アフリカ共和国
マセル
エスワティニ
250km

国土 南アフリカに四方を囲まれた内陸国。面積は四国の1.6倍ほど。国土の全域が標高1,400m以上の山岳地帯であり、「天空の王国」とも呼ばれている。標高3,482mを誇るタバントレニャナ山はアフリカ大陸南部の最高峰。気候は一年のうち300日以上が晴れ。比較的温暖な気候ではあるが、山岳部では降雪もある。

経済 国連総会で認定された後発開発途上国の一つ。主要産業は農業や繊維産業、建設業。就業人口の約7～8割が農業に従事しているが、食料自給率は20%程度。さらに干ばつなどの影響により慢性的な食糧不足に。南部アフリカ関税同盟に加盟しており、その収入が国家収入の約4割を占める。

歴史 紀元前1000年頃から16世紀にかけて、狩猟民族サン人が居住。16世紀頃、北方よりソト人が南下し、サン人を追いやる。1822年にソト人のモショエショエ1世が初代国王となり、全土を統治。その後、イギリスによる統治を経て、1966年に独立。

文化 レソトの伝統的な衣装は、「コーボ」と呼ばれるブランケットを体に巻きつけるように羽織り、円錐形の帽子「バソトハット」を被るというもの。バソトハットは国旗にも描かれている。

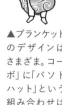
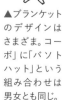

▲ブランケットのデザインはさまざま。「コーボ」に「バソトハット」という組み合わせは男女とも同じ。

オセアニア

Oceania

「オセアニア」という地域名が「オーシャン（大洋）」という言葉からできたとおり、エリアの大部分を海が占める。六大州の中で最小の州であるが、多様な民族と豊富な文化をもつ。

● オーストラリア

オセアニア地域における陸地総面積の約86%を占める。広大な大陸には、手つかずの自然と希少な野生動植物種が数多く生息している。

● ニュージーランド

2つの主要な島（北島・南島）と周辺の島々から構成され、環太平洋造山帯の一部に属す。ポリネシアに含む場合もある。

● ポリネシア

「多くの島々」という意味をもつ地域。ニュージーランド、ハワイ諸島、イースター島を結んだ三角形内にある諸島の総称。

● ミクロネシア

「小さい島々」という意味をもつ地域。主に火山島と珊瑚礁に分けられ、カロリン諸島など4つの主要な群島で構成される。

● メラネシア

「黒い島々」という意味をもつ地域。住民の肌の色に由来する。環太平洋造山帯に位置するため、火山島の大きな島が多い。

周囲が海のオセアニア島嶼に、人々はどうやって移住してきた？

明確にはわかっていない。オセアニア地域で出土する「ラピタ」と呼ばれる土器は約4000年の経過を証明しているが、それ以上さかのぼる手がかりはない。ユーラシア大陸、または南アメリカ大陸からの2つの経路が有力とされている。いずれも文化的な痕跡がそれぞれ残っているため、移住してきた人々の起源については今も多くの人類学者が研究を行っている。

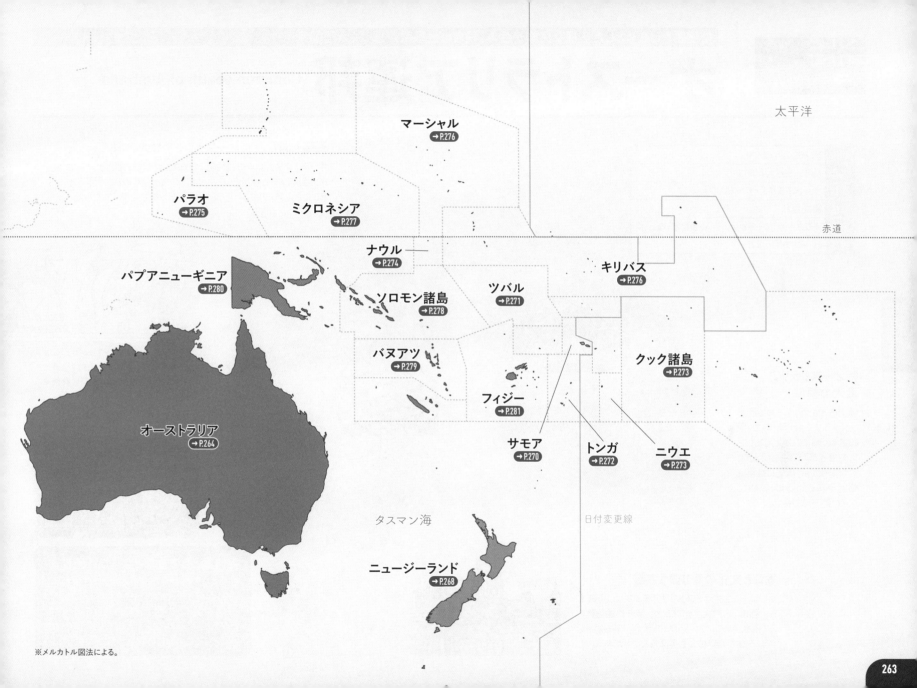

太平洋

マーシャル
→ P.276

パラオ
→ P.275

ミクロネシア
→ P.277

赤道

ナウル
→ P.274

キリバス
→ P.276

パプアニューギニア
→ P.280

ソロモン諸島
→ P.278

ツバル
→ P.271

バヌアツ
→ P.279

クック諸島
→ P.273

オーストラリア
→ P.264

フィジー
→ P.281

サモア
→ P.270

トンガ
→ P.272

ニウエ
→ P.273

タスマン海

日付変更線

ニュージーランド
→ P.268

※メルカトル図法による。

263

先住民をはじめとした多様な民族が住み、独自の生態系が息づく大陸国家

オーストラリア連邦 Commonwealth of Australia

面積	約769.2万km²
人口	約2575万人（2021年）
通貨	オーストラリア・ドル（AUD）
言語	英語など
宗教	キリスト教（カトリック／聖公会など）など
民族	ヨーロッパ系など

五輪も開かれたオーストラリア最大の都市

オーストラリア全人口の約5分の1以上が住む、同国最大の都市。経済の中心地であり、オペラハウスをはじめとした観光地としても人気。2000年の夏季オリンピック開催地にもなった。

1973年に開館した同国を象徴する近代建築物「オペラハウス」。その独創的な外観から世界遺産に登録されている。

西オーストラリア最大の都市

国土の3分の1を占める西オーストラリア州の州都で、同国第4の都市。スワン川沿いに高層ビルが建ち並ぶ近代的な街ながら、周辺には自然公園や美しい海岸、動物園などの観光地も多い。

ダーウィン

ケアンズ

コアラの主食としても知られる「ユーカリ」。葉には毒が含まれるが、コアラの肝臓はその毒を解毒する。

赤身肉が特徴の「オージービーフ」は、日本の食卓でもおなじみの存在。

ブリスベン

パース

シドニー

キャンベラ

アデレード

メルボルン

ホバート

500km
N

教育と文化の香り漂う古都

シドニーに次ぎオーストラリア第2の人口を擁する大都市。名門大学が置かれ、歴史的建造物も多く残る。「エコノミスト」誌の「世界で最も暮らしやすい都市」第1位にも選ばれたことがある。

妥協案として首都となった計画都市

首都として設計され、建設された計画都市。1901年のオーストラリア独立に際して、シドニーとメルボルンの間で首都の誘致を巡って争いが起こり、その妥協案として両都市の中間地点となるこの地に首都を置くことになった。

国土 オーストラリア大陸およびタスマニア島ほかの島々からなる。東部に走るグレートディバイディング山脈のほかは、国土の大半が低地と平地で、中部と西部には砂漠が広がる。内陸部を中心に国土の7割ほどが乾燥気候で、北部は熱帯気候、東南部は温帯気候。

国土は広大だが、自然環境は過酷!?

日本の約20倍もの国土をもつオーストラリアだが、人口はおよそ5分の1。その理由は自然環境の厳しさにある。オーストラリアの国土の多くは砂漠などの乾燥地帯で、人が生活するのは困難。そのため、温暖な沿岸部などに人口が集中している。

経済 鉄鉱石や石炭、天然ガスなどの地下資源に恵まれ、これら鉱産資源や牛肉などの農畜産物の輸出が盛ん。一方で自動車や石油製品、通信機器などの輸入が多い。観光業や金融業も盛んで、経済大国の一つに数えられる。

歴史 アボリジナル・ピープルといった先住民が住む地に、18世紀後半よりイギリス人が入植。1827年にイギリスの植民地となる。1851年からはゴールドラッシュに沸き、欧米以外からの移民も増加。1901年にオーストラリア連邦として独立した。

文化 かつてイギリスの植民地であったことから、言語や生活様式、食文化、スポーツなどにその影響が強く残る。一方で人口の数%にまで減少した先住民の文化を積極的に保護しようとする動きも進んでいる。

人物 国際的なオペラ歌手ネリー・メルバや、先住民の社会運動家エディ・マボ、クリケットの名選手ドナルド・ブラッドマンなどが有名。近年ではオリンピックで5つの金メダルを獲得した水泳のイアン・ソープ（右）や、映画界にも人気俳優を多数輩出している。

日本との関係 日本は中国、アメリカに次ぐ第3位（2020年）の貿易相手国。2015年に発効した「日豪経済連携協定（EPA）」ほか、経済的な結びつきは強い。オーストラリアでは約40万人が日本語を学習するなど、日本文化への関心も高い。

オーストラリアの 人

メル・ギブソン（1956〜）

「マッドマックス」「リーサル・ウエポン」シリーズで知られる俳優。オーストラリア出身（出生はアメリカ）。彼のほか、「X-MEN」シリーズのヒュー・ジャックマン、「グラディエーター」のラッセル・クロウ、「アベンジャーズ」シリーズのクリス・ヘムズワース、「めぐりあう時間たち」のニコール・キッドマン、「ブルージャスミン」のケイト・ブランシェットら、多くのオーストラリア出身俳優がハリウッドで活躍している。

▼かつては「エアーズロック」と呼ばれた巨大な一枚岩も、近年は先住民の呼び名である「ウルル」として知られる。神聖な場所であることから、2019年より登頂は禁止されている。

momoko / PIXTA（ピクスタ）

大陸の中で独自の進化！ オーストラリア「5つの固有種」

オーストラリアは古い時代にほかの大陸と分かれて遠く隔たれたため、この地でしか見られない多くの固有種が生息している。哺乳類、爬虫類、両生類、昆虫類、魚類の約80～90％が固有種であるとされ、世界の生物種の約10％が存在するといわれている。

コアラ
ユーカリの葉を食べ、樹上で1日18時間以上寝て過ごす「コアラ」は、その愛らしさで人気。抱っこができる動物園もある。

ウォンバット
丸っこい体で、のそのそと歩く姿が愛らしい有袋類の動物。比較的人なつっこい性格で、ふれあい体験ができる施設もある。

カンガルー
オーストラリアほぼ全域で見られる有袋類の代表的な存在「カンガルー」。人口の約2倍、約5000万頭が生息しているという。小型種は「ワラビー」に分類される。

タスマニアンデビル
世界最大の肉食有袋類で、威嚇する鳴き声や他の動物の死骸を漁る姿から、「悪魔」の名がついた。

カモノハシ
大きなくちばしにカワウソのような体、足についた水かきなど、唯一無二の姿が特徴。哺乳類だが卵を産み、「生きた化石」とも呼ばれる。

オーストラリアの 自然
グレートバリアリーフ
オーストラリアの景勝地のうち、陸の代表がウルル（エアーズロック）だとすれば、海の代表はオーストラリア北東の沿岸部に広がる世界最大のサンゴ礁群。全長約2,300kmのエリアに大小900の島々が点在し、その面積は日本列島とほぼ同じ35万km²に及ぶ。ダイビングで海中の美景を楽しむほか、空からその全景を眺める遊覧飛行も人気。

▼1981年に世界自然遺産に登録されたが、近年はサンゴの死滅が懸念されている。

Photo by Cauan Images

土地とともに生きる オーストラリア先住民の「文化」

オーストラリアの先住民は約5万年前からオーストラリアの土地に住み、今もその伝統的な「文化」を守り続けている。その文化の特徴は「土地との調和」。沿岸に住む人は海と、乾燥地帯に住む人は砂漠と、河川流域に住む人は川と、それぞれ結びつきながら独自の生活習慣を築いてきた。かつては入植者による迫害も受けたが、現在は先住民の社会的権利を尊重し、経済的な支援も行われるようになっている。

◀先住民が遺した壁画には、動物の骨格や内臓が透けて見えるように描かれたものがある（レントゲン画法）。

▶オーストラリアの先住民が食してきた伝統食「ブッシュタッカー」も、健康食として広く注目を集めている。

オーストラリアはなぜ「豪州」？
もともと当て字で「濠太剌利」と書かれていたことが由来。この「濠」の字が常用漢字でなかったために「豪」の字が当てられ、大陸を意味する「州」と合わせて「豪州」となったというのが有力な説。

オセアニア

国内では大人気！少しずつ違う「3つのラグビー」

日本でラグビーといえば、15人制と、その派生形としての7人制のものが知られているが、ラグビー大国オーストラリアでは、15人制を含めた「3つのラグビー」がその人気を競っている。それぞれの特徴は次のとおり。

ラグビー・ユニオン

日本でも一般的な15人制ラグビー。スーパーラグビーという国際プロリーグがあり、かつて日本のチーム「サンウルブズ」も参加していた。

ラグビー・リーグ

15人制ラグビーから、モール、ラックなどの密集要素を除いた13人制ラグビーで、国内では15人制をしのぐ人気。スピーディーな試合展開が特徴。

オーストラリアン・フットボール

1チーム18人制で、楕円形のボールを蹴るか、手で打つかしながら相手ゴールをめざす。オーストラリアではクリケットと並ぶ人気のスポーツ。

排他的な「白豪主義」を捨てて「多文化主義」の国家へと変化

19世紀にイギリスの植民地となったオーストラリアだが、1851年にゴールドラッシュが始まると、一攫千金を夢見た世界各地からの移民者が急増した。このことを脅威に感じた政府が、有色人種の移民を制限する移民制限法を制定。「白豪主義」と呼ばれるヨーロッパ系の人々中心の国づくりを進めていった。しかし、第二次世界大戦後は労働力の減少などを受け、非欧米系の移民も受け入れるようになり、1975年には人種差別禁止法も定められた。異文化を排除する白豪主義から多様な人種が共生する「多文化主義」へと国策の大転換が行われた。

オーストラリアの 食 ミートパイ

オーストラリアの国民食といわれる、パイ生地で牛肉の角切りやひき肉、グレービーソースなどを包んで焼き上げた料理。家庭で作られるほか、専門店も数多く存在する。もともとはイギリスからの入植者が持ち込んだものだが、現在はオーストラリアを象徴するメニューに。先に紹介したオーストラリアン・フットボールの観戦中にミートパイを頬張るのが定番のスタイルなのだとか。

オゾン層破壊の影響!?「強い紫外線」に注意

オーストラリアを訪れる際に注意したいのが「紫外線の強さ」。フロンガスによるオゾン層破壊の影響で、オーストラリア付近のオゾン層が薄くなっていることがその要因。紫外線への耐性が低いヨーロッパ系が多く住む同国では、皮膚がんの発生率も高くなっているという。紫外線の強さは日本の約5〜7倍ともいわれ、天気予報で紫外線指数が提供されている。

▶同国滞在時には、日焼け止めクリームや帽子、サングラス、UVカットの衣服などによる「紫外線対策」が必須だ。

オーストラリアの世界地図は…？

日本で使われている世界地図では、日本列島が中心付近に描かれている。では、オーストラリアの世界地図では同国が上に描かれているのだろうか…？　もちろんそんなことはなく、通常使われる地図は他国と同様、北半球が上。ただし、そのような疑問を逆手にとって、南半球を上に描いた「逆さ世界地図」も、主にお土産用として売られている。

Upside down World Map

古くからの自然や文化を守る南半球の島国

ニュージーランド New Zealand

オセアニア

面積	約27.1万km²
人口	約504万人（2019年）
通貨	ニュージーランド・ドル（NZD）
言語	英語・マオリ語・ニュージーランド手話（公用語）など
宗教	キリスト教（聖公会／カトリックなど）など
民族	ヨーロッパ系／マオリ人など

国土 南太平洋の南西部にある島国。環太平洋造山帯に属し、北島と南島、周辺の島々からなる。北島には火山があり、南島には氷河地形も見られる。気候は南半球であるため、夏が冷涼で、冬は温暖。日本と同様、四季がある。

山々と氷河が織りなす風光「サザンアルプス」

国内最大の島・南島の中央部から西部にかけて走る山脈「サザンアルプス」。最高峰のアオラキ（クック）山（約3,724m）を筆頭に、3,000m級の山々が19も連なる。山頂部には氷河が見られ、壮大かつ美しい景観をつくっている。

経済 輸出の6～7割が乳製品や肉類、木材、果実類、水産品、ワイン、羊毛類といった第1次産品。製造業は小規模かつ国内市場向けのため、機

◀首都ウェリントンは「世界一魅力的な首都」と呼ばれるほど、美しい都市として知られる。人口はオークランド、クライストチャーチに次いで3番め。

械類、自動車類の輸入が多い。主要貿易国は中国とオーストラリア。近年は水素を含む再生可能エネルギー事業や映画製作などにも力を注ぐ。

歴史 1642年、オランダ人探検家タスマンが到達し、1769年にイギリス人探検家クックが探検を行った。1840年に先住民マオリとワイタンギ条約が結ばれ、イギリスの直轄植民地となった。その後、1907年にイギリス自治領、1947年にイギリス連邦の一国として独立。

文化 ラグビーとクリケットが人気スポーツ。ど

◀オールブラックスが国際試合前に披露する民族舞踊「ハカ」。もともとはマオリの戦士たちが戦闘前に自分たちを鼓舞し、相手を威嚇するために行われていたもの。

ニュージーランドの 食 パブロワ

メレンゲを使った伝統的なお菓子。作り方は卵白や砂糖、コーンスターチなどをよく混ぜて作ったメレンゲをオーブンでふんわりと焼く。そこに生クリームとキウイやイチゴなどのフルーツをトッピングしてできあがり。一説には、ロシアの有名なバレリーナのアンナ・パブロワがウェリントンのホテルに泊まった際、シェフが歓迎のために作ったことが由来とされる。お祝いの日などの特別なときに食べるお菓子でもあるが、カフェやレストランのメニューとしても出されている。

ちらもイギリス生まれだが、植民地の頃からマオリ人にも親しまれてきた。特にラグビーは国技とされ、ラグビーワールドカップでは代表チーム（オールブラックス）が何度も優勝している。

人物 エドモンド・ヒラリーは、1953年に世界で初めてエベレスト登頂に成功した登山家・冒険家。北極・南極点にも到達し、世界で初めて地球の三極点への挑戦「スリー・ポール・チャレンジ」を成し遂げた。

日本との関係 全体的に良好な関係。1985年にワーキングホリデー制度が発足された。姉妹都市の提携先は日本がいちばん多い。2022年2月に外交関係樹立70周年を迎えた。

現代にも息づく先住民の誇り「マオリ・カルチャー」

先住民マオリのルーツはポリネシアン系の人々とされ、およそ1000年前にニュージーランドに渡米した。現在は人口の約7割がヨーロッパ系だが、マオリ人も人口の約15%を占める。彼らの多くは北島に住んでおり、中央部の町ロトルアでは実際にマオリ文化を体験することができる。政府がマオリを尊重し、文化を保護してきたことで、先住民と移民が共存・共栄し、今なおマオリ文化が色濃く残っている。

▶伝統的なマオリの挨拶「ホンギ」。互いの鼻を合わせることで、命の息吹を交換するという意味がある。

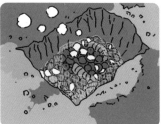

◀「ハンギ」と呼ばれるマオリ伝統の調理法。肉や魚、クマラといういもなどの食材を地面に掘った穴に入れ、地熱を利用して蒸し焼きにする。

世界で初めて公用語に「手話」を導入！
英語、マオリ語に次いで、第三の公用語として2006年から「手話」を採用。マオリの踊りに出てくる手や顔を使った感情表現も取り入れられている。

「地球の箱庭」と呼ばれる絶景の自然遺産

「地球の箱庭」と称されるニュージーランドは自然保護に対する意識が高く、国土の3分の1が自然保護地区となっている。国内5つの国立公園が世界自然遺産に登録されており、そのエリアは国土の約10%も占める。特に有名なのがフィヨルドランド国立公園内にある「ミルフォードサウンド」。長い歳月の中で、氷河の浸食によってできた深い渓谷と入り込んだ海の風景は圧巻。クルーズや遊覧船などで手つかずの大自然を眺めることができる。

Photo by primeimages

▲「ミルフォードサウンド」の海面から垂直にそそり立つ断崖は大迫力の絶景。ファンタジー映画「ホビット」のロケ地としても有名。

◀「ミルフォードサウンド」では、アザラシやオットセイ、イルカ、ペンギンなど、さまざまな野生動物のウォッチングができる。

絶大な信頼！安心安全の「ニュージーランド産食品」

同国の自然保護への高い意識は、「食品の安全性」にもつながっている。家畜が伝染病になることや生態系が乱されることがないよう、海外からの菌や害虫に細心の注意を払っており、検疫検査が他国と比べて厳しい。持ち込みが禁止または制限されている物品があり、何らかのリスクに関わるものはすべて自己申告する必要がある。空港では靴の裏についた土や種を洗い落とす場所なども設置されている。

厳格な検疫検査がパンデミックにも効力を発揮！
新型コロナウイルスの流行当初、ニュージーランドは素早いロックダウンの実行と入国制限等の水際措置で感染者数を抑え込み、世界各国から高い評価を得た。

ニュージーランドの 鳥

キーウイ

ニュージーランドにしか生息していない固有の鳥。羽が完全に退化しているため、飛ぶことはできない。オスの鳴き声が「キーウイ」と聞こえることから、マオリ人によって名づけられた。現在は絶滅危惧種に指定されている。多くの国民から愛され、ニュージーランド人の愛称としても使われている。ちなみに、果物のキウイフルーツは茶色くて見た目が丸く、キーウイに似ていることからその名がつけられた。

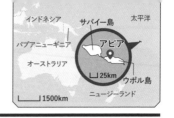

初の女性首相も誕生した、南太平洋の島国

サモア独立国 Independent State of Samoa

面積	約0.3万km²
人口	約19.8万人（2020年）
通貨	サモア・タラ（WST）
言語	サモア語・英語（公用語）
宗教	キリスト教（プロテスタント／カトリックなど）
民族	サモア人など

オセアニア

ポリネシア

国土 サモア諸島の西部にある9つの島で構成される。中でも大きいウポル島とサバイー島が主な島。熱帯気候で年平均気温は27℃前後。一年を通して気温の変化はあまりない。年間の降水量は2,000mm程度と比較的多い。

経済 主要産業は農業と沿岸漁業で、経済規模は小さく、貿易収支は常に赤字で、海外在住サモア人の送金や観光業に頼る状態。主要貿易国は、輸出がアメリカ領サモア、オーストラリアなど、輸入がニュージーランド、中国、アメリカなど。

歴史 18世紀にオランダ人が視認、フランス人が上陸。19世紀は捕鯨船の補給地として栄え、ドイツが西サモア、アメリカが東サモアを領有。西サモアは1919年のニュージーランドによる国連委任統治地域などを経て、サモア独立国に。

文化 ハワイやタヒチなどのポリネシア文化圏に属するが、95%以上がキリスト教徒。

議会制の民主主義国家だが「マタイ制度」という慣習がある

1900年前後に、サモア諸島全域の西をドイツが、東をアメリカが領有。現在、西サモアは独立国となり、東はアメリカ領東サモアとして残っている。サモアは議会制の民主主義国家だが、慣習として「マタイ（各地域の伝統的指導者）制度」が続いており、ほとんどの議員がマタイの称号を有している。

▶2021年に「フィアメ首相」が就任。サモア初となる女性首相が誕生した。

◀『宝島』や『ジキル博士とハイド氏』などの作品で知られるイギリスの小説家スティーブンソンはサモアに移住し、没した。首都アピアには彼の墓のほか、博物館もある。

サモアの 場所 トスア・オーシャントレンチ

サモアの豊かな自然を活用した人気の観光資源。外洋とつながる洞窟に囲まれた天然の海水プールが広がっており、入場料を払って、神秘的なエメラルドグリーンの光景と海水浴を楽しむスポットだ。トスアは「大きい穴」の意。

「日付変更線」の変更により世界一早く朝が来る国に！

親交の深いオーストラリアとニュージーランドとの曜日の違いをなくすため、2011年12月29日に「日付変更線」をサモアの国土が西に位置するように変更。同年は30日がなく、29日の翌日が31日になった。この変更により、サモアはキリバスとともに世界でいちばん朝が早く来る国となった。

▶アメリカ領東サモアは日付変更線を変えていないので、時差が1時間で日にちが1日遅れとなる。

壁のない伝統的住居が今も普通に!?

サモアの伝統的住居「ファレ」は基本的に壁がなく、柱と屋根のみで構成される建造物。高温多湿の気候のもと、風通しをよくする効果や、サイクロンの被害にあって壊れてもすぐに修繕できるなどの利点があるという。

▶ファレには小さな木造のものから、大きいコンクリート造りのものまである。

ツバル Tuvalu

面積	約26㎢
人口	約1.2万人（2020年）
通貨	オーストラリア・ドル（AUD）
言語	ツバル語・英語（公用語）など
宗教	キリスト教（プロテスタントなど）など
民族	ツバル人など

国土 南太平洋に位置する9つの環礁からなる。最高地点でも5.6m（ヴァイツプ島）と海抜が低く、高潮の被害を受けやすい。全土が熱帯気候で、平均気温が30℃前後となる月が多く、高温多湿。

経済 資源に乏しく、国家財政の主な収入源は観光業。後発開発途上国で、農漁業は自給自足で賄う国民も多い。外貨獲得源は、外国漁船の入漁料、出稼ぎ船員からの海外送金など。

歴史 1568年にスペイン人メンダナが初渡来。1892年、ギルバート諸島とともにギルバート＝エリス諸島として英国の保護領となる。1975年にギルバート諸島（現キリバス）と分離し、ツバルと改称。1978年に独立した。

文化 国民の多くがキリスト教徒だが、1960年代までは国民は多神教的な伝統宗教を信仰していた。現在でも、国民生活では地方の首長を中心とする伝統的な共同体のシステムが広範囲に残る。

世界有数のサンゴ礁を抱える「美しく細長い国」

ツバルは海抜が低いため、海と同じ高さで地平線を臨むことができる。その海には面積約280㎢のサンゴ礁が一面に広がっており、世界でも有数のサンゴ礁をもつ地域として知られている。観光客は真っ青な海でウミガメと泳ぐシュノーケリングを楽しむことができる。

◀環礁が連なっている「ツバル」。美しいサンゴは、気候変動などが原因で減少の危機に直面している。

▶ツバルでは、ポリネシア系の民族による祭りも盛ん。式典では「ファーテレ」という伝統的な踊りを行う。

世界で4番めに人口が少ない国
バチカン、ニウエ、ナウルの次に人口が少ないツバル（2022年）。近年は人口も微増し、気候変動に加え、生活排水によるサンゴ礁の汚染も問題になっている。

「切手」の発行が外貨獲得の主な手段になっている!?

ツバルは陸地面積が少なく、漁業を除けば産業がない。そんな中、力を入れているのが「記念切手ビジネス」だ。イギリス王室や、歴代アメリカ大統領などの切手を作り、お土産としても販売。富士山や浮世絵などのデザインもある。

▶ツバルの切手発行は、世界的に有名。「切手センター」には世界中のさまざまな切手が展示されている。

ツバルの 食

ココナッツ料理

ウィリアム皇太子とキャサリン妃が訪問したときに振る舞った、ココナッツを使った料理がツバルでは定番。魚介入りのココナッツスープや、ココナッツツナと呼ばれる魚のココナッツカレーがその代表的な料理で、素朴で簡単レシピがその特徴だ。

パプアニューギニア　太平洋
インドネシア
オーストラリア　ヌクアロファ
トンガタプ島
ニュージーランド

南太平洋に浮かぶ、約170の島々からなる南の王国

トンガ王国

Kingdom of Tonga

面積	約720km²
人口	約10.6万人（2020年）
通貨	パアンガ（TOP）
言語	トンガ語・英語（公用語）
宗教	キリスト教（プロテスタント／カトリックなど）
民族	トンガ人など

国土 4つの諸島と169の島々からなる国で、火山島と珊瑚礁が南太平洋に散らばる。首都はトンガタプ島に位置する。海洋性の熱帯気候で温和な気候。5〜11月にかけて南東貿易風の影響で涼しいが、サイクロンの影響を受けやすい。

経済 主要産業は農業のほか、漁業、観光業など。カボチャ栽培が盛んで、日本や韓国に輸出。海外の出稼ぎ労働者の送金や海外援助にも頼る。主要貿易国はニュージーランド、アメリカなど。

歴史 1616年、オランダの探検隊が北方2島を確認。1845年、キリスト教徒トゥポウ1世がトンガを統一し、1900年にイギリスの保護領となる。1970年に独立し、2010年には絶対君主制から立憲君主制に移行。

文化 肥満率が高い国として知られ、2013年に世界一の肥満国となった。その理由として人に「分け与える」シェア文化が挙げられる。ラグビーが国技で、世界ランキングは最高第4位。

間近で泳げて迫力満載！遭遇率100%の「トンガホエールスイム」

繁殖、子育てのため南極から北上し、トンガ周辺海域にやってくるザトウクジラ。人間を警戒しないため、触ったり、近くで一緒に泳ぐことができる。2004年から始まった「トンガホエールスイム」は、クジラの遭遇率100%を継続している。ババウ島では、シュノーケリングスポット「青の洞窟」も有名。

▶自由気ままに泳ぐ「ザトウクジラ」を目前で見られるとあって、世界中のダイバーに人気のスポット。

トンガ王国の 遺跡

ハアモンガ・ア・マウイ遺跡

首都ヌクアロファから東へ30km、トンガタプ島の海岸にある3つの大きな岩の建造物で、トンガ語で「マウイの重荷」という意味。柱2本の高さは5m、幅4m、上部に横たわるものは6mある。重さは30〜40tほど。1200年頃の古代ポリネシアに建てられたとされるが、その目的やどのようにして運ばれたかは不明。

「1000年に一度」ともされるトンガの「海底火山噴火」

2022年1月、トンガ諸島の海底火山「フンガ・トンガ＝フンガ・ハアパイ」で大規模な噴火が発生し、首都ヌクアロファなどで最大15mの津波が起こった。噴煙は上空1万5,000mに上がったとされ、大きな被害をもたらした。日本語の発音に似ているが、「フンガ」は「噴火」を意味する。

▶「フンガ・トンガ＝フンガ・ハアパイ」は、フンガ・トンガ島とフンガ・ハアパイ島の間に位置していた海底火山で、2009年のトンガ海底火山噴火により海面上に現れ、何度か噴火を繰り返すうちに、2つの島をつないで1つの島になった。

◀火山噴火の被害に遭った人気サーフポイント「ハアタフビーチ」。海の美しさは取り戻したが、リゾートホテルなどは壊滅。復興に向け、現在もユニセフや日本赤十字社が支援を行っている。

深く親交のある親日国、日本とトンガの関係は？

トンガと日本の皇室は深い友好関係にある。何度も日本に訪れるほど大の親日家トゥポウ4世の葬儀には、当時の天皇陛下が駆けつけた。トンガの小学校では、「そろばん」が人気で必修科目。日本語を学ぶ機会もあるそう。相撲も普及しており、トンガから日本の大相撲へ力士6名を送り出した。

国旗の星が15の島々を象徴する
ポリネシアの中心にある一年中快適な国

クック諸島 Cook Islands

面積	約237km²
人口	約1.8万人（2020年）
通貨	ニュージーランド・ドル（NZD）
言語	クック諸島マオリ語・英語（公用語）
宗教	プロテスタント（クック諸島キリスト教会など）／カトリックなど
民族	クック諸島マオリ人など

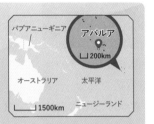

パプアニューギニア
アバルア
200km
オーストラリア　太平洋
1500km　ニュージーランド

国土 赤道を挟んでハワイの反対側にあり、南太平洋にある15の島々で構成される。北と南のグループに分かれ、北は赤道近くの6つの珊瑚礁からなり、南は9つの島のうち5つが火山島。海洋性の熱帯気候で年間を通して快適。11〜3月が雨季となる。

経済 主要産業はコプラや柑橘果実、黒真珠などの生産、漁業など。近年は観光業に力を入れ、GDPの約7割を占める。首都のあるラトランガ島以外は開発が進んでおらず、経済格差が拡大している。主要貿易国は、ニュージーランド、日本、アメリカなど。

歴史 1595年、スペイン人メンダナが南太平洋航海中にクック諸島に到達。1773年、国名の由来でもあるイギリスの探検家クックが諸島に上陸。1888年にイギリスの属領、1901年にニュージーランドの属領となった。1965年、ニュージーランドとの自由連合関係のもと、内政自治権を獲得。1973年に主権国家としての権利が認められる。

文化 ポリネシアに属し、現地マオリ語はハワイやタヒチと言葉が似ており、英語もまた公用語。通信インフラが整い、治安もよい。人気スポーツはラグビーで、ナショナルラグビーリーグ観戦が主要な娯楽の一つ。

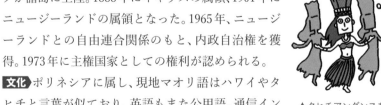

▲タヒチアンダンスをさらに激しいビートでアレンジした「ポリネシアンダンス」。

日本人が特命全権大使を務める
世界で2番めに人口が少ない国

ニウエ Niue

面積	約259km²
人口	約2,000人（2020年）
通貨	ニュージーランド・ドル（NZD）
言語	ニウエ語（ポリネシア語系）／英語
宗教	プロテスタント／カトリック
民族	ニウエ人／混血ニウエ人など

パプアニューギニア　太平洋
アロフィ
5km
オーストラリア
1500km　ニュージーランド

国土 南太平洋上、ニュージーランドの北東2,400kmに位置する、世界最大のサンゴ礁でできた島。石灰岩の断崖に囲まれ、山や湖はない。

経済 主要産業は農業、漁業、観光業。農業はほぼ自給目的で、ココナッツ、タロいも、バニラなどを栽培する。外国人観光客向けに動物や有名キャラクターをデザインした硬貨を販売。住民の多くが就業機会を求めてニュージーランドなどの国外に移住しており、その送金とニュージーランドの援助に大きく依存している。

▲政府主導で製造する「デザイン硬貨」。硬貨の価値より高く売り、外貨を得ている。

歴史 1774年、イギリスの探検家ジェームズ・クックがニウエに到達するも、先住民に上陸を阻まれる。1846年、サモア人キリスト教宣教師団が布教活動を開始。1900年にイギリスの保護領、1901年にクック諸島とともにニュージーランドの属領となる。1974年、ニュージーランドと自由連合関係（内政は自ら行うが、防衛と外交はニュージーランドに委ねる）となる。2015年、日本はニウエを国家承認したが、国連では正式には未承認。

文化 言語はポリネシア語系のニウエ語と英語を話す。識字率はほぼ100%と太平洋島嶼国の中では高い水準。高等教育機関が国内にないため、フィジーやニュージーランドなど国外の大学に進学する。

ナウル共和国 Republic of Nauru

インドネシア　太平洋
ナウル島
パプアニューギニア
ヤレン
2km
オーストラリア
1000km

面積	約21.1㎢
人口	約1.1万人（2020年）
通貨	オーストラリア・ドル（AUD）
言語	ナウル語・英語（公用語）
宗教	プロテスタント／カトリック
民族	ナウル人

国土 世界で3番めに小さい面積の独立国。サンゴ礁でできた島一つを国土とする。島の中央部は海抜60mほどで、海鳥のフンが堆積して化石となってできたリン鉱石の台地。

経済 かつてはリン鉱石の輸出により世界有数の富裕国だったが、リン鉱石の枯渇に伴い、極めて厳しい経済状況へ転落。近年はリン鉱石の再採掘の取り組みが始まっている。

歴史 1798年、イギリスの捕鯨船がナウル島に来航。1888年、ドイツ領となる。1907年にイギリス資本の会社がリン鉱石の採掘開始。1920年、オーストラリア、ニュージーランド、イギリスの3国による国際連盟の委任統治領となる。1942年、日本軍が占領。1947年に国連信託統治地域となり、1968年に独立。

文化 国民の教育レベルは非常に高いが、富裕国家の名残で生産労働の経験に乏しい。

ナウル人のソウルフード「ココナッツフィッシュ」

島国であるナウルでは、近海で獲れるキハダマグロや白身魚などを食べる習慣をもつ。焼き魚のほか、刺身やしょうゆの煮つけとして食することもあり、食文化は日本に通ずるものがある。中でも名物として知られるのが「ココナッツフィッシュ」。マグロの切り身、刻んだ玉ねぎ、ライムをココナッツミルクに浸して食べるユニークな家庭料理だ。

◀ナウルでは輸入した白米が主食に近い形で食べられており、一晩おいた「ココナッツフィッシュ」をご飯にかけて、しょうゆを垂らして食べるココナッツフィッシュ丼もある。

46万フォロワーを誇る公式SNSアカウント!?

ナウル共和国の政府観光局日本事務所の公式SNSアカウントが大人気。Twitterのフォロワー数は45万8,000人（2023年5月）で、ナウルの総人口のおよそ45倍。フォロワーが30万人を突破した際には、日本とナウルの国旗をデザインした記念グッズ「フォロワー30万記念友好バッジ」を販売した。SNSではナウルの貴重な情報や風景写真などを多数掲載している。

300,000 FOLLOWERS

美しい夜明けが見られる東海岸の「アニバレ湾」

ナウルでいちばん景色が美しいと評判の「アニバレ湾」。島の東側にあるため、海岸の風景とともに海からの日の出を見ることができる。白い砂浜に古代のサンゴ礁が隆起した独特な地形で、海水浴やシュノーケリングなどが楽しめる。

◀絶景の「アニバレ湾」。近くには、国営のメネンホテルも設けられている。

ナウルの **場所**

リン鉱石採掘跡

島の中央部の丘の上にある、かつてリン鉱石を大量に採掘した跡。白い石灰岩が露出していこうした採掘跡は、ナウルの国土のおよそ半分を占める。掘り起こした土を積んで造られた小山はナウルで最も高い場所にあたり、ナウル島全体を一望できるスポットで、ナウルの景色と歴史を同時に味わえる。

オセアニア

ミクロネシア

パラオ共和国 Republic of Palau

美しい海とサンゴ礁に囲まれた、日本文化が残る南国

面積	約488km²
人口	約1.8万人（2020年）
通貨	アメリカ・ドル（USD）
言語	パラオ語・英語（公用語）など
宗教	カトリック／プロテスタントなど
民族	パラオ人／アジア系など

国土 日本の南、約3,200kmに位置する約200の島々からなる国。面積は日本の屋久島とほぼ同じ。海洋性の熱帯気候で、気温は年間を通じてほとんど変わらない一方で、年間降水量は多い。

経済 主要産業は観光産業。日本、韓国、台湾からの観光客が多い。アメリカからの財政支援を財源とし、パラオ人の過半数が公務員。小さな島嶼国であることから、エネルギーや食糧、日用品の大半を輸入に依存している。日本はパラオの主要援助国の一つであり、主要貿易相手国でもある。

歴史 第一次世界大戦が始まり、日本がパラオを含むドイツ領ミクロネシアを占領。第二次世界大戦後はアメリカによる統治が開始され、1981年に自治政府が発足。1994年に独立した。

文化 文化や言語への日本の影響は大きく、例えば、日本料理の刺身はパラオでも食され、醤油とわさびもつける。

「ダイジョーブ（大丈夫）」「ベント（弁当）」 パラオで飛び交う「日本語」

日本の統治下にあった影響で、パラオでは日本語が日常的に使用されている。「リョリ（料理）」「オジサン（おじさん）」「ゴメン（ごめん）」など、パラオ語の約1,000語が日本語由来の言葉だ。高齢者の中には流暢な日本語を話す人もいる。アンガウル州ではパラオ語と英語に加え、日本語も公用語になっている。

▲パラオは、太平洋戦争で日本とアメリカが戦火を交えた激戦地。ペリリュー島には零式艦上戦闘機や旧日本軍の95式軽戦車など数多くの「戦争遺跡」が残る。

パラオの 食　コウモリのスープ

パラオの一般家庭で食べられているスープ。フルーツバットという果物を主食とするコウモリを丸ごと煮て作られる。見た目はインパクト大だが、臭みも少なく鶏肉のような味がするそうだ。骨以外はすべて食べられるのだとか。

パラオ唯一の世界遺産 ラグーンの「ロックアイランド」

パラオのコロール州に点在する、大小合わせて445のさまざまな島々とサンゴ礁からなる世界遺産「ロックアイランド」（右下）。マッシュルームを彷彿するユニークな形の島々やサンゴ礁の美しい景観が魅力だ。特に「セブンティ・アイランド」は同群の中でも最も美しいといわれ、遊覧飛行でその絶景を楽しむこともできる。

▲ロックアイランドの一つ、マカラカル島には「ジェリーフィッシュレイク」という湖がある。湖にはクラゲの大群がゆらゆらと水中を漂っており、スノーケルとライフジャケットを着て、一緒に泳ぐこともできる。

パラオにはアントニオ猪木にちなんだ島がある！

その名も「イノキアイランド」。サンゴの保護・養殖活動を行っていたアントニオ猪木氏にパラオの族長がプレゼントした。世界遺産「ロックアイランド」の中央に位置する、長さ4km、幅700mの島である。

太平洋戦争の痕跡が残る
のんびりとした「キリバス・タイム」の国

キリバス共和国 Republic of Kiribati

面積	約730km²
人口	約11.9万人（2020年）
通貨	オーストラリア・ドル（AUD）
言語	キリバス語・英語（公用語）
宗教	カトリック／プロテスタントなど
民族	ミクロネシア系など

国土 中部太平洋上に位置し、赤道を挟む、ギルバート諸島、フェニックス諸島、ライン諸島の3つの諸島群で構成される海洋国家。1995年に日付変更線を国の東端に移動させ、世界で最も早く新しい一日が始まる国となった。国土の面積は対馬と同程度だが、東西3,200kmにわたり島が点在しているため、排他的経済水域の広さは世界第3位を誇る。

経済 1979年にバナバ島のリン鉱石が枯渇して以降、漁業とコプラの生産が主な産業。財政収入は諸外国からの支援や外国漁船入漁料に大きく依存している。国連総会で認定された後発開発途上国の一つ。

歴史 1606年、スペイン人探検家がブタリタリ島（ギルバート諸島）に到達。1788年に国名の由来となる英国海軍大佐ギルバートが上陸。1892年にイギリスの保護領、1916年にイギリスの植民地となる。1979年にキリバス共和国として独立。

▲首都タラワは太平洋戦争の激戦地。戦場の中心となったベシオには、旧日本軍の砲台を含む戦跡が今も残っている。

文化 独立記念日である7月12日には、バイリキ国立競技場にて記念行事が毎年開催される。約束の集合時間に誰も集まらない、食事に招かれ約束の時間に行くも何の準備もされていない、といったおおらかな時間感覚は、現地では「キリバス・タイム」と呼ばれている。

「アミモノ」と呼ばれる手工芸品がお土産として人気
美しい海に浮かぶ「真珠の首飾り」のような島々

マーシャル諸島共和国 Republic of the Marshall Islands

面積	約180km²
人口	約5.9万人（2020年）
通貨	アメリカ・ドル（USD）
言語	マーシャル語・英語（公用語）
宗教	プロテスタントなど
民族	マーシャル人など

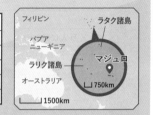

国土 太平洋に輪のように浮かぶ29の環礁と、独立した5つの島からなる。東側をラタック列島、西側をラリック列島と呼ぶ。島の数は小さな島々を含めると、1,200以上ある。熱帯雨林気候で、一年を通して高温多雨が続く。海抜が2〜6mと低く、地球温暖化などによる海面上昇の影響による水没が問題に。

▲環礁が点々と浮かぶ独特な形状は、空から見ると「真珠の首飾り」のように見えるといわれる。

経済 貨幣経済と伝統的な自給自足経済が混在。主要輸出品は、コプラと魚介類。生活必需品の多くを輸入に頼っており、貿易収支は赤字が続く。

歴史 1528年にスペイン人アルバロ・デ・サーベドラが到達。1885年、ドイツ保護領に。1914年、第一次世界大戦において日本が占領し、1920年に委任統治領となる。第二次世界大戦でアメリカが占領し、1947年に信託統治領に。1946〜1958年にわたり、アメリカがビキニ環礁、エニウェトク環礁で67回の核実験を実施。この時期の1954年にビキニ環礁において第五福竜丸事件が起こる。1986年にアメリカとの自由連合盟約国として独立。

文化 伝統的に母系社会があり、土地利用権は原則的に母親から引き継がれる。日本の統治下にあった時代の影響で「チャンボ（散歩）」「アメダマ」「ヤキュウ」など、日本語に由来した言葉も定着している。

かつて日本の委任統治下にあった
607の島からなる太平洋の島国

ミクロネシア連邦 Federated States of Micronesia

面積	約700㎢
人口	約11.5万人（2020年）
通貨	アメリカ・ドル（USD）
言語	英語（公用語）など
宗教	プロテスタント／カトリック
民族	ミクロネシア系など

フィリピン
インドネシア
パリキール
カロリン諸島
パプアニューギニア
オーストラリア
1500km

国土 フィリピンの東、東西約3,200km、南北1,200km内に点々と浮かぶカロリン諸島に属する607の島からなる。国土面積は狭いが、海域は太平洋の国々の中で最大級。

経済 漁業、観光業、農業などが主産業で、アメリカから自由連合盟約に基づく財政援助を受けている。水産物の多くを日本に輸出している。

歴史 1914年に第一次世界大戦が始まると、日本は現在のミクロネシアなどを占領。1920年に国際連盟から日本のミクロネシア（南洋群島）委任統治が認められるが、1945年に太平洋戦争が終結すると、アメリカ軍による占領が始まる。1947年、国連はミクロネシアをアメリカの太平洋信託統治領とする。ミクロネシアの島々のうち、4地域（現ミクロネシア連邦）で連邦を構成する憲法草案が住民投票で承認され、翌年に憲法施行。日系のトシヲ・ナカヤマ初代大統領が就任した。

文化 パラオの鍾乳石で作られ、ヤップ島に運ばれていた石貨「フェイ」は運搬の大変さなどを代々語り継ぎその石に価値をもたせ、結婚祝いや出産祝いとして贈られていたという。

▲「フェイ」の大きさはそれぞれだが、大きいもので直径4m弱ある世界最大の貨幣とされる。

アポロ計画の月着陸から50年超の歳月を経て
人類の新たなフロンティアは宇宙へ！

月 Moon

地球上の陸地や海洋をさまざまに活用してきた人類が今、めざそうとしているフロンティアが「月」だ。人類初の月面着陸から50年超の歳月を経て、月面開発の動きが活発化している。

なぜ今、再びの月探査なのか

1969年のアポロ11号計画における月面着陸をピークに、一時は停滞していた月探査の動きが再び活発化している。その背景としては、宇宙開発における中国の台頭や、民間企業の参入による技術革新と探査コストの低減、水やレアメタルなどの資源の存在などが挙げられる。アメリカは2017年に「アルテミス計画」と呼ばれる月探査プロジェクトを始動。日本やイギリス、オーストラリアなどの民間企業も参加し、さまざまなミッションが遂行されている。

月を拠点にいずれは火星へ？

アルテミス計画では、2025年までに月への再着陸を目標として掲げているが、宇宙開発はそこがゴールではない。月面再着陸後もミッションは継続され、ゆくゆくは月を拠点として火星への有人飛行を実現することも視野に入れているとのこと。人類の生活の舞台が宇宙へと広がる日が、そう遠くない未来に訪れるのかもしれない。

Photo by Kuz

▲古くから人類に親しまれてきた月。ここに人が住む日は来るのだろうか。

「ワントーク」と呼ばれる相互扶助の慣習が根強く残る、南国の楽園

ソロモン諸島 Solomon Islands

面積	約2.9万㎢
人口	約68.7万人（2020年）
通貨	ソロモン諸島ドル（SBD）
言語	英語（公用語）／ピジン英語（共通語）
宗教	聖公会／カトリック／南海福音派など
民族	メラネシア系など

国土 南太平洋に浮かぶ島国。太平洋島嶼国では
パプアニューギニアの次に面積が広い。ガダル
カナル島をはじめ、マライタ島、サンタイサベル
島など、大小1,000を超える島々からなる。

経済 主要貿易品目は、木材、魚類（カツオなど）、
ココア。一方、燃料、食糧、機械など多くの必需品
を輸入に依存しているため、経済基盤は脆弱。

歴史 1893年にイギリスが南ソロモン諸島領有
を宣言。1900年、ドイツ領ニューギニアの一部だ
った北ソロモン諸島もイギリスが獲得する。太
平洋戦争の最中、日本軍に一時占領されるが、ガ
ダルカナル島の戦いを経てアメリカ軍が奪取。
施政権はイギリスへ戻された。1976年、自治政府
を樹立。1978年、英連邦の立憲君主国として独立。

文化 国民の9割はメラネシア系だが、島や氏族
ごとに多種多様な伝統文化、風習が受け継がれ
ている。

「ワントーク」と呼ばれる 独特の相互扶助システム

ソロモンの人々の生活に深く根ざしているの
が「ワントーク＝One talk」と呼ばれるシステム。
これは「一つの言語を話す者同士」を意味する言
葉で、同じ氏族や同郷の者が困っているときは
必ず互いに助け合うという文化（義務）のこと。
例えば、村を離れて街へ出た際、ワントーク同士
は当然のように食べ物を分け合い、住む場所も
共有する。国の財政事情が厳しくてもソロモン
の街でホームレスを見かけることがほぼないの
は、このワントークのおかげだ。

◀かつてガダルカナル島と
マライタ島を結んでいたフ
ェリーは、船員たちが親族
を無料で乗船させ続けたこ
とが原因で経営破綻したと
いわれている。沈没して20
年以上経つクルーズ船もあ
る。

カヌーは一家に1艘、自分専用カヌーがある!?
島国であるソロモンの、海辺で
暮らす人たちにとってカヌーは
なくてはならないもの。一家に
最低でも1艘はあり、家族全員
が自分専用カヌーを持っている
ことも少なくない。

オセアニアのスポーツの祭典 「パシフィックゲームズ」

「パシフィックゲームズ」とは、オセアニアの
国々とオーストラリア、ニュージーランドが参
加し、4年に一度、開催されるスポーツの祭典。
現地ではオリンピックよりも盛り上がるといわ
れていて、2023年大会の開催地に選ばれた首都
ホニアラでは、新しい国立競技場の建設などが
急ピッチで進められてきた。

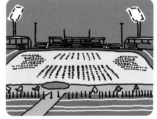

▶こうした大がかりなイン
フラ整備には中国が巨額
の援助をしていて、それを
牽制したいアメリカが30
年ぶりに大使館を再開す
るなど、太平洋での影響力
を巡る米中間の場外戦も
繰り広げられている。

ソロモン諸島の🍴食

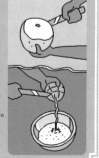

ココナツミルク
ソロモン人の食卓に欠かせない、
甘い乳状の食材。乾燥したココナ
ツの内側の固くなった身を専用の
器具で削り、水を加えて絞れば美
味しいココナツミルクができあが
る。味に締まりを出すために少量の塩
を加えるのがポイントだ。

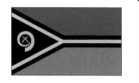

火山島とサンゴ礁島からなる南太平洋の観光立国

バヌアツ共和国 Republic of Vanuatu

ニューヘブリディーズ諸島
オーストラリア
ポートビラ
10km
1000km
ニュージーランド

面積	約1.2万km²
人口	約30.7万人(2020年)
通貨	バツ(VUV)
言語	ビスラマ語(ピジン英語)・英語・フランス語(公用語)
宗教	プロテスタント/カトリックなど
民族	バヌアツ人など

国土 太平洋のメラネシア地域にある島嶼国。マレクラ島、エスピリトゥサント島、マラクラ島など80あまりの島々が、南北約1,200kmにわたって広がっている。

経済 主な輸出品目は、コプラ、木材、カヴァ、牛肉など。近年は観光振興に力を入れている。

歴史 数千年前にオーストロネシア語族(南島語族)の人々が定住したのが始まりといわれている。1800年代に南部のエロマンゴ島で白檀の木が発見され、ヨーロッパとの交易が始まる。1906年にイギリスとフランスの共同統治領になるが、両国の足並みが揃わず、島民たちも親イギリス派と親フランス派に分かれ、独立運動を繰り返した。1980年にイギリス連邦加盟国として独立。

文化 今も自給自足が中心で、時間という概念をもたない国民も多い。その影響もあってか、非常におおらかで楽天的な国民性といわれている。

後発開発途上国からの卒業を宣言 今後は「後進のロールモデル」に

以前は食料品や日用品の多くを輸入に頼るなど恒常的な輸入超過状態にあり、貿易赤字を海外からの援助で補填してきたバヌアツ。しかし近年、農業の多様化や観光振興施策が実を結び、2020年には後発開発途上国からの卒業を宣言。首都ポートビラで祝賀パレードも行われた。

▲バヌアツの島の約半分は火山島で、南部タフェア州のタンナ島にあるヤスール火山は世界で最も「火口」に近づける観光スポットとして有名。ちなみに、日本では元アイドルの滝沢秀明さんがバヌアツの溶岩湖火山が好きであることを公言している。

▲全長200mを超える世界最大級の沈船「SS・プレジデントクーリッジ号」も、世界中からダイバーたちが訪れる人気のダイビングスポット。

バヌアツには信号が一つもない!?
大型船が寄港できる港湾施設や市街地の道路など、特に運輸交通インフラの整備がまだ追いついておらず、さらなる発展を妨げる一因として指摘されている。

日常にも非日常にも 欠かせない「不思議な飲み物」

バヌアツの文化を語るうえで欠かせないのが「カヴァ(KAVA)」と呼ばれるコショウ科の木と、その根っこをすりつぶして作られる飲み物。アルコール分はないが、酔ったときのような酩酊感と穏やかな鎮静作用をもたらす庶民の嗜好品で、祭りや儀式に欠かせない、いにしえのスピリチュアルドリンクとして重用されている。

◀日が暮れてくると、「ナカマル」と呼ばれる集会所(カヴァ・バー)に集まり、皆でカヴァに酔いしれる。ただし近年は、飲み過ぎによる健康被害や社会的損失などの問題も指摘されている。

バヌアツの こと　ナゴール

バヌアツ北部のペンテコスト島に伝わる成人への通過儀礼。木で組み上げた約30mの櫓の上から、命綱として足に蔦をくくりつけた状態で飛び降りる。1950年代にBBCのクルーが撮影した映像を持ち帰ったことで広く知られるようになり、バンジージャンプの起源にもなった。

オセアニア　メラネシア

約1万の島からなる太平洋戦争の激戦地

パプアニューギニア独立国 Independent State of Papua New Guinea

面積	約46万km²
人口	約894.7万人(2020年)
通貨	キナ(PGK)
言語	英語・ピジン英語・モツ語(公用語)など
宗教	プロテスタント／カトリック／伝統信仰など
民族	パプア人／メラネシア系など

国土▶オーストラリアの北にあるニューギニア島(中央部は4,000m級の高山地帯)の東半分、ビスマルク諸島、ブーゲンビル島など大小約1万の島で構成される。気候は基本的に熱帯気候。首都の年間降水量は1,000mm程度。

経済▶主要産業は鉱業(液化天然ガス、原油、銅、金など)、農業(パーム油、コーヒーなど)など。主要貿易国は、輸出がオーストラリア、中国、シンガポール、日本など、輸入がオーストラリア、中国、シンガポールなど。

歴史▶16世紀にポルトガル人が到達。ドイツやイギリスの保護領を経て、オーストラリアの保護領に。1946年にはオーストラリアによる国連の信託統治地域に。1975年に独立した。

文化▶800以上の異なる言語をもつ少数民族が独自の文化を受け継いでいる。都市部は、キリスト教文化の影響下で近代化を果たした。

太平洋戦争では日米両軍の拠点が築かれ、「戦場」に…

太平洋戦争中の1942年に、ニューブリテン島北端にあるラバウルを旧日本軍が占領し、基地を建設。アメリカ軍とオーストラリア軍の連携を絶つため、連合軍の拠点となっていたポートモレスビーを攻略し、パプアニューギニアは激戦地となった。海底には、おびただしい数の日米両軍の軍艦や軍用機が今も眠っている。

◀「ラバウル」には旧日本軍の航空基地もあり、零式艦上戦闘機も数多く配備。最終的に日本本土からの補給を絶たれ無力化されたものの、自給自足で終戦まで存続した。

▶日本の連合艦隊司令長官だった「山本五十六」は、前線の将兵を慰労しようとラバウルの基地から飛び立ったところ、東部にあるブーゲンビル島付近で搭乗する軍用機を撃墜され、戦死した。

世界的なスキューバダイビングの名所
スキューバダイビングの名所としても世界的に有名なパプアニューギニア。ハンマーヘッドなどのサメやバラクーダの大群、美しいサンゴ礁などに加え、海底に沈んだゼロ戦の姿も見られるのがほかのダイビングスポットにはない特徴。

原油、金、銅などの「資源」が豊富 パーム油などの農業も成長分野

輸出の主力は原油、金、銅などの「資源」で、全体の6〜7割を占める。パーム油の生産は近年、着実に伸びており、主要農産物に。旧宗主国であり、多額の経済援助を受けているオーストラリアと対等の関係を築くことを促進しており、国境を接するインドネシアとの友好関係を維持することもめざしている。

▶「パーム油」はアブラヤシから精製される油で、主に食用油として世界中で利用されている。

パプアニューギニアの **自然** 極楽鳥

身体の色合いも美しい、パプアニューギニアの国鳥。国旗に描かれ、国章にもデザインされている。国土の8割近くが熱帯雨林で自然豊かな環境に恵まれており、極楽鳥のほか、世界最大のチョウとされるアレクサンドラトリバネアゲハも生息している。

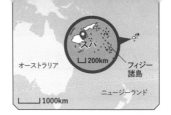

メラネシアの伝統が息づく南太平洋の島国

フィジー共和国 Republic of Fiji

面積	約1.8万km²
人口	約89.6万人（2020年）
通貨	フィジー・ドル（FJD）
言語	英語・フィジー語・ヒンディー語（公用語）
宗教	キリスト教（メソジスト派／カトリックなど）／ヒンドゥー教など
民族	フィジー系／インド系など

国土 南太平洋上の中央部に散在する、ビティレブ島など大小332の島からなる。北へ約460km離れて保護領のロトゥーマ島がある。全島が熱帯気候で、年中高温多雨。

経済 インド系住民による経済活動が中心で、砂糖生産と観光、衣料品加工が主産業。長年フィジー経済を支えた砂糖産業は機械の老朽化などの問題がある。

歴史 紀元前からトンガ人が定住。1643年、オランダ人タスマンが上陸。1874年、イギリスの植民地に。1970年、イギリス連邦内の立憲君主国として独立した。

文化「ケレケレ」と呼ばれる、モノの貸し借りを含めた助け合いの文化が根づいている。時間におおらかで、バスなどには時刻表がない場合もある。このゆったりとした時間感覚は「フィジー・タイム」とも呼ばれる。

口承で受け継がれてきた伝統的な歌と踊り「メケ」

古来からフィジー人は、「メケ」と呼ばれる伝統的な歌と踊りを口伝で継承。メケにはさまざまなスタイルがあり、男性が戦いに赴く前に精神を高揚させる威厳のある形や、女性的な日常風景を想起させる穏やかな舞いなどがある。

▶色鮮やかな衣装を身にまとい、火を使ったダンスを踊る男性の「メケ」。

◀家のそばで花や布など日常的な道具を使う、女性による「メケ」も。

日本人の移住者も増えている!?
オーストラリアやニュージーランドと近く、温暖な気候にも恵まれているフィジーでは近年、日本人の移住者が増えてきている。人も温厚で、大変住みやすい国なのだとか。

フィジー系とインド系大きく異なる「食生活」

フィジー系とインド系が住むフィジーでは、両者の食生活が極端に異なる。前者はキャッサバといういもを主食にし、ココナッツで味つけしたものを食べるのが慣習。海ブドウやバナナの葉を使った料理など、地元の食材を使用した料理が多い。後者は基本的にカレーが主食だ。

◀フィジー系住民は、伝統的にキャッサバとココナッツをバナナの葉の上で食べる。

フィジーの　世界遺産　レブカ歴史的港湾都市

首都スバのあるビティレブ島の隣にあるオバラウ島に位置する世界遺産。レブカは1820年頃に建設されたフィジー最初の近代都市で、19世紀に交易拠点として栄えた。約150年続くホテルや教会など、歴史的な建造物が残されている。

世界の"今"は数字が語る

国・地域ランキング

ここでは「国土」「経済」「歴史」「文化」のカテゴリーで、世界の国と地域のさまざまなランキングを紹介。まずは日本の世界一から見ていこう。

男性82歳 女性88歳

2022年

長寿
世界一！

香港、マカオと並んで、日本は長寿世界一。和食を食べていることが長生きの理由の一つといわれている。ちなみに、世界平均は男性71歳、女性76歳。

仁徳天皇陵古墳 全長約486m

2019年

お墓の全長
世界一！

仁徳天皇陵古墳（大仙陵古墳）は、エジプト・クフ王のピラミッド、中国・秦の始皇帝陵に並ぶ世界3大墳墓の一つ。全長は世界一を誇り、5世紀頃に造られたといわれている。

東京スカイツリー 高さ634m

2011年

タワーの高さ
世界一！

自立式電波塔の中では世界一を誇る。2011年11月、ギネスに認定された。東京を一望する展望デッキからの眺めは一見の価値あり。

歴代天皇の総数 126代

2019年

王室の歴史
世界一！

初代神武天皇の即位が紀元前7世紀頃だとすると、2600年以上続いていることとなり、天皇家の歴史はギネスにも認定されている。

東京の星つき レストラン200軒

2023年

ミシュランの星
世界一！

「ミシュランガイド東京 2023」では200軒が星を獲得し、2022年に続き、東京は世界で最も星が輝く都市となった。ちなみに、京都は98軒が星を獲得した。

日光杉並木街道 長さ35.41km

1992年

並木道の長さ
世界一！

日光東照宮への参道として知られている日光杉並木街道は世界最長の並木道として、ギネスに認定。1628〜48年に20万本植えられた杉は、1万3,500本以上が現存している。

ビザなしで渡航できる国 193か国

2023年

パスポートの信頼度
世界一！

国際航空運送協会のデータベースをもとにした調査では、ビザなしで渡航可能な国の数でランクづけしたパスポートランキングで、5年連続第1位を獲得した。

安心・安全と 隠れた魅力がある国

2021年

観光地の魅力
世界一！

多くの文化資源があり、自然や交通インフラ、治安のよさなどから、2007年に世界経済フォーラムが調査を開始以来、日本は初の第1位を獲得した。

1日平均 約359万人

2018年

新宿駅の乗降者数
世界一！

鉄道会社5社が新宿駅に乗り入れていることから、同駅は新宿区の人口の10倍以上、約360万人が通勤・通学に利用している。2018年、ギネスに認定された。

世界の産業量ロボット 生産量の56％が日本製

2017年

ロボットの輸出
世界一！

2020年における日本製の産業用ロボット輸出比率は78％に達し、13万6,069台が世界へ輸出された。現在も、日本は世界有数の産業用ロボット生産国だ。

面積が大きい国

> 日本は62位！

順位	国・地域	面積[万km²]
1	ロシア	1709.8
2	カナダ	998.5
3	アメリカ	983.4
4	中国	960
5	ブラジル	851.0
6	オーストラリア	769.2
7	インド	328.7
8	アルゼンチン	279.6
9	カザフスタン	272.5
10	アルジェリア	238.2

出典：総務省統計局「世界の統計2023」

面積が小さい国

順位	国・地域	面積[km²]
1	バチカン	0.4
2	モナコ	2
3	ナウル	21
4	ツバル	26
5	サンマリノ	61
6	リヒテンシュタイン	160
7	マーシャル諸島	181
8	クック諸島	236
9	ニウエ	260
10	セントクリストファー・ネービス	261

出典：総務省統計局「世界の統計2023」

世界の河川

> 日本最長の信濃川は、367km！

順位	国・地域	河川	長さ[km]
1	エジプト	ナイル	6,695
2	ブラジル	アマゾン	6,516
3	中国	長江	6,380
4	アメリカ	ミシシッピ・ミズーリ	5,969
5	ロシア	オビ・イルチシ	5,568
6	ロシア	エニセイ・アンガラ	5,550
7	中国	黄河	5,464
8	コンゴ民主共和国	コンゴ	4,667
9	アルゼンチン/ウルグアイ	ラプラタ・パラナ	4,500
10	ベトナム	メコン	4,425

出典：総務省統計局「世界の統計2023」

世界の山

> ご存じ富士山は、3,776m！

順位	山脈(地域)	山	高さ[m]
1	ヒマラヤ山脈(アジア)	エベレスト	8,848
2	カラコルム山脈(アジア)	ゴドウィンオースチン(K2)	8,611
3	ヒマラヤ山脈(アジア)	カンチェンジュンガ	8,586
4	ヒマラヤ山脈(アジア)	ローツェ	8,516
5	ヒマラヤ山脈(アジア)	マカルウ	8,463
6	ヒマラヤ山脈(アジア)	チョーオユー	8,201
7	ヒマラヤ山脈(アジア)	ダウラギⅠ	8,167
8	ヒマラヤ山脈(アジア)	マナスル	8,163
9	ヒマラヤ山脈(アジア)	ナンガパルバット	8,126
10	ヒマラヤ山脈(アジア)	アンナプルⅠ	8,091

出典：総務省統計局「世界の統計2023」

世界の湖

> 日本一の琵琶湖は、669.3km²！

順位	地域	湖	面積[km²]
1	ユーラシア	カスピ海	374,000
2	北アメリカ	スペリオル湖	82,367
3	アフリカ中央部	ビクトリア湖	68,800
4	中央アジア	アラル湖	64,100
5	北アメリカ	ヒューロン湖	59,570
6	北アメリカ	ミシガン湖	58,016
7	アフリカ東部	タンガニーカ湖	32,000
8	シベリア	バイカル湖	31,500
9	カナダ北部	グレートベア湖	31,153
10	カナダ北部	グレートスレーブ湖	28,568

出典：外務省HP「世界いろいろ雑学ランキング」

世界の砂漠

順位	地域	砂漠	面積[万km²]
1	アフリカ北部	サハラ	907
2	アラビア半島	アラビア	246
3	モンゴル・中国北東部	ゴビ	130
4	アルゼンチン南部	パタゴニア	67
5	オーストラリア南部	グレートヴィクトリア	65
6	インド・パキスタン	大インド	60
7	アフリカ南部	カラハリ	57
8	中国北西部	タクラマカン	52
9	アメリカ西部	グレートベースン	49
10	メキシコ北部	チワワ	45

出典：『データブック オブ・ザ・ワールド 2023年版』

世界の最高気温

順位	国・地域	気温[℃]
1	アメリカ	56.7
2	チュニジア	55.0
3	イスラエル	54.0
4	オーストラリア	50.7
5	アルゼンチン	48.9

出典：『データブック オブ・ザ・ワールド 2023年版』

> 1913年7月、アメリカのデスバレーで世界最高気温を観測。デスバレー国立公園には、塩水湖の水が蒸発してできた塩の砂漠「バッドウォーター」が広がっている。

世界の最低気温

順位	国・地域	気温[℃]
1	南極	-89.2
2	グリーンランド	-69.6
3	ロシア	-67.8
4	ロシア	-58.1
5	アルゼンチン	-32.8

出典：『データブック オブ・ザ・ワールド 2023年版』

> 1983年7月、南極のヴォストーク基地で世界最低気温を観測。-30℃以下になると、吐いた息も凍ってしまう。

世界の年間降水量

順位	国・地域	観測地点	年間降水量[mm]
1	ツバル	フナフティ	3,562.0
2	ペルー	イキトス	3,361.8
3	インド	パナジ	2,962.6
4	ブラジル	マカパ	2,511.6
5	スリランカ	コロンボ	2,371.2
6	香港	香港	2,359.3
7	シンガポール	シンガポール	2,122.7
8	オーストラリア	ケアンズ	2,001.7
9	インドネシア	ジャカルタ	1,906.5
10	オーストラリア	ダーウィン	1,827.4

出典：『データブック オブ・ザ・ワールド 2023年版』

> 日本(東京)の年間降水量は、1598.2mm！

国内総生産(2021年)

順位	国・地域	額[億ドル]
1	アメリカ	233151
2	中国	177341
3	日本	49409
4	ドイツ	42599
5	インド	31763
6	イギリス	31314
7	フランス	29579
8	イタリア	21077
9	カナダ	19883
10	韓国	18110

出典：外務省「主要経済指標(2023年)」

1人当たりの国民総所得(2021年)

順位	国・地域	額[ドル]
1	スイス	90,600
2	ルクセンブルク	88,190
3	ノルウェー	83,880
4	アイルランド	76,110
5	アメリカ	70,930
6	デンマーク	68,300
7	シンガポール	64,010
8	アイスランド	63,460
9	カタール	62,310
10	スウェーデン	59,540

出典：外務省「主要経済指標(2023年)」

世界のGDP成長率(2021年)

順位	国・地域	率[%]
1	リビア	177.3
2	モルディブ	33.4
3	ガイアナ	19.9
4	マカオ	18.0
5	パナマ	15.3
6	モルドバ	13.9
7	アイルランド	13.5
8	ペルー	13.3
9	ボツワナ	12.5
9	ホンジュラス	12.5

出典：『データブック オブ・ザ・ワールド 2023年版』

世界の貿易輸出額

順位	国・地域	額[億ドル]
1	中国	25906.5
2	アメリカ	14341.2
3	ドイツ	13803.8
4	日本	6413.4
5	オランダ	5513.0
6	韓国	5093.5
7	香港	5070.7
8	イタリア	4949.3
9	フランス	4783.3
10	ベルギー	4193.7

出典：総務省統計局「世界の統計2023」

世界の貿易輸入額

順位	国・地域	額[億ドル]
1	アメリカ	23343.3
2	中国	20556.1
3	ドイツ	11707.3
4	日本	6344.3
5	フランス	5720.3
6	香港	5508.3
7	イギリス	5439.6
8	オランダ	4847.9
9	韓国	4711.2
10	イタリア	4219.5

出典：総務省統計局「世界の統計2023」

米の生産量

> 日本は12位で、970.6万t！

順位	国・地域	量[万t]
1	中国	21186.0
2	インド	17830.5
3	バングラデシュ	5490.6
4	インドネシア	5464.9
5	ベトナム	4275.9
6	タイ	3023.1
7	ミャンマー	2510.0
8	フィリピン	1929.5
9	ブラジル	1109.1
10	カンボジア	1096

出典：総務省統計局「世界の統計2023」

小麦の生産量

順位	国・地域	量[万t]
1	中国	13425.0
2	インド	10759.0
3	ロシア	8589.6
4	アメリカ	4969.1
5	カナダ	3518.3
6	フランス	3014.4
7	パキスタン	2524.8
8	ウクライナ	2491.2
9	ドイツ	2217.2
10	トルコ	2050.0

出典：総務省統計局「世界の統計2023」

> 日本は94.9万tと世界に比べ、生産量はかなり少ない。

世界の水産物生産量(海洋)

順位	国・地域	量[万t]
1	中国	5152.5
2	インドネシア	1794.8
3	ペルー	574.2
4	ベトナム	495.4
5	ロシア	490.3
6	インド	480.4
7	アメリカ	444.6
8	日本	416.0
9	ノルウェー	409.4
10	フィリピン	380.3

出典：総務省統計局「世界の統計2023」

乗用車の普及率

順位	国・地域	(人口1,000人あたりの)数[台]
1	イタリア	656
2	カナダ	630
3	オーストラリア	582
4	ドイツ	576
5	オーストリア	566
6	スペイン	538
7	スイス	535
8	イギリス	517
9	ベルギー	502
10	フランス	494

出典：一般社団法人日本自動車工業会「主要国の四輪車普及率(2020年)」

歴史

国連に加盟した最新の国

順位	国・地域	加盟[年]
1	南スーダン	2011
2	モンテネグロ	2006
3	東ティモール	2002
3	スイス	2002

出典：国際連合広報センター HP

現在、日本が承認している国は195か国あるが、そのうちバチカン、コソボ、クック諸島、ニウエは国連に加盟していない。

世界のノーベル賞受賞者
（1901〜2021年）

順位	国・地域	数[人]
1	アメリカ	370
2	イギリス	118
3	ドイツ	86
4	フランス	62
5	スウェーデン	32
6	スイス	30
7	日本	28
8	ロシア（旧ソ連を含む）	21
9	オランダ	18
10	カナダ	17

出典：文部科学省「文部科学統計要覧（令和4年版）」

2024年、パリオリンピックが開催される。

世界のオリンピック開催数

順位	国・地域	数[回]
1	アメリカ	8
2	フランス	5
3	日本	4
4	イギリス	3
4	ドイツ	3
4	イタリア	3
4	カナダ	3
8	ギリシャ	2
8	中国	2
8	韓国	2

出典：公益財団法人 オリンピック委員会 HP

これまでに宇宙に行った人
（2023年3月12日）

順位	国・地域	数[人]
1	アメリカ	356
2	ロシア（ソ連を含む）	132
3	中国	16
4	日本	14
5	ドイツ	12
6	カナダ	11
7	フランス	10
8	イタリア	7
9	ブルガリア	2
9	オランダ	2

出典：宇宙航空研究開発機構 HP

2017年に打ち上げたロケットの数

順位	国・地域	数[回]
1	アメリカ	268
2	欧州	91
3	中国	36
4	ロシア	24
5	日本	16
6	インド	9
7	オーストラリア	5
8	カナダ	3
8	韓国	3

出典 Federal Aviation Administration "The Annual Compendium of Commercial Space Transportation: 2018"

日本の祝日は、16日！

世界の祝祭日

順位	国・地域	数[日]
1	イラン	27
2	イスラエル	26
2	スリランカ	26
2	中国	26
5	ミャンマー	25
6	バングラデシュ	22
7	カンボジア	21
7	ペルー	21

出典：独立行政法人日本貿易振興機構「世界の祝日2023年版」

世界四大文明

◆中国文明（紀元前6000年頃〜）
中国大陸の黄河や長江の流域を中心として、文明が発展。アワやキビなど雑穀が栽培され、それらの保存には彩文土器が使われた。漢字の原型となる甲骨文字が発明された。

◆メソポタミア文明（紀元前3000年頃〜）
アジア大陸西部のチグリス川とユーフラテス川の間にあるメソポタミアの地から文明が誕生し、シュメール人による楔形文字は、人類最古の文字といわれる。

◆エジプト文明（紀元前3000年頃〜）
エジプトのナイル川氾濫によって得た土壌から農耕が発展。ピラミッドやスフィンクス、象形文字などを生み出した。ファラオがエジプトを統治していた。

◆インダス文明（紀元前2600年頃〜）
インダス川付近で、文明が発展。モヘンジョダロに代表される多くの遺跡から土器や石碑が出土しているが、それらに刻まれたインダス文字はいまだに解明されていない。

文化

世界の人口

順位	国・地域	総人口[百万人]
1	インド	1428.6
2	中国	1425.7
3	アメリカ	340
4	インドネシア	277.5
5	パキスタン	240.5
6	ナイジェリア	223.8
7	ブラジル	216.4
8	バングラデシュ	173
9	ロシア	144.4
10	メキシコ	128.5

出典：国連人口基金「世界人口白書2023」

とうとうインドの人口が中国を超えた！

※国連人口基金の統計は WHO と異なり、香港やマカオは中国と分けて記載されている。

日本の人口は、世界12位の123.3百万人。うち36.99百万人が65歳以上となる。

世界を代表する大学

順位	国・地域	大学（名称）
1	イギリス	オックスフォード大学
2	アメリカ	ハーバード大学
3	イギリス	ケンブリッジ大学
3	アメリカ	スタンフォード大学
5	アメリカ	マサチューセッツ工科大学
6	アメリカ	カリフォルニア工科大学
7	アメリカ	プリンストン大学
8	アメリカ	カリフォルニア大学バークレー校
9	アメリカ	イェール大学
10	イギリス	インペリアルカレッジロンドン

出典：Times Higher Education HP "World University Rankings 2023"

「Teaching（教育）」「Research（研究）」「Knowledge transfer（知識の伝達）」「International Outlook（国際性）」の4分野13項目で評価されている。

世界のデジタル競争力
（2022年）

順位	国・地域	得点[点]
1	デンマーク	100.00
2	アメリカ	99.81
3	スウェーデン	99.81
4	シンガポール	99.48
5	スイス	98.23
6	オランダ	97.85
7	フィンランド	96.60
8	韓国	95.20
9	香港	94.36
10	カナダ	94.15

出典：IMD HP "World Digital Competitiveness Ranking"

「Knowledge（知識）」「Technology（テクノロジー）」「Future readiness（将来性）」の3つの要素でランキングされている。

世界の65歳以上の人口の割合

順位	国・地域	割合[％]
1	日本	30
2	フィンランド	24
2	イタリア	24
4	クロアチア	23
4	ドイツ	23
4	ギリシャ	23
4	マルティニーク	23
4	ポルトガル	23
4	プエルトリコ	23

出典：国連人口基金「世界人口白書2023」

PISA調査の平均得点
（2018年）

順位	国・地域	平均点[点]
1	エストニア	526
2	日本	520
2	韓国	520
4	カナダ	517
5	フィンランド	516
6	ポーランド	513
7	アイルランド	505
8	スロベニア	504
9	イギリス	503
9	スウェーデン	503

出典：OECD HP "Better Life Index"

左のランキングは「読解リテラシー」「数学的リテラシー」「科学的リテラシー」の平均得点。日本は「数学的リテラシー」「科学的リテラシー」において、世界のトップレベルに位置している。

世界のインターネット利用率
（2021年）

順位	国・地域	割合[％]
1	アラブ首長国連邦	100.0
1	サウジアラビア	100.0
3	ノルウェー	99.00
4	デンマーク	98.9
5	韓国	97.6
6	マレーシア	96.8
7	スイス	95.6
8	香港	93.1
9	フィンランド	92.8
9	ベルギー	92.8

出典：総務省統計局「世界の統計2023」

総数の50%以上が関東で学んでいる。

日本人学生派遣の多い大学では、早稲田大学が539人と最多。

日本人が多い国

順位	国・地域	数[人]
1	アメリカ	418,842
2	中国	102,066
3	オーストラリア	94,942
4	タイ	78,431
5	カナダ	74,362
6	イギリス	65,023
7	ブラジル	47,472
8	ドイツ	42,266
9	韓国	41,717
10	フランス	36,104

出典：外務省「海外在留邦人数調査統計（2022年）」

国際特許出願数

順位	国・地域	数[件]
1	中国	69,540
2	アメリカ	59,570
3	日本	50,260
4	韓国	20,678
5	ドイツ	17,322
6	フランス	7,380
7	イギリス	5,841
8	スイス	5,386
9	スウェーデン	4,453
10	オランダ	4,123

出典：世界知的所有権機関「2021年度PCT国際特許出願」

日系企業が海外進出している国

順位	国・地域	数[社]
1	中国	31,047
2	アメリカ	8,874
3	タイ	5,856
4	インド	4,790
5	ベトナム	2,306
6	インドネシア	2,046
7	ドイツ	1,934
8	フィリピン	1,377
9	台湾	1,310
10	メキシコ	1,272

出典：外務省「海外進出日系企業拠点数調査（2021年）」

世界の日本語学習者

順位	国・地域	数[人]
1	中国	1,057,318
2	インドネシア	711,732
3	韓国	470,334
4	オーストラリア	415,348
5	タイ	183,957
6	ベトナム	169,582
7	アメリカ	161,402
8	台湾	143,632
9	フィリピン	44,457
10	マレーシア	38,129

出典：独立行政法人国際交流基金「海外の日本語教育の現状 2021年度日本語教育機関調査より」

日本への外国人留学生

順位	国・地域	数[人]
1	中国	114,255
2	ベトナム	49,469
3	ネパール	18,825
4	韓国	14,247
5	インドネシア	5,792
6	台湾	4,887
7	スリランカ	3,762
8	ミャンマー	3,496
9	バングラデシュ	3,095
10	モンゴル	2,619

出典：独立行政法人日本学生支援機構「2021年度外国人留学生在籍状況調査結果」

日本人の留学先

順位	国・地域	数[人]
1	アメリカ	3,603
2	韓国	1,209
3	カナダ	1,189
4	イギリス	862
5	フランス	531
6	ドイツ	520
7	オーストラリア	319
8	スペイン	234
9	スウェーデン	175
10	アイルランド	158

出典：独立行政法人日本学生支援機構「2021年度日本人学生留学状況調査結果」

世界長者番付

日本長者番付1位は、ユニクロでおなじみの柳井正氏。

順位	国・地域	人物	資産[億ドル]
1	フランス	ベルナール・アルノーー家	2110
2	アメリカ	イーロン・マスク	1800
3	アメリカ	ジェフ・ベゾス	1140
4	アメリカ	ラリー・エリソン	1070
5	アメリカ	ウォーレン・バフェット	1060
6	アメリカ	ビル・ゲイツ	1040
7	アメリカ	マイケル・ブルームバーグ	945
8	メキシコ	カルロス・スリム・ヘルー家	930
9	インド	ムケシュ・アンバニ	834
10	アメリカ	スティーブ・バルマー	807

出典：Forbes HP"The Richest People In The World"（2023年3月10日の株価と為替レート）

男性の平均身長（2019年）

順位	国・地域	高さ[cm]
1	オランダ	183.8
2	モンテネグロ	183.3
3	エストニア	182.8
4	ボスニア・ヘルツェゴビナ	182.5
5	アイスランド	182.1
6	デンマーク	181.9
7	チェコ	181.2
8	ラトビア	181.2
9	スロバキア	181.0
10	スロベニア	181.0

出典：NCD-RisC HP "Height"

日本人男性は、172.1cmで114位！

女性の平均身長（2019年）

順位	国・地域	高さ[cm]
1	オランダ	170.4
2	モンテネグロ	170.0
3	デンマーク	169.5
4	アイスランド	168.9
5	ラトビア	168.8
6	エストニア	168.7
7	セルビア	168.3
8	チェコ	168.0
9	リトアニア	167.6
10	サモア	167.6

出典：NCD-RisC HP "Height"

日本人女性は、158.5cmで146位！

世界の出生率

日本は、6.6！

順位	国・地域	(1,000人あたりの)出生率
1	コンゴ民主共和国	42.3
2	ナイジェリア	37.5
3	ウガンダ	37.3
4	タンザニア	36.7
5	スーダン	34.2
6	エチオピア	32.8
7	ケニア	28.0
8	パキスタン	28.0
9	エジプト	23.1
10	アルジェリア	22.4

出典：総務省統計局「世界の統計2023」

世界の婚姻率

日本は、4.1！

順位	国・地域	(1,000人あたりの)婚姻率
1	バハマ	9.5
2	キプロス	9.0
3	ウズベキスタン	8.8
4	タジキスタン	8.8
5	エジプト	8.7
6	モルドバ	8.6
7	キルギス	7.6
8	ハンガリー	7.4
9	カザフスタン	7.4
10	シンガポール	7.1

出典：総務省統計局「世界の統計2023」

国連通常予算分担金額

順位	国・地域	金額[百万ドル]
1	アメリカ	639.4
2	中国	438.2
3	日本	230.8
4	ドイツ	175.5
5	イギリス	125.7
6	フランス	124.0
7	イタリア	91.6
8	カナダ	75.5
9	韓国	73.9
10	スペイン	61.3

出典：外務省HP「2020年〜2022年国連通常予算分担率・分担金」

世界の絶滅危惧種

順位	国・地域	数[種]
1	マダガスカル	3,758
2	エクアドル	2,623
3	メキシコ	2,371
4	ブラジル	2,216
5	インドネシア	2,196
6	マレーシア	2,071
7	アメリカ	1,913
8	オーストラリア	1,845
9	コロンビア	1,665
10	フィリピン	1,595

出典：総務省統計局「世界の統計2023」

日本の絶滅危惧種は、608種！

スーパーコンピュータの計算速度

順位	国・地域	システム	計算速度[京回/秒]
1	アメリカ	フロンティア	119.4
2	日本	富岳	44.2
3	フィンランド	ルミ	30.9
4	イタリア	レオナルド	23.9
5	アメリカ	サミット	14.9
6	アメリカ	シエラ	9.5
7	中国	神威太湖之光	9.3
8	アメリカ	パールマッター	7.1
9	アメリカ	セレネ	6.3
10	中国	天河2A	6.1

出典：TOP500 HP

金の産出量

順位	国・地域	量[t]
1	中国	370
2	オーストラリア	330
3	ロシア	300
4	アメリカ	180
5	カナダ	170
6	ガーナ	130
7	メキシコ	100
7	南アフリカ	100
7	ウズベキスタン	100

出典：U.S. Geological Survey "Mineral Commodity Summaries 2022"

世界のダイヤモンド原石生産量

順位	国・地域	量[万cts]
1	ロシア	3911.7
2	ボツワナ	2287.8
3	カナダ	1761.5
4	コンゴ	1409.1
5	南アフリカ	971.8
6	アンゴラ	872.3
7	ジンバブエ	422.5
8	ナミビア	176.3
9	シエラレオネ	83.9
10	レソト	33.9

出典：一般社団法人東京ダイヤモンドエクスチェンジ「ダイヤモンドデータベース：2022ダイヤモンド原石国別統計データ」

15〜64歳の平均睡眠時間（2018年）

順位	国・地域	時間
1	南アフリカ	9時間13分
2	中国	9時間02分
3	トルコ	8時間50分
3	エストニア	8時間50分
5	インド	8時間48分
6	ニュージーランド	8時間46分
7	アメリカ	8時間45分
8	カナダ	8時間40分
9	ベルギー	8時間38分
9	ギリシャ	8時間38分

出典：OECD"Gender Data Portal 2021"

日本の平均睡眠時間は、7時間22分！

◆ヨーロッパの大温泉都市群 🈩
イギリス／ドイツ（3か所）／フランス／オーストリア
／ベルギー／チェコ（3か所）／イタリア　2021年

アウシュヴィッツ・
ビルケナウ
ナチスドイツの
強制絶滅収容所
（1940-1945）🈩
ポーランド　1979年

ワルシャワ歴史地区 🈩
ポーランド　1980年

ウェストミンスター宮殿、
ウェストミンスター大寺院
及び聖マーガレット教会 🈩
イギリス　1987年

サンクト・ペテルブルグ歴史地区と
関連建造物群 🈩
ロシア　1990年

バイカル湖 🈔
ロシア　1996年

パリのセーヌ河岸 🈩
フランス　1991年

アテネのアクロポリス 🈩
ギリシャ　1987年

高句麗古墳群 🈩
北朝鮮　2004年

知床 🈔
日本　2005年

モン-サン-ミシェルとその湾 🈩
フランス　1979年

シルクロード：
長安－天山回廊の交易路網 🈩
中国／カザフスタン／キルギス
2014年

富士山
－信仰の対象と芸術の源泉 🈩
日本　2013年

アントニ・ガウディの作品群 🈩
スペイン　1984年

ギョレメ国立公園と
カッパドキアの岩窟群 🈎
トルコ　1985年

万里の長城 🈩
中国　1987年

原爆ドーム 🈩
日本　1996年

ピサのドゥオモ広場 🈩
イタリア　1984年

バチカン市国 🈩
バチカン　1984年

エルサレムの旧市街と
その城壁群 🈩🈲
1981年

カイロ歴史地区 🈩
エジプト　1979年

タージ・マハル 🈩
インド　1983年

アンコール 🈩
カンボジア
1992年

セネガンビアの
ストーン・サークル群 🈩
セネガル／ガンビア
2006年

モヘンジョダロの遺跡群 🈩
パキスタン　1980年

グレート・バリア・リーフ 🈔
オーストラリア　1981年

キリマンジャロ国立公園 🈔
タンザニア　1987年

サンガ川流域の
3カ国保護地域 🈔
カメルーン／コンゴ共和国
／中央アフリカ　2012年

古都アユタヤ 🈩
タイ　1991年

ナミブ砂海 🈔
ナミビア　2013年

モシ・オ・トゥニャ／
ヴィクトリアの滝 🈔
ザンビア／ジンバブエ
1989年

ウルル-カタ・ジュタ国立公園 🈎
オーストラリア　1987年

シドニー・オペラハウス 🈩
オーストラリア　2007年

有名なあの世界遺産から、マニアックなものまで紹介！

世界遺産ダイジェスト

世界各地に存在する世界遺産、その数1,157件（2023年1月現在）。
あなたはそのうちの何件をご存じだろうか。この巻末ページでは、定
番の世界遺産から、知れば魅力的なものまで、計106件を紹介する。

カナディアン・ロッキー山脈自然公園群 🗻
カナダ　1984年

オリンピック国立公園 🗻
アメリカ　1981年

グランド・キャニオン
国立公園 🗻
アメリカ　1979年

イエローストーン国立公園 🗻
アメリカ　1978年

ケベック旧市街の
歴史地区 文
カナダ　1985年

自由の女神像 文
アメリカ　1984年

コパンのマヤ遺跡 文
ホンジュラス　1980年

ガラパゴス諸島 🗻
エクアドル　1978年

ベリーズの
バリア・リーフ保護区 🗻
ベリーズ　1996年

マチュ・ピチュの
歴史保護区 複
ペルー　1983年

ナスカとパルパの
地上絵 文
ペルー　1994年

ラパ・ヌイ国立公園 文
チリ　1995年

カパック・ニャン
アンデスの道 文
アルゼンチン／コロンビア／
チリ／ペルー／エクアドル／
ボリビア　2014年

ブラジリア 文
ブラジル
1987年

★ル・コルビュジエの建築作品
−近代建築運動への顕著な貢献− 文
日本（国立西洋美術館本館）／インド／ドイツ／
フランス（10か所）／スイス（2か所）／ベルギー
／アルゼンチン　2016年

世界遺産 基礎知識

世界遺産とは？

　1972年、ユネスコ総会で採択された「世界遺産条約」に基づき登録された、「顕著な普遍的価値」をもつ遺跡や記念物、景観、動植物の生息地などのことをいう。「世界遺産条約」は、世界遺産を"人類共通の遺産"として保護・保存していくために国際的な協力体制の確立をめざす国際条約。

ユネスコ（国際連合教育科学文化機関）

世界の諸国民の教育、科学、文化の協力と交流を通じて、国際平和と人類の共通の福祉の促進という目的のために創設された国際連合の専門機関。日本ユネスコ協会連盟もあり、世界遺産に関する活動のほか、災害に遭った子どものための教育支援事業なども行っている。

国別世界遺産数ランキング

順位	国	件数	順位	国	件数	順位	国	件数
1位	イタリア	58件	4位	フランス	49件	8位	イギリス	33件
2位	中国	56件		スペイン	49件	9位	ロシア	30件
3位	ドイツ	51件	6位	インド	40件	10位	イラン	26件
			7位	メキシコ	35件	11位	日本	25件

世界遺産の種類

文 文化遺産
900件
顕著な普遍的価値を有する、記念物、建造物群、遺跡、文化的景観など。世界遺産の7割以上を占める。

🗻 自然遺産
218件
顕著な普遍的価値を有する、地形や地質、生態系、絶滅のおそれのある動植物の生息・生育地など。

複 複合遺産
39件
文化遺産と自然遺産の両方の価値を兼ね備えていることが条件。そのため、いちばん登録件数が少ない。

危 危機遺産

世界遺産の中で、武力紛争、自然災害、観光開発、商業的密猟などにより、その顕著な普遍的価値が損なわれるおそれがあるもの。世界三大宗教の聖地「エルサレムの旧市街とその城壁群」（左）もその一つ。その後の状況改善により、危機遺産から解除されることもある。

エローラ石窟群

インド三大宗教の建築が集結する世界唯一の寺院群

インド 1983年 登録

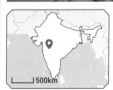

5〜10世紀にかけて造られた、仏教・ヒンドゥー教・ジャイナ教の石窟寺院群。第16窟のカイラーサナータ寺院は高さ約32m、幅約45m、奥行き約85mもあるが、なんと巨大な一枚岩らからすべて彫り出したという。その期間は1世紀以上。非常に細密なレリーフにも目を奪われる。

Photo by saiko3p

縄文時代の精神文化を伝える
北海道・北東北の縄文遺跡群
日本 2021年

隋の煬帝が完成させた大運河
中国大運河
中国 2014年

水を人々に公平に分配する
アフラージュ、オマーンの灌漑システム
オマーン 2006年

「天国への階段」と呼ばれる景観美
フィリピン・コルディリェーラの棚田群
フィリピン 1995年

世界の仏教徒の聖地
仏陀の生誕地ルンビニ
ネパール 1997年

人類と環境の関わりの歴史を表す
アハサー・オアシス、進化する文化的景観
サウジアラビア 2018年

巨大なトロイの木馬がシンボル
トロイの古代遺跡
トルコ 1998年

新バビロニア帝国の首都
バビロン
イラク 2019年

ハンザ同盟の中心地として発展
タリン歴史地区
エストニア 1997年

通信技術の発展に大きく貢献
グリメトン・ラジオ無線局、ヴァールベリ
スウェーデン 2004年

立てられた目的は不明の巨大石柱
ストーンヘンジ、エーヴベリーと関連する遺跡群
イギリス 1986年

1世紀以上の歴史をもつ産業遺産
フェルクリンゲン製鉄所
ドイツ 1994年

世界最大のゴシック建築
ケルン大聖堂
ドイツ 1996年

キリスト教三大巡礼地の一つ
フランスのサンティアゴ・デ・コンポステーラの巡礼路
フランス 1998年

ルイ14世が愛した「貴腐ワイン」
トカイワイン産地の歴史的文化的景観
ハンガリー 2002年

断崖に残された騎馬の浮き彫り
マダラの騎馬像
ブルガリア 1979年

ハプスブルク家が用いた馬の産地
クラドルビ・ナト・ラベムの儀礼用馬車馬の繁殖・訓練の景観
チェコ 2019年

「世界一美しい海岸」と称される
アマルフィ海岸
イタリア 1997年

アメリカ独立宣言が採択された
独立記念館
アメリカ 1979年

フランス軍の攻撃を1か月耐えた
ブリムストーン・ヒル要塞国立公園
セントクリストファー・ネービス 1999年

世界最古の人工ミイラが作られた
アリカ・イ・パリナコータ州のチンチョーロ文化の集落と人工ミイラ製法
チリ 2021年

「世界一の迷宮都市」と呼ばれる
フェズ旧市街
モロッコ 1981年

奴隷の収容施設「奴隷の家」が残る
ゴレ島
セネガル 1978年

サン族が描いた2,000以上の岩石線画
トゥウェイフルフォンテーン
ナミビア 2007年

冷戦下のアメリカが23回の核実験を行った

ビキニ環礁核実験場

マーシャル諸島 2010年 登録

アメリカが1946〜1958年の間に23回（マーシャル諸島全体では67回）の核実験を行った。日本の「第五福竜丸」など多くの漁船が被ばくしたほか、1974年に住民の帰島許可後も放射能による健康被害が多発した。

黄龍の景観と歴史地域

チベットの人々が聖地と崇めた

中国　1992年 登録

石灰分を含む湧水が長い年月をかけて創り上げた、世界有数のカルスト地形。黄龍の名は、山肌に沿って連なる石灰棚が巨大な龍のウロコに見えることに由来する。

Photo by Giuseppe Sparta'

「カルスト」の語源となった鍾乳洞

シュコツィアン洞窟群

スロベニア　1986年

キラウエア火山を有する国立公園

ハワイ火山国立公園

アメリカ　1987年

世界最大級の恐竜化石層

恐竜州立自然公園

カナダ　1979年

絶滅危惧種「コククジラ」の繁殖地

エル・ビスカイノのクジラ保護区

メキシコ　1993年

集結した蝶が「黄金の森」をつくる

オオカバマダラ生物圏保存地域

メキシコ　2008年

プランクトンがつくる翡翠色の湖水

トゥルカナ湖国立公園群　危

ケニア　1997年

マサイ語で「果てしない平原」

セレンゲティ国立公園

タンザニア　1981年

100種類を超える哺乳類が生息

ジャー動物保護区

カメルーン　1987年

剃刀のように尖った石灰岩が林立

チンギ・デ・ベマラ厳正自然保護区

マダガスカル　1990年

世界でも珍しい固有種が多く生息

奄美大島、徳之島、沖縄島北部及び西表島

日本　2021年

ハネムーン先として韓国人に人気

済州火山島と溶岩洞窟群

韓国　2007年

世界最大級のトカゲが生息

コモド国立公園

インドネシア　1991年

違法伐採や密猟で危機遺産に登録

スマトラの熱帯雨林遺産　危

インドネシア　2004年

海から突き出る無数の奇岩

ハロン湾

ベトナム　1994年

海岸を覆う4万もの六角形の石柱

ジャイアンツ・コーズウェーとコーズウェー海岸

イギリス　2004年

ホッキョクグマの生息密度世界一

ランゲル島保護区の自然生態系

ロシア　2004年

沸騰湖「ボイリング・レイク」が有名

モーン・トロワ・ピトンズ国立公園

ドミニカ国　1997年

「地球の肺」と呼ばれる酸素放出量

中央アマゾン保全地域群

ブラジル　2000年

海流が魚を集める「渡り鳥の楽園」

バンダルギン国立公園

モーリタニア　1989年

500種以上の魚類の大半が固有種

マラウイ湖国立公園

マラウイ　1984年

世界最古・最大級の隕石跡

フレーデフォート・ドーム

南アフリカ　2005年

1万頭以上のジュゴンが暮らす

西オーストラリアのシャーク湾

オーストラリア　1991年

世界最大の砂島

フレーザー島

オーストラリア　1992年

メテオラ

奇岩と修道院が織りなす幻想風景

ギリシャ　1988年 登録

高さ20〜600mほどの奇岩群、そしてその頂に建つ修道院。"中空に浮かぶ"と例えられる同院は天上の神に近づこうという信仰のもと、14世紀中頃から建設された。

Photo by Ihor_Tailwind

大仏の高さは奈良の大仏の約5倍

峨眉山と楽山大仏

中国　1996年

先住民にとっての天地開闢の地

カンチェンゾンガ国立公園

インド　2016年

サーメ人がトナカイと暮らす地

ラポニアン・エリア

スウェーデン　1996年

逃亡奴隷の子孫たちの文化が残る

ブルーマウンテン山脈とジョン・クロウ山地

ジャマイカ　2015年

貴重な自然と先住民の建物が残る

リオ・アビセオ国立公園

ペルー　1990年

約3,000か所に残る先住民の壁画

カカドゥ国立公園

オーストラリア　1981年

密林に囲まれたマヤ文明の史跡

ティカル国立公園

グアテマラ　1979年

国際機構

2つ以上の国・地域が集合して構成する国際的な組織「国際機構」。主に、政治・軍事的なつながりで構成される組織と、経済的なつながりで構成される組織に二分され、地域間の平和を維持したり、貿易の円滑化を図ったりする目的がある。約250の政府間機構と約6,000の非政府組織に大別されるが、ここでは世界5エリアの主な国際機構を紹介する。

※加盟国数などのデータは2023年5月現在のものです。

UN 国際連合
United Nations
国際機構の中枢。国際の平和および安全を維持するために、1945年10月に51か国の加盟国で設立された。日本は1956年12月18日に80番めの加盟国となった。2011年に南スーダンが加盟し、現在の加盟国数は193か国。なお、国連では、英語・フランス語・中国語・ロシア語・スペイン語・アラビア語の6か国語が公用語とされている。

政治軍事的機構 ——— 経済的機構 ········

UN（1945年）

ASEAN（1989年）
カンボジア ラオス ミャンマー
マレーシア インドネシア フィリピン
ブルネイ シンガポール タイ ベトナム

+3
日本 中国 韓国

APEC（1989年）
オーストラリア ニュージーランド パプアニューギニア

PIF（1973年）
フィジー サモア ソロモン バヌアツ トンガ ナウル
キリバス ツバル ミクロネシア マーシャル パラオ
ニウエ クック ニューカレドニア 仏領ポリネシア

USMCA（2020年）
アメリカ カナダ メキシコ
ペルー チリ

ロシア 台湾 香港

スウェーデンがNATOに加盟希望。2023年4月にフィンランドが正式加盟。

NATO（1949年）
アイスランド アルバニア イギリス
北マケドニア トルコ ノルウェー モンテネグロ
イタリア エストニア オランダ ギリシャ
ハンガリー フランス ベルギー ブルガリア

OAS（1951年）

アンティグア・バーブーダ ニカラグア ガイアナ
キューバ グアテマラ コロンビア ジャマイカ
スリナム セントクリストファー・ネイビス ドミニカ共和国
トリニダード・トバゴ バルバドス ホンジュラス ベリーズ
エクアドル エルサルバドル パナマ グレナダ コスタリカ ハイチ
バハマ セントビンセントおよびグレナディーン セントルシア ドミニカ国

「アジア」の主な国際機構

ASEAN 東南アジア諸国連合
Association of South-East Asian Nations
インドネシア／カンボジア／シンガポール／タイ／フィリピン／ブルネイ／ベトナム／マレーシア／ミャンマー／ラオス（10か国）
▶東南アジア諸国による地域共同体。1967年にASEAN設立宣言（バンコク宣言）によって設立。近年、高い経済成長を見せており、「開かれた成長センター」として世界各国から注目されている。

ASEAN+3
Association of South-East Asian Nations +3
ASEAN加盟国＋韓国／中国／日本（13か国）
▶ASEANに日中韓の3か国を加えた枠組み。クアラルンプール（マレーシア）で開催されたASEAN30周年記念の首脳会議に日中韓の首脳が招待されたことで開始した。

SAARC 南アジア地域協力連合
South Asian Association for Regional Cooperation
アフガニスタン／インド／スリランカ／ネパール／パキスタン／バングラデシュ／ブータン／モルディブ（8か国）
▶南アジア地域における緩やかな地域協力の枠組み。福祉増進と生活水準の向上を図り、経済的成長、社会進歩、文化の発展を進める。

APEC アジア太平洋経済協力
Asia Pacific Economic Cooperation
日本／アメリカ／カナダ／オーストラリア／ニュージーランド／韓国／タイ／インドネシア／フィリピン／マレーシア／シンガポール／ブルネイ／メキシコ／パプアニューギニア／中国／チリ／ロシア／ベトナム／ペルー（19か国）＋香港／台湾（2地域）
▶アジア太平洋地域の持続可能な成長と繁栄に向けて、貿易・投資の自由化および円滑化や地域経済統合の推進、経済・技術協力などの活動を実施。

「ヨーロッパ」の主な国際機構

NATO 北大西洋条約機構
North Atlantic Treaty Organization
アメリカ／カナダ／イギリス／アイスランド／アルバニア／北マケドニア／トルコ／ノルウェー／モンテネグロ＋EU加盟国の一部（31か国）
▶「集団防衛」「危機管理」「協調的安全保障」の3つを中核的任務とし、加盟国の領土および国民を防衛することを最大の責務とする。もともとはソ連に対抗する集団防衛機構として発足したが、ソ連崩壊後は「平和のためのパートナーシップ」により東欧諸国の加盟が拡大した。英語とフランス語が公用語とされている。

EU 欧州連合 European Union
アイルランド／オーストリア／キプロス／スウェーデン／マルタ＋NATO加盟国の一部（27か国）
▶欧州連合条約に基づく、経済通貨同盟、共通外交・安全保障政策、警察・刑事司法協力等のより幅広い分野での協力を進めている。域内の多くの国で出入国や税関の審査が廃止されているため、ヒトやモノが自由に行き来できる。また、加盟国中11か国で単一硬貨である「ユーロ」を導入している。

TPP11×RCEPで、FTAAPの実現を！

TPP11　環太平洋パートナーシップに関する包括的及び先進的な協定
Comprehensive and Progressive Agreement for Trans-Pacific Partnership

日本／カナダ／オーストラリア／ブルネイ／マレーシア／ニュージーランド／シンガポール／メキシコ／チリ／ペルー／ベトナム（11か国）

▶環太平洋でモノの関税だけでなく、サービス・投資の自由化を進め、さらには知的財産、金融サービス、電子商取引、国有企業の規律など、幅広い分野でルールを構築する経済連携協定。2017年にアメリカが離脱を表明した一方、2021年にイギリスが新規加入の手続きを開始した。

×

RCEP　地域的な包括的経済連携協定
Regional Comprehensive Economic Partnership Agreement

日本／中国／韓国／オーストラリア／ブルネイ／インドネシア／マレーシア／ニュージーランド／フィリピン／シンガポール／タイ／ベトナム／ラオス／ミャンマー／カンボジア（15か国）

▶発展レベルや制度の異なるさまざまな国々間で、幅広い分野のルールを整備した協定。世界のGDPの30％を占める広域経済圏が実現したほか、貿易総額や人口においても世界の約30％を占めている。

➡

FTAAP構想　アジア太平洋自由貿易圏
Free Trade Area of the Asia-Pacific

APEC加盟（19か国）＋香港／台湾（2地域）

▶アジア太平洋地域内における関税や貿易障壁を撤廃した自由貿易圏をつくる構想。APECで提唱された自由貿易圏であり、TPP11やRCEPといったすでに進行されている地域的な経済連携協定の最終目標。FTAAPの実現によって、現在、自由貿易協定を結んでいないアメリカと中国の二大経済国がつながる。

ウクライナ、モルドバがEUに加盟希望。

国民投票によって2020年にイギリスが離脱。

EU（1993年）

アイルランド　オーストリア　キプロス　スウェーデン　マルタ

クロアチア　スペイン　スロバキア　スロベニア　チェコ　デンマーク　ドイツ　フィンランド　ポルトガル　ポーランド　ラトビア　リトアニア　ルクセンブルク　ルーマニア

AU（2002年）
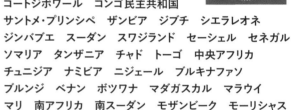

エジプト　ウガンダ　エチオピア　ガーナ　エリトリア　西サハラ　カーボベルデ　カメルーン　ガンビア　ギニア　ギニアビサウ　ケニア　コモロ　コートジボワール　コンゴ民主共和国　サントメ・プリンシペ　ザンビア　ジブチ　シエラレオネ　ジンバブエ　スーダン　スワジランド　セーシェル　セネガル　ソマリア　タンザニア　チャド　トーゴ　中央アフリカ　チュニジア　ナミビア　ニジェール　ブルキナファソ　ブルンジ　ベナン　ボツワナ　マダガスカル　マラウイ　マリ　南アフリカ　南スーダン　モザンビーク　モーリシャス　モーリタニア　モロッコ　リベリア　ルワンダ　レソト

アルゼンチン　ブラジル　パラグアイ　ウルグアイ　ボリビア　｜　ベネズエラ（※）

OPEC（1960年）

イラン　イラク　クウェート　サウジアラビア　アラブ首長国連邦

MERCOSUR（1995年）　※ベネズエラは加盟資格停止中。

SAARC（1985年）
インド　パキスタン　バングラデシュ　スリランカ　ネパール　ブータン　モルディブ　アフガニスタン

アルジェリア　ガボン　リビア　ナイジェリア　アンゴラ　赤道ギニア　コンゴ共和国

「アメリカ」の主な国際機構

OAS　米州機構
Organization of American States

アメリカ／カナダ＋全中南米諸国（35か国）

▶アメリカ州地域での平和と安全保障の強化、紛争の平和的解決、社会・文化の発展と経済協力など、諸問題の解決にあたって中心となる機関。2017年にベネズエラが脱退を表明した。

USMCA　アメリカ・メキシコ・カナダ協定
US-Mexico-Canada Agreement

アメリカ／メキシコ／カナダ（3か国）

▶NAFTA（北米自由貿易協定）に代わる新貿易協定。関税の引き下げ・撤廃や投資規制の緩和により、自由貿易圏を構築。

MERCOSUR　南米南部共同市場
Mercado Común del Sur（スペイン語）

アルゼンチン／ブラジル／パラグアイ／ウルグアイ／ボリビア／ベネズエラ（6か国）＋その他南米諸国（準加盟6か国）

▶南米でEUのような自由貿易市場を実現できるよう創設された関税同盟。域内の関税撤廃などを目的に発足した。

「アフリカ」の主な国際機構

AU　アフリカ連合
African Union

全アフリカ諸国（54か国）＋西サハラ（1地域）

▶アフリカ地域の国・地域がすべて加盟する世界最大級の地域機関。OAU（旧アフリカ統一機構）の発展・改組によって発足した。政治的・経済的統合の実現と紛争の予防および解決に向けた取り組みが行われ、「平和安全保障理事会」による平和維持軍が設置されている。

OPEC　石油輸出国機構
Organization of the Petroleum Exporting Countries

AU加盟国の一部＋アラブ首長国連邦／イラク／イラン／クウェート／サウジアラビア／ベネズエラ（13か国）

▶石油産出国から構成される枠組み。産油国の利益を守ることを目的に設立され、原油生産の調整と価格安定について協議し、共同で交渉にあたる。

「オセアニア」の主な国際機構

PIF　太平洋諸島フォーラム
Pacific Islands Forum

全オセアニア諸国（16か国）＋ニューカレドニア／仏領ポリネシア（2地域）

▶SPF（南太平洋フォーラム）として創設され、2000年に現在の名前に改称。政治・経済・安全保障など幅広い分野において地域協力を行っており、域内で民族・部族対立が生じた場合には多国籍軍を編成する。2022年にキリバスが脱退を表明した。

さくいん

国・地域さくいん

参考文献・ウェブサイト

『読むだけで世界地図が頭に入る本　世界212の国と地域が2時間でわかる』（ダイヤモンド社）

『おぼえる！　学べる！　たのしい世界の国』（高橋書店）

『見る知る考えるずかん　世界の国と地域ずかん』（ほるぷ出版）

『オールカラー　楽しく覚える！　世界の国』（ナツメ社）

『キャラ絵で学ぶ！　世界の国図鑑』（すばる舎）

『地理×文化×雑学で今が見える　世界の国々』（朝日新聞出版）

『るるぶ　地図でよくわかる　世界の国大百科』（JTBパブリッシング）

『大学入試　マンガで地理が面白いほどわかる本』（KADOKAWA）

『データブック・オブ・ザ・ワールド2023年版　―世界各国要覧と最新統計―』（二宮書店）

『詳解現代地図　最新版　2022-2023』（二宮書店）

『新コンパクト地図帳　改訂版　2022-2023』（二宮書店）

外務省HP（https://www.mofa.go.jp/mofaj/）

国連広報センター HP（https://www.unic.or.jp）

各国大使館HP

各国観光局HP

● 監修

井田仁康（いだ・よしやす）

1958年生まれ。筑波大学人間系長、教授。博士（理学）。日本社会科教育学会長、日本地理教育学会長などを歴任。筑波大学第一学群自然学類卒。筑波大学大学院地球科学研究科単位取得退学。社会科教育・地理教育の研究を行っている。監修・編著書に『オールカラー 楽しく覚える! 世界の国』（ナツメ社）、『地図でスッと頭に入る中南米＆北アメリカ36の国と地域』（昭文社）、『読むだけで世界地図が頭に入る本 世界212の国と地域が2時間でわかる』（ダイヤモンド社）などがある。

● イラスト

イワイヨリヨシ

イラストレーター、キャラクター・デザイナー。主にアメリカン・コミック・タッチのイラストを描く。書籍表紙や雑誌カットから企業のイメージキャラクター制作まで、メディアを問わず活動中。

● 執筆・構成・編集

和西智哉・葛原武史・梨子木志津・
増田友梨・三井悠貴・橋本亜也加・鷲尾達哉（カラビナ）

● 執筆協力

石川 遍／安部晃司／庄子 歩／湯浅大輝／二本木 昭

● 本文デザイン・DTP

松岡慎吾

● レイアウト・DTP

芦澤 伸・内山智江（東光美術印刷）

● 校正

鷗来堂

● 編集担当

原 智宏（ナツメ出版企画）

本書に関するお問い合わせは、書名・発行日・該当ページを明記の上、下記のいずれかの方法にてお送りください。電話でのお問い合わせはお受けしておりません。
● ナツメ社 Web サイトの問い合わせフォーム
　https://www.natsume.co.jp/contact
● FAX（03-3291-1305）
● 郵送（下記、ナツメ出版企画株式会社宛て）
なお、回答までに日にちをいただく場合があります。正誤のお問い合わせ以外の書籍内容に関する解説・個別の相談は行っておりません。あらかじめご了承ください。

ナツメ社Webサイト
https://www.natsume.co.jp
書籍の最新情報（正誤情報を含む）は
ナツメ社Webサイトをご覧ください。

イラストでサクッと理解 今が見えてくる世界の国図鑑

2023年8月1日　初版発行
2024年2月10日　第2刷発行

監修者　井田仁康　　　　　　　　　Ida Yoshiyasu, 2023
発行者　田村正隆

発行所　株式会社ナツメ社
　　　　東京都千代田区神田神保町 1-52 ナツメ社ビル 1F（〒101-0051）
　　　　電話 03-3291-1257（代表）　FAX 03-3291-5761
　　　　振替 00130-1-58661

制　作　ナツメ出版企画株式会社
　　　　東京都千代田区神田神保町 1-52 ナツメ社ビル 3F（〒101-0051）
　　　　電話 03-3295-3921（代表）

印刷所　ラン印刷社

ISBN 978-4-8163-7416-6
Printed in Japan